司 法 鉴 定 研 究 文 丛
华东政法大学主办
杜志淳 主编

21

司法鉴定标准化研究

杜志淳 等/著

法律出版社
LAW PRESS·CHINA
北京

图书在版编目(CIP)数据

司法鉴定标准化研究 / 杜志淳等著. -- 北京 : 法律出版社, 2024
(司法鉴定研究文丛 / 杜志淳主编)
ISBN 978-7-5197-8127-9

Ⅰ. ①司… Ⅱ. ①杜… Ⅲ. ①司法鉴定-标准化-研究 Ⅳ. ①D918.9

中国国家版本馆 CIP 数据核字(2023)第 136381 号

司法鉴定标准化研究
SIFA JIANDING BIAOZHUNHUA YANJIU

杜志淳 等著

策划编辑 沈小英 毛镜澄
责任编辑 毛镜澄
装帧设计 李 瞻

出版发行 法律出版社
编辑统筹 法治与经济出版分社
责任校对 张翼羽 李慧艳
责任印制 吕亚莉
经　　销 新华书店

开本 710 毫米×1000 毫米 1/16
印张 23.5 **字数** 367 千
版本 2024 年 9 月第 1 版
印次 2024 年 9 月第 1 次印刷
印刷 北京虎彩文化传播有限公司

地址:北京市丰台区莲花池西里 7 号(100073)
网址:www.lawpress.com.cn
投稿邮箱:info@lawpress.com.cn
举报盗版邮箱:jbwq@lawpress.com.cn

销售电话:010-83938349
客服电话:010-83938350
咨询电话:010-63939796

书号:ISBN 978-7-5197-8127-9　　**定价**:139.00 元

凡购买本社图书,如有印装错误,我社负责退换。电话:010-83938349

撰稿人分工说明

本书是国家哲学社会科学基金课题项目“司法鉴定标准化研究”(项目编号:18BFX082)的研究成果。本课题的研究对象是司法鉴定标准化的内涵、制度构建和保障体制完善等。具体而言,是指在国家标准化框架下,按照全面深化司法改革,构建统一司法鉴定体制的要求,研究制定和推进我国司法鉴定领域标准化策略,实现统一的司法鉴定标准体系。

撰稿人分工如下:

全书策划、统稿由杜志淳教授完成。

引言、第二章、第八章　杜志淳(华东政法大学)

第一章　郭华(中央财经大学法学院)

第二章、第十三章、第十四章、第十六章　叶靖(上海政法学院)

第三章、第十七章　樊金英(广东警官学院)

第四章、第九章、第十二章第一节至第三节、附录　孙大明(华东政法大学)

第五章　陈邦达(华东政法大学)

第六章　张纯兵(华东政法大学)

第七章、第十二章第五节　廖根为(华东政法大学)

第八章　马陈骏(上海公安学院)

第十章、第十二章第四节　沈臻懿(华东政法大学)　郭嫒嫒(司法部司法鉴定科学研究院)

第十一章　宋远升(华东政法大学)

第十二章第六节　马栋(司法部司法鉴定科学研究院)

第十五章　王永全　赵子玉(华东政法大学)

目录

引　言　001

第一节　研究背景及意义　001

一、研究背景　001

二、研究意义　002

第二节　文献综述　003

一、国外文献综述　003

二、国内文献综述　005

第三节　研究内容及创新之处　007

一、研究内容　007

二、主要创新之处　009

第一章　司法鉴定标准化概念的内涵　010

第一节　标准与标准化　010

一、标准的概念与内涵　010

二、"标准化"的概念与内涵 014

第二节 司法鉴定标准与标准化 016

一、司法鉴定标准的含义与界定 016

二、司法鉴定标准化 019

第三节 司法鉴定标准化的意义 026

一、理论视角:司法鉴定标准化有利于统一思想 027

二、法律视角:司法鉴定标准化有利于解决纠纷 028

三、国际视角:司法鉴定标准化有利于标准领域的对外开放 030

第二章 司法鉴定标准化的作用 033

第一节 司法鉴定标准化与国家质量基础设施 033

一、司法鉴定标准化在国家质量基础设施中的定位 033

二、司法鉴定标准化对国家质量基础设施的支撑性作用 035

第二节 司法鉴定标准化在诉讼活动中的地位 036

一、加强司法鉴定统一管理的重要举措 036

二、提高司法鉴定效率,节约时间成本 037

三、提高司法鉴定公信力,满足以审判为中心的诉讼制度改革的需要 038

第三节 司法鉴定标准化与司法鉴定行业治理 039

一、司法鉴定标准化对行业准入的支撑作用 039

二、司法鉴定标准化对行业监管的基础作用 040

三、司法鉴定标准化对行业发展的引领作用 040

第三章 司法鉴定标准的研制 042

第一节 司法鉴定标准的经典形式 042

第二节 司法鉴定标准的典型分类 045

一、国际标准、区域标准和国家标准 046

二、行业标准、技术规范和团体标准 056

第三节 司法鉴定标准体系的研制 060

一、积极参与国际法庭科学标准制定,推进中国标准与国际标准转化 060

二、抓住创设区域标准化组织契机,以前瞻性引领更长远发展 060

三、厘清强制性标准与推荐性标准,构建协调配套的标准化体系 061

四、明晰司法鉴定团体标准定位,科学合理制定团体标准 062

第四章 我国司法鉴定标准化面临的主要问题 063

第一节 我国司法鉴定标准化的背景 063

一、依法治国的宏观背景 063

二、推进国家治理体系和治理能力现代化建设的工作要求 065

第二节 我国司法鉴定标准化工作现存主要问题 066

一、国家司法鉴定标准化工作体制有待进一步健全 066

二、司法鉴定标准化总体水平有待进一步提高 068

第三节 我国司法鉴定标准化工作存在问题的原因分析 076

一、司法鉴定标准化工作起步较晚,缺少统一的规划引领 076

二、理论支撑不足 076

三、司法鉴定标准化的法律保障缺乏 077

第四节 对策与建议 080

一、加快改革,形成合力 080

二、规划引领,明确方向 081

三、加大投入,多元保障 081

四、完善立法,强化监督 082

第五章 美洲主要国家司法鉴定标准化实践 085

第一节 美国法庭科学标准化实践 085

一、美国法庭科学标准化的历史 085

二、美国法庭科学标准存在的问题 088

三、美国法庭科学标准化改革的概况 093

四、美国法庭科学标准的现状 095

第二节 加拿大法庭科学标准化实践 102

一、加拿大标准委员会 102

二、加拿大法庭科学协会 105

第六章 欧洲主要国家司法鉴定标准化实践 110

第一节 司法鉴定领域的欧盟标准 110

一、三大支柱体系之下的司法鉴定标准 110

二、欧盟司法鉴定标准化的管理模式及标准的研制 112

第二节 欧洲主要国家的司法鉴定标准化实践 113

一、欧洲主要国家司法鉴定的历史沿革 113

二、欧洲主要国家司法鉴定管理制度及特点 116

三、欧洲主要国家司法鉴定机构设置与鉴定人管理 120

四、司法鉴定程序的标准化实践 130

五、司法鉴定质量体系标准化建设 133

第七章 澳大利亚和新西兰司法鉴定标准化实践 138

第一节 澳新司法鉴定行业的一体化 138

一、澳新司法鉴定行业框架 138

二、澳新贸易一体化背景及对两国司法鉴定行业的影响 149

第二节 澳新司法鉴定标准化的发展阶段 151

一、司法鉴定标准化初期 151

二、司法鉴定标准化发展期 154

三、司法鉴定标准统一与规范阶段 155

第三节 澳新司法鉴定标准化的主要特点 157

一、澳新司法鉴定领域有关标准分析 157

二、澳新司法鉴定现有标准/标准化的主要特点 169

三、澳新司法鉴定标准化的发展趋势 172

第四节 澳新司法鉴定标准化的实践 173

一、标准化是司法鉴定质量控制体系的支撑 173

二、司法鉴定标准化推进工作是不断完善的过程,需要适应一国国情 174

三、司法鉴定标准制定应与认证、认可和司法实践紧密结合 174

四、司法鉴定标准化过程中要勇于创新,提高国际竞争力和话语权 174

五、SA制定的标准一般为自愿标准,但经过州和联邦政府采用而具有强制性 175

第八章 亚洲主要国家司法鉴定标准化实践 176

第一节 日本司法鉴定标准化的主要特点 177

一、发挥行业协会的职能与作用 177

二、制定相关鉴定法律法规 179

第二节 韩国司法鉴定标准化的主要特点 179

一、KOLAS主导韩国鉴定技术标准化构建 180

二、努力促进鉴定立法 184

第三节 新加坡司法鉴定标准化的主要特点 184

一、实施实验室认可和质量控制 185

二、积极开展培训与专业认证 185

第四节 亚洲其他主要国家司法鉴定标准化的主要特点 187

一、土耳其 187

二、印度 188

三、阿拉伯联合酋长国(迪拜) 188

四、越南 189

第五节 亚洲主要国家司法鉴定标准化的实践 189

一、突出鉴定协会、标准机构的作用 190

二、积极制定与鉴定相关的法律规范 190

三、进行学术交流与举办专业培训 191

第九章 我国司法鉴定标准化规划研制 192

第一节 我国司法鉴定标准化规划研制的必要性 192

一、司法鉴定标准化是国家治理体系和治理能力现代化的应有之义 193

二、司法鉴定标准化是法治国家、法治政府、法治社会建设的应有之义 194

第二节 制定司法鉴定标准化规划的域外考察 195

一、美国的标准化实践 195

二、英国的标准化实践 196

三、德国的标准化实践 197

四、法国的标准化实践 197

五、日本的标准化实践 198

第三节 制定中国司法鉴定标准化规划的依据 198

一、司法鉴定标准化与《国家标准化体系建设发展规划(2016—2020年)》中的"加强经济建设标准化,支撑转型升级"紧密相关 199

二、规划中"加强社会治理标准化,保障改善民生"的要求需要依靠司法鉴定标准化来实现 199

第四节 中国司法鉴定标准化规划的主要建议内容 201

一、中国司法鉴定标准化规划目标 201

二、中国司法鉴定标准化策略和措施 203

三、规划司法鉴定标准化的重点领域 206

第五节 我国司法鉴定标准化水平评价 207

第十章 我国司法鉴定标准化的原则与工作机制 210

第一节 司法鉴定标准化的原则 210

一、司法鉴定标准化的一般原则 211

二、司法鉴定标准化的特殊原则 214

第二节 司法鉴定标准化的工作机制 217

一、建立全国司法鉴定标准化技术委员会,统一制定、修改、监督司法鉴定标准等工作 218

二、建设全国统一司法鉴定标准体系,妥善处理过渡期不同标准的协调工作 219

三、对已有相关标准的梳理和执行,可不局限于法律调整的“四大类”专业领域 220

四、严格执行现有标准的同时,注重探索团体标准的适用 220

五、不执行强制性司法鉴定标准的,应承担相应的后果 222

第十一章 我国司法鉴定标准体系的基本架构和特点 223

第一节 我国司法鉴定标准体系的基本架构 223

第二节 我国司法鉴定标准体系的特点 224

一、系统性 224

二、科学性 225

三、全面性 227

四、先进性 227

五、适用性 228

六、客观性 229

七、协调性 231

第十二章 我国司法鉴定标准体系设计 232

第一节 概述 232

第二节 司法鉴定通用标准体系 239

一、概述 239

二、规划建议 239

第三节 法医类司法鉴定标准体系 247

一、法医病理鉴定标准体系 249

二、法医临床鉴定标准体系 252

三、法医物证鉴定标准体系 255

四、法医毒物鉴定标准体系 258

五、司法精神医学鉴定标准体系 260

六、法医人类学鉴定标准体系 262

第四节 物证类司法鉴定标准体系设计 265

一、物证类鉴定标准体系的结构 265

二、物证类鉴定标准体系的内容 267

第五节 计算机与声像资料类司法鉴定标准体系 270

一、计算机与声像资料类司法鉴定现有标准和体系 270

二、现有司法鉴定标准和体系述评 284

三、计算机与声像资料类司法鉴定标准体系构建与完善 289

第六节　环境损害类司法鉴定标准体系　294

第十三章　我国司法鉴定标准化国际合作与发展　307

第一节　国际司法鉴定和犯罪情报信息网络建立的必要性不断增强　308

一、大数据背景下的犯罪情报信息模式　308

二、积极建立多渠道协作机制　309

第二节　科学技术国际共建促进司法鉴定发展的需求逐步形成　309

一、加大科技创新是推动司法鉴定技术发展的新需求　309

二、科学技术国际共建是拓展优质高效司法鉴定服务的新路径　311

第三节　司法鉴定检验检测结果的国际互认逐渐形成　312

第十四章　我国参与国际司法鉴定标准化活动的对策　314

第一节　提高政治站位，深刻认识参与司法鉴定标准化国际合作的意义　315

一、实施质量创新与创新驱动，提高司法鉴定质量　315

二、争取司法鉴定国际标准研制更多的话语权　316

第二节　把握后发优势，找准参与司法鉴定标准化国际合作与竞争的切入点　317

一、提高我国司法鉴定标准的国际化水平　317

二、加快培育高层次国际司法鉴定标准化专门人才　318

第三节　发挥独特优势，借助重大平台稳步推进司法鉴定标准化国际合作工作　319

一、落实各技术标准的有效制定和转化　319

二、正确对待国际司法鉴定标准化与中国国情的关系 320

第十五章 我国参与司法鉴定标准化国际合作的路径 322

第一节 组建区域性司法鉴定标准化合作组织 322

一、我国参与的主要国际区域性组织 322

二、区域性组织标准化有关事项与进展 324

三、司法鉴定标准领域引领不足与推进路径 326

第二节 积极成为主要国际标准化组织的注册参与成员 332

一、我国参与主要国际标准化组织活动的现状 332

二、提高我国在主要国际标准化组织中作用的路径 335

第三节 开展重点分支学科领域标准化问题的跨国研究 337

一、我国司法鉴定各分支学科领域的标准化进程推进 337

二、建立适用于司法鉴定各个分支学科的通用标准 340

三、开展跨国标准化合作研究的路径 342

第十六章 “一带一路”倡议与我国司法鉴定标准国际化 344

第一节 司法鉴定标准化合作是共建“一带一路”的重要内容 344

一、拓展合作领域,推动深入融合 344

二、应把加强司法鉴定标准化人才合作交流融入“一带一路”建设 345

第二节 “一带一路”建设为司法鉴定标准化国际合作提供契机 347

一、积极推进司法鉴定相关专业标准互认 347

二、共建标准互联互通建设性机制 348

三、共同加强司法鉴定标准化能力建设 349

第三节 “一带一路”背景下我国司法鉴定标准化发展的策略 350

一、构建司法鉴定标准体系要突出科技引领 350

二、制定“一带一路”共建国家与地区司法鉴定标准体系框架 351

三、探索司法鉴定标准化“一带一路”合作应用路径 352

第十七章 长江三角洲一体化与推进司法鉴定标准化 354

一、司法鉴定技术标准联盟内涵和特征 355

二、长三角司法鉴定技术标准联盟有利于推进国家司法鉴定标准化 357

三、长三角司法鉴定技术标准联盟的模式探索 360

引　言

第一节　研究背景及意义

一、研究背景

2016年9月,习近平总书记在致第39届国际标准化组织大会的贺信中指出,“中国将积极实施标准化战略,以标准助力创新发展、协调发展、绿色发展、开放发展、共享发展”,中国愿同世界一道“共同完善国际标准体系”。标准化对司法鉴定行业治理和专业实践具有十分重要的基础意义。影响司法鉴定质量的因素有很多,但从总体层面上来讲,无论是对微观层面的人、机、料、法、环等方面的因素控制,还是对宏观层面的新型监管体制和监管机制的构建和运作等,无一不依赖于司法鉴定标准所提供的有效支撑。例如,司法鉴定人的行业的准入和监管,司法鉴定机构质量管理体系的建立和运作,以及司法鉴定方法和程序的规范等内容,都需要根据完善的司法鉴定标准体系。司法鉴定标准化问题研究是当前我国司法鉴定制度改革过程中需要着力研究的重要问题。

2017年党中央和国务院发布了《关于健全统一司法鉴定管理体制的实施意见》(以下简称《意见》),提出“统一司法鉴定标准”,“要求按程序成立全国司法鉴定标准化技术委员会”,“加强司法鉴定标准化工作与刑事技术标准化工作的协调”等。该文件的颁布实施是我国司法鉴定行业发展的里程碑。本书正是在此背景下对我国司法鉴定标准化的基本问题,规划,政策、制度设计和标准化委员会构建、运行方式等宏观定位和具体对策进行综合研究,有助于实现我国司法鉴定质量的持续改进,防范系统性质量风险,有力保障司法公正。

二、研究意义

习近平总书记曾为我们提出战略思维能力的内涵,即"高瞻远瞩、统揽全局,善于把握事物发展总体趋势和方向"。[1] 按照这个基本内涵,笔者认为,"司法鉴定标准化研究"课题的研究价值,集中体现为如下三个方面:

1. 有利于在国家标准化战略发展目标框架下,从司法鉴定行业的角度,深化对标准化一般规律的认识。司法鉴定标准化是我国司法领域、公共安全和行政执法标准化的重要内容。本书的研究主要是围绕《国家标准化体系建设发展规划(2016—2020年)》文件提出的"公共利益有标可保"以及"中国标准"国际影响力和贡献力大幅提升的总体发展目标,结合当前我国司法鉴定行业的实际,探索保障司法公正实现,以及维护社会公共安全所需要的新型司法鉴定标准体系,并且对域外主要法治国家在司法鉴定领域标准化建设的基本经验进行较为系统的比较分析,以期深化我们对司法鉴定标准化一般规律的认识。

2. 有利于针对目前司法鉴定行业治理面临的主要问题,探索建立基于标准化治理手段的行业治理理论体系,提升行业治理的整体水平,统揽全局。因此,从维护人民利益,保障司法公正实现的全局来看,必须打破这些分散、不统一以及狭隘部门利益主义的认识和体制,用新的治理思维和治理框架加以应对。司法鉴定标准化课题将以司法鉴定标准制定、标准贯彻和标准执行监督这一过程为主干,着重探索建立政府、行业以及利益攸关方良性互动的以共治格局为目标的系统化的行业治理架构,厘清司法鉴定质量问题背后的设计标准化方面的宏观问题及其作用机制,有利于形成对于司法鉴定标准化、司法鉴定专业认证、司法鉴定机构认可3个质量基础设施的地位和作用

---

〔1〕 厉佛灯:《运用科学思维做好巡视工作》,载《红旗文稿》2020年第12期。

的理性认识,形成具有我国独特见解的司法鉴定标准化与质量管理理论体系,这能够为我们在新时期统揽司法鉴定制度改革和发展全局提供一个较系统的理论框架。

3. 有利于建立一个国际司法鉴定标准合作和竞争的具体认识论框架,形成一套有序参与国际司法鉴定合作和竞争的路径方法与手段措施体系。本书的研究需要结合当前国际司法鉴定标准合作和竞争的现状,研究国际司法鉴定标准制定的必要性、意义以及面临的主要挑战等基本问题,系统分析目前我国参与国际司法鉴定合作和竞争面临的主要差距和原因,从动力来源、制度建设、参与路径方面,提出应对对策和实现手段措施,这有利于实现《国家标准化体系建设发展规划(2016—2020年)》文件"积极主动参与国际标准化工作"的预期目标。

第二节 文献综述

一、国外文献综述

在2015年,经过美国学者道格拉斯·H. 乌本拉克(Douglas H. Ubelaker)教授在其著作《全球司法鉴定实践》(*The Global Practice of Forensic Science*)一书中认为,全球各个国家或地区的司法鉴定理论与实践存在多样性、普遍性、共同性和差异性。以调查的28个国家或地区的专家学者反馈情况为例,其司法鉴定发展史、法律制度、组织结构或有相似,但各国或地区的域内司法鉴定标准化发展进度不尽相同。

如美国国家科学院(National Academy of Science,NAS)在2009年发布的《加强美国法庭科学:未来之路》(*Strengthening Forensic Science in the United States-A Path Forward*)报告,推动了美国法庭科学相关的标准和指南等文件的协调一致,以提高法庭科学活动质量和工作的一致性。[1] 无独有偶,美国司法部和商务部国家标准和技术研究所(Department of Commerce's

[1] 参见何晓丹等:《比较法视野下我国司法鉴定标准化制度的完善研究》,载《标准科学》2019年第4期。

National Institute of Standards and Technology,NIST)2013 年 2 月宣布建立全国性的法庭科学标准化委员会作为加强法庭科学实践的制度构成。该委员会将会考虑为联邦和各州、地方法庭科学实验室(由从事法庭科学的科研人员和执业人员组成)提供实践指南。NIST 主管的指南组织将发展和提出特定学科的指南,这些指南将对外公开,并成为得到委员会和司法部部长认可的标准。这一共同努力有助于法庭科学的国家标准化。另外,NIST 将继续发展法庭科学的方法和认证已经存在的法庭科学标准。

欧洲司法鉴定领域的标准化研究可以追溯到 20 世纪 70 年代,欧洲人所尝试的司法鉴定标准化研究远远走在其他各大洲之前。从一大批位于欧洲的司法鉴定专家学者开启大量的有关能力验证的组织、设计、样品选择以及结果评价研究开始,至 20 世纪 90 年代初,能力验证活动已经渗透到 DNA、痕迹、毒化等多个鉴定项目,在司法鉴定的质量保证中发挥越来越关键的作用。与此同时,这些国家也在积极探索能力验证的标准化工作,而在颇为早期的实践探索中,诸多民间组织和行业机构发挥了难以忽视的作用。随着国家政府对这些研究过程及结果的重视,很多为政府主导的标准化工作也开始慢慢推行开来,进而逐渐形成了为司法鉴定领域所应用的“标准”。截至 2018 年 12 月,欧洲司法鉴定机构联盟(European Network of Forensic Science Institutes, ENFSI)共发布了 14 个最佳实践手册(Best Practice Manuals)、17 个指南性文件(Forensic Guidelines)以及 11 个较低共识出版物(publications)。其中,较低共识出版物的文件层级各不相同,有调研报告类的信息性文件,也有尚未开展协商一致标准化工作领域的过渡性文件,如演讲报告以及印刷册。

澳大利亚通过澳新法庭科学协会(Australian and New Zealand Forensic Science Society, ANZFSS)、大洋洲法庭科学评估机构(Australasian Forensic Science Assessment Body, AFSAB)、澳大利亚国家检测机构协会(National Association of Testing Authorities, NATA)等对鉴定人或机构在不同领域分别实施管理,其中 ANZFSS 负责对鉴定人的登记和管理,AFSAB 负责对合格的法庭科学审查员进行认证,通过再验证以维持检查员的能力,并对未达到既定标准的从业人员进行审查。NATA 负责对整个澳大利亚的实验室、检查机构、能力验证计划提供者等进行认可。这一系列管理通过协会章程、认可标准和规范等施行管理。从而对澳大利亚不同州乃至新西兰等地区不同领域的司法鉴定人、不同地区的鉴定机构实施了有效统一的管理。澳大利亚司法鉴定有关国家标准由澳大利亚标准协会(Standards Australia,SA)开发制定,目前已制定了独具特色的司法鉴定通用规范。这些标准制定由法庭科学机构参与,本身是广泛协商一致的结果,因而在实施时,能够得到广泛的执行,且该标准制定又与 ISO/IEC 17025 等标准已经有很好的对接,使该标准可操作性比较高。

亚洲各国中的司法鉴定制度自成体系,司法鉴定标准化进程也不尽相同。在法律制定层面,越南率先于 2012 年 6 月通过了《司法鉴定法》,规制了司法鉴定管理和鉴定实施程序。[1] 其他亚洲国家虽然暂未制定类似的全方位规制司法鉴定活动的法律,但也不乏颁布鉴定相关专业的法规与标准。例如,日本的《死因调查与鉴定法》、韩国的《刑案 DNA 数据库法案》、新加坡的《验尸官法》、土耳其的《法医学委员会法》等。这些特定的法律规则作为不同鉴定事项具体实施的标尺,为相关鉴定专业的统一性制度体系构建提供了制度依据与保障,维护相关鉴定活动的正常展开。又如,日本法医学会制定的《司法解剖标准化指南》,韩国实验室认可委员会(Korea Laboratory Accreditation Scheme,KOLAS)制定的 30 多项关于司法鉴定领域的技术标准等,亚洲各国基本上都设置了专门的机构制定本国的司法鉴定行业标准、技术规范等,以规范国内各学科唯一性的鉴定技术规则,保障鉴定程序公正,实施有据。

二、国内文献综述

21 世纪初,我国已有不少论者关注到司法鉴定的标准化问题,并提出了一些宏观思考和研究。代表性的观点,如中国法医学会理事长、工程院院士

---

[1] 梁礼华:《越南司法鉴定法》,载《证据科学》2014 年第 1 期。

刘耀教授在《法庭科学标准化》一文中曾提出从鉴定材料的提取、送检到检验、文书出具以至鉴定机构的设置、鉴定人员的聘用都必须在全国范围内统一规范的必要性，并论证司法鉴定标准化建设是当前迫切需要进行的一项工作，同时，论者也明确地指出，关于本领域的标准化工作推进，目前始终缺乏一个“大的气候”。

随着我国司法改革的深入推进，在司法鉴定的定位正逐步从单纯为侦查破案服务，走向为社会管理和纠纷解决提供综合性技术保障的转变过程中，司法鉴定标准化问题的研究也获得了新的研究空间。特别是当前，司法鉴定标准化逐步成为本行业治理的重要基础架构和质量设施，下一步，如何统合公安、司法、检察、国家安全等司法鉴定专门力量，使其发挥应有的作用，改变目前的“部门利益保护主义”趋势，实现统一的司法鉴定管理体制，需要从标准化的角度进行深入研究。当前的研究，主要着眼一些带有初步性质的比较分析和介绍。例如，公安部物证鉴定中心花锋研究员等论者在《中美法庭科学领域标准化工作比较研究》一文中分析了中、美两国在法庭科学标准化工作方面的异同，也有论者就一些国家，如澳大利亚的法庭科学系列标准进行了初步分析。

近年来，我国司法鉴定领域标准化建设取得了令人瞩目的成绩，国家标准（GB）以及公共安全行业标准（GA）涉及司法鉴定的标准文件体系不断丰富和完善。但是，由于司法鉴定实践涉及公安、国安、检察、法院、司法行政以及卫生行政等“多头”，而且，在新修订的《标准化法》提出的“国务院标准化行政主管部门统一管理全国标准化工作。国务院有关行政主管部门分工管理本部门、本行业的标准化工作”要求下，如何理顺国家的“统一管理”与涉及司法鉴定各部门的“分工管理”的关系，仍有待深入研究。同样地，这些问题始终未得到学界的重视。

国际标准化制定组织［国际标准化组织（International Organization for Standardization，ISO）和国际电工委员会（International Electrotechnical Commission，IEC）］下属司法鉴定领域相关的技术委员会［主要是指国际标准化组织法庭科学技术委员会（ISO/TC 272 Forensic Science），以下简称 ISO/TC

272]目前仍然是由发达国家主导,而且基本上没有由我国司法鉴定标准转化为国际相关标准的成功先例。

第三节　研究内容及创新之处

一、研究内容

本书的研究对象是司法鉴定标准化的内涵、规划、制度构建和保障体制完善的问题。具体而言,是指在国家标准化战略框架下,按照全面深化司法改革,构建统一司法鉴定体制的要求,研究制定和推进我国司法鉴定领域标准化战略,实现统一的司法鉴定标准体系。本书研究的具体内容主要包括以下四个方面。

(一)标准化战略视角下我国司法鉴定标准化的基本问题

本部分需要通过选择国内不同类型的研究样本对象,包括不同类型(性质)的司法鉴定机构、司法鉴定行业主管部门、司法鉴定专业团体、司法鉴定教育院校、司法鉴定产品/服务供应商、司法机关等,调查司法鉴定标准化的现状和面临的主要问题,特别是要通过实地调查,梳理出制约司法鉴定标准化建设目标实现的历史、文化、制度(包括法律制度)、技术方法等方面的原因,并为推进我国司法鉴定标准化建设提供实证依据。同时,实证研究中也包括对典型个案的剖析,并验证对司法鉴定标准化建设具体措施的效果。

本部分的主要内容是在讨论我国司法鉴定标准化的战略规划及其内涵的基础上,重新厘定司法鉴定标准化的基本内涵。从目前司法鉴定制度改革和提升国家司法鉴定质量面临的关键制约因素入手,通过分析影响鉴定质量的因素中与标准化密切关联的方面,论证制定国家鉴定标准化战略的逻辑起点,分析推进国家司法鉴定标准化面临的战略环境,提出我国司法鉴定标准化战略的基本内涵。同时,需要从标准化一般理论、哲学、鉴定和法律文化、管理学、法学等方面对司法鉴定标准化的内涵进行分析,厘清司法鉴定标准化、认证、认可三者之间的基本关系,以期深化对司法鉴定标准化的宏观认识。

（二）司法鉴定标准化的域外实践和我国参与司法鉴定标准化国际合作的路径

当前，全球司法鉴定标准化建设成效较显著的国家，主要是澳大利亚、荷兰和英国、美国。本部分将通过文献和调研等方式，梳理上述典型国家司法鉴定标准化的历史和主要做法，并总结出我国实施司法鉴定标准化规划的具体建议。

同时，拟对 ISO/TC 272 的秘书处（澳大利亚标准化协会）、相关专业领域的科学工作组（Scientific Working Groups，SWGs）的相关专家进行访谈，了解当前国际司法鉴定标准化的最新进展和今后的发展动向。本部分是整个项目中侧重于前沿趋势和对策方面的专门研究。基于对域外国家司法鉴定标准化实践的研究，在本部分研究中进一步就我国参与国际司法鉴定标准化竞争的现实情况进行分析，并根据我国司法鉴定标准化的基本现状和预期发展目标，提出近 5 年内参与国际司法鉴定标准化合作的建议内容，包括司法鉴定专门质量管理标准、主干分支专业学科的标准化项目、司法鉴定人教育和继续教育培训标准等。同时，提出推进这一方面所需的基本保障制度和机制内容。积极对接国家"一带一路"倡议，从实际应用角度，分析论证以"一带一路"倡议作为推进国家司法鉴定标准化，参与国际司法鉴定标准化合作和竞争的基本思考。

（三）我国司法鉴定标准体系构建及实施保障

本部分主要根据《国家标准化体系建设发展规划（2016—2020 年）》文件提出的"以改进社会治理方式、优化公共资源配置和提高民生保障水平为着力点，建立健全教育、就业、卫生、公共安全等领域标准体系"的重点工作，研究我国司法鉴定领域标准体系基本框架的改革和完善问题。从司法鉴定科学技术的应用过程为切入点，对人员、产品、过程、方法、环境、职业健康和安全六个方面的基本标准体系的现状、完善方向进行研究。

另外，由于"发展团体类型标准是世界强国的普遍做法"，针对我国新修订的《标准化法》中赋予了团体标准的法定地位，通过本书的研究，分析、论证司法鉴定专业领域的团体标准制定及其创新问题，具体讨论司法鉴定团体标准的作用和构建符合我国司法鉴定行业特点的团体标准体系的具体路径。

为了切实推进司法鉴定标准化,积极制定、贯彻各类司法鉴定标准,同样需要结合制度要素进行综合研究。我国司法鉴定标准化实践需要硬件和软件方面的支持,而软件方面主要就是指制度,包括法律制度、管理制度、教育制度。本部分将以统一的司法鉴定法立法为主线,分析、论证建立司法鉴定标准化相应执法和监督的机制及与司法鉴定行业其他监管制度的衔接。

(四)课题研究的重点和难点分析

从理论上分析,本书研究的重点,是在全面认识标准化的内涵的基础上,重新厘定司法鉴定标准化的作用,特别要从国家层面上依法开展行业监管和积极参加国际标准化合作竞争的高度,在新修订的《标准化法》的框架下,提出司法鉴定标准化的基本目标、任务、规划以及推进路径。而难点,则是如何在统一的标准化管理体制和司法鉴定管理体制下,论证目前公安、司法两个主要系统并行的标准进行融合的问题。

二、主要创新之处

1. 本书以国家法治建设实际需求为导向,契合"一带一路"倡议,学术观点具有前瞻性和国际性。标准化是国家综合实力的重要反映。本书以国家层面的司法鉴定标准化战略制定和贯彻推进问题为切入点,对接国家"一带一路"倡议,分析、研究建立我国司法鉴定标准化整体框架和推进司法鉴定标准化建设相关基本问题,力求为下一阶段我国参与国际司法鉴定标准合作与竞争提供理论依据和对策参考,具有开拓性,体现社会科学研究对国家现实重大问题的支撑。

2. 本书立足我国司法鉴定制度改革的现状,整合司法鉴定学和标准化理论学科的知识,研究方法上体现了较强的应用对策性和学科综合性。开展司法鉴定标准化研究的目标,除为增强国家综合实力外,还要为建立新型的司法鉴定行业监管体制,提升行业治理水平提供现实对策,其包括统一的立法制度、完善的执法机制、科学的监督和管理方面的具体对策,体现综合性对策研究的定位。

第一章　司法鉴定标准化概念的内涵

司法鉴定标准化关乎组织、制定、实施与监督司法鉴定标准体系的建立健全问题，也是司法鉴定标准得以发展及创新的前提，更是监管与评价司法鉴定的基础，对于促进司法鉴定质量保障体系建设，增强司法鉴定科学性和鉴定行业的公信力，提升司法鉴定治理体系和治理能力的现代化以及鉴定标准制定的国际参与特别是“一带一路”倡议中的话语权均具有特别重要的价值。因此，需要对此进行研究与探索，特别应当厘清其内涵与外延，以免司法鉴定标准化建设无法催生出适合现代社会制度的创新制度。

第一节　标准与标准化

对司法鉴定标准化的研究首先需要从其本源进行探索，并为科学界定其术语内涵以及厘清其与其他相关术语的边界提供资源，以保证建构的司法鉴定标准化体系具有科学性、完整性、系统性和权威性，防止因内容不全、内涵不足、外延缺失或者范围存在纰漏制约司法鉴定标准化体系建设，继而影响推进司法鉴定的高质量发展。

一、标准的概念与内涵

司法鉴定标准化作为标准化的特殊领域，其研究不宜脱离标准化固有的蕴含，相反，还需要以一般或者普通的标准化含义作为展开研究的基础。探讨标准化又应以标准作为理论研究的逻辑起点。基于此，对司法鉴定标准化的研究需要沿着标准、标准化的逻辑进路走向司法鉴定标准、司法鉴定标准化领域，建构出符合标准化要求的具有司法鉴定标准化特色的科学体系结构。

对于“标准”内涵的界定，不同学术领域和学者存在不同的阐释和诠解。美国标准化学者约翰·盖拉德（J. Gailard）在《工业标准化与应用》中将“标准”解释为，“标准是以口头或书面形式，或用任何图解方法，或用模型、样品或其他物理方法确定下来的一种规范”。英国标准化学者桑德斯（T. R. B. Sanders）的《标准化的目的与原理》对标准概念定义为：“是经公认的权威当局批准的标准化工作成果。它可采用下述形式：文件形式，内容是记述一系列必须达到的要求；规定基本单位或物理常数，如：安培、米、绝对零度等。”日本工业标准调查会（Japanese Industrial Standards Committee，JISC）对其定义为：标准是“为广泛应用及重复利用而采纳的规格”。而德国标准化协会（Deutsches Institut für Normung e. v.，DIN）定义为：标准是“调节人类社会的协定或规定。有伦理的、法律的、科学的、技术的和管理的标准等”。美国检测和材料分析学会（American Society for Testing and Materials，ASTM）指出：“标准是促进买主和卖主之间的货物流通并保护公共利益的一种共同语言。”以上定义因不同主体所处的时代不同和领域有异，难免带有局限性。但在研究标准的含义时，还需要对其作出分析。约翰·盖拉德对标准概念的定义采用的是枚举的方式，是对标准概念的解释和说明，将其界定为“一种规范”具有积极意义，但难以罗列详尽各类标准，缺乏概念具有的抽象性和概括性。桑德斯对标准概念的定义采用了抽象的描述方式，存在以标准化来定义标准的问题，即以结果定义原因，对标准的形式采用了枚举描述的方式，[1]其作为“经公认的权威当局批准的标准化工作成果”的定义反映出标准的公认以及统一性含义。而日本和德国对标准概念的定义相对简练和朴实，主要是将标准概念定位在“规格”“协定”“规定”等文件形式上，局限于形式的范畴，认为标准的目的是“为广泛应用及重复利用”和“调节人类社会”，限于标

[1] 参见金晓石：《标准化的基本概念内涵与现代诠释》，载《质量探索》2018年第4期。

准的目的范围,[1]在一定程度上反映了标准内涵本质的“重复使用”的功能,其意义不可低估。以上这些从不同角度对标准作出的定义,为研究标准提供了诠释的历史线索和参考资料,也为多视角界定标准的内涵提供分析的资料。

1994年,世贸组织“WTO/TBT协议”给“标准”的定义为,为了通用或反复使用的目的,由公认机构批准的规定产品或相关加工和生产方法的规则、指南或特性的非强制执行的文件。标准可以包括或专门规定用于产品、加工或生产方法的术语、符号、包装标志或标签要求。ISO/IEC Guide 2:2004定义为,为了在一定的范围内获得最佳秩序,经协商一致制定并由公认机构批准,共同使用的和重复使用的,对活动及结果提供规则、指导或给出特性的一种规范性文件。

我国国家标准GB/T 20000.1—2014《标准化工作指南　第1部分:标准化和相关活动的通用术语》将标准界定为,通过标准化活动,按照规定的程序经协商一致制定,为各种活动或其结果提供规则、指南或特性,供共同使用和重复使用的文件。我国《标准化法》第2条第1款和第2款规定:“本法所称标准(含标准样品),是指农业、工业、服务业以及社会事业等领域需要统一的技术要求。标准包括国家标准、行业标准、地方标准和团体标准、企业标准。国家标准分为强制性标准、推荐性标准,行业标准、地方标准是推荐性标准。”“本法综合国内外标准化的实践,将标准的范围界定为‘农业、工业、服务业以及社会事业等领域需要统一的技术要求’。”[2]我国国家标准的定义采用了ISO/IEC指南2的定义。学界对“标准”定义为,“为在一定的范围内获得最佳秩序,经协商一致制定并由公认机构批准,共同使用的和重复使用的一种规范性文件”。[3]我国对标准的理论界定和法律定义在一定意义上借鉴了国际标准含义,反映了我国对其研究拉近了与国际标准的距离,力求标准符合国际化的趋势,对标准的定义也趋于国际的统一化。然而,经济社

[1] 参见麦绿波:《标准化概念定义的评论》,载《中国标准化》2011年第5期。
[2] 参见甘藏春等:《中华人民共和国标准化法释义》,中国法制出版社2017年版,第24页。
[3] 参见魏新让:《标准化断想》,载《企业标准化》2004年第11期。

会发展对标准的需求在不断发展、变化,因此《标准化法》在对标准的领域采用列举后用"等"字为未来标准制定领域的扩展留有空间,体现了立法的前瞻性,这也为司法鉴定标准领域提供了法治化的空间。

基于以上国外学者以及国际组织等对标准概念的界定,特别是我国《标准化法》对其的规定以及有关标准的描述定义和理论研究的成果,以《标准化法》的规定为依据,标准的含义可以界定为:是以科学、技术和实践经验的综合成果为基础,对重复性事物和概念所作的统一规定,经有关方面协商一致,由主管机构批准,以特定形式发布,作为共同遵守的准则和依据。基于这一含义界定,标准一般应当具备以下要素或者基本内容:[1]

一是标准是以科学、技术和经验的综合成果为基础,经过"协商一致"形成的准则和依据。标准不仅以科学、技术和经验的综合成果为基础,而且该领域相关方的意见一致,具有相关各方达成共识并接受的特征。标准不能由利益相关方或机构一方操纵或者独立单方确认,但不排除相关各方在协商过程中的博弈。其协商一致也并非没有不同意见,也可能存在一些允许保留的意见,但最终获得作为标准的成果具有协商一致的统一性。

二是标准能够"共同使用和重复使用"。标准制定后的实施会形成规模化、统一化和领域化,属于共同遵守的规范,甚至可视为"世界通用语言"。这也是各国采用国际公认的标准或者以国际公认的标准作为参考制定本国标准的缘由。同时,"重复使用"标明无论是何种主体实施,只要按此进行活动就会得到相同的结果,体现出标准的本质内涵。

三是标准由主管机构批准,以特定形式发布,作为共同遵守的准则和依据。标准不同于一般的规律,其具有制度上的意义。标准不仅存在批准的机构,还需要通过特定程序公开,接受社会的检验和监督。标准是经济活动和社会发展的技术支撑,旨在促进最佳的公共效益和最佳秩序,其不仅是社会发展到一定阶段的要求,也是一种制度的产物。

---

〔1〕 王蕾蕾:《建立统一司法鉴定专业术语、规范的结果评判标准——基于司法鉴定标准的展开》,载《中国司法鉴定》2020 年第 3 期。

四是标准为某些领域活动及结果提供规则、指导或给出特性，具有特定领域的专业性，是经济社会和司法活动规范化的技术依据，属于统一规定的准则。这一准则一旦经协商一致并批准和公布后，就应当得到遵循。由于标准适用领域以及类型不同，其强制力上存在不同的要求。

从上述标准的含义和包括的要素可以发现，标准具有领域的限定性，对象的特定性，制定依据的科学性、统一性和法律性，但标准的本质特征是其所特有的统一性。标准具有推动供给质量提升、引领创新驱动、促进经济社会高质量发展的支撑功能，在现代社会治理中具有重要的作用，是国家治理体系和治理能力现代化的基础性制度。

二、“标准化”的概念与内涵

“标准化”（Standardization）不同于“标准”（Standard）。在我国，“标准化”作为一个法律术语可追溯到1962年国务院发布的《工农业产品和工程建设技术标准管理办法》。1979年，国务院发布的《标准化管理条例》（已失效）将标准化作为组织现代化生产的重要手段，并将推行标准化作为国家的一项重要技术经济政策，旨在充分发挥标准化在实现现代化中的作用。同时规定了专业标准化技术委员会，要求其积极采用国际标准和国外先进标准。1988年全国人民代表大会常务委员会（以下简称全国人大常委会）审议通过的《标准化法》没有明确规定标准化的含义，仅规定“标准化工作的任务是制定标准、组织实施标准和对标准的实施进行监督”。“标准化工作应当纳入国民经济和社会发展规划。”2015年3月11日，国务院印发的《深化标准化工作改革方案》（国发〔2015〕13号）提出：“改革标准体系和标准化管理体制，改进标准制定工作机制，强化标准的实施与监督。”2017年11月4日，全国人大常委会修订了《标准化法》。该法第3条规定：“标准化工作的任务是制定标准、组织实施标准以及对标准的制定、实施进行监督。”然而，理论上将标准化定义为在一定的范围内获得最佳秩序，对实际的或潜在的问题制定共同和重复使用的规则的活动，主要包括制定、发布及实施标准的过程。

ISO“ISO/IEC Guide 2:2004”将标准化定义为，“为在一定范围内获得最佳秩序,对现实问题和潜在问题制定共同使用和重复使用条款的活动”。澳大利亚将其定义为:“普遍地存在于人类生活之中,语言就是标准化的一种形式,道德准则和法律也属标准化的范畴。”原国家质量监督检验检疫总局《标准化工作指南 第1部分:标准化和相关活动的通用术语》(GB/T 20000.1—2002)对“标准化”的定义为:“为了在一定范围内获得最佳秩序,对现实问题或潜在问题制定共同使用和重复使用的条款的活动。”同时注明:(1)上述活动主要包括编制、发布和实施标准的过程;(2)标准化的主要作用在于为了其预期目的改造产品、过程或服务的适用性,防止贸易壁垒,并促进技术合作。我国在GB/T 20000.1—2014作了修改,即“为了在既定范围内获得最佳秩序,促进共同效益,对现实问题或潜在问题确立共同使用和重复使用的条款以及编制、发布和应用文件的活动”。这种对标准化定义的修正与我国采用国际标准有关。

综观上述标准化的界定以及我国《标准化法》的相关规定,其均将标准化视为一种活动或者过程,具有动态的本质意义。笔者认为,标准化可定义为,为在一定的范围内获得最佳秩序,对实际的或潜在的问题制定共同和重复使用的规则的活动,主要包括组织研究标准、组织制定标准、组织实施标准以及标准制定、标准批准、标准颁布、标准实施和标准监督等的一系列动态发展过程。

基于以上对标准化的含义界定,结合我国《标准化法》对标准化的规定,对于标准化的含义可从以下几个方面认识与理解。

一是标准化是一系列的发展过程,是标准和其他标准化文件产生的过程。这个过程不仅包括标准组织制定活动以及标准制定、标准编制、标准发布、标准实施、标准管理以及监督,还包括组织标准研究以及相关研究的活动。标准化作为一项动态过程,还将根据标准实施情况进行的标准修订纳入其中,使标准得以不断发展和完善。

二是标准化是一个动态的体系以及体系结构。其构造体系包括标准的组织主体、制定主体、实施主体和监督主体,也包括标准的客体或者对象、标准的范围、领域以及标准制度建设等活动体系,还包括标准不断发展和创新的动态化体系。标准化作为一个动态过程和体系结构由法定组织主体组织制定。制定标准,是由标准制定主体按照其既定的制定程序编制和发布标准;组织实施标准,是指标准化机构宣传、推广标准,应用实施标准等;对标准的制定、实施进行监督,是指法定监管部门依法对标准的制定程序、标准的内容以及实施标准的监督。

三是标准化反映了某一领域的统一技术化的要求,这种技术化能够使重复出现和无限延伸的需求简单化、规范化和统一化。就标准化而言,这一过程或者活动不是一次性能够完成的,需要一个不断提高、不断发展和不断创新的过程。每一个循环完成后,标准化的水平和效益就会得到提高。

四是标准是标准化活动的结果或者产物。标准化的目的是在一定范围内或者领域内获得最佳秩序,促进共同利益。主要效益在于为了产品、过程或服务的预期目的改进它们的适用性,促进贸易、交流以及技术合作。

综上所述,标准化是一个复杂的动态过程,其过程包括一系列的活动。因此,对其进行研究需要多视角,并对标准化的基本原则、主要任务和具体措施等问题进行探索。

第二节　司法鉴定标准与标准化

对司法鉴定标准化概念内涵的界定,首先应在标准化的基础上以司法鉴定标准的概念作为研究的逻辑起点,结合理论对司法鉴定标准化的研究成果、规范性文件规定的内容和借鉴其他领域界定标准化的经验进行界定,确保通过准确界定司法鉴定标准化内涵助推司法鉴定标准化建设,使其能够满足司法鉴定实践和司法公正的高标准要求。

一、司法鉴定标准的含义与界定

关于司法鉴定的标准,有学者认为,司法鉴定标准按其内容有广义和狭义之分。广义的鉴定标准,是指鉴定活动的基本准则,即通常所说的鉴定规范,包括鉴定机构规范、鉴定人资格和地位规范、鉴定程序规范、鉴定管理规范、鉴定对象与鉴定意见规范。狭义的鉴定标准,是指鉴定意见的具体条件,即鉴定意见可靠性的必备因素。[1] 这一定义是从司法鉴定意见形成过程中的操作标准和技术标准为视角进行界定的，仅将“司法标准”限定在司法鉴定意见的形成标准和司法鉴定的应用标准。[2] 也有学者认为，司法鉴定标准，是指由国家权威部门发布的在司法鉴定的技术运用和结论做出上比照、使用的技术规范。这种观点将司法鉴定标准限定在技术规范，属于鉴定实施需要遵循的技术标准。还有学者从标准的理论出发认为，司法鉴定标准应当包括鉴定意见的形成标准和鉴定意见的运用标准。前者包括鉴定启动、设计启动项目、确定鉴定方法、评定检验结果、得出鉴定意见等过程中涉及的标准；后者包括鉴定意见的采用标准。目前，司法鉴定实践中使用的标准和方法主要包括：技术法规、公共安全行业标准、医疗卫生行业标准、金融行业标准、司法技术规范、机构自编方法等。也有观点将司法鉴定标准放置在司法鉴定标准的体系建设上，并认为，司法鉴定标准体系涉及类别包括现场勘查检验类、法医病理损伤类、法医临床学类、法医人类学类、法医精神病学类、法医遗传学类、痕迹检验鉴定类、指纹检验鉴定类、枪弹检验鉴定类、爆炸检验鉴定类、毒物检验鉴定类、理化检验鉴定类、现代语言技术类、视频侦查技术类、电子物证检验鉴定类、文件检验鉴定类、警犬技术类、心理测试类、信息技术类、技术管理类等。

以上探讨的司法鉴定标准含义多聚焦司法鉴定标准的使用层面，包括司法鉴定意见形成过程中有关的依据标准、操作标准和技术标准，反映的内容集中在鉴定技术规范上，强调实施鉴定活动和采用鉴定意见的标准。实践中多将司法鉴定标准类型化，将司法鉴定细分到不同鉴定类别上，致使我国的司法鉴定标准在种类、内容上存在许多问题，缺乏系统完善的体系。[3] 我国的司法鉴定标准相对较复杂，有些属于司法鉴定技术标准，也存在规定的标准，如《人体损伤程度鉴定标准》；因鉴定服务的领域不同，标准产生的主体

---

〔1〕 参见邹明理主编：《我国现行司法鉴定制度研究》，法律出版社 2001 年版，第 144 页。

〔2〕 参见程军伟：《论司法鉴定的标准化》，载《理论导刊》2008 年第 2 期。

〔3〕 参见陈敏、刘鑫：《我国司法鉴定标准体系研究》，载《昆明理工大学学报（社会科学版）》2013 年第 3 期。

也具有多元化,以至于揭示司法鉴定标准的本质相对困难。但是,司法鉴定标准的界定需要在不脱离标准"统一性"本质的基础上体现其法律特性。

基于以上学者的观点,结合标准本质以及我国司法鉴定的特质,对司法鉴定标准的内涵可界定为,为保障鉴定意见作为证据的目的,经法定主体协商一致制定并经有权部门批准发布的,具有科学、客观、可靠和合法性的可重复使用的鉴定基础、鉴定技术和鉴定监管等统一性规范。对司法鉴定标准可作以下理解:

一是司法鉴定标准是司法鉴定领域需要遵循的统一性规范。这种规范需要司法鉴定以及与司法鉴定相关各方一体遵守,不因民事诉讼或者行政诉讼抑或刑事诉讼以及行政执法、仲裁、公共事件而在适用上存在不同,不受地域的限制,通过科学、可靠、有效和合法的司法鉴定标准维护其稳健性、一致性的最佳鉴定秩序,维护司法发现真实的最终目标。因此,司法鉴定标准的规范意义使其与其他标准产生了区别。

二是司法鉴定标准是由法定部门颁布的具有强制性的统一性规范。司法鉴定不仅具有科学性,更主要的是法律性,是法学请求专门知识以及科学协助的法律性标准,其本身具有法定性。这种规范体现鉴定意见作为证据的统一规格,不具有地方化特征,体现法律一体遵循的规范性特征。

三是司法鉴定标准是鉴定领域共同和重复使用的规范。这种规范不仅可以在初次鉴定中适用,而且在重新鉴定中也适用;也不区分适用的鉴定机构或者鉴定人的资质,在司法鉴定领域均需重复使用且具有统一性。这种标准无论是强制标准还是推荐性标准,均需要重复使用,不得因属于推荐性标准而不予执行。同时,由于司法鉴定不受地域限制,且鉴定意见属于证据,司法鉴定不应存在地方标准。

四是司法鉴定标准是基于司法鉴定的现实问题或潜在问题制定共同使用或重复使用的规范,这种规范的外在形式表现为规范性文件。

基于以上对司法鉴定标准的分析和探讨,还需要说明的是,司法鉴定作为法律借助专门知识或者科学技术来协助司法活动判断事实的证据,关乎案件能否准确发现真实,涉及司法公正能否实现,以及司法鉴定的科学性和权威性能否得到尊重和维护。因此,司法鉴定的标准不同于其他领域的标准,需要将其含义作限缩性界定,以免扩大其含义影响鉴定的质量。既不宜将司法鉴定标准等同于一般事物的标准,也不应将其与作为侦查技术规范的标准混淆或与一般检测性标准混同。

二、司法鉴定标准化

司法鉴定标准化不同于司法鉴定标准,但对司法鉴定标准化内涵的探讨应以司法鉴定标准作为基础,这不仅体现司法鉴定标准化在"化"上的内在价值,还能够为其作为一项建设体现其动态的过程意义,以便推进司法鉴定标准的统一化、科学化、规范化、有效化和现代化能力与水平。

在司法鉴定理论研究中,有关司法鉴定标准化含义也存在不同的界定。有学者认为,司法鉴定标准化,是指有关鉴定的语言、程序、方法,鉴定依据和鉴定意见应做到统一与规范。[1] 司法鉴定标准化首先是一种活动,它通过确立司法鉴定的标准体系—鉴定标准的实施—及时收集反馈信息—修正标准这几个环节来实现司法鉴定的标准化。[2] 也有学者认为,法庭科学/司法鉴定标准化工作从广义上讲:既包括管理层面的规范化工作,又包括专业层面的标准化工作;既包含技术标准的编制,也包含法律法规的完善等内容。[3] 我国学者认为,司法鉴定标准化作为一项活动,涵盖的内容较广泛,不再仅限于技术规范标准化,还包括语言等术语的标准化以及法律法规等。这些观点对于拓宽司法鉴定的标准化范围和视角具有积极的意义。

基于我国法律对标准化作出的界定,结合上述有关司法鉴定标准和标准化以及司法鉴定标准化的研究成果,在界定司法鉴定标准化含义前需要从《标准化法》规定的视角予以探索。按照《标准化法》第 5 条规定的"国务院标准化行政主管部门统一管理全国标准化工作。国务院有关行政主管部门

[1] 参见邹明理主编:《我国现行司法鉴定制度研究》,法律出版社 2001 年版,第 144 页。

[2] 参见徐为霞、孙延庆:《司法鉴定标准化实现机制探讨》,载《福建公安高等专科学校学报:社会公共安全研究》2007 年第 4 期。

[3] 参见陈军、王旭:《法庭科学/司法鉴定标准化建设工作的探索与思考》,载《中国司法鉴定》2018 年第 6 期。

分工管理本部门、本行业的标准化工作”。国务院标准化行政主管部门统一管理全国标准化工作，主要履行下列职责：(1)组织贯彻国家有关标准化工作的法律、法规、方针、政策；(2)组织制订全国标准化工作规划、计划；(3)负责强制性国家标准的立项、编号、对外通报和批准发布；(4)负责制定推荐性国家标准；(5)指导国务院有关行政主管部门和省、自治区、直辖市人民政府标准化行政主管部门的标准化工作，协调和处理有关标准化工作问题；(6)组织实施标准；(7)对标准的制定和实施情况进行监督检查；(8)负责国务院标准化协调推进部际联席会议日常工作；(9)代表国家参加 ISO、IEC 等有关国际的标准化组织，负责管理国内各部门、各地方参与国际或区域性标准化组织活动的工作等。国务院有关行政主管部门分工管理本部门、本行业的标准化工作，履行下列职责：(1)贯彻国家标准化工作的法律、法规、方针、政策，并制定在本部门、本行业实施的具体办法；(2)制订本部门、本行业的标准化工作规划、计划；(3)负责强制性国家标准的项目提出、组织起草、征求意见、技术审查，承担国家下达的草拟推荐性国家标准的任务；(4)组织制定行业标准；(5)指导省、自治区、直辖市有关行政主管部门的标准化工作；(6)组织本部门、本行业实施标准；(7)对标准实施情况进行监督检查等。基于以上《标准化法》《标准化法实施条例》的基本要求，理论界对司法鉴定标准化的研究，参照国际社会对标准化发展的趋势以及我国司法鉴定体制改革有关司法鉴定标准化建设的实际，对司法鉴定标准化作出含义上的界定，还需要厘清以下问题：司法鉴定标准化不限于司法鉴定工作层面，也不同于司法鉴定的规范化，还不能等于司法鉴定标准。因为司法鉴定标准是标准化的结果，其本身不是标准化。

基于上述的讨论与论述，界定司法鉴定标准化不仅需要将其作为一个体系来考察，也需要从其作为一项活动过程来认识，还需要站在司法制度建设高度来审视，更需要借助于其外延作为统一体来全面理解，对其概念应作整体的诠释。

司法鉴定标准化，是指为了保障司法鉴定的科学性、可靠性和规范性，依据司法鉴定标准化的原则、任务和目标，组织制定、实施以及监督管理司法鉴定标准的体系化建设过程，是司法鉴定标准形成、发展和创新的统一化、制度

化、规范化的活动。对其内涵界定需要从司法鉴定标准化建设的高度进行探讨,可作以下理解:

1. 司法鉴定标准化是司法鉴定标准的组织主体、司法鉴定标准制定主体、司法鉴定标准的实施主体、司法鉴定标准监督管理主体及这些主体之间权限分工和有关产生司法鉴定标准的活动过程。

一是司法鉴定标准组织主体的权限以及相关活动的过程。这是司法鉴定标准化的前提。这种组织主体应当是主管全国司法鉴定的部门,并需要与国家有计划地发展标准化事业结合起来。国务院司法行政部门作为主管全国司法鉴定登记管理工作的部门,对司法鉴定标准组织是否拥有职权值得理论探讨与研究。

从我国鉴定技术标准组织制定的历史来考察。我国司法鉴定标准化可追溯到刑事技术标准化委员会(TC 179,以下简称刑标委)成立。1992 年根据国家技术监督局的部署,由公安部牵头,从全国公检法司各系统范围内遴选出来与刑事司法鉴定各领域有关的专家成立了包括 10 个分专业委员会的"中华人民共和国刑事技术标准化委员会"。其委员会分别设有刑事信息、毒物分析、理化检验、物证照录像、法医检验、指纹检验、文件检验、电子物证、痕迹、刑事技术产品分技术委员会,负责研制各个刑事科学技术领域的司法鉴定标准。刑标委成立将其牵头人作为标准化的组织者,其分技术委员会为标准化的制定者,其实施者则为刑事领域技术鉴定部门或者司法鉴定部门。基于我国司法鉴定体制改革,2008 年中央政法委《关于进一步完善司法鉴定管理体制遴选国家级司法鉴定机构的意见》(政法〔2008〕2 号)曾要求:"公安部要继续发挥牵头作用,会同中央政法各部门进一步制定、修改和完善法医、物证和声像资料类刑事司法鉴定技术标准。""没有规定的,由司法部商最高人民法院、最高人民检察院及行业主管部门或行业协会等共同制定。"2017 年 7 月 19 日,中央全面深化改革领导小组第三十七次会议审议通过《意见》指出:"根据《决定》[1]和《中华人民共和国标准化法》,由国务院司法行

---

〔1〕 全国人大常委会《关于司法鉴定管理问题的决定》。

政部门会同最高人民法院、最高人民检察院、公安部、国家安全部、中央军委政法委等有关单位,按程序成立‘全国司法鉴定标准化技术委员会’,统筹规划、统一制订、发布和解释司法鉴定标准,另有安排的除外,加强司法鉴定标准化与刑事技术标准化工作的协调……”从上述的规定来看,早期刑事技术标准的牵头人是公安部,而司法鉴定的会同部门为司法部。因为“鉴定制度以法院为主体,与此相反,犯罪鉴别是以侦查机关为主体,这是不同的”。[1]根据政策的要求,司法鉴定标准的组织者是国务院司法行政部门会同最高人民法院、最高人民检察院、公安部、国家安全部、中央军委政法委等有关单位,按程序成立全国司法鉴定标准化技术委员会。按照这种改革思路,我国的司法鉴定标准组织者是全国司法鉴定标准化技术委员会,其职责除组织司法鉴定标准制定等外,还要组织贯彻国家有关标准化工作的法律、法规、方针、政策。然而,2019 年 2 月市场监管总局标准技术管理司发布,根据《全国专业标准化技术委员会管理办法》,经研究,现对拟筹建的全国司法鉴定标准化技术委员会(筹建方案见附件)公开征求意见并征集意向委员。拟筹建的全国司法鉴定标准化技术委员会主要负责司法鉴定基础标准、技术标准和管理标准,包括法医类、物证类、计算机与声像资料类、环境损害类及其他实行登记管理的司法鉴定标准制定修订工作,对口 ISO/TC 272,秘书处拟由司法鉴定科学研究院承担,由司法部负责日常管理和业务指导。那么,这是否意味着由市场监管总局标准技术管理司组织值得研究。基于以上讨论,理论研究应当将全国司法鉴定标准化技术委员会作为组织者,研究其组织活动的程序化和规范化。由于刑事技术和司法鉴定的标准具有相同性,对于这些相同性问题应当由谁来组织以及如何组织,需要通过司法鉴定标准化研究与论证提供建设性意见或者方案。

二是司法鉴定标准制定主体及其活动的过程。司法鉴定涉及技术领域的繁多和广泛以及司法活动对司法鉴定要求的复杂决定了司法鉴定标准文

---

〔1〕 参见[日]上野正吉等:《刑事鉴定的理论与实践》,徐益初等译,群众出版社 1986 年版,第 3 页。

件的多样性。司法鉴定标准文件的制定只有结合司法鉴定的实际,区别不同情况,通过不同渠道和形式才能建立起符合司法鉴定需求的司法鉴定标准体系。司法鉴定标准制定主体因司法鉴定标准的性质不同而不同。对于技术性标准,应当由主管部门联合行业协会制定较适宜。基于司法部原司法鉴定管理局的任务,国务院司法行政部门负责研究拟定司法鉴定技术管理规范;组织实施司法鉴定的技术交流合作;指导司法鉴定技术研发等有关工作;对于综合性的司法鉴定标准可组织不同的行业进行。目前,司法鉴定制度改革正在深入推进,司法鉴定标准制定者需要依不同的鉴定标准类型而定,但要保障其具备制定司法鉴定标准的能力即能够胜任这项工作。

三是司法鉴定标准的批准以及文件的发布活动。司法鉴定标准是否应当统一由全国司法鉴定标准化技术委员会批准及发布需要探讨。对于司法鉴定技术、鉴定方法、鉴定产品标准等技术成分较强的司法鉴定技术性规范,可在国家标准管理框架下,按照标准制定程序和权限,经过全国司法鉴定标准化技术委员会批准和国家标准化管理委员会备案,以国家标准等形式颁布。其颁布主体需要考虑其标准的性质以及监管标准实施的优势,对于公检法共用的,可由最高人民法院、最高人民检察院、公安部、国家安全部、司法部等作为颁布部门,使之成为带有司法解释性的标准,发挥规范性的作用。例如,英国由内政部、检察院、警察局共同成立的法庭科学管理委员会。

四是司法鉴定标准的组织实施以及实施活动。《标准化法实施条例》规定:“国务院有关行政主管部门分工管理本部门、本行业的标准化工作,履行下列职责……(三)承担国家下达的草拟国家标准的任务,组织制定行业标准……(五)组织本部门、本行业实施标准。”基于此,对于司法鉴定标准的组织实施应属于司法鉴定的主管部门,而实施主体是司法鉴定机构和鉴定人。按照全国人大常委会《关于司法鉴定管理问题的决定》(以下简称《决定》)要求,鉴定机构从事司法鉴定业务要尊重科学,遵守技术操作规范并且有在业务范围内进行司法鉴定所必需的依法通过计量认证或实验室认可的检测实验室。

五是司法鉴定标准的组织、制定、实施、管理的监督过程。《标准化法实施条例》规定："国务院有关行政主管部门分工管理本部门、本行业的标准化工作，履行下列职责……（六）对标准实施情况进行监督检查。"司法鉴定标准化的监管不仅包括对司法鉴定标准制定、实施进行监督，也包括对司法鉴定标准的组织、管理的监督以及司法鉴定使用机关的监督。其主体可为管理司法鉴定标准的部门、行业，对于不符合司法鉴定标准化的行为应当责令其改正以及依法依规作出处理；也包括鉴定标准的社会监督，如最高人民法院、最高人民检察院、公安部、国家安全部、司法部等鉴定标准的适用机关的监督。对于存在异议或者争议的，需要经过全国司法鉴定标准化技术委员会统一组织相关部门监督解决。

2. 司法鉴定标准化包括确定与坚持的原则、任务和目标。司法鉴定标准化不仅包括组织贯彻国家有关标准化工作的法律、法规、方针、政策，也包括确定司法鉴定标准化的原则、任务和目标。有学者认为，司法鉴定标准化的原则包括司法鉴定内容的科学性原则、司法鉴定标准体系的统一性原则、司法鉴定标准制定和修改的动态性原则、司法鉴定标准实施的可操作性原则等。[1] 司法鉴定标准化的任务包括组织的任务和工作的任务，其中工作的任务为制定标准、组织实施标准和对标准的实施进行监督。其目标是构建科学合理、层次分明、满足需要的司法鉴定标准化体系和框架。

3. 司法鉴定标准化包括标准体系化、结构化和层级化的构建过程。在司法鉴定标准化活动中既存在组织、制定司法鉴定政策和法律法规规章的体系化和制度化，也包括司法鉴定行业基础标准、司法鉴定行业技术标准以及司法鉴定行业管理标准的形成、评价以及适用、修订等活动，还包括强制性标准、推荐性标准以及团体标准形成、实施以及监督实施、修订等过程。同时，需要厘清法律、技术法规和各级各类标准的层次、效力和范围，科学构建政策制度体系、技术标准体系、实施监督体系和保障体系为一体的司法鉴定标准

〔1〕 陈敏、刘鑫：《我国司法鉴定标准体系研究》，载《昆明理工大学学报（社会科学版）》2013 年第 3 期。

化外延体系。[1]

一是全国司法鉴定标准化技术委员会确定司法鉴定标准化法律法规规章以及规范性文件,统筹标准化建设的重大改革,研究标准化重大政策,对跨部门、跨领域、存在重大争议的标准之制定和实施进行协调,特别是有关司法鉴定标准化的战略规划。还包括依法监督有关标准制定基本原则的执行,依法组织司法鉴定标准制定,依法依规对强制性国家标准的项目予以立项,依法对标准进行编号、复审或者备案等内容,以及建立统一司法鉴定标准化机制和职能、整合现有法庭科学技术标准体系、规范标准研究与应用、践行司法鉴定机构的标准化管理,保障标准实施与监督和支持司法鉴定行业协会团体标准等。

二是司法鉴定标准包括司法鉴定行业基础标准、司法鉴定行业技术标准以及司法鉴定行业管理标准。司法鉴定行业基础标准包括标准体系表、专业术语代码标准、图形符号标准、特征分类标准、数据来源标准、其他通用标准。司法鉴定行业技术标准包括现场勘查技术标准、现场实验技术标准、检验鉴定技术标准、信息化建设应用技术标准、法庭科学技术产品标准。司法鉴定行业管理标准包括技术人员管理标准、基础设施管理标准、仪器设备配置与管理标准、物证管理标准、样本管理标准、耗材管理标准、质量控制标准、文书档案管理标准、环境与安全管理标准、信息化管理标准等相关内容。

三是在标准类型上包括强制性标准、推荐性标准以及团体标准。对于没有国家司法鉴定标准的个别特殊新兴专业或者个别鉴定事项,鉴定机构可以实施行业普遍适用并认可的技术规范。这些技术规范必须有充分的没有争议的科学依据和系统的实验与实用数据,经过一定的审查论证程序,鉴定理论和实践均证明它是无误的,可以作为推荐标准。在此基础上,经过组织制定以及经申报、审批、修订后,可作为强制性标准,并建立强制性国家标准实施情况统计分析报告制度。

---

[1] 参见何晓丹、吴何坚:《司法鉴定的标准化体系的推行以及探索》,载《中国标准化》2018年第10期。

4. 司法鉴定标准化不仅包括国内标准的组织、制定、实施以及监管的标准化，还包括司法鉴定标准化建设的国际化。司法鉴定标准化不限于国内司法鉴定标准化建设，还包括参与国际司法鉴定标准合作，特别是推进我国司法鉴定标准的国际化。根据《标准化法》的规定，国家积极推动参与国际标准化活动，开展标准化对外合作与交流，参与制定国际标准，结合国情采用国际标准，推动中国标准与国外标准之间的转化运用。《标准化法实施条例》规定："国家鼓励采用国际标准和国外先进标准，积极参与制定国际标准。"司法鉴定标准化包括司法鉴定标准的国际化，推动国际标准跟踪、评估和转化以及积极参与国际司法鉴定标准化活动，促进与其他国家间的司法鉴定标准的互认，特别是"一带一路"司法鉴定的合作，推进优势、特色领域司法鉴定标准国际化。在此方面，欧盟 12 个成员国已经建立了统一的 DNA 鉴定技术标准。对于如何参与国际社会司法鉴定标准组织与制定应当作为司法鉴定标准化的内容予以研究。

基于以上对司法鉴定标准化含义的探讨、认识和理解，司法鉴定标准化的含义不仅限于司法鉴定标准组织、制定、颁布、实施以及监督等活动的集合，也是司法鉴定标准体系与框架的建设过程，还是推进司法鉴定标准的国际化的重要依托，其含义不仅丰富，而且复杂，甚至还具有建设性意义。同时要避免对其含义的界定仅限于司法鉴定标准的制定与实施，也不应将其界定为司法鉴定意见形成与适用标准的狭小范围，否则，会影响和制约司法鉴定标准化建设的发展与创新。

另外，在司法鉴定标准化含义的研究中还需拓宽对司法鉴定标准化历史和基本原理、标准化与创新、国内标准化提升以及国际标准化的融合，特别是司法鉴定标准的法治化建设等。这些内容也是司法鉴定标准化建设不可或缺的。

第三节　司法鉴定标准化的意义

标准化是我国治理体系和治理能力现代化的基础性制度，司法鉴定标准化便成为了行业治理体系建设的应然选择。司法鉴定标准化是组织、制定、实施和监督司法鉴定标准的全过程，司法鉴定标准是其工作的成果。在司法鉴定标准化的一系列进程中，其重要意义在于以消弭本行业内认识分歧，提高司法鉴定质量与社会治理能力为基础，向诉讼领域内提供智识支持，推进公共法律服务体系建设，由此加速我国司法鉴定标准化与国际法庭科学标准的共建、互联，增强我国的国际影响力。具体如下。

一、理论视角：司法鉴定标准化有利于统一思想

2020年《中共中央关于制定国民经济和社会发展第十四个五年规划和二〇三五年远景目标的建议》中对服务业、农业，甚至财政、国防等核心领域提出了标准化要求，司法鉴定作为影响司法公正的重要方面亦应跟随社会发展加快其标准化进程。司法鉴定标准化不仅是确定司法鉴定标准组织主体、制定主体、实施主体、监督管理主体及这些主体之间权限分工、有关产生司法鉴定标准的活动过程之重要指针，更重要的是，通过确定司法鉴定标准化为统一司法鉴定的认识、减少理论上的分歧以及保障鉴定的高质量发展奠定理论基础。

在司法鉴定标准制定方面，《意见》要求建立全国司法鉴定标准化技术委员会，统筹规划、统一制订、发布和解释司法鉴定标准，表明了我国充分重视司法鉴定标准化，并将其作为司法鉴定体制改革的重要组成部分，司法鉴定标准制定主要为具体的鉴定工作提供依据，克服科学之不确定性带来的弊端。同时，司法鉴定标准是经法定主体协商一致制定并经有权部门批准发布的，具有科学、客观、可靠和合法性的可重复使用的鉴定基础、鉴定技术和鉴定监管等统一性规范。因此，司法鉴定标准的制定必定是经多方专家研讨、论证，并经法定部门赋予其权威性和认可度，实质上也是司法鉴定领域内统一思想的过程。

在司法鉴定标准实施方面，司法鉴定活动的实施是否严格遵循司法鉴定标准，是鉴定意见是否可靠的重要依据。在案件审理过程中，鉴定已经成为法官认定专业问题的必然选择，在实践中也出现了“泛鉴定化”的趋势，[1]审

---

〔1〕 参见朱晋峰、沈敏：《司法鉴定的标准化体系的推行以及探索》，载《中国司法鉴定》2018年第1期。

判对司法鉴定质量的要求随之明显增强。鉴定的属性之一是主观性与客观性的统一,司法鉴定标准化中的标准实施阶段,将最大限度地压缩鉴定人的主观性,使司法鉴定就同类专业问题的术语表达、方法选择、实施步骤等趋于一致,不会因为参与人员的不同、实验室的不同而导致分析结果出现差异,即通过标准的实施能获得较好的分析结果重现性[1]。

在司法鉴定标准制定与实施的监督方面,监督的存在对司法鉴定标准的制定与实施提供了制约机制。一方面,司法鉴定学是融合法学与相关自然科学及其他社会科学的一门学科,随着相关学科的发展和理论的革新,司法鉴定标准也将发生良性变动,监督可以使制定与实施阶段的不足得以接受指导与纠正;另一方面,监督过程中追究违反司法鉴定标准的鉴定人的法律责任,在一定程度上也可以保证司法鉴定工作的质量。在这一阶段,司法鉴定标准化呈现了标准不断改进,不断完善的过程,而司法鉴定人之间亦将达成新的统一认识。

因此,司法鉴定标准化应通过标准本身形成和优化的过程达到统一的思想,从而降低司法鉴定主观认识的分歧,为提升鉴定意见科学性与公信力奠定理论基础。

二、法律视角:司法鉴定标准化有利于解决纠纷

法治是人类文明进步的重要标志,是治国理政的基本方式,司法鉴定标准化是为了获得司法鉴定领域的最佳秩序,通过深入开展标准制定、实施、监督的一系列过程,使其得到统一规范,并在这一过程凝练我国司法鉴定的时代特色和实践特色,形成中国特色社会主义司法鉴定理论和司法鉴定话语体系,使司法鉴定标准更加规范、科学和有效。鉴定意见属于法定证据种类,其存在的终极意义是为了证明案件事实。但法官不具备专门知识,在诉讼中面临关键的问题之一就是如何评判鉴定意见以及如何使该审查判断具有公信力。当我们对专家如何获得他们的知识一无所知时,我们就会失去某些独立

---

[1] 袁丽:《我国法医物证鉴定领域标准化问题及对策研究》,载《证据科学》2016 年第 3 期。

判读的能力。[1] 为了防止鉴定人代行审判权，司法鉴定标准化承担了充实法官对鉴定意见的审查判断路径的重任。对于法官来说，法官缺乏对司法鉴定适用的技术是否科学进行直接判断的能力，将司法鉴定活动是否符合司法鉴定标准作为司法鉴定结果评判的尺度之一，降低了审查难度，使法官免去了对晦涩的科学原理的考察，节约了法官有限的精力，使之能够更直观、效率更高地实施评判活动。同时，司法鉴定标准化是一个动态过程，司法鉴定领域专业理论的更新体现在不断发展与完善的司法鉴定标准化工作中，并经过司法鉴定标准制定者的多方研讨、论证，已对吸纳的司法鉴定术语、技术、规范等是否具有科学性作出了专业的判断。因此，在鉴定意见的审查中，司法鉴定标准应当是一项具有极高价值的参考资料，法官得以依据科学的理论形成的标准来认定相关案件事实，评判活动将趋近准确，司法权威亦随之提高。若依不同的鉴定标准进行鉴定，轻则鉴定意见的形式难以统一，重则直接影响法官对案件事实的认定。对于当事人来说，司法鉴定标准是双方就鉴定意见证明力展开攻击和防御的依据之一。诉讼法中专家辅助人制度的建立为当事人提供了智力支持，某类鉴定问题是否存在相应的司法鉴定标准，鉴定人是否严格遵循司法鉴定标准实施司法鉴定活动等均是双方当事人对鉴定意见质证时关注的焦点。司法鉴定标准化工作不仅为法官发现真实提供了便利，而且为当事人实质性参与到举证、质证程序中奠定了基础。因此，司法鉴定标准化对实现诉讼中的实体正义和程序正义均具有积极作用。

司法鉴定是公共法律服务体系的重要内容。由“公共法律服务要坚持需求导向，深化公共法律服务供给侧结构性改革，大力拓展业务领域，更好地满足人民群众在民主、法治、公平、正义、安全、环境等方面日益增长的需求”可知，司法鉴定作为一项法律服务，其应当体现政府主导性以及公平性[2]。在诉讼中，无论是民事诉讼的双方当事人，还是刑事诉讼中的被追诉人，都应当

---

〔1〕［美］劳伦斯·纽曼：《社会研究方法：定性和定量的取向》（第5版），郝大海译，中国人民大学出版社2007年版，第6页。

〔2〕参见郭华：《公共法律服务体系建设框架下的司法鉴定制度改革》，载《中国司法》2019年第7期。

享有均等的司法鉴定服务，这种服务质量的保证和公平的保障均属于政府职责。司法鉴定标准化既是司法鉴定标准系统化形成、发展、创新的活动，也是司法鉴定标准统一化、制度化、规范化的活动，司法鉴定的服务质量在很大程度上取决于司法鉴定标准化的进程。因此，国家的政策方针积极向司法鉴定标准化的方向持续推进，司法鉴定标准化顺利开展，统一的司法鉴定标准基本构建完成，才能保障鉴定意见的科学性、可靠性和规范性，进而使法官对于案件事实的认识进一步清晰，判决将愈加接近实体公正，更有利于人民群众在每个案件中都体会到公平正义。

三、国际视角：司法鉴定标准化有利于标准领域的对外开放

中共中央印发的《法治中国建设规划(2020—2025 年)》要求："积极参与国际规则制定，推动形成公正合理的国际规则体系。"从标准化工作大局来看，鼓励司法鉴定标准国际化应当属于对外开放基本国策在司法鉴定领域的重要体现。2015 年，国务院印发了《深化标准化工作改革方案的通知》，根据其中公开的数据可知，我国主导制定的国际标准仅占国际标准总数的 0.5%，截至 2018 年 12 月 10 日，中国现行国家标准 35,678 项，其中 6657 项"等同于"国际标准，另有 3889 项是"修改采用"国际标准而来，"这一数据远低于发达经济体 50% 以上的国际标准采用率，[1]同时也说明了'中国标准'在国际上认可度不高"。为了加强中国标准的国际影响力，同年国务院办公厅印发的《国家标准化体系建设发展规划(2016—2020 年)》将国际标准化工作作为标准化改革的重要任务。我国标准化的国家立场已由倡导单方面采用国际标准转变为"结合国情采用国际标准，推进中国标准与国外标准之间的转化运用"，将"引进来"与"走出去"并重。因司法鉴定标准化处于标准化工作全局的辐射空间内，加之政策助推，为司法鉴定标准"走出去"奠定了基础。从法律层面看，司法鉴定是一门融合了科学性与法律性的学科。2020

---

[1] 陈淑梅：《完善国家标准化体系推动更高层次开放型经济发展》，载《国家治理》2018 年第 45 期。

年11月2日司法部发布的《关于进一步深化改革　强化监管　提高司法鉴定质量和公信力的意见》(司发〔2020〕1号)提出了“落实《实施意见》要求,按程序成立全国司法鉴定标准化技术委员会”“积极参加国家重大科技研发项目,开展关键共性技术研究和新技术研发,推动先进成熟的科学技术运用”,司法鉴定领域的对外开放为增强鉴定理论和技术的科学性提供了契机。长期以来,我国鉴定的手段褊乏、科技含量不高,全国通过国家实验室认可或计量认证的鉴定机构不到10%,仪器设备、耗材等对国外依赖程度强。[1] 在司法鉴定标准国际化过程中,国内的司法鉴定专家通过介入国际法庭科学标准的制定,可以接触到其他国家的先进的法庭科学以及自然科学、工程技术等理论,为获悉学术动态,扩展科研广度和深度,为开拓司法鉴定人及专家学者的视野畅通了渠道。以澳大利亚为例,澳大利亚通过“深度”参与国际标准的制定与积极推进本国法庭科学标准国际化双轨并行,使其在司法鉴定标准国际化领域内走在了世界前列,ISO 18385标准对澳大利亚AS 5483·2012标准的借鉴是一个最好例证。[2]

从国家政策方针来看,司法鉴定标准化合作助力“一带一路”建设的深入。“一带一路”共建国家与地区积极开展深层次的合作,打造经济融合的命运共同体。标准化已经可以理解为在日益分化的世界中进行政治指导的机制[3],“一带一路”倡议作为中国探索全球治理模式的重要实践需与标准化治理模式相对接。[4] 2016年9月,习近平总书记在致第39届国际标准化组织大会的贺信中表明,“中国将积极实施标准化战略,以标准助力创新发展、协调发展、绿色发展、开放发展、共享发展”。2017年12月,“一带一路”建设工作领导小组办公室印发了《标准联通共建“一带一路”行动计划

---

〔1〕 参见何勇:《司法鉴定科技需求的分析与展望》,载《中国司法鉴定》2009年第3期。

〔2〕 参见关颖雄:《澳大利亚法庭科学系列标准AS 5388的研究》,载《中国标准化》2017年第19期。

〔3〕 Alejandro M. Peña, *Governing Differentiation: On Standardisation as Political Steering*, European Journal of International Relations, Vol. 21, No. 1, p. 52(2015).

〔4〕 参见孙灿:《“标准化”全球治理:“一带一路”标准联通与中国的对外开放》,载《印度洋经济体研究》2020年第4期。

(2018—2020 年)》指出,“标准是人类文明进步的成果,是世界通用语言,标准促进世界互联互通”。只有发挥标准体系的引领、互联作用,加强与共建国家的标准兼容,推动中国标准国际化,才能为“一带一路”建设提供坚实的保障机制。聚焦司法鉴定领域,在技术上司法鉴定标准化可促进标准、计量、检验检测、认证认可等国家质量基础设施的完善,有利于提升国家间共建质量基础设施的水平,进而成为高质量地进行“一带一路”共建的有力推手。同时,司法鉴定标准化工作的深入开展,为争取国际法庭科学标准制定中的话语权提供了支持。司法鉴定标准化推动“一带一路”共建国家与地区之间的司法鉴定标准互认,使中国的司法鉴定标准更加稳健地“走出去”,实现从国家标准到区域性标准,进而迈向国际性标准的跨越。

综上所述,在特定国际背景下,司法鉴定标准化不仅在国际贸易往来与国际纠纷解决中占有重要地位,其本身也应包含开放的内容并注重把握国际化标准的基本方向。司法鉴定标准化将指引未来司法鉴定标准的发展进路,包括关注国际标准跟踪、评估和转化,积极推进司法鉴定国际标准化的共识,推动与其他国家间的标准互认等,最终促进司法鉴定标准化领域的对外开放以及树立我国在此领域作为一个大国的应有地位。

第二章　司法鉴定标准化的作用

第一节　司法鉴定标准化与国家质量基础设施

一、司法鉴定标准化在国家质量基础设施中的定位

国家质量基础(National Quality Infrastructure, NQI)的概念最早在2002年由德国联邦物理研究院(Physikalisch-Technische Bundesanstalt,PTB)提出,经过一段时间的发展完善后由联合国贸易和发展会议(United Nations Conference on Trade and Development,UNCTAD)和世界贸易组织(World Trade Organization,WTO)于2005年正式向国际发布。NQI,是指国家建立和执行标准化、检测检验、认证认可等所需的质量体制框架的统称,可分为标准、计量、检验检测、认证认可等要素,这些要素之间的联系错综复杂并且高度相依。制定标准以评价产品、流程、服务是否符合具体技术要求,并以有符合该要求需求的公共机构和民间机构为对象,其涉及领域包括交通与通信、医疗保健、文教等基础设施,国家质量技术基础设施通过一国质量和地区基础保障,结合相关切题的法律法规,考核市场和企业的生产技术标准质量等,促进监督检查先进生产企业的采用。[1]

而标准化,是指为在一定范围内获得最大利益,对已然发生的问题或潜

---

[1] 池仁宇、刘宇:《NQI、市场治理制度与出口技术复杂度》,载《浙江工业大学学报(社会科学版)》2018年第3期。

在未发的问题制定共同和重复使用的用以规定标准条款的活动。[1] 因而司法鉴定标准化是通过确立司法鉴定标准体系和监督标准的实施，即时收集、反馈信息进而修正标准的过程。

司法鉴定标准化包含司法鉴定标准的制定、发布、实施与修订过程。通过司法鉴定标准化，可以使鉴定工作走向规范化、法治化、科学化，该标准的完善是司法鉴定走向成熟的重要标志。司法鉴定标准化的工作并非仅对单一领域的标准提出要求，它包括司法鉴定管理与执业标准、司法鉴定的对象与术语标准、司法鉴定程序标准与司法鉴定的文书标准等标准，只有所有方面的标准共同生效，才能让司法鉴定标准在实操中充分发挥其应有作用。其中每一环节都或多或少地包含国家质量基础设施的基本要素，如司法鉴定实验室需要通过中国合格评定国家认可委员会（China National Accreditation Service for Conformity Assessment，CNAS）的认可，经评审合格的，才被正式承认该实验室具备相应的能力资格，可以从事司法鉴定工作。

在国家质量基础设施的框架中，计量为认证认可与检测提供了量值基准，标准则为认证认可与检测提供了可依据的规则。两部分紧密相连，共同支撑着质量基础设施。司法鉴定标准化意味着需要通过司法鉴定标准的一致性来保证司法鉴定质量，在服务进行的过程中，技术的发展和社会的需求在持续发生变化，因此司法鉴定标准也需要同时同步不断完善和改进，此外还要支撑认证认可相关技术工作步履同齐，在更全面、更大范围的质量提升工作中提供一切必要的技术支撑。司法鉴定标准在统一工作规则、规范工作程序等方面有非常重要的作用，其迫切需要相关标准的一致来加强部门间联动，密切推动相关政府职能部门等共同服务、产出效益。

司法鉴定标准化，增强了司法性质鉴定活动的科学性、客观性与准确性三大性质，支持了有关部门对司法性质鉴定活动进行监管，能够维护司法公正有效提升司法公信力，由此得以体现国家质量基础设施的作用。可以说“标准”这个话题与国家的经济社会发展是息息相关的，司法鉴定标准化能

[1] 谭福有：《标准和标准化的概念》，载《信息技术与标准化》2005年第3期。

够解决司法鉴定领域的质量问题，切实提升国家质量基础设施整体的效能。在司法鉴定标准化进程推进中，我们需要进一步创新工作机制，强化沟通交流，高校之间开展协调配合，多层次全方位进行优势互补，共同推动国家质量标准基础设施的全面提升。[1]

二、司法鉴定标准化对国家质量基础设施的支撑性作用

质量基础设施的完善是国内市场顺畅运行的必要条件，同时其是否为国际广泛认可，对于能否进入国外市场的重要性不言而喻。质量基础设施是促进社会经济发展的一个关键性因素，其高度依赖计量、认可、合格评定、标准和市场监管等部分的发展。国家质量基础设施可以有效地提升司法鉴定领域标准的有效供给，促进标准计量、认证认可、检验检测的高效协同。在国家质量基础设施的框架下，可以促进司法鉴定标准的丰富和发展，充分激发市场活力，能够充分发挥行业协会等社会团体的作用，提升现有科技引领技术足以达到的水平，以技术标准促进科技成果转化为可切实应用的工具，推动我国优势行业的优良标准走出去，进一步加强同世界各国标准的紧密联系以及密切合作。

我国当前认证认可工作，无论是制度的齐全性、实施的规模，还是评价监督机制，均走在了国际的前列；但仍需进一步努力，不断促进与国家质量基础设施相关因素的协同发展，更好地发挥作用。在治理结构上，不妨通过CNAS构建起统一结构、共同参与建设的组织体系。其认可的相关利益方代表，同样也是国家质量基础设置相关利益方的代表，其共同参与对认可政策的制定工作，以及对这部分专业工作运行的管理，能够很好地体现双方密切协同。

在司法鉴定标准化进程中，还需要认真学习党的二十大先进精神与进步思想，全面贯彻中共中央、国务院《关于开展质量提升行动的指导意见》一文主旨，落实对严格公正司法工作的决策部署，进一步提升司法鉴定标准化程

---

〔1〕 刘洪生：《标准：规则的一致性和国家质量基础设置》，载《上海质量》2018年第5期。

度,提高司法鉴定质量和社会公信力。进一步加强与国家质量基础设施的协同发展,在其质量与日提升的同时,逐步充分发挥司法鉴定标准化的作用。同时,我国也需要完善国家质量基础设施体系,为司法鉴定标准化提供更加强有力的支撑。

第二节 司法鉴定标准化在诉讼活动中的地位

司法鉴定标准化是司法鉴定质量监控的支撑性手段。司法鉴定是需要运用专业的知识体系、职业技能、技术手段、经验积累进行的司法性质证明活动,而技术的使用则需要一系列的质量体系加以保障,即统一完善的鉴定标准。司法鉴定标准化可以为司法性质鉴定活动制定一套硬性操作规程和配套指标,使工作人员所使用的技术和操作规范形成固定范式,用以统一评估和保证鉴定过程与结构的质量。目前我国司法鉴定领域涵盖了法医类、物证类、计算机与声像资料类、环境损害类以及其他类领域,其中,学科交叉跨度极大,专业分类门类多,标准化可以在很大程度上解决不同学科体系中技术操作方法和结果评定的差异问题,同时也能使不同学科体系下形成的科研成效具备可比性,实现信息共享。

一、加强司法鉴定统一管理的重要举措

党的十八届四中全会审议通过的《中共中央关于全面推进依法治国若干重大问题的决定》中明确提出健全统一司法鉴定管理体制的目标。因此,司法鉴定相关管理部门需要落实加强司法性质鉴定活动的管理与监督,建立健全统一完善的司法鉴定管理体制,保障诉讼活动顺利进行、提高司法鉴定活动质量与公信力,增强人民群众对公平正义的获得感。[1] 司法鉴定标准化是建立司法鉴定活动统一化的状态,这种统一化的状态应当是严格的、稳定的。

当前,我国司法鉴定实践中存在使用了诸多不同机关机构制定的标准与方法的问题,其中包括技术性法规、医疗卫生行业性标准、公共安全行业性标

---

〔1〕 郑智辉、向安平:《全面提升司法鉴定质量和社会公信力》,载《中国司法》2018 年第 6 期。

准、金融行业性标准、司法部技术规范以及机构自编方法等。这种情况就容易在一定程度上形成同一鉴定检材因采用不同鉴定标准造成相关技术人员作出不同鉴定意见的现象,况且各标准的发展与成熟程度不尽相同,有些早期标准可能已经相对滞后,而新兴鉴定领域的标准和技术规范却相对匮乏,无法覆盖司法鉴定需要解决的专门性问题。从法治建设的角度看,我国当前尚未建立起国家层面的完善的司法鉴定标准体系。2017 年 7 月 19 日,中央全面深化改革领导小组第三十七次会议审议通过了《意见》;另于 2019 年,根据《全国专业标准化技术委员会管理办法》,拟筹建全国司法鉴定标准化技术委员会,对口 ISO/TC 272,负责制修订司法鉴定基础标准、技术标准和管理标准,包括法医类、物证类、计算机与声像资料类、环境损害类及其他实行登记管理的司法鉴定标准等工作。标准化体系构建是司法鉴定标准化顶层设计建构的核心,全国司法鉴定标准化技术委员会需周密把握全局,系统进行谋划,严格正规按照标准化管理办法、立足标准化工作的总体规划,标准体系表编制导则等一系列基础文件的要求来推进我国司法鉴定标准化工作。

司法鉴定标准化是一项需要长期努力的系统工程,全国司法鉴定标准化技术委员会的筹建将是标准化进程上的里程碑,对于在全国范围内保证司法鉴定质量、保证标准适用的一致性和鉴定意见的可比性具有不可替代的作用。由此也必须解决司法鉴定标准化管理缺位的问题,这同样也是一项加强司法鉴定统一管理的重要举措。

二、提高司法鉴定效率，节约时间成本

标准化状态建立的过程,是一个淘汰无效化、优化、建立有效秩序的过程。因此,对司法鉴定实施标准化要求,将大幅提高司法鉴定运行的效率与准确性。司法鉴定标准化通过建立合理便利的操作程序,可有效避免低水平的无效重复工作。司法鉴定活动在相应领域中,可看作相似的重复性劳动,每一次重复将使劳动时间有一定百分比的缩短,劳动的熟练程度会不断提高,在剔除多余性操作,建立有效程序的基础上,可提高司法鉴定效率,带来时间节约和费用节约的效果。司法鉴定标准化使司法鉴定活动从形式到内

容，从实体到程序，都有规可依，便于相关实体严格遵守相关规定。在司法鉴定活动中，鉴定的委托、决定、申请、受理、实施，以及鉴定质量的监控与保障，都应然置之于统一有效的司法鉴定技术标准体系之下，即司法鉴定机构和司法鉴定人都应严格遵守和采用统一的技术标准和技术规范，确保鉴定过程规范，鉴定意见科学、可靠、准确，能够对诉讼产生积极影响。[1]

同时，司法鉴定标准化有助于减少司法鉴定不同领域的交流障碍，有助于对鉴定活动进行可重复的验证，并能够帮助司法鉴定技术进行持续改进与自我修正，减少无效多次鉴定的发生，从而达到节约成本、提高效率的良性作用。

三、提高司法鉴定公信力，满足以审判为中心的诉讼制度改革的需要

司法鉴定在诉讼活动中扮演着提供法定证据的证明活动的重要角色，具备法律性与科学性的双重属性。鉴定意见能够做到客观公正，需要依靠司法鉴定的标准化和鉴定标准的科学化两方面共同实现。各方面均得以完善改良后，司法鉴定人应依据鉴定标准，通过专业知识进行鉴别和判断，作出的鉴定意见应当具备科学性和客观性。司法鉴定活动的基本性质决定了其标准化活动有独特的运行规律，因此司法鉴定标准也应能够具备科学性、客观性、统一性和公认性的特点。[2] 司法鉴定的标准化能够保障司法鉴定系统的健康运行，由此才能有效地查明事实、打击犯罪、保护公众。只有充分做到统一鉴定检验标准、规范鉴定操作程序，才能保证鉴定活动的规范化、程序化、统一化、科学化、制度化、客观化和公正化。司法鉴定人依据统一且有效的鉴定标准，正确地运用自己掌握的科学知识和操作经验从而作出的鉴定意见，相对而言符合规范，是较科学、客观、公正的，只有经历过规范程序得以鉴定的证据才能保障诉讼的进行，保证庭审过程中证据在查明事实、认定证据、保护

---

〔1〕 参见司法部司法鉴定管理局编：《〈司法鉴定程序通则〉导读》，法律出版社 2007 年版，第 77 页。

〔2〕 参见何晓丹等：《比较法视野下我国司法鉴定标准化制度的完善研究》，载《中国司法鉴定》2019 年第 4 期。

诉权、公正裁判中发挥相应作用,以此来满足以审判为中心的诉讼制度改革的需要;同时,也有利于司法鉴定权威的树立,以及推动司法鉴定公信力建设。

在司法鉴定领域,可以积极依托包括司法行政管理部门、鉴定机构、行业协会、科研机构、高校等多方位的立体资源优势,虚心吸纳接收先进成熟的国际标准、团体标准、行业标准等并加以学习,在结合我国国情的基础上,加强行业内外的学术交流与研讨,多维度、多方位地推动我国司法鉴定标准化建设。司法鉴定的标准化建设,需要将现代服务与科学技术进行有机整合,搭配出一套构造合理、层系分明、协调统一的标准体系框架。

第三节 司法鉴定标准化与司法鉴定行业治理

一、司法鉴定标准化对行业准入的支撑作用

根据《决定》设立的司法鉴定人、鉴定机构的准入门槛较低,且存在落实和执行不到位、不严格的问题。加之,侦查机关因侦查工作实务需要,实践中多设立各自的鉴定机构,由其各机关自行进行内部管理,并未纳入司法行政机关的统一登记管理范围。管中窥豹,我国当前的司法鉴定行业准入制度,还存在一些漏洞。司法鉴定活动的实施与操作主体就是鉴定人本身,其业务能力与职业素养会以直接方式影响鉴定结果的质量。

司法部在其印发的《关于严格准入　严格监管　提高司法鉴定质量和公信力的意见》(司发〔2017〕11 号,本章简称《公信力意见》)中强调司法鉴定实施严格准入制,这表达了司法部对部分司法鉴定领域问题治理的决心。首先就人员准入范围角度而言,若申请人无法达到法律法规的标准,一律不予进行准入登记。从能力和素质准入条件看,申请人必须自有必备的、符合标准要求的仪器设备;自行拥有开展领域业务必需的认证或认可,如计量认证或者实验室认可等。

司法鉴定标准化对行业准入的支撑作用,一方面体现在其是能够统一鉴定机构和鉴定人的准入标准,另一方面是能够统一审核鉴定机构和鉴定人的准入标准,并由司法行政机关进行统一登记管理,保障鉴定人的专业性。可

以说,行业准入条件的统一,是落实健全统一协调的司法鉴定管理体制的重要前提。

二、司法鉴定标准化对行业监管的基础作用

为解决司法鉴定实践中监管不到位的问题,《公信力意见》中明确要求各级司法行政机关坚决采取有效措施,整顿司法鉴定人存在的执业不规范行为,在全行业上下形成从严监管、从严治鉴的态势,全面提升司法鉴定质量和公信力。在行业监管方面,《公信力意见》强调了省级司法行政机关要统筹规划司法鉴定机构布局,既要防止一个地区鉴定相关资源不足,不能满足地区人民与司法系统鉴定需要,又要避免一定区域内鉴定机构过多,导致机构之间相互开展恶性竞争。支持依托大专院校、科研院所设立集科研、教学、鉴定于一体的鉴定机构的发展。《公信力意见》同时强调,要加强司法鉴定事中事后监管,建立"双随机、一公开"监管机制,对于不再符合申请条件或执业条件的鉴定人、鉴定机构,坚决予以注销。

我国司法鉴定管理已经开始重视行业的自我管理,通过司法鉴定行业协会制定一系列的行业标准,对鉴定机构的资质开展评估划分,对某些鉴定人违反行业标准的行为进行确认和惩处,引入良性竞争机制,同时需要对鉴定标准的适用情况进行监督,适时修正标准。

司法鉴定的标准化,通过对司法鉴定的概念、形式、依据、原理、方法等全方位地在全国范围内进行系统性统一,可以有效督促鉴定人严格遵守法律法规、职业道德与执业纪律的要求,促进司法鉴定行业有序进行良性竞争、优胜劣汰,确保鉴定质量,对鉴定申请人负责。

三、司法鉴定标准化对行业发展的引领作用

全球化进程仍在逐步推进,科技在社会生活中占据越来越大的比重。现代科学技术增强了我们发现、提取、证明证据的技术与能力,因此未来必将步入科技证据物证时代。以科学技术为重要支撑的司法鉴定活动,通过同一认定、种属认定等科学原理进行实验,为查明事实提供线索与依据。若要使司

法鉴定充分发挥其科学性、客观性,保证鉴定意见的公正可靠,确立司法鉴定的标准体系、实现司法鉴定的标准化实不可少。

司法鉴定标准化对司法鉴定行业具有重要引领作用,主要体现在两个方面。第一,司法鉴定标准化可使新的成熟的科学技术尽量快捷地被适用于司法鉴定领域。科学技术在不断发展,社会需求也在不断变化,司法鉴定领域需要不断吸收新方法与新技术,利用最前沿的新科技为司法实践服务。第二,司法鉴定的理论与技术,是为了解决司法实践中的专门性问题而逐步发展形成的。司法鉴定标准的制定,需要对司法鉴定活动的每一个步骤、每一个环节都进行严格科学的探讨。推行司法鉴定标准化的进程,并非简单整合加工的过程,而是一个需要对综合技术、标准化理论知识和立法理论知识进行全面研究的系统工程。这一系统工程的深入研究发展必然会促进司法鉴定技术的进步,增强司法鉴定的科学性与准确性。[1]

司法鉴定标准化可以在很大程度上解决不同实验室间方法、技术操作和结果判定的差异问题,从而提高鉴定意见的可靠性与其证据效力。从另外一个角度看,司法鉴定标准还能使各不同地区的实验室的结果具有可比性,有利于进行跨地区、跨国合作,能够实现信息、技术共享与交流,为与国际鉴定行业接轨创造条件,从而适应鉴定方法与技术国际化的发展趋势。

---

〔1〕 徐为霞、孙延庆、徐卫红:《司法鉴定标准化问题研究》,载《海南广播电视大学学报》2006年第4期。

第三章　司法鉴定标准的研制

第一节　司法鉴定标准的经典形式

综观国际法庭科学标准、法庭科学区域标准和其他发展较快的国家法庭科学标准,标准体系多以术语、物品、分析、解释、报告等形式呈现。2013 年 5 月,SA 发布了 AS 5388 系列标准,标准分为 4 部分,该标准已经全部颁发并且正在实行,具体见表 3 - 1。2018 年 8 月,ISO/TC 272 颁发了 ISO 21043 系列标准,该系列标准分为 5 部分。目前,5 部分尚未全部发布,具体见表 3 - 2。2018 年 9 月,欧洲标准化委员会(European Committee for Standardization,CEN)援引 ISO 21043 系列标准颁发的 EN ISO 21043 系列标准,该标准也分为 5 部分,其中第 3 部分、第 4 部分、第 5 部分尚在起草过程中,具体见表 3 - 3。2018 年 9 月,英国援引 EN ISO 21043 系列标准颁发了 BS EN ISO 21043 - 1:2018 和 BS ENSO 21043 - 2。德国依据 EN ISO 21043 系列标准颁发了 DIN EN ISO 21043 - 1:2018,并于 2019 年 1 月 1 日开始实施。从上述标准中可以看出,ISO 21043 系列标准沿用了 AS 5388 系列标准,EN ISO 21043 系列标准则沿用了 ISO 21043 系列标准。英国和德国沿用欧盟发布 EN ISO 21043 系列标准。上述各系列标准均以术语、物品、分析、解释、报告等形式呈现。

表 3 – 1 SA 发布的 AS 5388 标准

标准	编号
《法庭科学分析—第 1 部分:对物品识别、记录、恢复、运输与保存》(Forensic Analysis – Recognition, recording, recovery, transport and storage of material)	AS 5388.1
《法庭科学分析—第 2 部分:分析与检验》(Forensic Analysis – Analysis and Examination)	AS 5388.2
《法庭科学分析—第 3 部分:解释》(Forensic Analysis – Interpretation)	AS 5388.3
《法庭科学分析—第 4 部分:报告》(Forensic Analysis – Reporting)	AS 5388.4

表 3 – 2 ISO 发布和正在起草的标准

制定团体	标准	状态
ISO/TC 272	《ISO 18385:2016 对减小取证过程中搜集和提取的人类 DNA 污染风险的最低要求》(ISO 18385:2016 Minimizing the risk of human DNA contamination in products used to collect, store and analyze biologi-calmaterial for forensic purposes—Requirements)	已发布 (Published)
	《ISO 21043 – 1:2018 法庭科学—第 1 部分:术语和定义》(ISO 21043 – 1:2018 Forensic Sciences – Part 1: Terms and definitions)	已发布 (Published)
	《ISO 21043 – 2:2018 法庭科学—第 2 部分:物品的识别、记录、搜集、转换和保存》(ISO 21043 – 2:2018 Forensic sciences – Part 2: Recognition, recording, collecting, transport and storage of items)	已发布 (Published)
	《ISO 21043 – 3 法庭科学—第 3 部分:分析》(ISO 21043 – 3 Forensic Sciences – Part 3: Analysis)	正在起草 (Under Drafting)
	《ISO 21043 – 4 法庭科学—第 4 部分:解释》(ISO 21043 – 4 Forensic Sciences – Part 4: Interpretation)	正在起草 (Under Drafting)
	《ISO 21043 – 5 法庭科学—第 5 部分:报告》(ISO 21043 – 5 Forensic Sciences – Part 5: Reporting)	正在起草 (Under Drafting)

表 3-3 欧洲标准化委员会法庭科学分委会(以下简称 CEN/TC 419)发布和正在起草的标准

制定团体	标准	状态
CEN/TC 419	《EN ISO 21043-1:2018 法庭科学—第1部分:术语和定义》[EN ISO 21043-1:2018(WI=00419001)Forensic Sciences-Part 1: Terms and definitions(ISO 21043-1:2018)]	已发布(Published)
	《EN ISO 21043-2 法庭科学—第2部分:物品的识别、记录、搜集、转换和保存》[EN ISO 21043-2(WI=00419008)Forensic Sciences-Part 2: Recognition, recording, collecting, transport and storage of items(ISO 21043-2:2018)]	已发布(Published)
	《prEN ISO 21043-3 法庭科学—第3部分:分析》[prEN ISO 21043-3(WI=00419005)Forensic Sciences-Part 3: Analysis]	正在起草(Under Drafting)
	《prEN ISO 21043-4 法庭科学—第4部分:解释》[prEN ISO 21043-4(WI=00419006)Forensic Sciences-Part 4: Interpretation]	正在起草(Under Drafting)
	《prEN ISO 21043-5 法庭科学—第5部分:报告》[prEN ISO 21043-5(WI=00419007)Forensic Sciences-Part 5: Reporting]	正在起草(Under Drafting)

术语,主要是指鉴定过程中涉及的专业用语、定义及鉴定基本原则的介绍,如鉴定服务提供者、公正性、物品、同行评价、质量、识别、记录等。《ISO 21043-1:2018 法庭科学—第1部分:术语和定义》、《EN ISO 21043-1:2018 法庭科学—第1部分:术语和定义》以及 AS 5388.2 的附录1:定义及缩写(Definitions and Abbreviations)等都规定了术语。2020年5月29日,我国司法部发布了《司法鉴定行业标准体系》,其对司法鉴定行业基础标准描述,基础标准分体系包括但不限于术语及定义、执业分类、标准体系和标准化指南等。通常而言,术语定义放在标准体系的首篇,是对标准体系中通用术语的解释和定义。

物品是司法鉴定的对象,一切鉴定活动都是围绕某一种或者多种物品进行识别、分析并给出鉴定意见的过程。司法鉴定标准一般会对物品单独成章或者一部分,对物品的识别、记录、收集、运输和储存作出规定。物品是鉴定的核心内容,对物品的识别、记录、收集、转换等必须严格规定,以避免物品出现丢失、污染及确保识别具有鉴定价值的物品等。

分析,主要是指对提取到的物品分析过程的规定,如对物品的检验过程、仪器分析、比对检验方法等规定,该部分主要是指对物品进行的分析方法及结果的客观呈现,是对检验方法的遵守规则、程序规定等。[1] 例如,SA 发布的 AS 5388.2《法庭科学分析—第 2 部分:分析与检验》,ISO 正在起草中的《ISO 21043 - 3 法庭科学—第 3 部分:分析》,CEN/TC 419 科学分委会正在起草中的《prEN ISO 21043 - 3 法庭科学—第 3 部分:分析》都规定了物品分析的过程。目前,国内标准体系中将分析部分体现在各个专业学科的鉴定规范中,无统一的标准文件对分析进行规定。

解释,是指对分析、检验结果进行阐述,主要是运用专业知识对仪器、方法、表述方式等的分析,如似然比评估、统计分析、比较测定、不确定性意见等。

报告主要是对鉴定意见书的形式、内容的规定,如格式文本、签发、技术审核和行政审核等。与之对应的是,国内对鉴定报告的格式文本、鉴定意见种类、鉴定意见表达等规定分散在各个专业规范中,如 SF/2 JD0301001 - 2010《录音资料鉴定规范》中规定,"语音同一性鉴定的结论分为三类五种,其中确定性结论两种,分别为:肯定同一和否定同一;非确定性结论两种,分别为:倾向同一和倾向不同一;无法判断是否同一"。

第二节　司法鉴定标准的典型分类

基于不同目的、需要,司法鉴定/法庭科学有不同的分类。有学者提出,

[1] 参见关颖雄:《澳大利亚法庭科学系列标准 AS 5388 的研究》,载《中国标准化》2017 年第 19 期。

法庭科学领域技术标准可以根据标准形式、标准内容、鉴定业务等进行分类。[1] 笔者认为，司法鉴定标准可以依据发生作用范围或者审批权限，司法鉴定标准行政效力，司法鉴定标准内容，司法鉴定业务等多方面进行分类。其中最为典型的为依据司法鉴定标准发生作用范围或者审批权限进行分类，分为国际标准、区域标准、国家标准、行业标准、技术规范和团体标准。

一、国际标准、区域标准和国家标准

（一）国际标准（International Standards）

目前，在绝大部分领域，包括军工、石油、船舶等垄断行业公认的国际标准由 ISO 负责组织制定和发布。ISO 成立于 1945 年，现有来自 167 个国家/地区的标准机构成员。虽然 ISO 成立很早，但是法庭科学技术委员会成立较晚。2012 年，ISO 成立 ISO/TC 272，其秘书单位设在 SA，负责司法鉴定领域的标准化和技术指导工作，有 27 个会员和 20 个观察员，我国属于会员。ISO/TC 272 下设术语分析和解释、ISO 21043 – 4 的附件、词汇、分析和解释、报告共 5 个工作组，具体见表 3 – 4。[2] 需要明确的是，ISO/TC 272 主要制定法庭科学技术、方法及实验室发展等标准，如证据的检测收集、解释分析及意见报告等标准。而质量管理标准和实验室的合格评定等标准由 ISO/TC 176 和 ISO 合格评定委员会（International Organization for Standardization/Committee on Conformity Assessment，CASCO）制定。ISO 对于发布的国际标准，编制了专门的标准文献分类法（International Classification for Standards，

---

〔1〕 刘鑫、李嘉彦：《法庭科学标准化体系建设的局限、契机与改进》，载《中国法医学杂志》2020 年第 3 期。

〔2〕 See *ISO/TC 272 Forensic Science*, Accessed July 27, 2023, https://www.iso.org/committee/4395817.html.

ICS),[1]法庭科学标准在 ICS 中属于 07.140,07 为第一级别,专业类别为自然和应用科学(Natural and Applied Sciences)下,140 为第二级类编号,专业类别为法庭科学,法庭科学类别下没有细分第三类别标准。因此,在 ISO 网站上搜索法庭科学国际标准时,应在 ICS 下输入 07.140。[2] 由于 ISO/TC 272 成立较晚,已经发布的法庭科学的国际标准也较少。ISO 现发布的国际标准援引的为澳大利亚的法庭科学标准 AS 5388 标准。[3] 2016 年 2 月,ISO/TC 272 发布第一项法庭科学国际标准《ISO 18385:2016 对减小取证过程中搜集和提取的人类 DNA 污染风险的最低要求》。2018 年 8 月, ISO/TC 272 开始起草 ISO 21043 系列标准。

表 3-4　ISO/TC 272 下设工作小组

索引	名称
ISO/TC 272/TF1	术语分析和解释(Review of terms and definitions)
ISO/TC 272/TF2	ISO 21043-4 的附件(Annexes of ISO 21043-4)
ISO/TC 272/WG1	词汇(Vocabulary)
ISO/TC 272/WG4	分析和解释(Analysis and Interpretation)
ISO/TC 272/WG5	报告(Reporting)

(二)区域标准(Regional Standards)

区域标准,是指世界某一区域标准化团体通过的标准,又称地区标准。需注意的是,区域标准化组织不是国家内部区域组成的团体,而是由同一地理范围内的国家所组成,或者由于政治原因或经济原因而使一些国家组成区域标准化团体。世界上较成熟的区域标准化组织制定的区域标准有:

---

[1] ICS 是由 ISO 编制的标准文献分类法。它主要用于国际标准、区域标准和国家标准以及相关标准化文献的分类、编目、订购与建库,从而促进国际标准、区域标准、国家标准以及其他标准化文献在世界范围内的传播。ICS 是一个等级分类法,包含 3 个级别。第一级包含 40 个标准化专业领域,各个专业又细分为 407 个组(二级类),407 个二级类中的 134 个又被进一步细分为 896 个分组(三级类)。国际标准分类法采用数字编号,第一级和第三级采用双位数,第二级采用三位数表示,各级分类号之间以实圆点相隔。

[2] See *07.140 Forensic Science*, Accessed July 27, 2023, https://www.iso.org/ics/07.140/x/.

[3] See *AS 5388*, Accessed July 27, 2023, https://www.store.standards.org.an/search? query = AS 5388 f.status = current/.

由西欧国家组成的 CEN 及欧洲电工标准化委员会（European Committee for Electrotechnical Standardization，CENELEC）制定的欧洲标准；由苏联和东欧国家为主组成的经济互助委员会（俄语：Постоянный комитет по стандартизации Совéт экономи́ческой взаимопóмощи，πКС СЭВ）制定的经互会标准；由阿拉伯国家组成的阿拉伯标准化与计量组织（Arab Standardization and Metrology Organization，ASMO）制定的阿拉伯标准；[1] 由澳大利亚和新西兰联合发布的澳新标准（Australia standards and New Zealand standards，AS/NZS）。澳大利亚和新西兰联合标准化组织在风险管理、产品安全、能源性能等方面已发布 AS/NZS 4360、AS/NZS 2088、AS/NZS 4665 等标准，但在法庭科学领域，澳大利亚和新西兰未制定区域化标准。较成熟的法庭科学区域标准有 CEN/TC 419 发布的区域标准、ENFSI 发布的区域标准。两者主要的区别是，前者起草的标准与 ISO 标准对接，标准多为纲领性标准；后者起草和发布的标准更细化，有各个学科在检验鉴定的技术、方法、报告出具等相关标准。

1. CEN 发布的区域标准

CEN 设立了 CEN/TC 419。CEN/TC 419 承担欧盟法庭科学标准的研制工作。CEN/TC 419 隶属于 CEN 下设的国防和安全，在国防和安全中隶属于突发事件、安防和相关支持设备，即法庭科学分委会为第三级分类。[2] 2018 年，CEN/TC 419 开始起草 EN ISO 21043 系列标准，该系列标准也分为 5 部分。截至 2020 年 5 月，EN ISO 21043 的第 1 部分和第 2 部分已经发布，第 3 部分、第 4 部分和第 5 部分正在起草中，具体见表 3－3。[3] 对比 ISO 21043 系列标准和 EN ISO 21043 系列标准可以发现，CEN/TC 419 已经发布的 2 项标准和正在起草的 3 项标准与 ISO/TC 272 已经发布和正在起草的标准一脉

---

〔1〕 何盛明主编：《财经大辞典》，中国财政经济出版社 1990 年版，第 35 页。

〔2〕 See *CEN/TC 419 – Forensic Science Processes*, Accessed July 28, https://standards.cencenelec.eu/dyn/www/f? p = 205 : 7 : 0……FSP_ORG_ID:956162&cs = 17021AF8716C2A3DDD34FC83B6E14D94.

〔3〕 See *EN ISO 21043*, Accessed July 28, 2023, https://standards.cencenelec.eu/dyn/www/f? p = 205:105:0::::::.

相承。可以说,CEN/TC 419 发布的 EN ISO 21043 系列标准并非新制定的标准,而是援引了 ISO/TC 272 发布的 ISO 21043 系列标准。但是 ISO/TC 272 发布的《ISO 18385:2016 对减小取证过程中搜集和提取的人类 DNA 污染风险的最低要求》,CEN/TC 419 并未引用。

2. ENFSI 欧洲法庭科学联盟发布的区域标准

法庭科学领域另一个较成熟的区域化标准由 ENFSI 制定和发布,ENFSI 成立于 1995 年,下有 17 个专家工作组,分别为:动植物和土壤痕迹、数字图像、DNA 等 17 个专家工作组(见表 3－5)。17 个专家工作组的划分相当细致,几乎涵盖了法庭科学的所有专业领域,各专家组负责该专业领域内的标准文件的制定。ENFSI 遵从 ISO/IEC 17025 和 ISO/IEC 17020 标准,同时依托各专业工作小组发布各类标准文件。与 ISO/TC 272 与 CEN/TC 419 制定和发布的标准格式不同,ENFSI 将发布的标准分为附则(Bylaws)、报告和计划(Reports and plans)、正式协议(Formal Agreements)、最佳实践手册、指南性文件以及其他文件(Other Publications: other ENFSI publications, such as surveys, booklets and speeches)6 种。截至 2020 年 5 月,ENFSI 根据法庭科学不同专业和类别分别制定发布共 18 个最佳实践手册,具体见表 3－6;21 个指南性文件,具体见表 3－7;12 个其他出版物,包括 ENFSI 的 1995～2015 年的 20 年历史、在 DNA 比对成功的欧洲刑事案件中的报告[Report on Criminal Cases in Europe solved by ILS(DNA MASS Testing)]等。[1] 关于对鉴定机构和鉴定人的能力验证方面,2015 年 ENFSI 正式发布了 QCC－PT－001《ENFSI 能力验证和协作试验指南》,用以规范和推动欧洲国家在法庭科学领域能力验证工作的实施。该标准发布后,欧洲各国司法鉴定机构也依据该标准分别展开了指纹、毛发中毒品鉴定、线粒体 DNA 鉴定等能力验证。[2] 与 ISO 21043 系列标准和 EN ISO 21043 系列标准对比,ENFSI 的 17 个专家

---

〔1〕 See *Documents*, Accessed July 28, 2023, https://enfsi.eu/about-enfsi/structure/working-groups/documents-page/documents/.

〔2〕 中国合格评定国家认可委员会:《司法鉴定/法庭科学认可评价体系汇编》,中国质检出版社 2015 年版,第 4 页。

工作组均制定了该学科范围内的最佳实践手册、指南性文件。这是对法庭科学各个分专业很好的指导，也是欧洲法庭科学机构统一鉴定技术、操作方法的重要途径。只有统一鉴定标准，不同国家鉴定机构出具的鉴定报告方能互认。

表 3-5　ENFSI 的专家工作组

序号	专家工作组	Expert Working Groups
1	动植物和土壤痕迹	Animal, Plant and Soil Traces
2	数字图像	Digital Imaging
3	DNA	DNA
4	文件	Documents
5	法医毒化	Drugs
6	爆炸物	Explosives
7	指纹	Fingerprint
8	枪支	Firearms/GSR
9	火灾和爆炸现场调查	Fire and Explosions Investigation
10	电子数据	Forensic Information Technology
11	声纹分析	Forensic Speech and Audio Analysis
12	笔迹	Handwriting
13	商标	Marks
14	油漆和玻璃	Paint & Glass
15	道路交通事故分析	Road Accident Analysis
16	犯罪现场	Scene of Crime
17	纺织物和头发	Textile and Hair

表 3-6 ENFSI 的最佳实践手册

序号	最佳实践手册	Best Practice Manuals	最新版本发布时间
1	《火灾现场调查最佳实践手册》	Best Practice Manual for the Investigation of Fire Scenes	2019 年 12 月 9 日
2	《爆炸痕迹分析鉴定的最佳实践手册》	Best Practice Manual for the Forensic Recovery Identification and Analysis of Explosive Traces	2016 年 9 月 27 日
3	《非人类生物痕迹法医检验分子检验方法最佳实践手册》	Best Practice Manual for the Application of Molecular Methods for the Forensic Examination of Non-Human Biological Traces	2016 年 9 月 27 日
4	《用于 DNA 混合分析的内部概率验证软件的最佳实践手册》	Best Practice Manual for the internal validation of probabilistic software to undertake DNA mixture-interpretation	2017 年 9 月 14 日
5	《DNA 模式识别和比对最佳实践手册》	Best Practice Manual for DNA Pattern Recognition and Comparison	2015 年 9 月 1 日
6	《笔迹鉴定最佳实践手册》	Best Practice Manual for Forensic Examination of Handwriting-Version 02	2018 年 7 月 17 日
7	《土壤痕迹法庭比对的最佳实践手册》	Best Practice Manual for the Forensic Comparison of Soil Traces	2019 年 12 月 9 日
8	《指纹鉴定最佳实践手册》	Best Practice Manual for Fingerprint Examination	2016 年 9 月 27 日
9	《人与动物毛发显微检验的最佳实践手册》	Best Practice Manual for Microscopic Examination and Comparison of Human and Animal Hair	2016 年 9 月 27 日
10	《道路交通事故重建最佳实践手册》	Best Practice Manual for Road Accident Reconstruction	2016 年 9 月 27 日

续表

序号	最佳实践手册	Best Practice Manuals	最新版本发布时间
11	《枪弹残留物化学分析方法的最佳实践手册》	Best Practice Manual for Chemigraphic Methods in Gunshot Residue Analysis	2016 年 9 月 27 日
12	《电子数据鉴定最佳实践手册》	Best Practice Manual for Forensic Examination of Digital Technology	2016 年 9 月 27 日
13	《人脸比对最佳实践手册》	Best Practice Manual for Facial Image Comparison	2018 年 1 月 15 日
14	《图像和视频增强最佳实践手册》	Best Practice Manual for Forensic Image and Video Enhancement	2018 年 7 月 17 日
15	《关于欧盟法庭科学联盟最佳实践手册的制定政策》	Policy on Creation of Best Practice Manuals	2016 年 9 月 12 日
16	《指导性文件模板》	Template for Guideline	2018 年 7 月 20 日
17	《技术文件的创造过程》	Process for the Creation of Technical Documents	2018 年 7 月 20 日
18	《管控类药物分析最佳实践手册》	BPM-Controlled Drug Analysis	2020 年 2 月 21 日

表 3-7 ENFSI 的指南性文件

序号	指南性文件	Forensic Guidelines	最新版本发布日期
1	《语音半自动和自动识别最佳实践的方法指南》	Methodological Guidelines for Best Practice in Forensic Semiautomatic and Automatic Speaker Recognition including Guidance on the Conduct of Proficiency Testing and Collaborative Exercises	2016 年 9 月 27 日

续表

序号	指南性文件	Forensic Guidelines	最新版本发布日期
2	《法庭科学报告评估指南》	ENFSI Guideline for Evaluative Reporting in Forensic Science	2016 年 9 月 27 日
3	《DNA 分析中最低验证指南(2010)》	Minimum Validation Guidelines in DNA Profiling(2010)	2016 年 9 月 27 日
4	《法医毒化分析中参考材料的指南》	Guidelines on the use of reference materials in forensic drug analysis	2017 年 5 月 29 日
5	《管制药物分析报告的最低要求》	Minimum reporting requirements for the analysis of controlled drugs	2017 年 5 月 29 日
6	《语音分析工作组关于电子证据中声纹鉴定的最佳实践指南》	Forensic Speech and Audio Analysis WG-Best practice guidelines	2016 年 9 月 27 日
7	《法庭科学中基于仪器和人为方法的单一实验室验证指南》	Guidelines for the single laboratory Validation of Instrumental and Human Based Methods in Forensic Science	2017 年 11 月 22 日
8	《法医科学实例中仪器和基于人的方法的单一实验室验证指南—示例》	Annex to Guidelines for the single laboratory Validation of Instrumental and Human Based Methods in Forensic Science Examples	2017 年 11 月 22 日
9	《ENFSI 能力验证和协作试验指南》	Guidelines on the Conduct of PT and CE within ENFSI	2017 年 7 月 6 日
10	《关于 ENFSI_2018 对外提供的能力验证和协作试验概览》	Overview PT and CE provided by ENFSI_2018	2019 年 1 月 3 日
11	《关于 ENFSI_2018 对外提供的能力验证概览》	Overview external PT & CT providers - 11_2018	2019 年 2 月 11 日

续表

序号	指南性文件	Forensic Guidelines	最新版本发布日期
12	《代表性药物样本指南》	Guidelines on Representative Drug Sampling	2016年9月27日
13	《法医毒化从业人员教育培训大纲》	Education and Training Outline for Forensic Drug Practitioners	2016年9月27日
14	《非法药物定性分析样本指南(2016)》	Guidelines on Sampling of Illicit Drugs for Qualitative Analysis (2016)	2017年5月29日
15	《非法药物定量分析指南(2015)》	Guidelines on Sampling of Illicit Drugs for Quantitative Analysis (2015)	2016年9月27日
16	《定量核磁共振分析指南》	Guidelines for qNMR Analysis	2020年1月26日
17	《DNA 数据库管理审查和建议》	DNA Database Management Review and Recommendations	2017年9月14日
18	《DNA 污染预防指南》	DNA Contamination Prevention Guidelines	2017年9月14日
19	《非法药物抽样定性分析计算方法》	Calculator for Sampling of Illicit Drugs for Qualitative Analysis	2016年9月14日
20	《欧盟毒化分析工作组关于抽样定性分析计算方法细则》	ENFSI DWG Qualitative Sampling Calculator	2018年7月20日
21	《欧盟毒化分析工作组关于抽样定性分析计算方法细则—附件》	ENFSI DWG Qualitative Sampling Calculator	2018年7月20日

(三)国家标准(National Standards)

国际法庭科学领域很早就开始重视标准化活动,澳大利亚、美国、德国等国家很早就将司法鉴定标准纳入国家标准管理体系，并通过专门的标准化委员会或行业协会、专业研究机构管理司法鉴定标准。[1]

在我国，国家标准是指由国家标准化主管机构批准发布，对全国经济、技术发展有重大意义，且在全国范围内统一的标准。国家标准是在全国范围内统一的技术要求，由国务院标准化行政主管部门编制计划，协调项目分工，组织制定，统一审批、编号、发布。国家标准是动态的，其年限一般为5年，年限过后国家标准或修订或重新制定。《标准化法》第2条第2款规定，“标准包括国家标准、行业标准、地方标准和团体标准、企业标准。国家标准分为强制性标准、推荐性标准，行业标准、地方标准是推荐性标准”。对比《标准化法》(1988年修订)第7条规定，“国家标准、行业标准分为强制标准和推荐性标准”，《标准化法》(2017年修订)[2]去掉了行业标准对强制性标准和推荐性标准的划分。但是，部分行业标准依然在沿用《标准化法》(1988年修订)的第7条规定，将行业标准区分为强制性行业标准和推荐性行业标准。例如，2019年3月12日，公安部《关于发布公共安全行业标准的公告(2018年度)》中有20项强制性标准，197项推荐性标准，2项指导性技术文件。这20项强制性标准为强制性行业标准，197项推荐性标准为推荐性行业标准。

强制性国家标准和推荐性国家标准主要有以下几个方面不同。

第一，两者应用范围不同。强制性国家标准，是指必须执行的国家标准，通常与人身健康、生命财产安全、国家安全、生态环境安全以及满足经济社会管理基本需要的技术要求有关。推荐性国家标准，是指生产、交换、使用等方面，通过经济手段调节而自愿采用的一类标准。

第二，两者执行力不同。国家标准中的强制性标准的代号为GB，推荐性标准的代号为GB/T。根据《标准化法》第2条第3款的规定，“强制性标准

[1] 杜志淳、孙大明：《我国司法鉴定领域目前存在的主要问题及改革建议》，载《中国司法鉴定》2017年第3期。

[2] 《标准化法》(1998年修订)第7条规定，国家标准、行业标准分为强制标准和推荐性标准。保障人体健康，人身、财产安全的标准和法律、行政法规规定强制执行的标准是强制标准，其他标准是推荐性标准。省、自治区、直辖市标准化行政主管部门制定的工业产品的安全、卫生要求的地方标准，在本行政区域内是强制性标准。

必须执行,国家鼓励采用推荐性标准”。所以,强制性国家标准必须执行,推荐性国家标准任何单位都有权决定是否采用,违反这类标准,不承担经济或法律方面的责任。但是,后者一经接受并采用,或各方商定同意纳入合同中,就成为各方必须共同遵守的技术依据,具有法律上的约束性。

第三,强制性标准和推荐性标准的发布主体不同。根据《标准化法》的规定,强制性标准由国务院发布或者授权批准。[1] 推荐性国家标准由国务院标准化行政主管部门制定。[2] 所以,非经国务院授权批准,国务院其他行政部门无权制定强制性国家标准,只能制定行业标准。

因全国司法鉴定标准化技术委员会正在建立中,司法鉴定领域国家标准的归口单位呈现多元化形式。例如,2012 年生效的 4 项电子证据专业的推荐性国家标准归口刑标委;2019 年 8 项文书鉴定的推荐性国家标准归口司法部;涉及环境损害类推荐性国家标准归口生态环境部等。截至 2020 年 5 月,物证类鉴定中有 9 项国家标准,均为推荐性标准。计算机与声像资料类鉴定中有 4 项国家标准,该 4 项国家标准也是推荐性标准。法医类鉴定有 2 项强制性国家标准、20 项推荐性国家标准。环境损害类鉴定有 156 项强制性国家标准、19 项推荐性国家标准。除国家标准外,司法鉴定标准以行业标准和技术规范为主。

二、行业标准、技术规范和团体标准

(一)行业标准

行业标准是对没有国家标准而又需要在全国某个行业范围内统一的技术要求所制定的标准,行业标准由归口部门统一管理。[3] 目前,国内司法鉴

---

〔1〕《标准化法》第 10 条第 4 款和第 5 款规定,强制性国家标准由国务院批准发布或者授权批准发布。法律、行政法规和国务院决定对强制性标准的制定另有规定的,从其规定。

〔2〕《标准化法》第 11 条规定,对满足基础通用、与强制性国家标准配套、对各有关行业起引领作用等需要的技术要求,可以制定推荐性国家标准。推荐性国家标准由国务院标准化行政主管部门制定。

〔3〕参见陈军、王旭:《法庭科学/司法案件的标准化建设工作的探索与思考》,载《中国司法鉴定》2018 年第 6 期。

定领域的行业标准主要由刑标委提出并制定。刑标委成立于1992年,由公安部领导和管理,是全国性的法庭科学专业领域标准化技术组织,下设刑事信息、毒物分析、理化检验、物证照录像、法医检验、指纹检验、文件检验、电子物证、痕迹、刑事技术产品10个分技术委员会。[1] 虽然刑标委是全国性法庭科学领域标准化技术组织,但由其提出和归口的标准多隶属于公共安全行业标准,有少数是国家标准,主要区别在于发布单位。例如,2012年刑标委归口,国家标准化委员会和国家质量监督检验检疫总局[2]发布《电子物证数据恢复检验规程》《电子物证文件一致性检验规程》《电子物证数据搜索检验规程》3项电子数据鉴定领域推荐性国家标准。2018年刑标委归口,公安部发布《法庭科学计算机操作系统仿真检验技术规范》《法庭科学计算机系统用户操作行为检验技术规范》《法庭科学计算机系统接入外部设备使用痕迹检验技术规范》3项推荐性行业标准。[3] 截至2019年12月,公安部现行489项法庭科学领域技术标准有49项强制性行业标准,421项推荐性行业标准。

(二)技术规范

司法鉴定标准另一重要形式以技术规范发布。依据《司法鉴定程序通则》(以下简称《通则》)相关规定,[4]技术规范和行业标准为同一顺位,即两者作为司法鉴定标准具有同等效力。2010年,司法部开始制定第一批部颁技术规范(SF/Z JD)。截至2020年5月,司法部已颁布6批司法鉴定技术规范,共计118项(有25项因更新而废止)。现行实施的技术规范的专业范围涵盖法医临床、法医病理、法医毒化、法医物证、司法精神病、道路交通、文件

---

[1] 参见花锋、周红:《中美法庭科学领域标准化工作比较研究》,载《刑事技术》2016年第1期。

[2] 2018年3月,根据第十三届全国人民代表大会第一次会议批准的《国务院机构改革方案》,将国家质量监督检验检疫总局的职责整合,组建中华人民共和国国家市场监督管理总局;不再保留中华人民共和国国家质量监督检验检疫总局。

[3] 公安部现行的这489项行业标准中,统一使用了法庭科学的表达方式。而下文中司法部颁布的技术规范则统一使用司法鉴定的表达方式。

[4] 《通则》第23条规定:"司法鉴定人进行鉴定,应当依下列顺序遵守和采用该专业领域的技术标准、技术规范和技术方法:(一)国家标准;(二)行业标准和技术规范;(三)该专业领域多数专家认可的技术方法。"

检验、声像鉴定、微量物证等专业。2018 年 12 月,12 项文书鉴定技术规范、3 项法医类鉴定技术规范整合为 8 项文书鉴定的国家标准和 4 项法医类鉴定的国家标准,并于 2019 年 4 月 1 日生效。在部分领域尚无国家标准的情况下,技术规范为提高鉴定能力、规范鉴定行为做出了重要贡献。

另一类技术规范的发布形式是最高人民法院、最高人民检察院、公安部、国家安全部和司法部(以下简称两高三部)联合发布。例如,2013 年 8 月,两高三部联合发布的《人体损伤程度鉴定标准》;2016 年,两高三部联合发布《人体损伤致残程度分级》(以下简称《新残标》)。两高三部联合发布的技术规范有以下特点:

一个是两高三部联合发布的技术规范无固定的标准编号。根据《标准化法》第 24 条的规定,“标准应当按照编号规则进行编号”。公安部发布的公共安全行业标准,其标准编号以 GA 开头;司法部发布的技术规范,其标准编号以 SF/Z JD 开头。两高三部联合发布的技术规范则没有固定的标准编号。究其原因,五部委联合发布标准主要适用于有重大分歧的标准化事项,为非常态化的标准化运行机制,也就没有常态化的标准编号。

另一个是两高三部发布的技术规范效力较高。自两高三部发布的技术规范实施之日起,公安部发布的公共安全行业标准、司法部发布的技术规范及两高三部发布的其他规范性文件中,与之对应的标准同时废止。例如,自 2014 年 1 月 1 日,《人体损伤程度鉴定标准》实施之日起,《人体重伤鉴定标准》(司发〔1990〕070 号)、《人体轻伤鉴定标准(试行)》[法(司)发〔1990〕6 号]和《人体轻微伤的鉴定》(GA/T 146—1996)同时废止。自 2017 年 1 月 1 日,《新残标》正式实施之日起,《道路交通事故受伤人员伤残评定》(GB 18667—2002)同时废止。人体损伤鉴定关系到道路交通事故、故意伤害、雇员损害等行政、民事、刑事案件,统一相关鉴定标准可以避免“同伤不同残”“同伤不同价”的现象,避免人身损害鉴定工作的混乱。但是,五部委联合发布的技术规范涉及不同部门之间的协调合作,故该类技术规范的制修订工作可能较漫长且烦琐。

（三）团体标准

《标准化法》（2017 年修订）首次提出团体标准。[1]《通则》为 2015 年修订，其适用标准规则中并未列入团体标准，但个别省市的司法鉴定管理条例已将团体标准列入标准适用范围。例如，《上海市司法鉴定管理条例》第 26 条规定："司法鉴定人进行司法鉴定，有国家标准、行业标准和技术规范的，适用国家标准、行业标准和技术规范；没有国家标准、行业标准和技术规范的，适用团体标准或者该专业领域多数专家认可的技术方法。"随着《标准化法》对团体标准的提出，团体标准将更多出现在各行各业中，司法鉴定领域也不例外。团体标准是司法鉴定标准的治理方向之一，其优势在于团体成员为学会、协会、商会等更专业、更具代表性的社会团体人员，能够满足市场和创新的需要制定团体标准。制定司法鉴定团体标准时，应当遵循开放、透明、公平的原则，保证各参与主体获取相关信息，反映各参与主体的共同需求，并应当组织对标准相关事项进行调查分析、实验、论证。截至 2020 年 8 月，上海市司法鉴定协会发布了《法医精神病学行为能力评定规范》（T/SHSFJD 0001—2018）、《耕地和林地破坏司法鉴定技术规范》（T/SHSFJD 0001—2019）、《电子游戏主机检验技术方法》（T/SHSFJD 0002—2019）、《基于区块链技术的电子数据存证规范》（T/SHSFJD 0001—2020）、《电子文档相似性检验技术规范》（T/SHSFJD 0002—2020）共计 5 项团体标准。此外，2019 年 4 月，上海市司法鉴定理论研究会发布《产品质量鉴定通用程序规范》（T/SFJD 001—2019）。上述团体标准在特定时间内解决了司法精神病鉴定中继续的行为能力评定，环境损害类司法鉴定中耕地和林地破坏鉴定以及产品质量鉴定等专业领域内标准空缺问题。

---

[1] 《标准化法》第 2 条第 2 款规定，"标准包括国家标准、行业标准、地方标准和团体标准、企业标准。国家标准分为强制性标准、推荐性标准，行业标准、地方标准是推荐性标准"。

第三节　司法鉴定标准体系的研制

一、积极参与国际法庭科学标准制定，推进中国标准与国际标准转化

《标准化法》第8条规定，“国家积极推动参与国际标准化活动，开展标准化对外合作与交流，参与制定国际标准，结合国情采用国际标准，推进中国标准与国外标准之间的转化运用。国家鼓励企业、社会团体和教育、科研机构等参与国际标准化活动”。司法鉴定标准化工作中，也将面临中国标准和国外标准之间的转化、运用问题。我们应当考虑是否借鉴国际法庭科学标准，及如何推进国际法庭科学标准的转化运用。2018年8月，ISO 21043系列国际标准发布之后，同年9月，CEN/TC 419发布EN ISO 21043；英国相继发布BS EN ISO 21043－1：2018和BS EN ISO 21043－2；德国颁发DIN EN ISO 21043－1：2018。澳大利亚法庭科学国家标准委员会（AS）为ISO/TC 272的秘书处，其制定的AS 5388系列法庭科学标准发展为ISO 21043系列标准，其成功在国际法庭科学领域拥有了国际话语权。根据这一成功经验，我国司法鉴定领域标准可以通过参与国际法庭科学会议交流、标准制定、国际合作等活动，逐步达到在国际上传播中国司法鉴定标准化成果，逐渐提升中国司法鉴定标准在国际法庭科学标准领域中的地位。

二、抓住创设区域标准化组织契机，以前瞻性引领更长远发展

AS 5388之所以发展成为法庭科学国际标准，其原因不仅仅因为澳大利亚国家标准化组织是ISO/TC 272的秘书处所在地，同时跟澳大利亚国家标准化组织积极参与法庭科学区域标准化组织有关，如参与ENFSI、欧洲标准化组织法庭科学分委会制定发布区域标准。因此，中国越是多参加法庭科学区域标准化组织，越有机会传播中国司法鉴定标准化成果及进程。“一带一路”倡议引领下经济区的开放、经济体系的建立，为“一带一路”司法鉴定协作及“一带一路”法庭科学联盟的创建带来良好的契机。“一带一路”司法鉴定协作过程中，可能涉及鉴定领域的专业交流、司法鉴定标准化研究成果共

享、司法鉴定标准互认等问题，这为“一带一路”司法鉴定区域标准化组织的创建、“一带一路”法庭科学区域标准的制定等创造了条件。当然，无论是“一带一路”司法鉴定协作，还是“一带一路”司法鉴定区域标准化组织的创建，抑或是“一带一路”司法鉴定区域标准的制定发布，均以“一带一路”共建国家与地区资源开发、经贸合作、金融合作等各项合作的成功展开为基础。但不可否认的是，此为我国司法鉴定领域参加法庭科学国际合作、在国际上传播中国司法鉴定标准化成果的重要契机。

三、厘清强制性标准与推荐性标准，构建协调配套的标准化体系

目前，现行有效的司法鉴定标准以行业标准、技术规范为主，强制性国家标准和推荐性国家标准的占比较少，特别是强制性国家标准。哪些专业领域制定司法鉴定强制性国家标准，这将成为接下来司法鉴定标准化工作中的重要议题。《标准化法》第 10 条第 1 款规定，“对保障人身健康和生命财产安全、国家安全、生态环境安全以及满足经济社会管理基本需要的技术要求，应当制定强制性国家标准”。司法鉴定涉及诉讼、公证、仲裁等多类型的案件，其中不乏保障公民人身健康和生命财产安全、国家安全、生态环境安全等领域。例如，法医类鉴定中伤残等级鉴定项目标准，直接涉及当事人、保险公司、公安、检察院、法院等相关方，且关系公民人身和财产权利的保护，有的涉及健康权生命权问题，这是维护社会公平正义、长治久安、国家安全的重要领域，此类标准宜以强制性国家标准的形式予以发布。此外，司法鉴定的专门性技术问题中涉及多个判断性标准，有些与定罪量刑密切相关，如酒驾、毒驾标准中的判断标准，此类技术性标准也应纳入强制性标准的范畴。[1] 正如习近平总书记所说，“司法是维护社会公平正义的最后一道防线”。[2] 当前很有必要在涉及公民人身健康和生命财产安全等贴切公民利益的领域制定

---

〔1〕 参见何晓丹等：《比较法视野下我国司法鉴定标准化制度的完善研究》，载《标准科学》2019 年第 4 期。

〔2〕《习近平关于〈中共中央关于全面推进依法治国若干重大问题的决定〉的说明》，载《人民日报》2014 年 10 月 29 日，第 2 版。

司法鉴定强制性国家标准，厘清司法鉴定强制性国家标准和司法鉴定推荐性国家标准的界限，建立协调配套的司法鉴定标准体系。

四、明晰司法鉴定团体标准定位，科学合理制定团体标准

司法鉴定团体标准目前由各省市司法鉴定协会等制定，但是没有经过严格论证、调研、实验和评估的团体标准，极易导致“假标准”“伪标准”。团体标准的增加极易导致标准间各行其是，造成同一鉴定事项在不同的省市因采用不同的标准导致不同的鉴定意见。为避免部分个体以其团体标准为依据对抗其他专业性意见，给法庭审查认定造成困扰，影响司法公正和权威。本书建议，在鉴定意见书制作时，应当标明现有的国家标准、行业标准和技术规范，避免只标明团体标准。

另外，司法鉴定标准的团体标准应在全国性的司法鉴定协会或者其他行政机关主导下，各省市司法鉴定协会制定的团体标准经过全国性的司法鉴定协会或者其他行政机关审核备案后，在该团体内施行。对于在国家标准、行业标准或者技术规范基础上提出高技术要求标准的团体标准，全国性司法鉴定协会或者其他行政机关审核主要审核团体标准是否与行业标准或者国家标准冲突，是否与已经备案过的团体标准相一致，是否会导致法庭审查采信的困难等问题。对于尚无国家标准、行业标准或者技术规范提出的团体标准，全国性司法鉴定协会或者其他国家行政机关应当给予关注，在团体标准经过实践检验后，可及时申请转换为行业标准或者国家标准。

第四章　我国司法鉴定标准化面临的主要问题

第一节　我国司法鉴定标准化的背景

一、依法治国的宏观背景

2014 年 10 月 23 日,《中共中央关于全面推进依法治国若干重大问题的决定》发布。该决定全面、具体、针对性描绘了我国依法治国的路线图。2018 年 3 月,中共中央根据《深化党和国家机构改革方案》等文件,组建中央全面依法治国委员会,日常办公机构设于司法部,指导协调国家法治建设,全面推动法治国家、法治政府、法治社会一体化建设。全面依法治国涉及立法、执法、司法、普法、守法等环节。"科学立法、严格执法、公正司法、全民守法"是党中央确立的全面推进依法治国的基本方针。从广义来说,司法鉴定标准化工作也是完善国家法治体系的重要内容之一。法治是一个系统工程,司法鉴定标准可以说是司法过程中的重要技术性法规,有些目前甚至就是以法律或司法解释的形式颁布。在司法和执法环节,必然涉及对有关案件(事件)事实的查明和认定,常常涉及专门性问题,需要借助司法鉴定或技术鉴定手段来予以保障和支撑。在立法环节,常常需要对某一特定的社会现象进行属性划分,需要划定行政违法、刑事犯罪的明确界限,因此对案件(事件)中涉及的有关专门性问题有必要予以专门研究,通过全面系统的研究,科学准确划定罪与非罪,行政违法与刑事犯罪的区别。这一过程也涉及有关司法鉴定标准的建立、完善。如《人体损伤程度鉴定标准》就是这一领域的典型代表,该文件规定的内容就是界定人身伤害行为究竟属于行政违法,还是刑事犯罪的重要技术标准之一。其他如环境损害类案件(事件),也有同样的情况。因此在依法治国的大背景下,在落实严格执法的具体过程中,必然有大量的技术鉴定需求。公正司法过程更加体现出对司法鉴定技术保障的需要。为了更好地做好司法鉴定或技术鉴定对严格执法和公正司法的保障,非常有必要加强司法鉴定工作本身的质量建设,而加强技术标准的研究、制定、宣贯、执行、监督,提高鉴定意见的可靠性、可信性,有效保证鉴定意见的公信力,就显得非常重要。

党中央高度重视司法鉴定工作。2017 年,为了推动司法鉴定行业的规范健康有序发展,第一次由中共中央办公厅和国务院办公厅联合发布《意见》这一纲领性文件,明确提出在全国范围统一司法鉴定标准的工作目标,并指出"按程序成立全国司法鉴定标准化技术委员会"的具体工作路径。此后,各地省级人民政府根据党中央统一部署,分别研制了落实部署《意见》的方案。如上海于 2018 年 6 月出台了《关于贯彻落实〈关于健全统一司法鉴定管理体制的实施意见〉的工作措施及分工方案》。方案明确将司法鉴定工作的标准化列为重要内容。与此同时,我国司法改革工作正逐步走向深入,刑事司法领域正逐步由"侦查为中心"向"审判为中心"转变。庭审实质化、法官、检察官员额制和司法责任制等综合配套制度也正逐步完善和实施中。在此背景下,司法鉴定意见作为刑事诉讼法、民事诉讼法和行政诉讼法等相关法律规定的法定证据种类之一,在诉讼中必定要像其他类型证据一样经受控辩双方、原被告双方的质证和法官的审查认证。判断鉴定意见证据的可采性和证明力的重要依据之一就是其可交叉验证、可重复性。而案件中的某份鉴定意见能否经得起诉讼各方的质证、质询,法官的审查认证,其中又涉及鉴定资料发现、采集、保存、交接,鉴定委托受理程序,鉴定实施方案,鉴定方法,鉴定意见判断,鉴定文书表述等诸多环节和要素。其中,要素包括资格资质的合法性,程序的规范性,鉴定方法的科学性,鉴定意见与案件其他证据之间的吻合性,鉴定意见书的形式完备性,是否建立并遵循了明确统一的技术标准、管理标准等。

因此,司法鉴定工作的实施标准其实也是司法鉴定意见质证、认证的标准,鉴定意见的可采信标准,两者具有内在的统一性。

二、推进国家治理体系和治理能力现代化建设的工作要求

党中央提出,全面深化改革总目标是完善和发展中国特色社会主义制度、推进国家治理体系和治理能力现代化。[1] 党的十九届四中全会公报专门对推进国家治理体系和治理能力现代化进行了全面部署。今后相当长一段时间内,国家治理体系和治理能力现代化必将是我国社会治理领域一项非常重要的任务。近年来,我国的司法改革也不断走向深入,调解、仲裁、公证、司法、行政执法等与社会治理体系和治理能力建设密切相关的各类活动中对司法鉴定意见的准确性、科学性、公信力等均提出了新的要求。

司法鉴定本身作为解决诉讼中涉及的专门性问题的重要手段之一,对于国家法治建设和社会矛盾纠纷化解等社会治理体系起到重要的技术保障作用。与此同时,司法鉴定行业作为一个具有悠久历史和鲜明时代性的特殊的技术服务性行业,具有高风险、高技术的特点,尤其需要对行业自身加强治理。而司法鉴定执业、管理等活动的标准化就是行业治理的重要内涵和崭新抓手之一。

国家标准化管理委员会等发布《生活性服务业标准化发展“十三五”规划》,将司法鉴定服务作为法律服务的有机组成部分,列入“十三五”十大重点建设任务之一。2017 年司法部《关于推进公共法律服务平台建设的意见》提出,建设形成覆盖城乡、功能完备、便捷高效的公共法律服务网络体系,实现公共法律服务的标准化、精准化、便捷化。司法部组建公共法律服务管理局,主要职能包括对律师、公证、司法鉴定、法律援助、调解、仲裁等领域的行政管理。其中,司法鉴定服务体系的建设属于国家公共服务领域的基础设施,不仅对严格执法和公正司法有不可替代的重要意义,同时对于公证、调解、仲裁等诉讼以外的纠纷解决机制也具有不可或缺性。从目前各类高校、

---

〔1〕《中共中央关于全面深化改革若干重大问题的决定》。

科研院所的司法鉴定机构的业务类型看,其中有超过 50% 的案件是诉讼以外的案件,其中有大量是关于服务与替代性纠纷解决机制的。对于完善国家矛盾纠纷预防、化解等治理体系和治理能力,完善社会安全风险治理体系等均具有重要意义。

因此,司法鉴定标准化工作已经是我国司法领域一项重要而紧迫的任务。同时也是推动司法鉴定行业自身建设和治理走向科学化、精细化、法治化的重要抓手之一。

第二节　我国司法鉴定标准化工作现存主要问题

一、国家司法鉴定标准化工作体制有待进一步健全

党中央、国务院高度重视标准化工作,于 2001 年成立国家标准化管理委员会,负责全国标准化工作的统一领导。通过多年建设,我国标准化工作取得丰硕成果,各类标准总数已达到 10 万项以上,覆盖各产业和社会事业各领域的标准体系基本形成。标准化在保障产品质量安全、促进产业转型升级和经济提质增效、服务外交外贸等方面起着越来越重要的作用。总体上,我国标准化工作近年来发展迅速,成效显著。但在一些具体领域内,也存在不足,结合司法鉴定领域可知存在以下几个方面的问题:

1. 管理体制有待进一步健全

“体制”一词更多用于政治学领域,常常是指国家机关、企事业单位的机构设置、隶属关系和权利划分等方面的具体体系和组织制度的总称。[1] 司法鉴定标准化体制可以理解为司法鉴定标准化工作的机构设置,相互关系、权利划分等组织体系和运行规范体系等。由于历史、文化和管理体制等诸多因素,全国层面上统一的司法鉴定标准化机构尚未成立。

根据对司法鉴定行业部分专业主要标准的梳理汇总和分析,不难看出,我国司法鉴定标准的制定主体多元,包括公安部、司法部、国家卫生健康委员

---

[1] 辞海编辑委员会编:《辞海》,上海辞书出版社 2010 年版,第 1857 页。体制:国家机关、企业和事业单位机构设置和管理权限划分的制度,如国家体制、企业体制。

会(原卫生部、卫生和计划生育委员会)、人力资源和社会保障部、国家质量技术监督局、最高人民法院、最高人民检察院、国家安全部、中国保险行业协会等。大部分已有标准为行业标准、技术指导性文件,国家标准的占比很低。国家层面,全国司法鉴定标准化技术委员会或类似的统一的司法鉴定专门性标准化工作机构尚未建成,缺乏专门的司法鉴定标准化工作机构。从这一点来说,旧有体制性障碍亟待破除,我国司法鉴定标准化工作新的体制机制亟须建立健全。

以上情况的存在导致我国司法鉴定标准化工作缺乏统一、明确的领导,直接使司法鉴定标准化工作中存在工作职责、权利、义务不清,工作效能受限等弊端。

2. 运行机制有待进一步完备

司法鉴定标准涉及范围广泛,同时牵涉到的利益主体较多。很多标准技术面广、产业链长,特别是一些标准涉及部门多、涉及的相关方立场不一致,协调难度大,由于缺乏权威、高效的标准化协调推进机制,越重要的标准越"难产"。如司法鉴定领域以往有很多标准性质的文件是由多部门联合研究制定、联合发布的,然而随着时间和情形变化,尤其是相关法律环境的变化,相关标准性质的文件早已不适应时代,亟须修订,却由于涉及部门主体多元,实际难以得到及时修正。典型的例子如,1989 年由最高人民法院、最高人民检察院、公安部、卫生部、司法部联合出台的《精神疾病司法鉴定暂行规定》。时隔 30 多年,目前仍然处于有效状态,而实际该规定所依据的法律基础、法律环境早已经大变样了。因此,我国司法鉴定标准化协调推进机制不完善,制约了标准化进程。

在司法鉴定领域我国目前尚未成立统一的全国性行业组织。现有的部分行业协会,如中国法医学会、中国刑事科学技术协会等主要归口于公安部门,在标准化工作方面虽然也积极参与,为公安行业标准化建设贡献了专业技术力量,但其服务面向范围,吸纳专家的广泛性、代表性,标准的适用范围、宣贯方式等仍有很大的改进提升空间,且不能完全代表司法鉴定行业进行相应的行业自律、行业标准研制发布等工作。因此,亟须适应国家以审判为中心的诉讼制度改革,尽快组建成立相应的全国性统一的司法鉴定行业组织。

二、司法鉴定标准化总体水平有待进一步提高

(一)我国标准化水平概况

总体而言,我国标准化工作整体水平与我国经济社会发展水平存在一定差距。表现为:一是标准陈旧、空白现象明显。如现代服务业标准总体数量偏少,社会管理和公共服务领域的标准起步较晚。重要基础性标准一定程度上存在缺失。我国国家标准制定周期平均大致为3年,不能适应产业发展的实际需要。标准整体水平不高,难以支撑经济社会转型发展。与建设质量强国的目标存在较大差距。二是存在标准交叉重叠和冲突现象。现行各类标准中仅名称相同的就有近2000项,有些标准技术指标不一致甚至冲突,既造成实践中的执行困难,也造成制定标准的资源浪费和执法不统一。特别是强制性标准涉及健康安全环保等领域,但是制定主体多元,各行业主管部门和有关省(区、市)都制定发布强制性行业标准和地方标准;数量庞大,强制性标准万余项,缺乏协调性、系统性,经常出现交叉、重叠、冲突等现象。近年来,国家标准化管理委员会陆续部署进行了多次专项整顿,情况有很大好转。三是标准体系不够健全合理。现有标准绝大多数由政府主导制定,以一般性产品和服务标准为主。企业、行业协会等主体制定的标准在数量和比例上很少。国际上通行的团体标准在我国的发展历史较短。2019年1月9日国家标准化管理委员会、民政部制定公布了《团体标准管理规定》,初步明确了团体标准在我国标准家族的地位,以及其制定、实施、监督等规范,有助于推动企业、从业机构和行业协会等自主制定、快速反应并供给所急需的各类标准。

(二)司法鉴定标准化程度不高、专业发展不平衡

具体表现为全行业的标准体系尚未健全(覆盖不全面)、标准层级低(技术规范多、行业标准多、国家标准少)、标准更新不及时、标准冲突现象明显、开放性不够(国际化程度不高)五个方面。下面结合司法鉴定特定领域的标准化现状予以具体分析。

1. 现有司法鉴定标准体系覆盖范围尚不全面

经过多年研究和努力，2005 年我国首次在 1998 年国务院“三定”方案的基础上对司法鉴定管理进行专门性立法，专门制定并颁布了全国人大常委会《关于司法鉴定管理问题的决定》，明确了我国司法鉴定机构、司法鉴定人的统一登记管理的制度，同时也对司法鉴定执业行为、行政管理和行业管理等进行了相应的规定。该决定第 5 条规定，法人或者其他组织申请从事司法鉴定业务的，应当具备的条件之一是“有在业务范围内进行司法鉴定所必需的依法通过计量认证或者实验室认可的检测实验室”。该规定内容，可以说是首次以国家法律的形式明确了在标准化方面司法鉴定机构设立应该具备的条件之一。正是源起于这部法律的规定，自 2005 年至今十余年来，我国司法鉴定机构获得计量认证、实验室认可、资质认定的数量不断攀升，对于提高行业整体素质和健全机构质量管理体系起到了至关重要的作用。上述决定的第 5 条第 2 项规定了，申请的机构应有在业务范围内进行司法鉴定所必需的仪器、设备。为此，司法部于 2006 年制定了《司法鉴定机构仪器设备基本配置标准（暂行）》（已失效），CNAS 2013 年 12 月 5 日发布 CNAS – AL13《司法鉴定/法庭科学机构认可领域分类》、CNAS – AL14《司法鉴定/法庭科学机构认可仪器配置要求》，2019 年发布 CNAS – AL14：2019《司法鉴定/法庭科学机构认可仪器配置要求》等文件，规定了不同类别司法鉴定机构设立应该具备的仪器设备配置标准。

通过对司法鉴定领域通用标准汇总统计发现，截至 2019 年 9 月 30 日，我国司法鉴定行业通用性标准有 41 项，按标准来源分类：国际采标（5）+ 自行制定（36）；按标准内容属性分类：行政管理（10）+ 质量管理（24）+ 计量（6）+ 安全（1）；按制定颁布主体分类：原国家质检总局、国家标准化管理委员会（5）+ 司法部（5）+ 地方司法厅（3）+ 地方司法鉴定协会（1）+ 保险行业协会（1）+ 国家认证认可监督管理委员会（以下简称国家认监委）（1）+ 中国合格评定国家认可委员会（以下简称认可委）（24）+ 原国家质监局（1）（见图 4 – 1、图 4 – 2）。

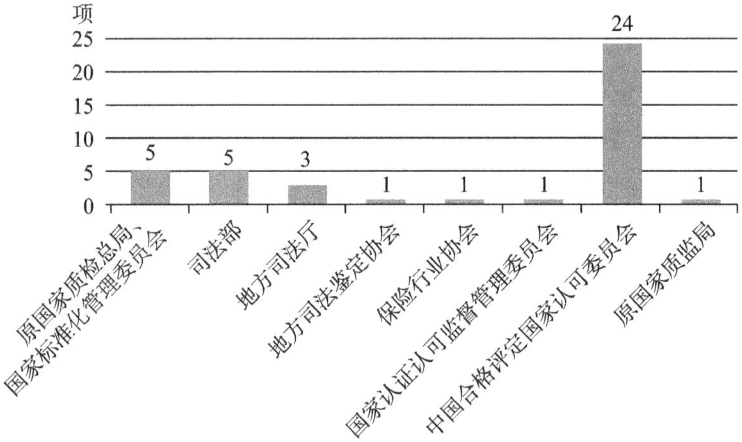

图 4－1　司法鉴定领域通用标准制定主体

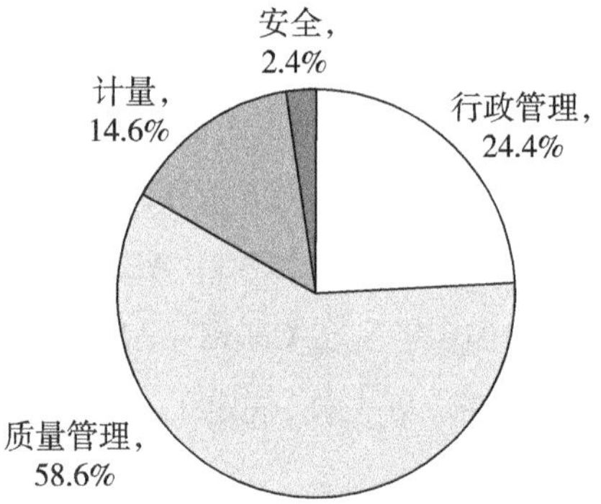

图 4－2　司法鉴定领域通用标准内容属性统计

通过对法医类专业标准进行统计汇总分析发现，截至 2019 年 9 月 30 日，我国法医类司法鉴定标准和具有标准性质的文件合计有 284 项。按学科分类：法医类 284 项 = 128（法医临床学）+ 18（法医精神病学）+ 24（法医病理学）+ 1（法医人类学）+ 43（法医物证学）+ 70（法医毒物学）（见图 4－3）。法医类司法鉴定标准颁布主体分布见图 4－4 所示。

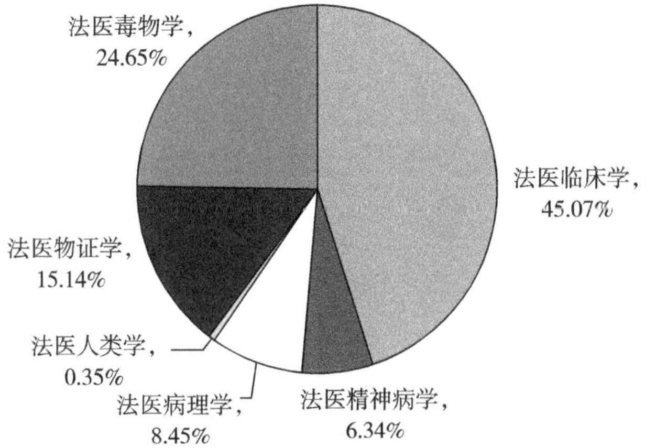

图 4－3　法医类专业标准学科分布

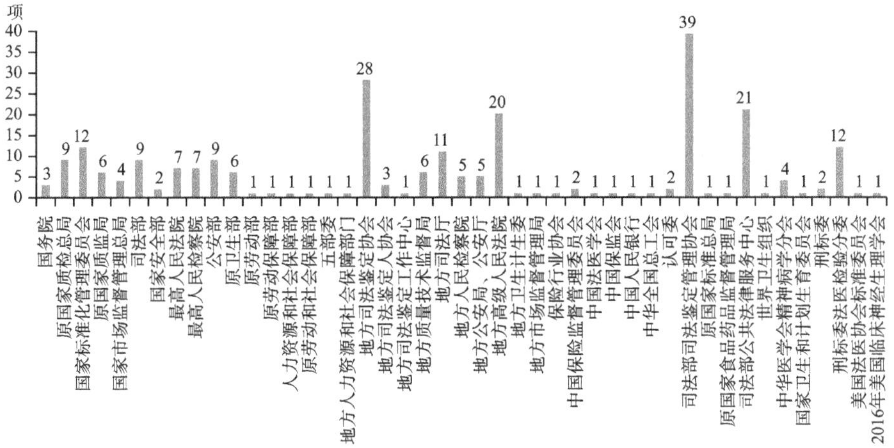

图 4－4　法医类司法鉴定标准颁布主体分布

环境损害类司法鉴定专业标准中按学科分类具体为：环境损害类司法鉴定标准 266 项＝25（工业污染）＋15（生物生态）＋23（清洁生产）＋67（大气环境）＋42（水质及工业水污染）＋11（海洋渔业）＋20（土壤生态）＋63（噪声、辐射、地震等环境）（见图 4－5）。

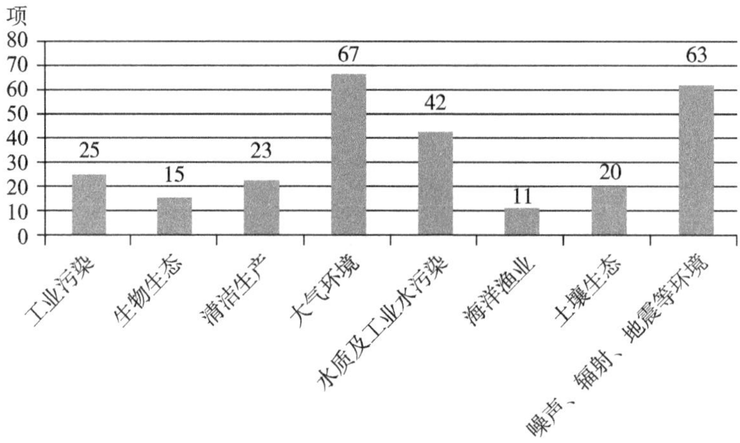

图 4－5　环境损害类司法鉴定标准汇总

2. 标准层级总体偏低(技术规范多、行业标准多、国家标准少)

如以法医类鉴定标准为例,截至 2020 年年底,法医类鉴定标准和具有标准性质的文件总计为 286 项。这 286 项标准或具有标准性质的文件中,属于国家标准的只有 22 项,占比只有 7.69%;属于行业标准的有 161 项,占 56.29%。另有地方标准 6 项,全国性技术规范 23 项,司法解释(含多部门联合发文)2 项,团体标准 3 项,地方技术规范性文件 63 项,其他具有标准性质的文件 6 项。

在环境损害类司法鉴定方面,情况稍有改进,具体为:截至 2019 年 10 月底,环境损害类司法鉴定标准合计有 266 项,其中强制性国家标准(GB)156 项,推荐性国家标准(GB/T)19 项,各相关行业标准 GA、RT、HJ 等 79 项,地方标准(DB)4 项,全国性技术规范 9 项,另有 GWKB 等数项标准。这主要得益于党中央和国家在环境损害领域高度重视,不断加强标准研制和管理工作,以及环境保护领域自身的标准化工作相对比较成熟,为环境损害类司法鉴定标准化奠定了良好的基础。

3. 标准制定缺乏规划,平均"标龄"过高

如以法医类鉴定标准为例,以截至 2019 年 9 月 30 日所统计汇总的法医类鉴定标准为例,合计 283 项标准中,按制定年度分类为:2019 年(11)+2018 年

(34)+2017年(8)+2016年(11)+2015年(20)+2014年(28)+2013年(18)+2012年(3)+2011年(11)+2010年(15)+2009年(9)+2008年(12)+2007年(3)+2006年(5)+2005年(3)+2004年(10)+2003年(5)+2002年(5)+2001年(3)+2000年(2)+1999年(11)+1998年(15)+1997年(4)+1996年(6)+1995年(8)+1994年(2)+1992年(11)+1990年(3)+1989年(2)+1987年(2)+1986年(1)+1981年(1)+1979年(1)。

而上述标准的更新情况也不乐观,更新不及时或长期不更新的情况比较常见。

结合环境损害类司法鉴定标准的制定情况分析如下:

按制定年度:环损类272项=2019年(1)+2018年(6)+2017年(6)+2016年(11)+2015年(14)+2014年(15)+2013年(17)+2012年(20)+2011年(21)+2010年(31)+2009年(12)+2008年(31)+2007年(14)+2006年(20)+2005年(11)+2004年(2)+2002年(10)+2001年(6)+1999年(1)+1997年(1)+1996年(3)+1995年(3)+1993年(3)+1992年(4)+1991年(1)+1990年(2)+1989年(2)+1988年(3)+1984年(1)。更新周期也比较长。

4.标准制定主体多元,内容冲突、重叠现象明显

具体表现为制定颁布主体多元,标准内容既有交叉重叠,又有空白,颁布更新不及时,性质定位模糊。尚未形成清晰、完整、规范的司法鉴定行业标准化体系。司法鉴定标准化工作尚处于起步阶段,缺乏相应的经验。

如在法医类鉴定领域,以截至2019年10月底的法医类鉴定标准为例,337项法医类鉴定标准或具有标准性质的文件中,按制定颁布主体分类统计:国务院(3)+原国家质检总局(9)+国家标准化管理委员会(12)+原国家质监局(6)+国家市场监督管理总局(4)+司法部(9)+国家安全部(2)+最高人民法院(7)+最高人民检察院(7)+公安部(91)+原卫生部(6)+原劳动部(1)+原劳动保障部(1)+人力资源和社会保障部(1)+原劳动和社会保障部(1)+五部委(1)+地方人力资源和社会保障部门(1)+地方司法

鉴定协会(28)+地方司法鉴定人协会(3)+地方司法鉴定工作中心(1)+地方质量技术监督局(6)+地方司法厅(11)+地方人民检察院(5)+地方公安局、公安厅(5)+地方高级人民法院(20)+地方卫生计生委(1)+地方市场监督管理局(1)+保险行业协会(1)+原中国保险监督管理委员会(2)+中国法医学会(1)+原中国保监会(1)+中国人民银行(1)+中华全国总工会(1)+认可委(2)+司法部司法鉴定管理协会(39)+原国家标准总局(1)+原国家食品药品监督管理局(1)+司法部公共法律服务中心(21)+世界卫生组织(2)+中华医学会精神病学分会(4)+原国家卫生和计划生育委员会(1)+刑标委(2)+刑标委法医检验分委(12)+美国法医协会标准委员会(1)+2016年美国临床神经生理学会(1)。

在环境损害类司法鉴定领域,按制定颁布主体分类统计:环损类400项=国务院办公厅(0)+原国家质量监督检验检疫总局(108)+国家标准化管理委员会(47)+国家环境保护总局(61)+原环境保护部(97)+原卫生部(2)+司法部(3)+交通运输部(1)+住房和城乡建设部(4)+原农业部(3)+交通运输局(1)+国家海洋局(1)+原国家林业局(1)+国家技术监督局(14)+地方环境保护局(5)+地方环境保护厅(10)+地方质量技术监督局(38)+中国环境科学研究所(1)+最高人民法院、最高人民检察院(1)+地方市场和质量监督管理委员会(1)+地方市场和质量监督管理委员会(1)(见图4-6)。

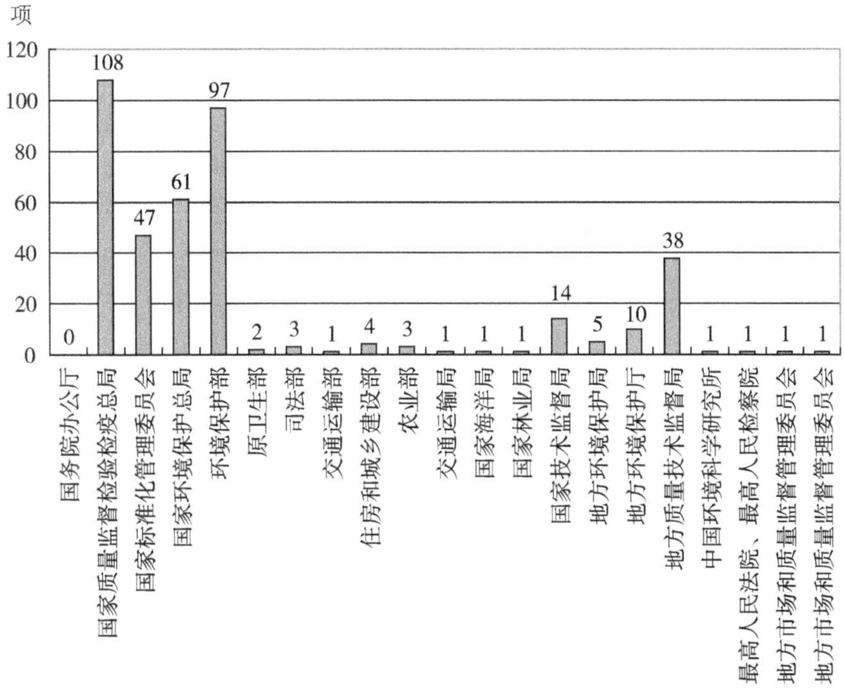

图4－6　环境损害类司法鉴定标准制定主体分布

5. 国际化程度不高

我国目前各类司法鉴定标准中，等同采用国际标准的情况总体不多，法医类鉴定标准中，只有法医病理、法医临床领域涉及的医学诊断标准《疾病分类与代码》（GB/T 14396—2016）是等同采用世界卫生组织的国际标准《国际疾病分类》（ICD－10）的，司法鉴定通用标准中的有关质量管理和计量认证等部分标准是等同采用国际标准的。[1] 中国司法鉴定机构、技术专家、行业组织、政府组织等参与国际标准制定的情况也较少见。我国标准被其他国家、地区和国际组织等吸收采用的情况也较少见。因此，我国司法鉴定标准领域国际开放程度总体不高，标准的国际化程度与我国对外交往的形势不相适应。

[1] GB/T 27025—2019 等同采用 ISO/IEC 17025：2017。

第三节 我国司法鉴定标准化工作存在问题的原因分析

一、司法鉴定标准化工作起步较晚，缺少统一的规划引领

我国现代司法鉴定工作发展于改革开放以后，尤其是 1979 年新中国第一部《刑法》的出台。2005 年国家专门出台《关于司法鉴定管理问题的决定》之后，我国司法鉴定工作更是获得了较快速的发展。司法鉴定标准化工作更是最近十来年才得到关注的事情。司法鉴定行业的资质认定和机构认可工作更是在 2000 年以后才逐步推行。无论是司法鉴定行业的管理干部、鉴定人、鉴定机构管理人员，还是司法人员、科研人员等，对于司法鉴定标准化工作的意义、作用、方法、路径等的认知程度尚未达到理想状态，大多数从业人员尚不具备从事司法鉴定标准研究工作的能力。司法鉴定行业的标准化意识也有待进一步加强。

总体上，我国现代司法鉴定制度发展历史相对短暂。科研、技术、制度积累相对不足。我国长期以来缺少全国统一的司法鉴定行业发展规划。更没有司法鉴定标准化方面的战略规划。迄今为止，全行业尚未对制定实施我国司法鉴定标准化的意义达成共识。

二、理论支撑不足

鉴于我国将司法鉴定工作纳入国家统一管理的时间较短，行业发展成熟度不够，现有管理制度尚不够成熟，对司法鉴定标准化有关的基础理论研究、相关的应用研究开展得均不充分，相关成果比较缺乏。近年来，只有少量从业人员、科研机构开展了这方面的专题研究，出版了部分相关成果。如杜志淳教授牵头完成的 2012 年国家哲学社会科学基金项目“司法鉴定质量监控研究”，陈邦达副研究员主持的国家哲学社会科学基金项目 2017 年度项目“司法鉴定意见可采性问题实证研究”，国家认可委、司法鉴定科学研究院等牵头完成的“司法鉴定能力评价方法研究”“司法鉴定标准和鉴定质量控制体系研究与应用”“司法鉴定能力验证关键技术研究”等研究。科技部国家

重点研发计划"司法鉴定创新技术研究与应用示范"中也包含"司法鉴定能力控制技术研究与示范"子课题的研究。司法部公共法律服务局(原司法鉴定管理局)不定期组织开展司法鉴定技术规范研究项目。上述科研项目有些仍处于在研阶段,有些已经完成结项,产生了一批重要的科研成果,但总体而言,现有成果尚未形成体系,对司法鉴定行业标准化涉及的许多重要问题尚缺少专门系统的研究,现有研究成果和实践经验尚无法为我国司法鉴定行业实现全面、高水平标准化提供充分的理论指导和操作指南。仍需要国家科研部门、司法机关、司法鉴定管理部门、有关行业主管部门等加大投入,积极鼓励司法鉴定领域、标准化领域的科研人员投身这一重要领域,开展广泛、系统深入的研究,推出更多、更好的司法鉴定标准化方面的理论成果。

司法鉴定行业标准化发展的历史不长,从业人员执业时间、专业背景、教育培训等方面参差不齐,总体数量有限,司法鉴定质量管理方面的研究力量更是匮乏。对司法鉴定标准化原理及发挥作用的机制缺乏深入研究。司法领域对司法鉴定标准化工作的意义尚未达到应有的认识,尚不具备从司法鉴定标准角度来查证评断司法鉴定意见的证据能力。

三、司法鉴定标准化的法律保障缺乏

历年来,我国已经制定了很多标准化工作相关的法律法规和规范性文件。通过回顾我国标准化法律、法规、部门规章发现,目前尚没有专门针对司法鉴定标准化工作的法律法规和行政规章等(见表4-1)。

表4-1　我国标准化主要法律、法规、规章

序号	分类	公布日期
法律		
1	《标准化法》	1988年12月29日
行政法规		
1	《标准化法实施条例》	1990年4月6日

续表

序号	分类	公布日期
地方性法规		
1	《安徽省实施〈中华人民共和国标准化法〉办法》	1995年4月24日
部门规章		
1	《国家标准管理办法》(已失效)	1990年8月24日
2	《行业标准管理办法》(已失效)	1990年8月24日
3	《地方标准管理办法》(已失效)	1990年9月6日
4	《企业标准化管理办法》(已失效)	1990年8月24日
5	《农业标准化管理办法》(已失效)	1991年2月26日
6	《国家农业标准化示范区管理办法(试行)》	2007年10月22日
7	《全国专业标准化技术委员会管理办法》(已失效)	2004年3月2日
8	《采用国际标准管理办法》(已失效)	1984年3月27日
9	《原产地域产品保护规定》(已失效)	1999年8月17日
10	《国家标准化指导性技术文件管理规定》	1998年12月24日
11	《国家标准英文版翻译出版工作管理暂行办法》	1998年4月22日
12	《进口机电产品标准化管理办法》(已失效)	1998年3月10日
13	《采用快速程序制定国家标准的管理规定》	1998年1月8日
14	《标准出版管理办法》	1997年8月8日
15	《查处食品标签违法行为规定》(已失效)	1995年6月20日
16	《采用国际标准产品标志管理办法(试行)》(已失效)	1993年12月3日
17	《参加国际标准化组织(ISO)和国际电工委员会(IEC)国际标准化活动管理办法》	2015年3月18日
18	《标准档案管理办法》(已失效)	1991年10月28日
19	《能源标准化管理办法》(已失效)	1990年9月6日
20	《全国专业标准化技术委员会章程》(已失效)	1990年8月24日
21	《标准化法条文解释》(已失效)	1990年7月23日
22	《标准化科学技术进步奖励办法》(已失效)	1990年5月9日

续表

序号	分类	公布日期
23	《信息分类编码标准化管理办法》	1988 年 5 月 7 日
24	《国家实物标准暂行管理办法》(已失效)	1986 年 1 月 2 日
25	《技术引进和设备进口标准化审查管理办法(试行)》(已失效)	1984 年 12 月 15 日
26	《机电新产品标准化审查管理办法》	1981 年 3 月 14 日
27	《长江干线船型标准化补贴资金管理办法》(已失效)	2010 年 3 月 10 日
28	《国土资源标准化管理办法》(已失效)	2003 年 5 月 8 日
29	《测绘标准化工作管理办法》(已失效)	2008 年 3 月 10 日
30	《国家中医药管理局中医药标准化项目管理暂行办法》	2006 年 2 月 10 日
31	《农业标准化实施示范项目资金管理暂行办法》	2006 年 1 月 27 日
32	《行业标准化技术委员会管理办法》(已失效)	2005 年 7 月 25 日
33	《认证认可科技与标准化工作管理规定(试行)》	2005 年 5 月 19 日
34	《商务部国内贸易标准化体系建设专项资金管理暂行办法》	2004 年 8 月 9 日
35	《国防科技工业标准化科研管理实施细则》(已失效)	2004 年 2 月 20 日
36	《武器装备研制生产标准化工作规定》	2004 年 2 月 19 日
37	《工程建设地方标准化工作管理规定》(已失效)	2004 年 2 月 4 日
38	《林业标准化管理办法》	2003 年 7 月 21 日
39	《国家邮政局标准化工作管理办法(试行)》	2003 年 4 月 28 日
40	《内河运输船舶标准化管理规定》(已失效)	2001 年 10 月 11 日
41	《新闻出版行业标准化管理办法》(已失效)	2001 年 1 月 6 日
42	《旅游标准化工作管理暂行办法》(已失效)	2000 年 3 月 3 日
43	《中国民用航空标准化管理规定(CCAR－375SE)》(已失效)	1998 年 7 月 20 日
44	《海洋标准化管理规定》(已失效)	1997 年 1 月 30 日

续表

序号	分类	公布日期
45	《医疗器械企业产品标准化工作规定》	1996 年 3 月 11 日
46	《农业部标准化管理办法》(已失效)	1993 年 3 月 22 日
地方规章		
1	《安徽省组织机构代码管理办法》(已失效)	1997 年 2 月 17 日

资料来源:安徽省质量技术监督局、安徽省标准化研究院主编:《标准化知识与实务》,中国质检出版社 2014 年版,第 60～62 页。经修改。

第四节　对策与建议

针对上述司法鉴定标准化工作现状分析,存在的问题梳理和原因分析,笔者建议,至少从以下几方面加以改进,以全面推动我国司法鉴定标准化改革、建设,尽快形成并保持我国司法鉴定行业高水准的技术服务能力。

一、加快改革,形成合力

在《意见》和党中央关于依法治国和司法改革的相关重要文件精神指引下,抓紧协调相关部门,推动国家层面成立统一的司法鉴定标准化领导机构。如尽快建立全国司法鉴定标准化技术委员会。笔者建议具体归口部门由司法鉴定法定行政管理部门司法部牵头,吸纳公、检、法、司、安、军、卫、民政、高校、科研院所等多部门及其专家参与,保证司法鉴定工作参与主体的广泛性。同时按照不同专业分类建立相应的专委会。

2015 年 6 月 1 日国务院发文,[1] 同意建立国务院标准化协调推进部际联席会议(以下简称联席会议)制度。主要职能:在国务院领导下,统筹协调全国标准化工作。研究提出促进标准化改革发展的重大方针政策,协调解决标准化改革发展中的重大问题;对跨部门跨领域、存在重大争议标准的制定和实施进行协调,审议确定需报请国务院批准发布的标准;完成国务院交办

〔1〕 国务院《关于同意建立国务院标准化协调推进部际联席会议制度的批复》(国函〔2015〕94 号)。

的其他事项。

结合司法鉴定标准化工作,也非常有必要在中央层面明确专门的协调机构,建立稳定的协调机制。具体方式可以是在现有的联席会议中设立相应的工作组等。

二、规划引领，明确方向

国家标准化工作方面,近年来,国务院、国家标准化管理委员会等陆续出台了不少相关文件,这些文件是开展司法鉴定标准化工作的重要政策基础。[1] 为了进一步明确今后一段时间我国司法鉴定标准化的工作目标、重点、策略以及保障措施等,笔者认为,有必要尽快研制出台我国司法鉴定标准化战略规划。通过研制、发布、宣贯、实施这一规划,最大限度地调动资源、达成共识、形成工作合力,推动我国标准化工作稳步健康发展。

三、加大投入，多元保障

根据《标准化法》第3条的规定,标准化工作的任务是制定和组织实施标准以及进行相关监督。县级以上各级人民政府应当将标准化工作纳入本级国民经济和社会发展规划,并投入相应预算。司法鉴定工作属性定位于公共服务,是涉及民生的重要公共产品,政府有义务予以保障。因此,各级政府应不断加大对司法鉴定标准化工作的经费投入,主要用于支持司法鉴定标准化相关的科研项目、人才队伍建设、专门工作机构建设、执法监督检查、科普宣传等。通过加大专项资金投入,鼓励相关科研机构、科研人员加快对我国司法鉴定标准化的基础理论、技术、立法等方面的内容进行研究,同时也鼓励专业技术人员加强对司法鉴定实践经验、管理经验的总结,逐步形成各类标准。相信通过较长时间的积累,可以形成一批优秀的科研成果,培养出一批优秀的司法鉴定标准化人才,为我国司法鉴定标准化工作提供必要的技术人才

〔1〕 中国科学院武汉文献情报中心标准分析研究中心研发,魏凤、曹凝等编著:《全球标准化战略发展态势及重要技术标准化分析》,科学出版社2018年版,第90~93页。

支撑。

四、完善立法，强化监督

国家标准化管理委员会《2019 年全国标准化工作要点》[1]第 5 部分提出,提升标准化基础能力水平,建设更加保障有力的标准体系。该部分提出的第一个措施就是要加快完善标准化法配套法律法规。文件第 97 ~ 100 条提出的具体任务为:抓紧出台《强制性国家标准管理办法》《国家标准样品管理办法》;加快推进行业标准化、地方标准化、标准化试点示范等管理办法制修订;推进团体标准、企业标准等监督管理办法制定;研究修订国家标准涉及专利管理规定等政策文件。

从上述文件可以看出,实施标准化涉及的领域、部门、要素非常广泛,同时标准化过程可能导致多主体的利益格局调整、权利义务变更等重大影响,一定需要有国家法律、行政法规等法律制度来保障,才能畅通标准化的路径。具体到司法鉴定行业,情况也不例外。司法鉴定行业涉及部门众多,如公安机关、检察机关、国家安全机关、人民法院、司法行政机关、监狱(狱内侦查、服刑能力、强制医疗、暴力风险评估等)、卫生部门(涉及医疗质量管理和纠纷处置、医疗事故鉴定、医疗损害鉴定、医学鉴定等)、人力资源和劳动保障部门(工伤认定、工伤伤残等级鉴定、部分职业技能鉴定等)、科研部门、教育部门、生态环境部门(环境损害类)、农业部门(农业司法鉴定需求、实施和管理者)、财政部门(会计、经济类)、金融部门(如保险企业)、交通部门(车辆、道路、桥梁、交通设施等鉴定需求、实施、管理者)、住房和城乡建设部门(建设工程类司法鉴定需求、实施和管理者)、民政部门(残疾等级鉴定、行为能力鉴定、监护能力鉴定)、军队有关部门(军队保卫部门、福利保障部门)等。要很好地协调各类主体间的关系,必须借助具有强制力的国家法律才能实现。因此,非常有必要针对司法鉴定领域制定具有可操作性的国家专门法律或行政法规。

---

〔1〕 国家标准化管理委员会印发《2019 年全国标准化工作要点》(国标委发〔2019〕5 号)。

同样,司法鉴定标准化工作涉及的机构也众多,如负责国家质量技术管理的行政主管部门国家质量技术监督局,及其下属的国家标准化管理委员会、国家认监委,指导管理的 CNAS 等部门,行业组织有中国标准化协会,科研机构有中国标准化研究院等。负责司法鉴定行业行政管理的部门司法部,与司法鉴定工作紧密相关的公安部、最高人民法院、最高人民检察院、国家安全部,部分行业主管部门如与法医类鉴定相关的国家卫生健康委员会、与环境损害类司法鉴定相关的生态环境部,和计算机与声像资料类鉴定相关的工业和信息化部,4 类外业务领域如财政部、住房和城乡建设部、水利部等。

其中国家标准化管理委员会是国务院授权履行行政管理职能、统一管理全国标准化工作的主管机构,正式成立于 2001 年 10 月。2018 年 3 月,根据新一轮国务院机构改革方案,将国家标准化管理委员会职责划入国家市场监督管理总局,但对外保留牌子,便于开展相关业务。

国家市场监督管理总局对外保留国家标准化管理委员会牌子,以国家标准化管理委员会名义,履行以下职能:[1](1)参与起草、修订国家标准化法律、法规的工作;拟定和贯彻执行国家标准化工作的方针、政策;拟定全国标准化管理规章,制定相关制度;组织实施标准化法律、法规和规章、制度。(2)负责制订国家标准化事业发展规划;负责组织、协调和编制国家标准(含国家标准样品)的制定、修订计划。(3)负责组织国家标准的制定、修订工作,负责国家标准的统一审查、批准、编号和发布。(4)统一管理制定、修订国家标准的经费和标准研究、标准化专项经费。(5)管理和指导标准化科技工作及有关的宣传、教育、培训工作。(6)负责协调和管理全国标准化技术委员会的有关工作。(7)协调和指导行业、地方标准化工作;负责行业标准和地方标准的备案工作。(8)代表国家参加 ISO、IEC 和其他国际或区域性标准化组织,负责组织 ISO、IEC 中国国家委员会的工作;负责管理国内各部门、各地区参与国际或区域性标准化组织活动的工作;负责签订并执行标准

[1] 参见国家标准化管理委员会官网,http://www.sac.gov.cn/sxxgk/bzwjs/,最后访问日期:2021 年 8 月 3 日。

化国际合作协议,审批和组织实施标准化国际合作与交流项目;负责参与与标准化业务相关的国际活动的审核工作。(9)管理全国组织机构代码和商品条码工作。(10)负责国家标准的宣传、贯彻和推广工作;监督国家标准的贯彻执行情况。(11)管理全国标准化信息工作。(12)其他工作。综观上述各项职能,其中很多内容都与司法鉴定领域的标准化工作紧密相连。如立法、规划、体系机制构建、经费保障、科技研发、宣传教育、对外合作等,因此建议国家标准化管理委员会应尽早重视司法鉴定领域的标准化工作,与行政主管机关、行业专家等开展深度合作,并投入足够的资源予以保障。

国家标准化管理委员会近期将重点实施一个战略、两个行动、三个工程。一个战略是抓紧制定和实施标准化战略,制定推进标准化战略的行动纲领《中国标准 2035》,其中的标准化战略应当包含司法鉴定领域的标准化战略。两个行动是对标达标行动和"标准化 +"行动。三个工程是标准提档升级工程,新产业、新动能标准领航工程,国内外标准互认工程。三个工程中的国内外标准互认工程,与司法鉴定行业的国际化密切相关。

通过完善司法鉴定标准化工作相关的立法或规范性文件,保障司法鉴定标准的立项、研制、审批、宣贯、执行和监督等工作。同时,通过强化法律执行情况的监督,来督促各相关主体履行自己的部门职责,借此可保证我国司法鉴定标准化工作的有序进行。

第五章 美洲主要国家司法鉴定标准化实践

第一节 美国法庭科学标准化实践

一、美国法庭科学标准化的历史

NIST 2013 年 2 月宣布建立全国性的法庭科学标准化委员会作为加强法庭科学实践的制度构成。该委员会考虑为联邦和各州、地方法庭科学实验室(由从事法庭科学的科研人员和执业人员组成)提供实践指南。委员会将有职责为发布有关法庭科学和审判活动的交叉提供指南,并发布政策建议,包括进行培训和资格认证的专业责任和要求。该新方案将在联邦政府的领导下,为各州和地方成员的合作提供法庭科学学科的基本框架。司法部通过参与这一委员会,将在发布政策建议和协调实施方面发挥积极作用。NIST 主管的指南组织将研究制定特定学科的指南,这些指南将对外公开,并成为得到委员会和司法部部长认可的标准。这一共同努力将有助于促成法庭科学的国家标准化指南。另外,NIST 将继续发展法庭科学的方法和认证已经存在的法庭科学标准。[1]

2009 年 NAS 的报告《加强美国法庭科学:未来之路》被认为是美国法庭科学改革的历史性标志,2017 年随着国家法庭科学委员会(National Commission

---

〔1〕 See Simon A. Colea, *Who Will Regulate American Forensic Science*?, 48 Seton Hall L. Rev. 563, p. 2(2018).

on Forensic Science)的结束,白宫办科学与技术政策研究室(White House Office of Science and Technology Policy)随着奥巴马政府的任期结束而告终。当人们寄希望于总统科学与技术咨询委员会(President's Advisors on Science and Technology)有关法庭科学报告的影响作用时,这份报告戛然而止,并无法继续下去。

科学领域委员会组织(Organization of Scientific Area Committees,OSAC)是由 NIST 管理的。该委员会组织对法庭科学标准的授权是相当有限的。缺乏标准化的问题长期被认为是美国法庭科学的一大缺点。许多学者已经指出这一问题。当然,缺乏标准化不是当前美国法庭科学的唯一症结。美国学者对其本国法庭科学的调查反映,除了法庭科学标准问题之外,存在的问题还包括:(1)政府对法医学投入的资源不足,无法满足执法部门对法医学的需求。(2)法医学与主流科学或国家科学资金的联系还不够紧密。(3)法庭科学报告或专家证言经常包含逻辑谬误。(4)法庭科学专家证言和报告夸大证据的价值。(5)许多法庭科学技术是没有经过验证的。(6)法庭科学协议没有采取程序性措施以减少确认偏差。(7)大部分法庭科学实验室是由执法部门监管的,造成执法机构不中立,甚至干扰鉴定人独立鉴定,违背忠于科学、忠于事实的品质。(8)在法庭科学领域进行的基础研究还不够。(9)大部分法庭科学的自我管理体系缺乏活力。鉴定人资格和实验室的资格不够活跃,并被职业本身控制到不合理的程度。(10)法庭科学的教育和培训还不够。(11)许多实验室的协议和质量保证/控制机制缺乏活力。

实现法庭科学规范化的诸多路径看来困难重重,相较之下,法庭科学标准化是一项可行的途径选择。这一判断并非无稽之谈。在其他许多领域,标准已被多数州、组织和社会公约认为是替代管理手段的、行之有效的方法。标准能否规范法庭科学?为了回答这个问题,我们必须首先了解美国法庭科学标准化的简史,其次看看标准和标准化可以如何解决这个问题。

在 20 世纪 80 年代后期,除少数例外,在美国没有任何一家标准制定组织颁布法庭科学标准。实际上,每个实验室及其鉴定人都可以自由地选择他们认为适合的实践操作守则,基于各自领域所公认是学科权威或教材里通用的标准。在20世纪80年代后期,来自法庭科学领域内外部的批判指责纷纷指出诸多法庭科学领域依据缺乏实践检验和确认,准则五花八门,评论者认为,这是缺乏标准的实践造成的。这是否为问题的成因还难以下定论,但无论什么原因,法庭科学界人士向ASTM请求了帮助,希望能够在部分法庭科学学科领域先启动有效的标准化工作。美国检测和材料分析学会是美国历史最悠久、规模最大的标准化制定组织,主要负责制定、颁布合意性标准;同时它也是世界上历史悠久的标准化组织之一,它的行业材料和程序标准被业内人士所广泛接受和遵循。

一些较早采纳ASTM制定的新标准的领域主要集中在司法鉴定文书鉴定方面。这也许是因为在早期存在一个文书检验的分委员会,或者是因为20世纪80年代后期,司法鉴定文书在合法性方面比较薄弱,遭到较多的批判,所以后来法庭科学标准针对这一领域进行强化。

20世纪90年代,ASTM的发展逐步加快。这一时期有两件事件的发生,对标准化的进展产生了重要影响。一是1993年多伯特案件及其后续的影响。二是美国司法部和联邦调查局(Federal Bureau of Investigation,FBI)对多伯特规则的反应,以及联邦总检察长关于世贸中心2001年遭"9·11"恐怖袭击的第一份报告,这份报告揭露出FBI实验室的缺陷。这一反应最终使建立"技术工作组"(Technical Working Groups,TWGs)的愿望得以付诸实践,它在每个法庭科学分支领域进行着不懈努力。从1995年开始到1998年,这些组织的名称从"技术工作组"(TWGs)改为"科学工作组"(SWGs),ASTM分委员会的成员吸纳以自愿加入、对外开放为原则,但是SWGs的成员接受FBI的管理,并主要是由来自政府执法部门实验室的鉴定人构成。因此,他们在代表性方面无法和ASTM分委员会相提并论。

在委员会的组成方面,法庭科学标准化委员会的成员组成会影响标准活动的效果。这个过程好比激烈竞争的权力游戏,强势的一方能够影响标准化的制定。法庭科学标准化委员会的组成不可避免地造成一种机构偏颇。[1] 法庭科学标准化委员会的组成已经成为 OSAC 的争议问题。由 70% 的执业人员、20% 的科研人员以及 10% 的研发人员组成。这种局面可能被认为是有利于执业人员的,他们会倾向于支持以上的方案。例如,美国总统科学与技术咨询委员会顾问完成的报告评论道:"科学领域委员会组织(OSAC)的成员几乎没有独立的科学家:它是由鉴定人构成,超过总数三分之二的比例,该组织缺乏足够的独立科学知识,缺乏为克服法医学中的严重缺陷而进行的必要监督。"[2]

美国决定开放北加利福尼亚研究所并获得必要的资金。该项目于 2005 年 11 月启动,该研究所将帮助重建公众信心和政府公信力,通过向决策者提供有关司法鉴定标准,帮助他们制定法律、政策和执法活动,基于目前的领先科学技术,最大限度地实现法庭科学、逮捕、起诉和定罪量刑。

除建立这个研究所外,美国司法协会将组建法庭科学和公共政策国家委员会以实施研究所制定的法庭科学标准。该委员会的成员将包括全国知名的鉴定专家、执法官员、检察官、律师、学者和司法官员。委员会执行标准将开拓前行的道路,已为司法体系中绝大部分部门的决策者所接受。[3]

二、美国法庭科学标准存在的问题

(一)法庭科学面临不确定性和被误读的风险

美国前总统奥巴马于 2017 年在《哈佛法律评论》刊发了一篇题为《总统在刑事司法改革中的作用》的文章。[4] 奥巴马在文中指出,与公众从电视节目中产生的对法庭科学的认识相反的是,现实中的法庭科学面临许多不确定性,以及被误读的风险。2009 年,NAS 向奥巴马提供的一份研究报告,提出

---

〔1〕 See Stefan Timmermans & Steven Epstein, *A World of Standards but Not a Standard World: Toward a Sociology of Standards and Standardization*, 36 ANN. Rev. SOC. 77(2010).

〔2〕 See President's Council of Advisors on Sci. & Tech, *Forensic Science in Criminal Courts: Ensuring Science Validity of Feature-Comparison Methods (2016)*, p. 126.

〔3〕 See Allan D. Sobel, *Building Public Trust and Confidence*, 89 Judicature 57, p. 2(2005).

〔4〕 有关该报告的中文内容,参见巴拉克·奥巴马:《国家总统在推进刑事司法改革中的角色》,汪诸豪译,载《比较法研究》2019 年第 4 期。

了许多法庭科学学科面临可靠性、合法性普遍遭受质疑的挑战。DNA 鉴定的不断深入研究和其他法庭科学领域的发展将提高科学证据的可靠性,促进实现司法正义的目标,它们助力准确惩罚犯罪,防止无辜者含冤入狱。

奥巴马政府已经支持了较大范围内的科研攻关和政策倡议以加强法庭科学建设,这项改革所跨越的领域,从 DNA 鉴定分析,延伸覆盖到指纹鉴定、轮胎鉴定、轮胎刮痕、子弹分析、笔迹鉴定、痕迹鉴定和毒物鉴定、电子数据鉴定等。在 2013 年,NIST 建立了全美首家全国法庭科学委员会,联邦咨询委员会就有关如何加强法庭科学的合法性和可靠性的问题提出系列建议。为回应这一系列建议,司法部宣布若干项蓄势待发的措施以改变目前的政策。这些措施包括:要求司法部的法庭科学实验室必须获得并持续保持资格认证,在条件可行的情况下,要求所有检察官在此后 5 年内(2017 ~ 2022 年)使用具备资格认证的实验室实施司法鉴定活动。

在 2015 年,NIST 投入 2000 万美元在艾奥瓦州大学成立了法庭科学卓越中心(Forensic Science Center of Excellence),以整合不同学科的统计数据平台,包括指纹鉴定、枪支鉴定、咬痕鉴定和其他类似的科学证据。

同时,NIST 又协同司法部管理 OSAC,该组织由超过 500 名司法鉴定专业人员组成,致力研制达成一致的法庭科学标准和指南,在 2016 年,美国总统科学与技术咨询委员会也重点关注这些重要领域的问题。

FBI 不仅支持法庭科学科研和技术发展的前瞻性建设,同时史无前例地承担起对已决案例和专家证言、证人证言的审查任务。在 2012 年,FBI 在无辜者计划和全国刑事辩护律师协会的协助下,启动关于显微毛发鉴定的专家证言的复核。FBI 复核了超过 21,000 件案件,在这些案件中该机构提供了 1972 ~ 1999 年的显微毛发分析。通过这些评估和复查,至少有 2 起案件得以平冤昭雪,还有其他几起案件处于待定状态。2017 年年初,美国司法部也成立了法庭科学学科复核机构以巩固法庭科学的质量保证成果,将实践中涉及的相关学科纳入质量认证体系。

加强法庭科学建设是个错综复杂的挑战性难题,要求联邦政府、法庭科学、法学研究和司法实务等社会各界人士持续努力和协同作战。推动法庭科学的研究攻关和发展纲领等工作,将要求联邦、各州、地方的政府机构、学术界、执法部门以及法庭科学领域的专家继续协同奋进,完成法庭科学促进司法公平正义的光荣使命。[1]

(二)法庭科学领域危机四伏

NAS在2009年发布的名为《加强美国法庭科学:未来之路》的调研报告中,指出美国法庭科学领域危机四伏。其中,包括缺乏合适验证的法庭科学方法、缺乏中立的鉴定、存有偏见的分析、法庭科学缺乏足够的培训、法庭科学标准稀缺、经常出具误导性和错误的鉴定结果、缺乏独立的监督等问题。面对如此多方面的困境,该报告坦言美国政府加强法庭科学任重而道远。

NAS是一个私立的、非营利性的学会社团,由科学和工程类研究的杰出学者组成,致力推动科学技术的发展和增进社会福祉。其会员由内部自我推选产生,具有该组织的会员资格被认为是科学家和工程师们的最高荣誉。在2010年,NAS就已经吸纳了约2100名成员和380位国外同行,其中200位成员获得过诺贝尔奖。NAS发布的科学报告被认为是权威的并且经常被用以评估、规定和决定被普遍接受的标准。因此,当利用该学会发布的报告时,不是简单地遵从某一位专家的意见,而是遵从科学界同行的专业判断。

在认识到法庭科学亟待推行重要改革的基础上,美国国会授权NAS着手研究并最终形成报告。NAS的一大任务就是"推广有关法庭科学采集与分析方法的有益经验和行动指南,以保障法庭科学技术的可靠性和规范性"。该学会由鉴定人、科学家、法庭科学管理层、法庭科学培训师、法庭科学研究人员、标准化组织代表、政府执法部门中熟悉如何运用科学证据指控犯罪的专家组成,大家集思广益指出法庭科学存在的严重问题,以引起有关方面的关注,建立强制性标准,促进法庭科学的实践发展,进而提升法庭科学的可靠性。

---

[1] See Barack Obama, *The President's Role in Advancing Criminal Justice Reform*, 130 Harv. L. Rev. 811, p. 18(2017).

《法庭科学和标准法案 2013》以及之前的法案均希望形成全美的法庭科学项目以推进联邦法庭科学方面的研究。法庭科学报告和法庭上与此相关的其他专家证言,必须包括有关鉴定的限制性规范。这些规范应当包括报告中结果不确定性的手段,以及可能的相关估计概率。

在法庭科学许多领域非常有必要提升报告和专家作证的标准。实验室报告作为科学分析的结果,必须完整和彻底。一些法庭科学实验室符合这些对鉴定报告的要求,但还存在不符合要求的实验室。而是否考虑某些关键鉴定结果的不确定性,将会对法官在作出有罪判决与无罪判决的裁量之间产生重要影响。

标准是由被认可的机构在合意的基础上通过批准而确立的规范,这些规范可以反复使用,形成一定的规则、指南,规范行为和结果的基本特征。好的标准能够确保服务或产品质量、可靠性、效率和同行的认可性等价值的实现。所以,标准对于法庭科学活动的实施非常关键。而这些标准必须建立在可靠的科学、技术和经验基础上。自愿一致的标准一般是通过严格的同行评估才被制定出来。由于它们作为标准的地位,它们的颁布和修订必须始终保持与国际、地区、全国、全省的标准相同步。这些规范必须是被大多数有代表性的专家认为反映了技术的现状的。全球有好几家标准化组织,其中包括国际标准化组织、NIST 和 ASTM。

在法庭科学领域,标准能够提供评估鉴定的性能、可靠性和有效性的制度保障。坚持按照标准实施鉴定,可以减少偏见、推动统一化、加强鉴定结果的有效性和可靠性。

实现案件事实与科学真相的一致的目标,可以通过要求科学证据遵守鉴定人所坚持的标准和规则。同法庭科学打交道的司法人员、当事人和律师需要确保法庭科学按照标准方法进行,这样他们才能据此判断鉴定意见的准确性、可靠性和相关性。最重要的是,标准不仅可以指导实践,还可以作为法庭科学认可和认证项目的“指针”。

ASTM 由美国法庭科学学会(American Academy of Forensic Science)成员组成,该组织在 2010 年就已颁布超过 50 项法庭科学标准。许多公立的法庭科学实验室成员加入了 ASTM。

此外,如同其他科学学科一样,存在一些主要职责是颁布具体学科的标准的组织,包括美国犯罪实验室、法医毒物学会、法医毒物和法定计量国际组织。

法庭科学标准化发挥诸多方面的积极作用。全国法庭科学标准化的存在能够为实验室和鉴定人提供资格认证。而提供一个全国性的职业资格项目能够准确为所有实验室提供标准的基线,并加强法庭的可预测性。这些认证要求将提供教育、实践、专业知识的最低标准,从而方便法庭判断是否专家适合、证言可靠。

法庭已经依据或允许依据国际标准性组织、NIST、ASTM 以及其他标准来决定科学证据是否具备可靠性、普遍接受性和有助于事实发现,或者评估科学证据的证明力。例如,在部分判例中,法官在裁判文书中提道"没有按照 ASTM 标准造成证据方法未能得到普遍接受"。"当专家证人合理地依据国际标准性组织的标准,遵守这些标准所规定的指南,他的意见根据多伯特规则和《联邦证据规则》第 702 条是可靠的。""国际标准性组织的标准对于判断科学方法是否达到普遍接受是有帮助的。"[1]部分标准包括:当根据《联邦证据规则》第 702 条、多伯特规则、库霍规则评估科学证据的可采性时,法庭必须同时审查专家参照的标准是否由独立的标准组织颁布。如果缺乏联邦层面规定的法律规范,他们必须提供具体的标准。

(三)部分法庭科学缺乏整个行业的匹配标准

近年来,美国几乎所有的法庭科学都遭到批判,大多数批判将矛头指向它们缺乏足够的检测,甚至有些检测是无效检测。典型的法庭科学证据经常包含两个样本的对比。其中,一个来自已知的犯罪嫌疑人,另一个来自案发现场。结论是二者相互匹配。无论是通过专家证人的陈述还是陪审团的认定,这种匹配被解释为事实上确信被告人到过案发现场。这一结论的可靠性

---

〔1〕 Ted Voska, *DUI Evidence and the National Academy of Sciences Report on Forensic Science*, WL 1976220, p. 1 – 38(2010).

取决于两个环环相扣的猜测性因素的叠加：第一，这种匹配是通过某种技术标准，而不是根据专家证人肉眼的判断；第二，这种匹配是使人入罪的，与样本特征的特殊符合是独特的或者至少是极不寻常的。

然而，美国的研究表明，这些必要的假设在许多法庭科学领域并不存在。有部分法庭科学学科因为缺乏整个行业的匹配标准而受到批判。例如，齿痕分析没有全行业的标准以界定多少个位点相一致才能算是"匹配"。相反，美国牙科法庭科学协会的参考指南是由一些相对粗糙的规范组成的。尽管指南罗列了一些价值不大的词汇来作为牙齿咬痕是否与样本匹配的评判依据，但没有任何界定是否匹配的标准。

还有一种缺乏标准的法庭科学是指纹鉴定。指纹鉴定缺乏行业标准的现象长期存在，直到2009年美国国家研究咨询委员会在报告中批评指出，这一问题才得以改观。自此以后，相关组织颁布了标准。用美国总统科学与技术咨询委员会报告中的话来说，他们"开始将指纹鉴定朝着客观文本的方面推进"。[1]

联邦立法对此问题的反应较缓慢，2009年NAS的报告《加强美国法庭科学：未来之路》引起法官和学者大肆评论批判法庭科学的不足。2013年美国制定旨在改进法庭科学标准的法案《刑事司法和法庭科学改革法案》。[2]

三、美国法庭科学标准化改革的概况

美国法庭科学标准化改革主要随着刑事司法改革涉及的证据问题而逐步推进，主要分布在指纹鉴定、司法文书鉴定、车辆鉴定、电子数据鉴定、法医DNA鉴定、管制物品鉴定、精神疾病司法鉴定等方面。法庭科学和证据法专家安德烈·A.莫森思（Andre A. Moenssens）等学者的代表性著作《民事和民事案件中的科学证据》中对法庭科学标准化改革有较为系统、深入的阐述。

---

〔1〕 Stephanie L. Damon-Moorea, *Trial Judges and the Forensic Science Problem*, 92 N. Y. U. L. Rev. 1532, p. 3 (2017).

〔2〕 See Eric Maloneya, *Two More Problems and too Little Money: Can Congress Truly Reform Forensic Science?*, 14 Minn. J. L. Sci. & Tech. 923, p. 2 (2013).

美国早期有一些民间的标准化组织开展法庭科学领域的标准化工作，主要包括ASTM、美国齿科协会。其中，ASTM在1970年就成立了法庭科学委员会，1989年ASTM与美国法庭科学会联合致力加快推进标准化建设。到了1994年，刑事技术、文件检验和工程学3个分技术委员会分别在通用标准（证据的标识、接收、记录、存储和检索）、刑事技术标准（燃烧残留物、涉及残留物和油漆分析方法）、文件检验标准（书写油墨分析方法和文件检验人员工作范围指南）和工程学标准（专家意见、数据分析、事故材料的收集、保管、分析以及术语）等方面发布了20项标准。[1]

ASTM于1998年设立法医心理生理学技术委员会，负责制订电生理检验方面的设备、方法和人员教育培训等方面的标准。2008年工程学分技术委员会独立成立法庭工程学技术委员会，负责制定法庭工程领域的检查、检验和出庭作证等方面的标准。

美国官方开展的法庭科学领域的标准制定工作。如NIST早在1986年就颁布了指纹鉴定数据交换标准。但NIST只是在信息、实验室建设、理化、生物物证保管、电子物证检测与现场调查等有限领域内制定了少数标准和指南。美国政府的相关部门牵头成立的SWGs在标准化方面发挥了重要作用。1988年11月，FBI实验室发起成立DNA分析方法SWGs，由对该领域新技术进行确认的科学家组成，分享习惯做法并尽可能地建立工作指南。

20世纪90年代，FBI实验室进一步倡导成立各个领域的SWGs以提高检测水平，构建联邦、各州和地区实验室工作的标准化。此后，美国国家司法研究院、国防部、国土安全部和缉毒署等部门相继成立了许多个专业领域的SWGs，开展专业技术方法、质量管理标准和指南的制定。

2009年NAS发布了《加强美国法庭科学：未来之路》的报告，作为针对法庭科学存在问题的回应，美国科技政策办公室协调成立了国家科学技术委员会法庭科学分委会，2014年美国政府加大对科学研究、标准、指南与制定

---

〔1〕 See Andre A. Moenssens, Betty Layne DesPortes & Steven D. Benjamin, *Scientific Evidence in Civil and Criminal Cases*, 7 Edition, Foundation Press, 2017, p. 126.

最优方法等方面的资金投入,加强科技研发与实践运用,促进学术交流、教育培训、国际合作等。

在标准、指南与最优方法制定方面,2013 年 2 月,美国司法部与 NIST 共同提出设立国家法庭科学委员会和科学指南组的计划,以整合现有资源,提升法庭科学技术的可靠性,减少分歧。

美国国家法庭科学委员会是为司法部提供服务的委员会,由与法庭科学活动相关的各利益相关方组成,包括联邦、州和地方法庭科学服务提供者、研究人员与学者、检察官、律师、法官和执法部门等。主要任务是向司法部提供意见和建议。[1]

四、美国法庭科学标准的现状

(一)指纹鉴定的标准

自 1990 年以来,美国指纹鉴定协会的成员组成指纹分析、科研、技术 SWGs。该组织的职能与目标主要包括:(1)扩大和提升指纹鉴定人的专业知识、业务技能,建立一系列指导性标准。(2)研讨和分享有关指纹鉴定的方法和协议。(3)鼓励和促进指纹鉴定相关的科研探索和技术创新。(4)确立和宣传质量保证和质量控制的规范和标准。(5)与国内和国际组织进行合作,共同发展标准。(6)推广美国指纹鉴定协会的科研成果、规范、标准等。[2]

该组织的工作得到 FBI 的支持,制定掌纹、指纹鉴定的规定和标准,包括专业术语、鉴定方法、鉴定报告的行文表述和很多其他方面的规范。直到新的标准得到发展,并被 OSAC 指纹鉴定分委员会采纳,SWGFAST (Scientific Working Group of Frietion Ridge Analysis)自愿性规范逐渐被认为是该领域最具有应用性的规范。除指纹鉴定标准的发展外,FBI 也拥有自己的一套指纹鉴定程序标准。

---

〔1〕 参见花锋、周红:《中美法庭科学领域标准化工作比较研究》,载《刑事技术》2016 年第 1 期。

〔2〕 See *SWGFAST Objectives*, Accessed July 1, 2020, http://clpex.com/swgfast/Objectives.htm.

美国司法部也计划制定标准用语统一指纹鉴定报告文书的行文规范。该标准主要涉及以下三个方面的内容：第一，确定性鉴定（identification）。鉴定人可以明确或暗示鉴定结果为两枚指纹具有同一性。因为有足够的质量和数量的相关信息表明鉴定人不会在其他案件来源里重复看到相同的指纹纹路。研究表明，由更多的可靠性特征发现相互吻合的指纹，意味着在其他来源发现相同的指纹特征的可能性极小。第二，不确定性鉴定（inconclusive）。鉴定人可以明确或暗示这是一份不确定的鉴定意见，它是鉴定人在没有足够的质量和数量的相关信息的条件下作出的判断，表明鉴定人无法辨认或排除指纹的来源。第三，排除性鉴定（exclusion）。鉴定人可以明确或暗示这是一份排除性的鉴定意见，它是基于两个指纹不是来自同一个来源得出的意见。因为有足够的数量和质量的特征信息表明这些指纹相互吻合。美国司法部的标准列举了"排除所有其他来源""绝对或可数的肯定""零错误率"等被禁止的表述方式。

（二）文书鉴定标准

文书鉴定人较早标准化地规范鉴定业务。文书鉴定需要对鉴定报告中涉及的术语表达进行规范化，这样才有助于不同鉴定机构的专家更好地理解，委托鉴定的法官和辩护律师也能分析鉴定报告的确切含义。1900 年美国有两家文件鉴定组织采用了推荐性的标准，在鉴定报告和专家证言中使用这些标准规范了专业术语。在制定这些标准的过程中，标准起草者发现，除 3 种基本的结论——"识别"、"排除"和"无结论"外，大批合格的鉴定人同时也提供了结论，除 6 种合格的鉴定意见。起草者确立了 9 个层次的数值范围鉴定意见用于文书鉴定。这些不同层次的指标包括：(1)确定性鉴定（鉴定的准确结论）；(2)较强的可能性（高度的可能性或非常有可能）；(3)可能；(4)迹象（建议的证据）；(5)没有结论（完全不确定的，不能确定的）；(6)迹象表明没有（非常微弱的意见）；(7)很可能不是；(8)极可能不是；(9)排除。[1]

---

〔1〕 See Thomas McAlexander, Jan Beck & Ronald Dick, *The Standardization of Handwriting Opinion Terminology*, Letters to the Editor, 36 J. Forensic Sci. 311 (1991).

在实践中，指南为鉴定意见提供清楚的指示，“指示”某个人“可能写”或“可能没写”被鉴定的文书，导致了一些误解。指示（建议的证据）：手写的笔迹有部分用于对比笔迹的显著特征，但是这些特征和另一个书写的内容具有相似之处。例如，有证据表明被告人已经手写了被鉴定的文件，但是证据远未达到证明一项具体结论的条件。

值得注意的是，有一种证明力很微弱的鉴定意见，一份鉴定报告可能会被误读为“鉴别”的类型，如果它仅仅简单地写道：“证据表明是被告人手写的材料。”这里一般必须有其他限制性词汇或修饰短语。例如，“可能是”或“但该证据远未能得到定论”。这个意见写出来，确保法官能理解它的证明力是较薄弱的。

在司法鉴定文书的标准化迈向未来的征途上，1997 年美国成立法医文书技术工作组（Technical Working Groups for Forensic Document，TWGDOC），这个团队后来成立法医文书科技工作组（Scientific Working Groups for Forensic Document，SWGDOC）。TWGDOC 通过 ASTM 发布了标准，建立了指纹鉴定 9 个位点的标准。在 2012 年，TWGDOC 通过网站发布了 21 条同行评估标准。TWGDOC 继续提供几种效果不错的标准供文书鉴定参考。法庭科学标准化委员会将持续关注司法鉴定分析、对比和文书评估的标准和指南。

（三）车辆鉴定标准

用于鉴定速度的技术方法包括汽车和站台雷达、激光设备，该行业已经提供了一些合适的标准，对设备的选择必须根据道路的类型来取舍。例如，对于居民区和其他低分贝区域，手提式雷达是足以适用的；激光设备在主干道（速度和声音数值都很高的情况下，定位一辆车更加困难）移动雷达设备，包括单一、双天线，对于在市区的高速公路上鉴定速度很管用。[1]

为了提供具体详细的规定，从而提高公众对测速设备准确性、可靠性的

〔1〕 See U. S. Department of Transportation, NHTSA, Speed Enforcement Program Guidelines, DOT HS 810 915 (March 2008), p. 17.

信任,国际警察局长协会的执法技术项目决定了哪些产品符合标准,并且该协会发布了合格产品名单。制造商必须提交他们的产品并且必须通过评估的筛选才能被列入这个名单,产品根据鉴定标准进行评估。满足这些标准的将被列入名单,但并不意味着这些标准必然和地方、各州的规定相一致。大部分的州同时要求州内的政府机构允许某些设备用于执法,同时要求对使用规定名单内的设备给予证明。

(四)电子数据鉴定标准

FBI 在 1998 年建立了电子证据 SWGs 以推动电子证据和多媒体证据的组织积极参与、交流与合作,同时做好质量保证和司法鉴定专业领域的交流。该组织由联邦、各州、地方的各级执法部门人员组成,主要关注实验室布置的电子证据的实践,但同时也推动该领域的顶尖实践标准和指南的制定。美国犯罪实验室负责人和实验室鉴定认证协会,这个组织在 2016 年与 ANSI 国家认可委员会(ANSI[1] National Accreditation Board, ANAB)合并,制定了一系列的标准用于鉴定,这些标准、建议和最佳实践文件广泛覆盖了电子和多媒体侦查。

NIST 也有一系列的指南和标准。包括 NIST 标准用于移动设备司法鉴定,还有其他的电子数据鉴定资源。该研究院同时也支持 OSAC,包括 2014 年 9 月被聘任的电子数据、多媒体委员会。其宗旨在于促进发展,颁布已经达成共识的鉴定标准和指南,推动适用的、基于好的科学原理的标准和指南,通过鉴定合格和资质主体促进标准的适用,建立并维持和其他相类似组织的联系。

(五)法医和 DNA 鉴定标准

美国有关生物样本的采集和鉴定的标准、指南由 DNA 科学工作小组于 2015 年 1 月 15 日颁布,该标准不具有强制性效力。该组织在 DNA 分析领域具有影响力,这些新制定的指南也是被广泛接受和采纳的。对血清鉴定程序质量的苛刻要求,对于 DNA 准确分析具有关键的作用。

---

[1] 美国国家标准研究所(American National Standards Institute, ANSI)。

和许多领域的司法鉴定不同的是,DNA 鉴定分析已经确立了可被普遍接受的标准。1994 年颁布的《DNA 鉴定法案》规定,要求成立专家组从事质量控制和 DNA 鉴定相关的活动。DNA 咨询专家组成立于 1995 年,起草制定 DNA 鉴定标准,为 FBI 执法提供规范。FBI 在 1998 年发布了《DNA 司法鉴定实验室质量保障标准》,并于 1999 年制定了《已决犯 DNA 数据库实验室质量保障标准》,这两项标准均在 2009 年进行修订,修正案于 2011 年 9 月 1 日开始生效。这两项标准对于美国所有联邦运作的实验室、享受联邦财政资金支持的实验室、参加组合 DNA 指引系统数据库项目的 DNA 实验室而言,都是强制性的规范。该团队由 50 多位来自美国和加拿大联邦、各州和地方的 DNA 司法鉴定实验室的科学家组成。团队负责人由 FBI 负责人任命并对其负责。该团队的成员则由主席根据成员委员会的推荐任命产生。在一年举行两次的会议上,该团队形成了包括培训、批准程序、DNA 片段解读、Y－STR 分析、混合 DNA 样本的 STR 分析等在内的 DNA 鉴定在实质上所有方面的自愿性的指南和建议。只要办理涉及 DNA 鉴定的案件都必须按照官方网站规定的内容、质量办证标准文件的要求进行操作。

(六)管制物品的检测标准

在美国扣押的毒品分析领域,目前主要依据两个专业化标准来源:一是 ASTM;二是分析缉获毒品技术工作组。[1] 由前者发布的主要标准是“E2329－14:用于扣押毒品的鉴定标准”。该标准被实验室用于检测扣押的毒品以判断毒品(如海洛因或可卡因)是否存在。美国检测与材料协会制定了其他有关扣押毒品分析的标准。

分析缉获毒品技术工作组是由美国毒品执法机构和国家毒品控制政策办公室于 1997 年组建。该组织为扣押的毒品分析提供了建议,包括规范程序、职业道德守则、鉴定人教育和培训要求。由其制定的主要标准性文件是《扣押毒品分析科学工作组建议》。

---

〔1〕 ENFSI 也制订了缉获毒品鉴定标准,这些标准有时被美国有关组织和机构参考和使用。ENFSI 成立于 1995 年,其宗旨是促进欧洲法庭科学领域的信息相互交换。有 17 个不同的专家工作组处理不同的法庭科学专业领域。ENFSI 已经成为欧洲公认的法庭科学领域的权威组织。

NIST 和 OSAC 组建了缉获毒品分会,由它颁布管制性物质分析的标准,法庭科学标准和指南的发展历经变化。目前生效的标准在更新的文件替代之前将长期有效。2016 年 1 月 11 日,OSAC 法庭科学专家组投票拟将"ASTM 标准"提升为注册的标准。这是注册的第一项标准,这一做法也颇有争议。成员反对以下由 ASTM E2329 - 14 规定的表述内容:"在没有不可预见错误的情况下,一项合适的分析计划有效地导致鉴定报告的确定性。"

这句话中"有效地导致鉴定报告的确定性"的表述作为科学分析是不合适的,这是因为"基于可接受的科学协议,没有测量的,定性的或定量的,必须定位为没有错误或者不确定的风险",NIST、OSAC、ASTM 等机构表示同意协同研究语言的表述,传达该句话的清晰含义,并期望在 6 个月以内有一个新的修订。截至 2016 年 12 月,更新的语言还没有在注册的文件中出现。

除专业的标准外,每个实验室将有自己的程序办理扣押的毒品分析。实验室将有总体的质量控制小册子和鉴定程序的具体学科,如监控物质分析。[1] 具体的小册子将描述常见的、不同种类的管制物品的实验室和分析方法。该手册必须提供鉴定报告中的评估不确定性的程序。对于认可的实验室,这些程序将被审查以确保它们和国家、国际标准相一致。[2]

(七)司法精神疾病鉴定的标准

大部分的州没有要求强制性的司法精神疾病鉴定技术方法,并且具体的方法留给鉴定人的自由裁量权。一些辖区已经采纳了具体的指南,通过管理的标准,主要限于评估的具体方法。[3] 例如,佛罗里达州制定了具体的指南对刑事案件中被告人的受审能力进行规定。不同于许多司法鉴定领域通过政府机关推动标准发展,司法精神疾病鉴定领域依靠专业组织推动行业标准的发展和提升。

---

〔1〕 弗吉尼亚法庭科学中心就是一个标准化实验室的例子,在其官方网站上有说明守则和实施程序。

〔2〕 参见 ANAB 官网,https://anab.ansi.org/,最后访问日期:2020 年 8 月 7 日。

〔3〕 例如,宾夕法尼亚心理学组织实施的一部执业道德规范,其中有条款规定:"作为执业人员和研究人员,心理学鉴定人从事人类和动物有关的科研和实践,必须遵照美国心理学协会的标准和指南进行。"

美国心理学协会已经通过《司法精神疾病具体指南》,适用于“在任何心理学领域(如临床的、发展的、社会的、认识的)的任何精神鉴定人,当他们应用科学、技术或者司法心理学的专业知识用于解决法律、合同和行政性事务”。这些指南的应用并不是取决于鉴定人的头衔,而是取决于提供的鉴定业务。这些指南是强制性的,同时为司法精神疾病鉴定的实践提供行业标准。在和美国司法精神疾病学会的合作中,牛津大学出版社也出版了“精神疾病评估的最佳实践”系列的文献。这一系列出版物描述了相关的法律、科学、职业伦理和其他对最佳实践有重大影响的事物。

美国心理与法律协会已经公布了许多领域的指南,包括精神障碍人士的司法学评估、受审能力的鉴定和评估、精神疾病指南、被告人提出精神疾病辩护的评估等。这些评估准则提供了法律纠纷的背景,包括相关评估仪器、检测工具、司法鉴定报告的相关结构和物质信息。对于受审能力的鉴定,对大部分广泛使用的设备的限制将再进行深入探讨。

美国心理学协会已经发展和出版了 23 种有关各种精神失常的治疗和对待的实践指南。重要的是,协会已经适用了成年人心理评估的实践指南。协会作出了特别的提醒:实践指南的目的不在于作为服务于或翻译为“医务标准”。这些指南提供了有关鉴定如何启动和起草文件的行业建议。

美国律师协会(American Bar Association, ABA)已经为律师、法官和其他在刑事司法系统中办理精神疾病鉴定案件的人员制定了标准。[1] 更新的标准“刑事司法精神卫生标准”于 2016 年 8 月被 ABA 所采纳。[2]

---

〔1〕 最早颁布的文件包括 90 多项刑事司法精神健康标准(Criminal Justice Mental Health Standards)。刑事司法健康标准主要适用于:(1)精神健康专业人员在刑事司法体系中的职责;(2)有关政策与精神失常人员之间的相互作用;(3)有关心理健康专业人员鉴定和评估的基本问题;(4)参与司法过程的基本能力;(5)精神疾病辩护和相关辩护;(6)精神错乱被宣告无罪者;(7)特殊处遇,精神失常人员的相关定罪和服刑问题。

〔2〕 See Criminal Justice Mental Health Standards, *American Bar Association*, Aug. 8, 2016.

第二节 加拿大法庭科学标准化实践

一、加拿大标准委员会

加拿大标准委员会(Standards Council of Canada, SCC)主管加拿大标准化工作。该法案由加拿大议会于1970年颁布,之后分别在1985年、1996年和2012年进行了3次修订。SCC成立于1970年,其总部设在渥太华,该标准委员会在性质上属于加拿大联邦皇家公司。SCC拥有13名理事会成员(由联邦政府任命)和约90名员工(分为认证服务、沟通和企业规划、企业服务、标准和国际关系战略与利益相关者参与5个部门)。该委员会通过加拿大产业大臣向议会报告。SCC包括两个常设委员会,即审计委员会和公司治理委员会。审计委员会负责监督该组织的财务管理;公司治理委员会负责监督和改进理事会及其咨询委员会的运作。咨询委员会确保理事会能够获得各种咨询、信息和观点。[1]

(一)SCC的职责[2]

SCC的职责是由《加拿大标准委员会法案》作出规定的,通过履行职责,SCC发挥推动经济发展,支持长久发展,维护公众的健康安全和福利,保护消费者,促进国内外贸易和国际合作等积极作用。其法定职权主要是在立法尚未明确规定相关强制性标准的情况下,推动制定高效的自愿性标准,尤其针对下列情形:(1)推动加拿大参与制定自愿性标准化活动。推进与加拿大自愿性标准化相关的各组织之间的合作,协调标准化活动、制定通用标准和规范。(2)促进公私部门在自愿性标准化方面的合作。促进加拿大自愿性标准化组织与加拿大各级政府部门和机构之间的合作,以实现标准和规范的兼容性和共同使用的最大化。(3)协调和监督与国家标准体系有关的个人和组织的工作。(4)通过与标准化有关的活动,促进加拿大商品和服务的质量、性能和技术创新;制定起草、审查、批准和颁布加拿大自愿性标准的相关

---

〔1〕 参见王小兵、李艺茹:《国外部分典型标准化机构概况比较分析》,载《学术探讨》2017年第8期。

〔2〕 参见SCC官网,http://www.scc.ca/,最后访问日期:2020年9月1日。

准则和程序，或对上述标准和程序提出建议。(5)发展制定与标准化相关的战略步骤和长期目标。

根据董事会批准的相关准则和程序，认可加拿大的合格评定机构，并对认可的机构及合格标志保存记录，在合适的情况下，批准标准制定组织提交的标准成为国家标准，并更新国家标准索引；对新标准、现有标准修订和附加合格评定服务的需求进行认可与评估；代表加拿大加入ISO、IEC和其他类似的国际组织，与自愿性标准制定组织和合格评定机构开展合作，与其他国家的相关组织开展信息交流与合作；为加拿大自愿性标准化活动中的个人和组织提供财政资助，以帮助他们满足国家和国际要求；通过电子或其他方式，收集和传播国内外标准和标准化活动相关信息，并进行信息翻译，推进加拿大自愿性标准在法律法规中的引用，并出版年报等。[1]

(二)SCC的使命

SCC领导和促进国家和国际标准和认证服务的开发和使用，以提高加拿大的竞争力和社会福祉。SCC提供的项目和服务将考虑到许多国民的集体最大利益，使他们从标准化中受益。

SCC是加拿大全国性的认证机构，是测试实验室和产品达到国际公认标准的认证机构。合格评定是确定产品、服务或系统是否满足特定标准要求的实践。

SCC对实验室是通过ISO/IEC 17025标准检测和校准实验室的能力总体要求的。这一标准历经数次修订。这项国际标准具体规定执行试验和校准的具体要求，包括样本的采集等。它覆盖了标准方法、非标准方法、实验室培养发展方法、检测和校准活动等多方面。这一国际标准适用于所有实施检测和校准活动的组织。这些组织包括如第一方、第二方、第三方实验室，或校准形成检验和产品认证的一部分。这一国际标准适用于所有实验室，无论检测人员的范围多广、数量多大。如果实验室不从事本标准所规定的一项或多项活动，则这一标准将不适用这些情形。这一国际标准适用于实验室开发质

[1] 参见刘春青、马明飞：《加拿大标准化管理体制机制研究》，载《标准科学》2018年第12期。

量、管理和技术操作管理体系(管理体系是指实验室运行的质量、行政和技术系统)。实验室客户、监管当局和认可机构也可将其用于确认或认可化验室的能力。该标准不作为实验室认证的依据。如测试及校正的实验室符合该国际标准的要求,则其测试及校正活动的质量管理体系也必须符合 ISO 9001 的原则。

(三)加拿大标准的分类

标准是为活动或其结果提供一系列达成一致的规则、指导方针或特征的规定。标准为许多领域提供可接受实践、技术要求和术语。大多数标准旨在于给定情形下维持最佳程度的秩序。由于标准易于识别和参考,因此组织和机构能够确保其产品或服务能够在世界各地生产、实施和销售。标准可以是自愿性或强制性的。就自愿性的标准而言,如果组织或机构没有法定义务遵守标准时,它们是自愿性的。组织可以选择去遵循标准以满足消费者或行业的需要。就强制性的标准而言,当法律或规定要求组织或机构必须遵守标准,则标准是强制性的。通常出现在涉及健康或安全的领域。

标准多种多样。性能标准通过模拟产品在实际使用条件下的性能来测试产品。规范性标准识别产品特性,如材料厚度、类型和尺寸。服务标准指定服务要满足的需求,并确定其适合于某一目的。服务标准可以在酒店管理、运输、汽车服务、电信、贸易、保险和银行等领域制定。

(四)加拿大标准体系

加拿大标准体系包括国家标准和团体标准。国家标准是由加拿大标准理事会认可的标准组织制定。加拿大标准理事会不直接参与制定标准。获得 SCC 认可的标准制定组织(Standards Development Organizations, SDOs)成立自己的技术委员会,制定本组织标准。SDOs 可以根据国家标准审批程序,申请将其所制定的标准认定为国家标准。只有满足 SCC 的制定标准准则的所有要求,才可以被批准为国家标准。加拿大国家标准由标准委员会认可的组织制定,这些组织参与标准制定、产品或服务认证、环境管理体系登记等。

团体标准独立于国家标准体系之外,并且无须获得 SCC 的认可。未被 SCC 认可的社会组织、行业协会、专业社团、团体均可制定团体标准。据文献记载,截至 2018 年,包括加拿大标准协会(CSA)、加拿大保险商实验室(ULC)、加拿大通用标准局(CGSB)等 10 个被认可的组织共制定了 6000 多项标准,其中,国家标准约占六成,其余的四成则是团体标准。

加拿大标准化工作分为 3 个层次。最外层是加拿大标准化工作利益相关方,具体包括产业、消费者和非政府组织以及政府;中间层是标准化相关职能机构,包括实验室、认证机构、监督机构等;核心层是 SCC 及其认可的标准制定组织。

通过有关加拿大药物实验室管理规范的文献,[1]我们可以大致了解加拿大药物实验室的标准化管理实践。加拿大对药物检验方法主要是参照美国食品药品监督管理局(Food and Drug Administration, FDA)出版的《美国药典》所规定的标准方法和通用指导原则。该药典详细规定了每一种已注册药物的检验方法,包括所用仪器、操作过程、数据处理、合格标准和注意事项等。各专业检测机构如果发现某一种更科学的检测方法,可以向药典委员会申报,经过权威机构复核、药典委员会审查合格之后,向全国发布执行。

加拿大在药品实验室管理方面,对仪器设备实行年检,保证仪器设备处于最佳状态,对检验的操作方法进行严格审查,包括使用的试剂、仪器、操作条件、数据处理、注意事项等,操作人员不得随意更改。数据合格标准明确化,采用内部质量控制。实验室日常管理程序化,具体落实到实验室工作的每一个细节。实验室尽可能实现操作自动化,大大节省人力资本。实验室实行信息化管理,提高工作效率。

二、加拿大法庭科学协会

加拿大法庭科学协会(Canadian Society of Forensic Science, CSFS)的职责是推动法庭科学专业知识和业务技能的交流,提高法庭科学标准并加强法庭科学作为独特学科的法医学地位,为达到这一目的,该协会主要开展以下工作:(1)查看、接收、整理、评估、记录、报告和传播来自法医学和相关研究

---

[1] 参见赵志新:《加拿大药物实验室管理规范及启示》,载《刑事技术》2008 年第 5 期。

的信息。(2)主导或协助进行法庭科学事务、技术、程序及实务的研究,并因此建立或协助健全相关设施。(3)促进和鼓励公众就法庭科学信息进行研讨。(4)不时地资助或出版与法医学有关的期刊和其他文献。(5)为法庭科学及相关研究的非专业或专业教育课程提供财政或其他援助。(6)通过适当的赞助和合作,建立、资助或协助建立、赞助或支持法医学和相关研究的奖学金和主席。(7)通过政府的资助、赠予和捐款(包括不动产和动产)来征求、吸纳和管理资金。[1]

(一)酒精检测专门委员会

1.酒精检测专门委员会的概况

CSFS在1967年成立了酒精检测专门委员会(ATC-Alcohol Test Committee)进行专门问题的管理,为科学、技术、执法等部门提供有关酒精吹气检测的技术服务。该协会认为,采用吹气方式检测酒精含量是一种科学可靠的鉴定方法,但是必须严格按照有关领域的科学实验和标准进行执法操作才能保证鉴定结果的可靠性。因此,CSFS制定了一套推荐性程序制度,以解决警察执法过程中使用仪器的最基本标准,并满足他们的职业培训需要。这些标准已于1969年年底发布。

鉴于CSFS在标准化发展方面的贡献,加拿大司法部邀请CSFS作为首席科学咨询单位,就有关醉驾检测提供咨询。在过去,酒精检测专门委员会研究最前沿的酒精检测技术发展动态,修订加拿大刑法典和有关酒精检测的其他法律问题。一些重要举措包括路边筛选设备、自动吹气酒精检测设备、移动式吹气检测设备以及有关抽血的规定。

在过去,加拿大酒精检测专门委员会推荐标准和程序以单个文件的形式颁布。最新颁布的文件跨越40年,根据最新的标准和程序重新将该推荐的标准分成3个文件:(1)推荐性执行程序。该文件强调如何使用合格的仪器、合格的筛选工具、合格的容器等推荐性程序。(2)推荐性最佳操作方案。这

[1] See *Mission Statement of the CSFS*, Accessed Sept. 1, 2020, https://www.csfs.ca/about/mission-statement-csfs/.

一文件强调对吹气检测项目实施管理的关键人员的职责和任命资格,以及有关培训、监督、维持、修订和物理因素。(3)设备标准和鉴定程序。这个文件主要规定设备、材料和设备鉴定程序。

自从加拿大本国的法律作出一系列限制以来,酒精检测专门委员会以不同的形式存在并运作。它目前的10名成员主要是来自加拿大各地区的、具有丰富经验的酒精鉴定人,他们为联邦司法部部长提供有关酒后驾驶酒精测试的建议。加拿大酒精检测专门委员会一直保持着吹气测试技术发展的国内领先地位。自从吹气醉驾检测仪首次获得合格批准以来,吹气测试技术已取得长足的进步,加拿大酒精检测专门委员会一直处于国内评估同类仪器可靠性的行业领军地位。

该委员会早期的一些重点工作包括引进路边筛检装置、使用自动吹气测试设备、移动吹气测试和要求血液样本。随着这些技术的进步,质量保证协议也取得了进展。该委员会推荐醉驾操作守则和质量保障指南,这些举措提高了加拿大吹气酒精检测的能力。由于吹气酒精检测技术不会在短期内被取代,其他的非依靠吹气手段的新技术正在不断研究、推陈出新,所以委员会将同时对这些崭新技术设备的投入使用做好可靠性审查的准备工作。

醉驾是常见的刑事案件之一。就加拿大刑法的预期目标或实际状况来看,加拿大酒精检测专门委员会在有关刑法预期或实际的变化方面提供科学建议,发挥着关键的作用。该委员会曾经出具一份有关吹气酒精测试结果的准确性和可靠性的评估文件。这份文件被认为具有里程碑意义,自发布以来,被大量的判决书所引用,由此可见,加拿大各级法院非常重视该委员会的意见。

加拿大拥有省级、国家级的实验室,两所重要的省级实验室位于多伦多和索圣玛丽两处分部的法庭科学中心,以及蒙特利尔的法庭科学实验室。加拿大皇家骑警有3个联邦实验室,分别位于渥太华、埃德蒙顿和温哥华。

2. CSFS 有关酒精检测的标准

质量保障体系的核心内容都包括来自实施鉴定的设备的公信力,加拿大酒精检测专业委员会确立的标准和程序能够确保吹气检测结果的可靠性和稳定性,这些标准和方法始终与科学技术和法律的发展水平并行不悖。

设备方面,加拿大刑法典中列举了3种用于酒精检测的设备,即合格的仪器、合格的筛选设备、合格的容器。所有在检测中使用的设备必须是市面上可用的生产装置。如果制造商生产各种设备,并通过对整体部件和功能进行重大改装,提交评估的设备必须醒目地标注。制造商应提供一套精确的规格,包括被评估设备和任何相关系统的原理图。制造商应提供声称满足标准的实际性能数据。每台设备的具体使用说明必须一并附上。

(二)药物和驾驶委员会

药物和驾驶委员会(Drugs and Driving Committee,DDC)是CSFS的专业组织。该组织的职能是为司法部提供有关吸毒驾驶问题的咨询建议。该委员会由国内法庭毒物学专家和其他相关学科的专家组成。DDC主要致力优化警察在调查吸毒驾驶方面的执法。2008年7月,标准化酒精检测(Standardized Field Sobriety Tests)以及使用毒品检测和分类项目(Drug Evaluation and Classification Program)的检测被写入加拿大刑法典中。

以下提供了唾液药物筛选的一般信息。讨论的内容主要围绕四氢大麻酚、可卡因和甲基苯丙胺、DDC毒品筛选仪器(唾液毒品筛选仪)的检测标准和程序。

在刑事侦查中,毒品筛选仪被认为是鉴定特定毒品物质(四氢大麻酚、可卡因和甲基苯丙胺)的初步手段。DDC标准设计用于区分最大化特异性(鉴定真阴性)、敏感性(鉴定真阳性)。

为鉴定的化合物设定合适的临界浓度指数;指定目标化合物必须是药物本身,而不是其他相关化合物或代谢物;检查交叉反应结果,以尽量避免由相关化合物和代谢物引起的"假阳性"的现象。这些标准用于:尽量增加目标化合物高于正常值的人在毒品筛选仪上检测呈阳性的概率;尽量减少血液中目标化合物高于正常值的人在毒品筛选仪上检测呈阴性的概率。对于通过唾液进行检测的方法来说,其优点在于容易提取,对行为人的健康和安全造成损害的风险较小,并且避免收集过程中对行为人隐私权的侵犯。然而,使用这一方法鉴定也难免存在一些挑战。例如,有些毒品,包括四氢大麻酚、可卡因和甲基苯丙胺,可能会减少唾液的分泌量从而造成提取足够量的唾液检测存在难度。为了解决这个问题,检测设备制造厂家普遍追求需要的样本数量最小化。而 DDC 标准要求筛选仪器必须收集足够量的唾液,以满足至少 4 分钟的检测过程的需要。

第六章　欧洲主要国家司法鉴定标准化实践

欧洲司法鉴定标准化实践最早开始于20世纪70年代,具体来讲,就是源于将能力验证作用于法庭科学鉴定结果评价领域。可以说,欧洲人所尝试的司法鉴定标准化研究远远行走于其他各大洲之前,自其诞生后的短短30年间,能力验证就已经被广泛应用于DNA鉴定、毒化鉴定、痕迹鉴定等领域,在提高司法鉴定质量和效率方面发挥了重要作用。在此基础上,欧洲发达国家也开始进行标准化体系构建工作。在探索初期,民间组织和行业机构扮演了至关重要的角色,后来随着国家政府对这些研究过程及结果的重视,很多以政府主导的标准化工作也开始慢慢推行开来,进而逐渐形成了为司法鉴定领域所应用的"标准",而这些标准的形成过程及最终实现,在很大程度上也对世界其他国家和地区产生了重要影响。

第一节　司法鉴定领域的欧盟标准

欧洲国家重视司法鉴定的标准化工作,作为欧盟标准管理体系的重要组成部分,司法鉴定领域的欧盟标准更是对其成员国以及其他国家和地区的司法鉴定标准的制定和实施,产生了极为重要的影响。

一、三大支柱体系之下的司法鉴定标准

目前,欧洲司法鉴定领域主要存在三大支柱体系,包括欧盟标准体系、欧盟合格评定方法、欧盟新方法指令,而欧洲司法鉴定的标准化研制和推进也

完全符合这一体系。

(一)欧洲主要国家司法鉴定标准化机构

ENFSI 作为国际权威性学术联盟机构,是当前欧洲司法鉴定标准化实践的引领部门,出台了许多具有国际影响力的标准指南文件。而在推进欧洲司法鉴定标准化的过程中,由 CEN 所设置的司法鉴定分委会的作用却不尽如人意。另外,ENFSI 的主要成员也都拥有各自的标准化主管部门,负责主导本国的司法鉴定标准化工作。

1. ENFSI 的主要活动形式

ENFSI 作为学术联盟机构,是不具备司法鉴定功能的组织,其主要活动形式都是学术层面的,基本是围绕相关学术交流活动开展法庭科学专家会议及业务能力验证,同时结合实际需要更新编写工作手册。为了最大化实现自身价值,不断践行宗旨,ENFSI 自成立之日起便不断和世界其他地区的司法鉴定和法医学组织保持密切联系,如欧洲警察联合会、美国犯罪调查实验室主任协会、澳大利亚与新西兰法庭科学实验室高级管理员组织建立的官方协会等,并已实现其在该领域的引领作用。

2. ENFSI 的具体加盟方法

加入 ENFSI 必须具备 5 项基本条件:一是实验室必须位于欧洲;二是实验室的业务范围必须较广;三是通过 ISO/IEC 17025 或 ILAC19 两个当中任意一个标准认可;四是实验室在所在国必须拥有较高的社会地位和口碑;五是实验室内至少拥有 25 名工作人员。对以上条件的要求有助于保障加盟机构具有较强的实务能力,以及对标准的认识、理解和执行能力。

(二)欧盟标准

就司法鉴定领域而言,欧盟标准主要由 ENFSI 进行制作并发布,ENFSI 则遵从 ISO/IEC 17020 以及 ISO/IEC 17025 等国际标准,结合由各专业人员共同组成的小组所发布的各类型标准文件,发布最佳实践收藏、指南文件、较低共识出版物等。此外,由欧洲标准化委员会所设置的司法鉴定分委会还会承担欧盟司法鉴定标准的研制工作,但其在标准研制方面所取得成绩和释放的价值并不理想,由其制定的EN ISO 21043 - 1 - 2018《法医学 · 第 1 部分 术语和定义》也仅仅是基于国际标准ISO 21043生成的。

除统一的欧盟标准制定外,各成员内部也会有相对独立的标准化委员会,如德国的标准化协会便是在政府授权的情况下进行国内及国际的标准制定工作。

(三)欧盟合格评定方法

2015年,ENFSI出台了QCC-PT-001《ENFSI能力验证和协作试验指南》,首次明确了法庭科学标准化的评定方法,进一步推动了司法鉴定和能力验证的规范发展。随后,在该指南的指导下,欧洲各国纷纷开启指纹毒品鉴定、毛发毒品鉴定等新研究。当然,除上述统一的指南外,各国也结合自身实际出台了更细化的标准文件和技术文件,如德国认可认证委员会就结合最新临床研究结果,于2013年制定颁布了《病理学和精神病理学认可的要求和技术标准》《病理学和精神病理学委员对免疫组化检验方法确认指南》两个重要技术文件。

(四)欧盟新方法

司法鉴定领域的欧盟核心标准更多是技术性法规的内容,具有较强的宏观性、抽象性,现实指导性较弱,尤其是缺乏针对司法鉴定的新技术法规。

二、欧盟司法鉴定标准化的管理模式及标准的研制

欧盟司法鉴定标准化所采取的管理机制属于层级化模式,技术联盟是塔尖的主导存在,而各国标准化协会则是具体执行、协调组织,该管理模式具有较强的适用性,特别适用于那些鉴定机构少但鉴定能力强的国家。

欧盟司法鉴定的标准文件类型和形式较为丰富,主要包括标准、指南、出版物、最优实践手册等,而所谓的标准化实施则主要是通过执行ISO/IEC 17020以及ISO/IEC 17025等国际标准来实现的。就欧洲国家的现实状况而言,标准制定的数量较少,但应用方式较灵活,能够充分满足和适应不同类型的标准文件需求。而在标准研制方面,欧盟所制定的标准数量相对较少,大多将国际标准等同于区域标准来替代性使用,而没有作出具有明确自身特点的区域化尝试。

第二节　欧洲主要国家的司法鉴定标准化实践

欧洲国家众多,但在推行司法鉴定标准化的进程中,各国并不相同。荷兰、德国、法国及英国,在推进司法鉴定标准化的道路上,为确保鉴定意见能够在庭审过程中被恰当运用,进行了大量的尝试。本部分将以这4个国家为代表,探究其在司法鉴定标准化方面所进行的实践与所取得的成效。

一、欧洲主要国家司法鉴定的历史沿革

作为欧洲重要的四国,其司法鉴定制度、司法鉴定机构的运作机制、鉴定人的管理手段以及标准应用,并非在一朝一夕内形成,而是经过了漫长的探索、调整和改革。

(一)荷兰

在过去相当长一段时间内,荷兰刑事诉讼中的职权主义色彩导致犯罪嫌疑人的权利被忽视,以至于出现法庭上的"控辩失衡"。可以说,荷兰司法鉴定改革,本就是一场为促成和维系司法公正,使民众对法治更为信任的应对之举。

1. 改革原因:司法公正的进一步实现

荷兰的司法鉴定改革之所以会发生,根本原因还在于国际人权法案及司法判例对其所造成的影响。1950年11月4日,荷兰正式加入《欧洲人权公约》,按照《欧洲人权公约》以及荷兰《宪法》的规定,荷兰的所有法律条款不得与《欧洲人权公约》的内容相抵触,但荷兰本身的刑事诉讼程序带有强烈的职权主义色彩,也就是犯罪嫌疑人的诉讼地位呈现相对弱势——这种情况与《欧洲人权公约》中"公平审判权"的规定存在冲突。[1] 荷兰人为了缓解国内司法和"人权公约"当中长期存在的紧张关系,从2000年开始便启动了有关司法鉴定改革问题的探讨与实施。

另外,步入21世纪以来,荷兰司法误判和冤假错案的数量呈上升趋势。

---

[1] 陈川:《荷兰刑事诉讼中鉴定人制度改革及启示》,载《中国司法鉴定》2019年第6期。

根本原因之一无外乎司法鉴定报告质量的参差不齐,被控诉方诉讼权利的缺失以及法官自身对鉴定意见存在认知偏差——基于以上这些原因,荷兰的司法鉴定改革已然迫在眉睫。

2. 具体的改革实践:建立刑事鉴定人档案登记制度

2001 年荷兰司法部基于鉴定人在刑事诉讼中所呈现出的重要性,从平等的程序权利、法官的独立性以及主导性、鉴定意见的质量保障 3 个角度提出了司法鉴定的改革方向。2010 年荷兰《刑事法律中的司法鉴定人法案》正式生效,依据法案规定,荷兰同时建立了刑事司法鉴定人注册登记系统以及荷兰司法鉴定人登记委员会,其存在的意义除明确注册司法鉴定人的职责及注册人数外,还要对司法鉴定人的业务能力进行严格审查,是确保司法公信力及公正性的重要途径。上述举措形成了有效的鉴定人准入、监督、考核和退出机制,对鉴定质量的保障起到不可忽视的促进作用。

(二)德国

德国也是司法鉴定制度的早期探索者,在 1532 年《加洛林纳法典》中,就有 40 条有关司法鉴定的条文,占比高达 18%。后在工业革命时期,德国对司法鉴定制度进行了一系列改革创新,并在近两个世纪的法治化推进中,将司法鉴定全面写进各大诉讼法典中,为司法鉴定工作的标准化实施及鉴定质量的保持提供了重要保障。

(三)法国

为切实维护犯罪嫌疑人和被告人的合法权益,法国相关法律曾明确规定诉讼双方均有权聘请鉴定人,此举主要是为了避免鉴定人带有情感和意识倾向的问题,这就是十分出名的“双重鉴定人制度”,该制度允许预审法官邀请多名专业鉴定人对同一问题进行分析判断,出具鉴定意见,并通过彼此的博弈制约、技术补充来确保鉴定结果的精准性。但该制度是一个代价较高的制度,许多国家因成本问题,及其与职权主义司法体制的本质冲突而无法有效实施。最终,在 1958 年修订《刑事诉讼法典》时,法国正式摒弃了该鉴定制度,并再次启用以职权主义为核心支撑的职权委托鉴定制度。

但这并不是法国“司法鉴定改革之旅”的终点,2000 年 6 月,法国从加强当事人权利的角度出发,明确规定当事人不仅有权申请司法鉴定,而且有权参与其中,当然,参与程度有限。同时还有权要求鉴定人进行质疑,这显然是对传统职权主义鉴定模式的一次修正。上述规定的实施,不仅在一定程度上改善了早期司法鉴定矫枉过正的情况,而且完全符合保护当事人合法权益的国际趋势,逐渐促成司法鉴定人的中立性和鉴定结果的客观性,间接提高了鉴定行为和结果的可接受性,对于提高诉讼效率具有显而易见的积极意义。

(四)英国

英国在司法鉴定制度上的发展,主要经历了两个鲜明阶段,即政府主导阶段和市场运作阶段。但从整体来讲,其司法鉴定发展呈现出由分散向集中转化的趋势。

为进一步实现司法鉴定独立性、权威性,英国政府于1966年更改了鉴定实验室的隶属关系,由以往的英格兰及威尔士警方转到了内政部,并更名为司法鉴定服务局,其性质也发生了转变,成为独立为警方提供免费司法鉴定服务的政府机构。1991年,英国再次对司法鉴定服务局进行改革,将其从内政部独立出来,并通过市场化改革使其成为具有国有性质的自主经营主体,负责为警局、诉讼当事人、其他执法单位提供专业鉴定服务。当然,该服务不再是免费的,而是有偿的。1995年4月,英国再次进行了大范围的机制改革,将全国影响力较高的7个法庭科学实验室整合到内政部实施集中管理,并且启动办案收费制度。

2000年,英国设立专家证人注册委员会,所有具备鉴定资格的鉴定人都可以自愿注册,注册人员需要定期进行资信检验、能力测评和服务公示等,以保障注册专家证人的鉴定能力和公信力。2005年,为进一步降低成本、提高效率,英国警方采取招标采购、市场竞争的模式来确定司法鉴定人员,随后催生了许多高水准、高能力的私营司法鉴定机构。2008年,受金融危机影响,英国司法鉴定服务局市场化经营也出现严重挑战,市场竞争优势不再,并出现严重亏损,最终于4年后的2012年被正式关闭。随后,由此所带来的市场空缺被私营司法鉴定机构快速填补,但为了满足实际办案需求,以及出于成本考量,大多数警局都成立了自己的司法鉴定实验室。值得一提的是,在英国一切司法鉴定机构都是独立运营的,其既能够为警察系统提供服务,也可以面向社会大众提供服务,而法院对于司法鉴定的管理改革不会多加过问。

二、欧洲主要国家司法鉴定管理制度及特点

司法鉴定管理制度是对特定时期、特定国家或区域进行司法鉴定管理活动所具备特征的概括与总结。该制度作为国家法律制度的重要组成部分,不仅与一个国家诉讼、审判职能存在本质逻辑关联,而且与一个国家诉讼制度存在较强契合性,可以将其视为鉴定机构的外在形式、行为规范、资源管理的总和,具体包括管理主体、领导体制、管理机制等几项基本要素。

(一)荷兰司法鉴定管理制度及特点

1. 司法鉴定机构在诉讼中严格保持中立地位

荷兰的司法鉴定机构是完全独立于司法体系和警察机关之外的特殊存在,可以说,无论是国有性质的司法鉴定服务局,还是高校内部的实验室、医学院,抑或是私营性质的鉴定机构,在其向司法机关或个人提供司法鉴定服务的整个过程中,无论在司法鉴定受理、实施、出具报告等任何环节,都处于中立地位。在实际开启调查的过程中,警察机关和司法鉴定机构所进行的工作并不存在重叠部分,因此极大程度地保持了司法鉴定意见的中立性、独立性和客观性。

2. 政府鼓励私人鉴定机构发展

荷兰政府积极鼓励不同司法鉴定机构之间开展正当竞争,司法部门每年都会提供专项资金用于公检法委托司法鉴定所需费用,但司法鉴定服务提供者并不限于国有性质的机构,同时还面向其他机构,只要符合要求就有资格参与鉴定。如此,自然为私人鉴定机构的进一步发展提供了"土壤",更间接促成了"购买司法鉴定服务"的机制。

3. 国家对司法鉴定的管理渐趋法制化和规范化

2009 年以前,荷兰对鉴定机构及鉴定人员并没有统一的管理机构和具体管理措施。但从 2010 年 1 月 1 日开始,《刑事法律中的司法鉴定人法案》正式实施,荷兰加大了国家对司法鉴定人的管理力度。同时根据立法内容,

“司法鉴定人注册委员会”也在这一年正式成立，该委员会作为荷兰第一个由司法部出资、由政府设立、完全面向公众的司法鉴定专家注册机构，主要任务在于制定各种司法鉴定领域鉴定人的准入条件，控制鉴定质量、监督鉴定效率，并存储各司法鉴定专家的信息以供相关所需人员查询。可以说，由此荷兰司法鉴定管理的体系更加完善、更加立体，也越发走向规范。

（二）德国司法鉴定管理制度及特点

就管理主体的权利类型分析，德国的司法鉴定管理制度可以被认为是行政权力和社会权利相混合的制度，但社会权利在其中占据相对主要的位置。

1. 多种管理制度相杂糅的管理体系

德国既有鉴定人名册制度，也有鉴定机构的评估认证制度、行业协会的管理制度，更有公开任命鉴定师的管理制度，并且每一种制度都有相应的技术标准和数据可以采用。作为全世界法医学最发达的地区，德国更是依托这样雄厚的实力与“资本”，在司法鉴定领域形成了独特的法医学鉴定制度。在德国，法医鉴定工作多由全国各地法医学院校的法医学研究所承担，法院、检察院以及警察局等没有设置专门的法医鉴定机构。

2. 德国司法鉴定制度的主要特点

德国司法鉴定制度带有浓厚的职权主义色彩，所有的法庭活动都以发现“真实”为最终目标。无论是司法鉴定活动本身还是对鉴定人的选择和追责，都以官方机构或者法官为中心。这完全符合德国传统的职权主义诉讼模式，在法官和当事人都承担证明责任的基础上，让所有的事实和证据都面向法庭。而作为协助法庭查明事实真相的重要措施之一，司法鉴定的专业性和科学性会对传统法庭认知造成一定冲击，但法官于此仍然拥有最终裁量权。

（三）法国司法鉴定管理制度及特点

法国的司法鉴定管理制度主要为鉴定人名册制度，其带有鲜明的“法式特色”，甚至在一定程度上引起了其他国家的很多关注。这些国家往往通过学习法国的司法鉴定管理制度，结合本国的基础、特色和需求，开启本国的司法鉴定管理制度改革，并形成了全新的本国管理制度。

1.鉴定人名册制度

1985年,法国有关鉴定人的专门法律法规当中指出,司法鉴定人独立于司法机关,不为任何司法机关所管辖。鉴定人要想进一步获得鉴定资格必须要经过严格的程序:申请人需要先向最高法院或者上诉法院提出申请,由法院成立的一个专门委员会对其进行资格审查,符合相关条件的会被列入鉴定人名册当中,即可从事本级或者下级法院的司法鉴定工作,但对上级法院所管辖的案件没有司法鉴定资格。

同时,最高法院制作了全国鉴定人名册,法国《刑事诉讼法典》规定:"鉴定人应从最高法院制作的全国专家名册中所列的自然人和法人中选取,或者从各上诉法院与检察长商定提出的名册中选取。"[1]而在名册上登记的鉴定人,仅持有当年的"在册权",超过名册规定期限时,可申请延续。

2.鉴定人名册制度的特点

法国鉴定人名册制度的特点主要体现在三个方面:第一,这种制度有效避免鉴定工作陷入上下级管理模式和领导体制的"俗套"当中,在一定程度上克服了司法鉴定机构行政等级化的倾向,确保司法鉴定报告的科学性和客观性;第二,被列入专家名册的人将由法院直接选取,不再隶属于任何其他司法鉴定机构,提高鉴定意见作为证据的可靠性和被采信性;第三,审判前确定鉴定人的专家身份,避免了后续诉讼过程中因为鉴定人身份被质疑而影响诉讼效率,本质上完全符合职权主义诉讼的效率化特征与需求。

(四)英国司法鉴定管理制度及特点

为了进一步弥补法官自身在知识构成方面存在的缺陷,英国设立了专家证人制度。专家证人制度作为一种可以被视为英美法系国家的代表性司法鉴定制度,虽然并非英国所独有,但在英国有颇为悠久的历史。而且经过长期司法实践的检验和磨砺,专家证人制度在不断改革和调整的过程中,已经成为英国司法鉴定制度的"灵魂"所在。

---

[1] 刘建伟:《法国诉讼法关于鉴定方面的规定》,载《法律与医学杂志》1998年第2期。

1. 专家证人的选择与聘任

在英国的专家证人制度当中，专家证人只是证人的一种，其所出示的证据和普通证人作证并无差别，都是为当事人举证的重要表现。所以是否聘请专家，选择何人为专家，归根结底都是当事人个人的意愿和选择，与法官的主观意志无关。至于最终选择专家证人的职责范围、义务、报酬，也都由当事人和专家证人双方进行协商决定。

2. 专家证人所依据的事实

尽管专家证人的诉讼地位和普通证人并无差别，但由专家证人所提出的证据仍然具有一定的特殊性。从严格意义来说，专家证人向法院提供的“证据”是其通过个人的专业知识、实践经验，可以对案件事实所拥有“原材料”进行分析、推断、综合，从而形成对案件事实起证明作用的信息。所以无论专家证人的专业素养和能力多么优秀，其在出具意见时也必须同期公示自己所依据的事实。唯有此，对方当事人才能进一步展开有效调查、适度反驳，法院也才能在双方激烈对抗辨别的基础上判断证据的可采信性。

3. 专家证人证据的公示

秉承诉讼公平的理念，英国的诉讼程序当中并不允许出现“证据突袭”，当事人所取得的所有证据都必须公开，而这一点对于专家证人而言同样适用。1999 年 4 月 26 日正式生效的新《民事诉讼规则》第 35.11 条规定，如果一方当事人公示鉴定报告，那么另一方当事人也可以使用专家所出具的司法鉴定报告作为证据；[1] 而其后的第 35.13 条则从另一个角度进行了规定，如果开庭之前当事人没有公示专家出具的司法鉴定报告，那么在后续的开庭审理时，不可以使用这份没有被公示过的报告，更不可以传唤专家以言词的方式来进行作证，除非获得法庭的准许。[2] 与此同时，该规则第 35.05 条还规定，一切专家证据都必须以书面形式提交给法庭，不允许以口头形式

---

〔1〕 齐树洁、洪秀娟：《英国专家证人制度改革的启示与借鉴》，载《中国司法》2006 年第 5 期。

〔2〕 齐树洁、洪秀娟：《英国专家证人制度改革的启示与借鉴》，载《中国司法》2006 年第 5 期。

提报。[1]

4. 专家证人制度的主要特点

在英国，专家证人制度主要在以下几个方面彰显特别之处：

(1) 专家证人的身份从辅助人过渡为证人

无论是民事诉讼还是刑事诉讼，在具体起诉之前所开启的所有审查和司法鉴定工作，所谓专家证人在其中的身份和地位更倾向于案件的辅助人；但在诉讼正式开启之后，专家证人的身份就开始转变为证人，是当事人承担举证责任的一种表现，也是专家证人的义务之一。

(2) 专家证人制度本身带有一定的局限性

尽管专家证人制度在英国有较悠久的历史，但其本身存在的弊端和不足也是显而易见的。比如，专家证人总是站在一方当事人的视角上阐释问题、说明情况，甚至在无形中表现出支持其中一方当事人的倾向，在一定程度上表现为中立性的不足；再如，专家证言本身的专业性，常常使法官也难以驾驭，等于无形中让出一部分审判权利交给了专家证人，具有以鉴代审的倾向；而且专家证人一旦介入诉讼程序，整个诉讼成本以及诉讼效率都会受到影响——这些也是近年来英国专家证人制度有意开启改革的重要原因之一。英国 1999 年新《民事诉讼规则》最大的不同就在于对专家证人制度作出了重大调整，包括没有法庭许可的当事人不得传唤专家证人出庭作证，其鉴定意见也不能当作证据使用；专家证人对法庭的义务先于聘用人。[2]

三、欧洲主要国家司法鉴定机构设置与鉴定人管理

司法鉴定的标准化意味着鉴定所使用的语言、启动程序、方法以及结论采用等全部拥有统一的规范和应用原则。在此过程中，鉴定机构与鉴定人又是极为重要的两大“基础”要素，在一定程度上影响司法鉴定标准化能否有

---

[1] 田天、甘露：《论专家证人制度在英国民事司法改革后的新发展》，载《法制与社会》2009 年第 22 期。

[2] 王舜：《论专家证人制度在我国刑事诉讼中的构建》，复旦大学 2010 年硕士学位论文，第 26 ~ 29 页。

效实现。关于鉴定人的内涵,欧洲专家协会组织有十分明确的阐释——能够在某一或诸多方面掌握特定的知识或经验的独立自然人,其在基于委托而针对当事人想起展现或由其自行记录的实施情况,发表具有约束力的观点,同时还必须具备将实施情况评断进行口头和书面陈述。在推进欧洲司法鉴定标准化的过程中,鉴定人在其中扮演十分重要的角色,成为鉴定人究竟需要哪些资格,承载怎样的责任、拥有怎样的权利,是颇为值得探讨和研究的问题。

(一)荷兰司法鉴定机构设置与鉴定人管理

1. 司法鉴定机构设置与管理

(1)管理机构

荷兰的一切司法鉴定工作都由荷兰安全和司法部负责的司法鉴定行政管理机构进行管理。荷兰安全和司法部内设特定的司法鉴定行政管理部门,对司法鉴定的各项政策、法令进行研究,对鉴定人员进行选择、培训以及提供必要的财政保障。

(2)主要司法鉴定机构

荷兰司法鉴定机构经历了从单一向多元化发展的历程,目前,荷兰国内的司法鉴定机构主要包括 4 种类别:

①国家投资设立的司法鉴定机构

目前,荷兰国有性质的司法鉴定机构主要有两个:一个是荷兰法庭科学研究所(Netherlands Forensic Institute, NFI),另一个是荷兰精神病学与心理学司法鉴定研究所(Netherlands Institute of Forensic Psychiatry and Psychology, NIFP)。

NFI 位于海牙,由法庭科学研究室发展而来,是隶属于司法部的自治部门,所提供的司法鉴定服务也由司法部负责。2004 年,NFI 的定位出现了更改,成为隶属于司法部的独立鉴定机构,有较高的自主权,同时通过内部管理委员会实施自律管理。其在向传统的检察院和警察局等刑事司法机构提供司法鉴定服务之余,也会向诸如国外的司法和警察机构等提供服务,而司法部则会按照其提供的服务数量经核实后拨付经费。值得一提的是,NFI 在欧洲司法鉴定行业具有十分重要的地位，是 ENFSI 的创始者以及秘书处的永久所在地。而且在 ENFSI 的 16 个专家小组中，NFI 的鉴定专家更是担任了犯罪现场、数字成像以及司法鉴定信息科技 3 个小组的主席。

NIFP 是 2007 年成立的司法鉴定机构，也隶属于司法部，但其主要是向在押精神及心理疾病患者提供相应服务，同时对国内独立的精神领域司法鉴定人进行工作协调。目前，该机构的从业者属于独立职业者，并非隶属于 NIFP，其拥有独立出具鉴定报告的权利及对报告内容和结果负责的义务。

②大学或企业设立的司法鉴定机构

在荷兰，由大学或者企业设立的司法鉴定机构主要包括莱顿大学、阿姆斯特丹自由大学法学系、IFS 独立司法鉴定服务机构以及 DSM 化工公司。当然不同的机构所专注的鉴定领域存在明显差异，比如，莱顿大学和 IFS 独立司法鉴定服务机构主要从事 DNA 鉴定，阿姆斯特丹自由大学法学系主要进行法医病理鉴定，DSM 化工公司主要进行毒物、微量物证鉴定。1994 年荷兰《DNA 调查法》明确规定，凡是被判处 4 年以上徒刑的犯人必须进行 DNA 血液采集，用于建立全国罪犯的 DNA 数据库，而具体的司法鉴定既可以向 NFI 申请，也可向其他鉴定机构申请，但只能在司法部所许可的莱顿大学或者其他经过 ISO/IEC 17025 认可的机构进行 DNA 鉴定。以《DNA 调查法》为契机，莱顿大学医学院慢慢开始接受警察局或个人的申请，进行 DAN 鉴定活动，且每两年都要与司法部签订合作协议，由司法部拨付经费维系其日常运营，截至 2012 年，莱顿大学医学院的鉴定范围已扩大至刑事、民事诉讼领域。

③警察局设立的实验室

警察局设立的实验室主要是指警察局刑事技术部门，其所开展的鉴定业务主要包括法医和指纹、弹痕鉴定，是直接为警察侦破案件提供服务的。但是通常情况下在这类机构当中从事司法鉴定工作的技术人员并非拥有警察身份，机构本身除可以独立承担犯罪现场的调查工作外，还可以进行化学品、指纹、文件、伪造物、强制爆炸物等的鉴定以及刑事技术现场 3D 重建。在一些技术力量相对薄弱的地区，警察局刑事技术部门在进行犯罪现场调查时，往往还需要诸如NFI、NIFP、莱顿大学医学院及其他专家的协助。

④私人鉴定机构

这类鉴定机构不仅数量少、规模小，而且鉴定的内容比较单一，比如，由法医病理学医师组成的鉴定小组可以同警察机构签署协议，专门为其提供司法鉴定服务。这类私人鉴定机构起初只是小规模的、同警察机构合作的关系，但是随着刑事案件的增多，这类有合作协议的私人鉴定机构，有逐步扩大规模的趋势。

2. 鉴定人管理及资格准入

2009年以前，荷兰对司法鉴定人的准入并没有明确的法律规定，司法鉴定专家是否具有资格也是由法官在庭审时进行当庭确认。因此，在相当长一段时间内荷兰到底有多少司法鉴定人并没有一个准确的统计数字。但2009年荷兰出台了《刑事法律中的司法鉴定人法案》，后续又制定了《刑法关于司法鉴定人注册法令》，由此开启了荷兰司法鉴定人的注册管理。

(1)司法鉴定人注册委员会

由荷兰安全和司法部下设的司法鉴定人注册委员会，主要负责对全国司法鉴定人进行注册管理。作为独立的行政机构，其不受其他任何机关的管辖和约束，除管理司法鉴定人外，还负责协助检察院、司法委员会、警察局以及NIFP、NFI等机构开启有关司法鉴定的相关工作。就荷兰司法鉴定人注册委员会的架构而言，其内设董事会和理事会，其中董事会主要负责管理登记注册，理事会成员则是由国家安全和司法部任命，并根据专业不同分别设置标准咨询委员会和审查咨询委员会、异议咨询委员会。就工作领域而言，标准咨询委员会主要负责划定专业领域，为不同专业起草专业且详细的审查标准；审查咨询委员会主要负责根据特定专业领域的要求，对司法鉴定申请人的司法鉴定资格进行审核；异议咨询委员会则主要处理申请人不服从董事会注册申请决定的相关事宜。

(2)司法鉴定人准入条件

荷兰司法鉴定人的准入条件十分严格，以NFI为例，要想成为NFI的司法鉴定人，除要拥有本科以上学历外，还必须在NFI内经过3年培训、1~2年实习,并通过相应的资格考核,才能成为一名司法鉴定专家,拥有签署司法鉴定报告的职权。2009年《刑事法律中的司法鉴定人法案》对司法鉴定人的资格问题进行了进一步阐释,提出如果要在法庭上出具鉴定意见、回答问题,那么无论是国立或是私立鉴定机构的鉴定人,都必须进行注册;[1]同时《司法鉴定人行为准则》中另行规定了司法鉴定人的基本素养,即成为鉴定人的基本条件:在相关领域拥有丰富的专业知识和法律工作经验;能够根据现有的鉴定标准进行准备、完成司法鉴定所需的调查工作,能够就鉴定涉及的相关问题、针对法庭提出的问题进行准确且清晰的回答,能够根据现有的标准积极收集、记录、调查和解析相关的数据与资料,运用最新调查手段;能够清晰地借助书面或者口头形式向法庭进行鉴定结果的汇报;能够在规定的时间内完成司法鉴定并出具报告;能够在执业活动中保持公正、独立、认真的工作态度,确保鉴定结果的可靠性。[2]

(3)司法鉴定人行为准则

为进一步规范司法鉴定人的执业行为,荷兰《司法鉴定人行为准则》提出司法鉴定人应遵守的3项准则:应根据自己的专业知识独立得出结论,并根据结论形成司法鉴定报告;应努力在自身研究领域保持先进性;应在不带有任何偏见的情况下展开调查,鉴定过程中不能受到任何利益干扰和驱使,鉴定意见形成的过程中,不应受到任何第三方利益和委托方的影响。[3]

(二)德国司法鉴定机构设置与鉴定人管理

1. 司法鉴定机构设置与管理

(1)管理机构

在德国,所有的法院不设任何科学技术鉴定机构,也没有任何专业的司法鉴定人员,德国现有的司法鉴定机构完全由警察系统设立,所以联邦警察

---

[1] 中国司法鉴定培训团:《司法鉴定培训团赴荷兰考察报告》,载《中国司法鉴定》2010年第6期。

[2] 中国司法鉴定培训团:《司法鉴定培训团赴荷兰考察报告》,载《中国司法鉴定》2010年第6期。

[3] 中国司法鉴定培训团:《司法鉴定培训团赴荷兰考察报告》,载《中国司法鉴定》2010年第6期。

机构和州警察机构都有属于自己的司法鉴定机构。作为司法鉴定的服务对象，德国法院以及法官不参与任何司法鉴定的管理活动，负责管理司法鉴定机构的是德国司法部。

（2）主要司法鉴定机构

①大学和科研单位中的法医鉴定机构

以法兰克福大学法医中心为代表，主要鉴定业务涉及毒品鉴定、酒精检验、DNA 鉴定、法医病理鉴定、医疗事故鉴定、法医精神病鉴定、轻重伤以及伤残等级鉴定、心理测试等。而且此类鉴定机构多与警局有专业协作与科研合作关系。目前，全德国拥有多家法医鉴定机构，分设在不同大学当中。

②警察系统中的刑事鉴定机构

其以德国联邦警局的刑事技术研究所为代表，具体鉴定业务涉及毒品、笔记、枪弹、指纹、声像视频等，此外还包括现场勘验、资料审查、标准样本的采集、协调州警察局的工作等。此类鉴定机构的所有研究项目都完全符合《联邦刑警局法》的规定，内容皆与刑事案件的侦破技术相关，而且所有鉴定行为的开启都必须经过警察局、检察院的批准。

③其他类型的司法鉴定机构

以北威州科隆大学医学院高级医学鉴定机构为例，该机构是一家经过交通管理局认可的鉴定机构，专项服务于交通安全相关的驾驶人行为能力鉴定，该机构管理相对松散，鉴定工作的进行以及收费情况完全属于个人行为，鉴定设备也归个人所有，即便是身在鉴定机构内部的高级鉴定师，也都有各自的专业领域。

2. 鉴定人的产生及权责说明

在德国，鉴定人也被称为鉴定师，主要是指拥有一定技术特长和知识经验的专家。德国司法鉴定体系对鉴定人的管理包括资格准入、名册登记公告、审查和撤销、职业行为规范、岗位培训和继续教育、诚信等级评估、责任追究以及执业监督等。可以说，司法鉴定人管理是德国司法鉴定体系的重要组成部分，也是其特色所在。

(1)鉴定人的分类

在德国的诉讼活动当中,鉴定人主要被划分为自由鉴定人,该类鉴定人不要求符合一定的形式条件,只要具备相应的行业知识和工作经验即可;为行业协会所认可的鉴定人,该类鉴定人数量众多、但并不为国家所统一管理;为国家所认可的鉴定人,该类鉴定人多为特定领域内的专家;依据 DIN EN ISO/IEC 17024 认证的鉴定人,指自 2010 年 1 月 1 日后,统一接受认可认证委员会认证的鉴定人;医学类鉴定人以及公开任命和经过宣誓的鉴定人。同时,德国并不存在统一的鉴定人管理机构,而是依靠各自协会自行对鉴定人进行认证与管理,然后以经过国家认可作为鉴定人资质的重要补充。

(2)鉴定师联合会

鉴定师联合会是德国 1961 年成立的行业性组织,成员是各个协会的鉴定师,联合会的管理层也是由各个协会的鉴定师推举产生。关于司法鉴定的相关事宜,鉴定师联合会可以直接向德国联邦司法部、经济部等进行请示,关于鉴定师的权责义务方面的规定,可以直接向司法部提出建议。想要加入联合会的鉴定师既可以自愿主动申请,也可以由协会推荐,更可以成为联合会邀请的重要对象。

(3)司法鉴定师的产生

德国的鉴定师要求十分严格,专职法医鉴定师要求必须为法医院校毕业、经过 5 年专业培训,并且在各个法医学研究所进行法医学教育和毕业以后的进修学习,只有在完成所有课程之后,其向德国资深医师协会提出申请,考核合格以后才能获得法医学医师证书。而这仅仅是成为司法鉴定师的前提,德国《企业法》将鉴定师的管理委托给德国工商总会负责,其对一名从业人员是否具有鉴定师资格主要考核两个方面:一是提出申请的个人与其所申请的专业是否恰当、合适;二是其本身的专业水平必须优秀。与此同时,作为申请人还必须提供能够证明自己在相关领域的行业资格和鉴定经验的资料。[1]

---

〔1〕 司法部赴德司法鉴定培训团:《德国司法鉴定制度》,载《中国司法鉴定》2010 年第 3 期。

(4)鉴定师的权利义务

当法官或者检察官根据德国《刑事诉讼法典》第75条的规定,选择某人为鉴定人时,其所承载的义务和拥有的权利也会因为介入某项具体案件而发生变化。[1] 此时鉴定师所肩负的义务可以被划分为3类:出庭义务、做鉴定的义务以及宣誓的义务。如果鉴定人拒绝履行这3项义务,那么按照德国《刑事诉讼法典》第77条的规定,鉴定人将接受秩序处罚甚至被要求自行承担司法鉴定费用。[2]

在鉴定人必须履行3项义务的同时,其也享有3项较基本的权利:出于鉴定需要询问证人或者被告人、查阅案卷,在和证人拥有相同原因的情况下、作出拒绝鉴定的选择,要求补偿因为鉴定所支出的费用。同时德国《司法鉴定报酬与赔偿法》规定,根据专业领域的不同,鉴定人可以获得每小时65欧元到125欧元的经济补偿,而且专业不同鉴定内容又会存在些许不同。当然,这种补偿规则也并非没有限制,一旦负有鉴定义务的鉴定人拒绝鉴定时,所谓补偿自然也会遭到拒绝,所以说补偿必须以义务的实现为前提。[3]

而除这些权利和义务外,德国《刑事诉讼法典》第85条第2款还对鉴定人的"回避"行为作出规定,比如鉴定人曾为死者在生前做过治疗时,就不能参与该死者的尸体解剖;鉴定人、法官、检察院、自诉人、被告人都享有提出回避的权利,而且鉴定人和法官的回避理由可以相同。[4]

(5)鉴定人的责任追究

正因鉴定人有其责任和义务,其一旦缺席或者拒绝提交司法鉴定意见,就必须支付由此产生的各项费用,并接受相应的处罚。具体来说,检察院有权根据德国《刑事诉讼法典》第161a条对没有履行责任的鉴定人进行以下处罚:

第一,因为鉴定人没有到场所产生的费用理应由鉴定人本人承担,同时

---

[1] 陈金明:《德国司法鉴定的特点及其对我国的借鉴》,载《中国司法》2010年第4期。

[2] 陈金明:《德国司法鉴定的特点及其对我国的借鉴》,载《中国司法》2010年第4期。

[3] 琚明亮:《德国司法鉴定体制初探》,载《朝阳法律评论》2016年第2期。

[4] 琚明亮:《德国司法鉴定体制初探》,载《朝阳法律评论》2016年第2期。

其还必须接受秩序罚款，如果无法缴纳罚款，就要对其进行刑事拘留，但具体的拘留时间不允许超过6个月。

第二，其他类型鉴定人冒充公开的鉴定人必须承担相应的刑事责任。[1]

（三）法国司法鉴定机构设置与鉴定人管理

1. 司法鉴定机构

法国的司法鉴定机构较为特殊，常设的司法鉴定机构主要隶属于各级国家警察机关，比如，中央国家警察局下设有司法警察局，其内部设有国家司法鉴定中心，负责向全国的警察机关提供司法鉴定服务；巴黎警察局下也设有两个法庭科学实验室。[2] 在通常情况下，地方警察局也会有专属于自己的法庭科学实验室，负责区域内的现场勘查、司法鉴定等工作。但所有这些鉴定实验室，全部受国家警察局的统一领导。

2. 司法鉴定人资格获取及权责义务

在法国，鉴定人首先需要是相关技术领域的专业技师（获得技术职称），才有资格参与到鉴定人的评选过程中。鉴于法国所实施的“鉴定人专家名册”制度，申请人能否获得鉴定人资格，首先要是登记在鉴定人名册当中的人，其次个人的立场和职务必须与鉴定工作不矛盾、不发生冲突。而对鉴定人的技术能力评估，则完全由技术职称评定部门按照法定程序推进。同时，司法鉴定人并非隶属于某个司法鉴定机构，而是独立于司法系统之外，但其要想取得司法鉴定人的资格、从事具体的司法鉴定工作，必然会受制于法院。为了确保司法鉴定人的专业技能和鉴定质量，最高法院和上诉法院同时承载着遴选司法鉴定人的职责。

关于鉴定人的权责问题，法国新《民事诉讼法典》第268条规定，为了让鉴定人完全了解并接受司法鉴定任务，有必要让其了解本案的“当事人案卷”。[3] 法国《刑事诉讼法典》第234条还规定，技术人员可以使用与法官申

---

〔1〕［德］托马斯·魏根特：《德国刑事诉讼程序》，岳礼玲、温小吉译，中国政法大学出版社2004年版，第179页。

〔2〕王刘筠：《司法鉴定管理制度研究》，西南政法大学2010年硕士学位论文，第15页。

〔3〕沈健：《比较与借鉴：鉴定人制度研究》，载《比较法研究》2004年第2期。

请回避的相同理由,申请回避,“回避权”,是鉴定人的一项权利。[1] 法国《刑事诉讼法典》第160条至第168条则规定,鉴定人除要履行宣誓的义务外,还必须履行按要求制作鉴定书并署名、在规定期限内完成司法鉴定工作、出庭作证的义务。[2]

(四)英国司法鉴定机构设置与鉴定人管理

英国历史渊源和民族文化不同,英格兰和威尔士属于典型的英美法系,而苏格兰和北爱尔兰则充斥大陆法系的影子,这种根深蒂固的不同直接影响了英国对司法鉴定机构的设置以及对司法鉴定人的管理和约束。

1. 司法鉴定机构

(1)管理机构

在英国,由内政部、检察院以及警察局共同成立的法庭科学管理委员会,是负责管理国家司法鉴定工作的统一机构,具体负责对全国司法鉴定活动的决策和指导。法庭科学管理委员会设置在内政部,由内政部负责管理,性质上完全独立于检察院、法院和警察局。

(2)鉴定机构

在鉴定机构的设置上,英格兰和苏格兰的法院和检察系统都没有设立司法鉴定机构,所谓鉴定实验室在英格兰和威尔士完全独立,并不隶属于警方。警方不仅没有实验室,而且只有1~2名鉴定管理人员(属文职),其只负责简单的初级信息采集;苏格兰警署内只有少数的初级鉴定人,负责现场勘验。而在真正意义上的鉴定机构设置方面,英国有两个较庞大的“国家级”司法鉴定服务机构,分别是英格兰和威尔士的鉴定科学服务局(The Forensic Science Service,FSS,现已关闭)、苏格兰的鉴定同盟会,其联合起来组成了英国司法鉴定服务的最大平台。此外,英国部分大学内部还设有鉴定实验室,也负责提供一定的司法鉴定服务。

---

〔1〕 沈健:《比较与借鉴:鉴定人制度研究》,载《比较法研究》2004年第2期。

〔2〕 张建华:《司法鉴定人权责制度:梳理、评析与完善》,中南大学2007年硕士学位论文,第9~12页。

2. 司法鉴定人的准入许可和权责界定

(1)司法鉴定人执业许可的取得

在英国,司法鉴定人也被称为“专家证人”,根据《布莱克法律词典》中对“专家”一词的解释,其主要是指在某一科学领域具备专业知识的专家以及虽然没有经过系统教育、但在某些方面具有专业知识和技能的非科学专家。因为这样的解释较宽泛,所以英国对于专家证人的资格并没有严格要求,甚至不存在统一的考核制度。但苏格兰地区有些许例外,其所拥有的鉴定同盟会,在行业准入方面会要求司法鉴定机构以及司法鉴定人必须通过培训考核才能获得职业许可,鉴定人从业以后的职业道德培训及继续教育,仍然拥有极为严格的管理程序。

(2)专家证人职责的全新界定

1999 年 4 月 26 日新《民事诉讼规则》正式生效,其关于专家证人做了很多新的调整和修改,主要体现在四个方面:一是进一步强化了专家证人的公正职责;二是对专家证据的不必要使用进行了限制;三是提出法院有权强制运用单一的共同专家;四是鼓励专家证人之间的合作。[1] 这四个方面集中地表现出英国司法鉴定中的专家证人职责对法院优先,在于专家证人以自身所持有的专业知识帮助法院解决有关诉讼程序当中的相关问题。

四、司法鉴定程序的标准化实践

司法鉴定的程序主要包括司法鉴定的启动、实施,司法鉴定意见的采信及否定,是否允许二次鉴定等内容,本部分主要探究的则是司法鉴定的启动(包括启动权的归属以及具体的启动程序)。所谓司法鉴定启动,本质上是由谁来决定是否启动司法鉴定,司法鉴定启动权归属的不同在很大程度上决定着一国司法鉴定的基本特征。

(一)荷兰的司法鉴定程序标准化实践

荷兰属于大陆法系国家,根据案件属性的不同,司法鉴定的启动程序也

[1] 沈健:《比较与借鉴:鉴定人制度研究》,载《比较法研究》2004 年第 2 期。

会有所差异。刑事案件的司法鉴定由警察、检察官以及法官启动司法鉴定程序,发生刑事案件时,首先由警察局内部的鉴定人员进行初步鉴定,然后按照司法鉴定相关规定将其送至司法鉴定机构进行鉴定。在特殊情况下,如果案件本身较复杂、涉案重大,则由司法鉴定机构直接委派鉴定人员到案件现场收集和提取证据,而检察官、法官则可以根据需要,就司法鉴定是否需要补充或者重新鉴定作出决定。至于民事司法鉴定则可由当事人自行启动,目前荷兰司法鉴定机构对民事案件的司法鉴定并没有明确的管理规定,在通常情况下,民事案件中原告和被告会在相互协商的基础上选择彼此皆认可的司法鉴定专家,承担司法鉴定任务。

而作为当事人,在面对以上两种情况时,可以申请司法鉴定:一是在刑事案件当中,当事人对控方的鉴定意见或鉴定报告提出质疑,可由辩护律师在指控未进入法院之前或者在审判阶段,直接向检察官或法官提出重新鉴定申请。检察官、法官根据案件需要,有权决定是否重启司法鉴定。二是在民事案件当中,当事人及委托律师,可以在法院立案之前,单方面委托司法鉴定,只是如果案件步入审理阶段,那么鉴定的启动权将为法官所直接掌控。

(二)德国的司法鉴定程序标准化实践

德国相关法律规定,刑事诉讼的鉴定决定权属于法官和检察官。德国《民事诉讼法》第404条规定,具体选择的鉴定人和鉴定人数量也由法院决定(法官可以同当事人进行商议),作为辩方仅仅保留申请权。但是在辩方提出司法鉴定申请时,必须要注明请求鉴定的目的和具体事项。至于控方的检察官收到鉴定申请后,可以直接决定是否启动司法鉴定程序。另外,虽然法官和检察官具有司法鉴定启动程序的决定权,但决定权并非完全自由行使,而是受到法律法规的严格限制。[1]

司法鉴定程序启动后,对于鉴定人的选择,通常会优先考虑由工商协会或者手工协会等法定机构公开任命、并且经过宣誓的鉴定人来担任具体案件

---

〔1〕 谌宏伟:《论民事诉讼中司法鉴定程序的启动——以〈关于民事诉讼证据的若干规定〉第28条为主要分析对象》,载《中国司法鉴定》2006年第4期。

的鉴定人。但是,如果这些鉴定人不能解决案件涉及的专业性问题、不具有相关案件的鉴定能力时,也会考虑其他类型的鉴定人员。在一般的民事案件中,通常不会选择警方的鉴定人,但在涉及国家利益以及重大案件,不宜选择自由鉴定人时,才会从警方的鉴定人中选择。

(三)法国的司法鉴定程序标准化实践

法国司法鉴定启动相对宽泛,既可以由法院自行启动,也可以由检察院或者当事人申请启动,但最终是否启动鉴定程序则完全由法院来决定。法国《刑事诉讼法典》第156条对此有颇为清晰的说明:"任何预审法官或审判法官,在案件出现技术方面的问题时,可以根据检察院的要求,或者依自己职权,或者依一方当事人的请求进行鉴定。"[1]

如果检方或当事人所申请的司法鉴定被驳回,检方或当事人可以向上诉法院起诉审查庭提起上诉,要求初审法院允许启动鉴定程序。法国《刑事诉讼法典》第272条对此有明确规定:"如果经证明有重大的合法理由,经上诉法院第一院长批准,对命令进行鉴定的裁判决定,独立于实体判决,向上诉法院提出上诉。"[2]

由于司法鉴定技术领域的内容十分广泛,法律很难生成一套完整的、同时能够完美应对各种鉴定需求的规定。而且法国诉讼极为重视鉴定成本,如果在鉴定之前就可以通过咨询或者验证予以解决,则不会允许启动司法鉴定程序。

在鉴定人的选择方面,当预审法官或者审判法官同意检察院或者当事人的鉴定申请后,检察院或当事人可以自行选择鉴定人而不需要征求其他当事方的同意。

(四)英国的司法鉴定程序标准化实践

作为英美法系的代表,英国的司法鉴定程序带有强烈的"对抗"色彩,这种对抗性更是贯穿诉讼和司法鉴定的始终。换言之,证据的提出、发现以及程序的推进全部是由当事人负责的,作为法院所要承担的责任主要在于维系

---

[1] 张广辉:《刑事鉴定启动权配置问题研究》,南京师范大学2010年硕士学位论文,第9页。

[2] 宫雪:《比较法视野下鉴定启动权对诉权的保障——兼论新〈民事诉讼法〉第七十六条》,载《中国司法鉴定》2013年第1期。

双方各自针对“对方”的公正公平。在这样一种情况下，司法鉴定是否实施以及由谁来进行司法鉴定，当事人均享有主导权。

如果当事人启动司法鉴定或专家证人鉴定程序，当事人所选择的专家并不一定是该专业领域的权威，但是在该领域内必须具备一定的资格和经验，针对具体案件必须具有充分的技术能力。一切均以是否能够为当事人、为案件审理提供可靠的技术服务为重要参考。但是，法国比较注重个人隐私，针对特殊情况也有具体规定。如《1984 年警察与刑事证据法》就曾规定，提取人体私密性样品（除尿和唾液外），必须由经过注册的执业医师进行。[1]

五、司法鉴定质量体系标准化建设

在推进司法鉴定管理标准化和启动程序标准化之余，最关键的便是生成统一的技术质量标准。而本书列举的欧洲 4 个主要国家当中，可以说发展到不同的层次、取得了不同程度的效果。

（一）荷兰司法鉴定质量控制体系

就司法鉴定机构管理的法律规定而言，荷兰曾一度缺失，仅有的有关鉴定项目管理的条文散见于本土各种法律、法规当中。比如，DNA 检测机构就必须通过 ISO 的检测实验室认可，且符合 ISO/IEC 17025 准则，才可从事司法鉴定工作。但荷兰的司法鉴定质量管理体系仍早于其他国家，NFI 于 1996 年即建立了符合 ISO/IEC 17025 准则的质量管理体系，在不断修改完善的情况下运行至今，同时更协助欧洲多个国家开启了司法鉴定机构的认证认可工作，且效果显著。这也是 ENFSI 位于 NFI 的重要原因。与此同时，因为警方的现场勘查和取样工作，同样会对司法鉴定的结果产生影响，为进一步规范警方的现场勘查技术，并提高警方技术鉴定的工作能力，NFI 及相关部门亦在不断推进警方刑事技术部门的标准化工作，以符合 ISO/IEC 17020 的技术标准。

---

〔1〕 李学军、张卫萍、张吉林：《侦查机关强制采取物证比对样本的必要性及合法化路径研究》，载《证据科学》2009 年第 2 期。

1. 司法鉴定机构内部管理规范化建设

(1)司法鉴定机构内部岗位职责的设计

司法鉴定顾问是司法鉴定内部一个十分关键的岗位,起到了对外沟通和桥梁的作用。在通常情况下,在司法鉴定机构内部担任顾问的人员并非鉴定专家,但必须通晓相应的技术、方法以及基本的鉴定原则、相关的法律规章等。

司法鉴定客户管理部门主要负责日常客户和常规鉴定项目的管理,其主要工作内容包括与常规客户签订服务协议,确保客户的委托案件能够正常送检;通过定期对鉴定项目的数量、鉴定质量与同类鉴定机构进行比较分析,并生成有意义的结论,已检验出具检测数据的准确性、本机构的鉴定能力等,为后续司法鉴定机构的调整和服务形式的改革,提供参考和建议。

前台服务小组主要负责日常客户委托鉴定的接待、材料的分配、流转和存档、鉴定工作的日常统计等。同时,其还负责将鉴定材料生成数据文件进行长期存档保护。

机动鉴定小组一般由技术鉴定专家组成,主要任务在于协助和指导警方工作人员进行现场的勘查与取证。在通常情况下会在警方邀请后介入,在一些较为简单且明确的场合下提出一定的初步鉴定意见,提高现场勘查的效率和效果。

(2)荷兰司法鉴定机构的鉴定程序

荷兰司法鉴定机构的一般鉴定流程为:委托人送交检材,受理委托后,由司法鉴定机构的顾问主持完成材料的交接、价格的商定等工作,之后将材料送交第一鉴定人形成初步的司法鉴定报告。初步司法鉴定报告生成后,继续转交第二鉴定人进行审核校验,最终的鉴定意见由司法鉴定顾问转交给委托人。如果第一、第二鉴定人的意见不一致,那么就需要引入第三鉴定人参与讨论,直至形成最终的司法鉴定意见。

2. 司法鉴定人技术能力、水平的评价方法

鉴定人的个人能力是决定司法鉴定结果是否科学、准确、客观的前提条件,为保证鉴定结果的有效性,NFI 对鉴定人的能力培训进行了严格界定,包

括对新进鉴定人公共知识和专业技术的培训考核,严格把控鉴定人的鉴定资格;对于已经取得鉴定资格的鉴定人要通过持续性的在职教育和培训,来保证其司法鉴定能力的可靠性。

根据鉴定能力的不同,NFI 同时对司法鉴定人进行综合性的评价,以应对不同类型的犯罪现场和不同级别的案件。鉴定人通过理论学习、实践锻炼等培训后,只有通过相应的能力级别考核,才能承担相应案件的司法鉴定活动。按照 ISO/IEC 17025 体系的要求,NFI 还参加认可组织实施的实验室比对活动,确保鉴定人在质量体系及质量控制活动当中,能够持续性地符合质量体系标准。

(二)德国司法鉴定质量控制体系

1. 鉴定机构的质量管理

德国对司法鉴定机构以及鉴定师的管理十分严格,实施全球通用的认证认可准则,德国在认证认可体系建设方面不仅历史悠久、经验丰富,而且机制成熟、运作规范。自德国认可委员会 1991 年 5 月成立至今,其所认证认可的领域涉及校准实验室、检测实验室、监察机构、人员认证机构、产品认证机构、质量体系认证机构、环境管理体系认证机构 7 个类别。

与此同时,认证资格还存在有效期的限制,其多为 5 年,而且在有效期内鉴定机构还必须接受认证公司的监督和检查。在通常情况下首次检查会在认证后的一年内进行,之后为每 18 个月进行一次例行检查。具体检查内容每次都会有所不同,但是要在有效期内将鉴定机构的鉴定项目进行一次彻底的覆盖式检查。如果这些已经获得认证的机构并没有履行鉴定机构本身所应承担的任务,认可机构将按照统一标准对其进行罚款;有效期将至之时,鉴定机构有必要及时提出资质延期申请,延期审核程序和标准要求也必然会同其初次申请通过时的标准、内容完全一致。

2. 司法鉴定意见的采信

司法鉴定的意见是否采纳,德国法院秉承自由心证的基本原则和判断标准。法官可以拒绝采用某份司法鉴定意见,但是必须注明拒绝的理由;法官也可以采纳某份鉴定意见,那么其必须在判决的理由中独立完成自由心证,确保第三审法院能够从第三审层面对其加以审核。总而言之,法官绝对不允许“自由地”“随意地”使用某份鉴定意见,其必须对鉴定人的鉴定能力、专业水平以及鉴定结论作出相应判断。同时,为了让当事人充分了解鉴定意见,法院也必须告知当事人鉴定意见的形成是以重要事实为前提的。

(三)法国司法鉴定质量控制体系

对于司法鉴定结论的使用,法国刑事、行政和民事诉讼案件中,各有不同。刑事诉讼中,只要鉴定活动结束,鉴定人必须出具鉴定报告,生成鉴定结论。法官应以挂号信的方式将鉴定结论告知相关当事人以及律师。在民事诉讼中,如果法官没有明确要求,鉴定人可以不出具鉴定报告,只需在法庭上进行口头陈述,由工作人员进行笔录即可。或者在当庭裁判当中,将鉴定内容进行口头陈述;行政诉讼中鉴定人所提交的鉴定报告(包括副本,副本的数量等于案件当事人的数量)必须提交给法院的书记员室,并要求当事人及法院就鉴定报告在一个月内(可经由法院同意延长时间)提出意见,开庭后法院可以传唤鉴定人到庭,对案件鉴定情况进行辅助性说明。

(四)英国司法鉴定质量控制体系

早在1969年,英国就开启了司法鉴定质量保证活动,并成立了内政部研究中心。1978年CRE又进一步成立了专门负责对实验室之间的检测结果进行比对和重复检验工作的专门机构,为进一步探索司法鉴定的质量管理、标准采用提供了最初的参考和基础。

1.对鉴定结论的评判标准与采信原则

自苏格兰1902年现场采纳了指纹作为证据后,指纹鉴定结论就开始成为司法鉴定领域第一类的专家证言之一,而在漫长的司法鉴定发展里程中,随后又出现了医学、牙科学、毒品学、病理学、精神病学、心理学、生物学和基因学等领域,这些都是司法鉴定所涉及的主要内容,也是作为专家证人需要在法庭上提出观点、出示证据时绕不开的一环。作为司法鉴定专家,其出示的司法鉴定结论究竟是否可以被采信,主要从三个方面进行判断:一是专家证人的资格;二是专家证言的相关性;三是使用专家证言的必要性。在英国,通过建立一系列的规范制度,来对专家证人的作证资格进行严格限制。

(1)专家证人的资格

专家证人必须适格且经过法庭认可,其所提交的司法鉴定结论才有可能被采信。因为英国法律当中对专家证人所具备的资格条件没有进行事先认定,所以只能在案件庭审过程中,由诉讼双方通过交叉询问来获得资格认可。

(2)专家证言的相关性

专家证人的鉴定结论必须与案件事实相关,凡相关性不够或大众仅依靠普通知识便可以解决的问题,专家证人的意见并不会被采纳。

(3)专家证言的必要性

专家证人的鉴定结论是否有利于法官或陪审团更好地理解案件当中的争议问题,是颇为关键的。在通常情况下专家证人只限于为解决诉讼当中的问题。英国上诉法院则将这种应用标准具体细化至3个领域:第一,是否具有说明性;第二,是否有助于解决案件涉及技术问题的争端;第三,鉴定的费用成本。也就是说,一旦鉴定成本远超出其所能产生的证言价值,必然不会被采用。

2. 司法鉴定流程的标准化实践

目前,英国的司法鉴定流程为,警方在勘查犯罪现场之后,将提取的物证进行封存登记,然后送往司法鉴定机构进行鉴定,鉴定的结果则直接反馈至警察部门。

3. 司法鉴定机构的认证管理和标准化实现

在司法鉴定机构的管理方面,1988年英国的两个咨询公司对国内的司法鉴定机构展开评估,将其划分为不同的资质等级;而这些鉴定机构将采用统一的技术标准,因为技术标准的统一化,司法鉴定机构内部的合作也十分频繁和愉快。[1]

---

〔1〕 王刘筠:《司法鉴定管理制度研究》,西南政法大学2010年硕士学位论文,第11~12页。

第七章　澳大利亚和新西兰司法鉴定标准化实践

第一节　澳新[1]司法鉴定行业的一体化

一、澳新司法鉴定行业框架

(一)司法鉴定的政策发展

澳大利亚国家法庭科学研究院(National Institute of Forensic Science Australia,NIFS),是根据澳大利亚警察长理事会签署的协议作为国家通用警察服务中心于1991~1992年成立的,并于1992年2月在维多利亚州墨尔本开始运营。1992~2008年,NIFS由其理事会控制,理事会由7人组成,其中主席为联邦总检察长提名的维多利亚州首席大法官,另有3名警察和3名法庭科学实验室主任。

2009年,NIFS并入澳新警务咨询署(Australia New Zealand Policing Advisory Agency,ANZPAA),成为该机构的一个部门,即澳新国家法庭科学研究院(National Institute of Forensic Science Australia New Zealand,ANZPAA NIFS)。[2] 其受澳新警务长理事会(The Board of ANZPAA)监督。该理事

---

[1] "澳大利亚和新西兰"在本章缩写为"澳新",下同。

[2] ANZPAA由澳大拉西亚警察长理事会(现为法律、犯罪和社区安全理事会)于2007年成立。2008年,根据警察与紧急管理部长级理事会(MCPEM-P)的决定,NIFS成为ANZPAA的一个部门(ANZPAA NIFS)。ANZPAA由维多利亚州警方代表澳新警察辖区主办。

会由澳新的所有警务专员，澳大利亚首都地区首席警官以及来自司法部和几个司法管辖区的警察部的代表组成。图 7 – 1 为 ANZPAA NIFS 的徽标。

图 7 – 1 ANZPAA NIFS 徽标

（资料来源：Our Governance, Accessed May 7,2020, https://www. anzpaa. org. au/forensic-science/about/governance. ）

ANZPAA NIFS 是澳新的法庭科学高峰机构，其治理结构实际为双治理结构，除最终受 ANZPAA 控制外，还同时受所有资助机构影响。这些机构通过澳大利亚新西兰法证执行委员会（The Australia New Zealand Forensic Executive Committee, ANZFEC）产生作用。其治理框架如图 7 – 2 所示。

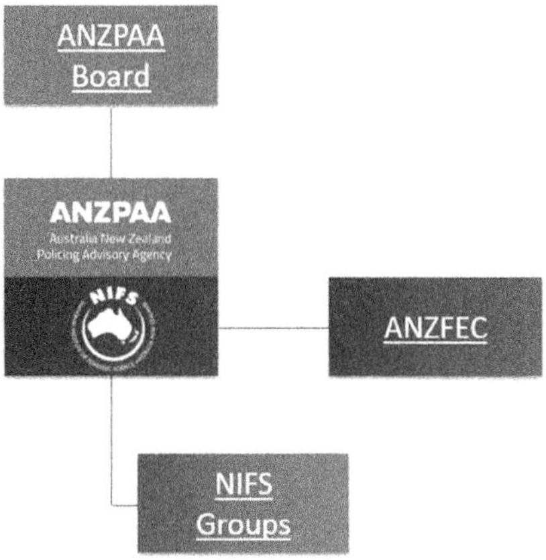

图 7 – 2 ANZPAA NIFS 治理框架

（资料来源：Our Governance Framework, Accessed May 7,2020, http://www. anzpaa. org. au/forensic-science/about/governance. ）

ANZFEC 代表澳新的政府法庭科学服务提供商，包括警察和非警察机构。ANZFEC 除对 ANZPAA NIFS 工作计划大力赞助外，还就当前或新兴的法庭科学问题等向 ANZPAA NIFS 提出有关意见和建议。

ANZPAA NIFS 在确定的战略重要性领域促进，赞助和支持法庭科学研究；为法庭科学服务的发展和协调提供咨询和协助；与法庭科学相关科学界合作，解决跨司法辖区和跨学科的问题。其中，重要任务之一是制订每 3 年的战略计划，战略计划是通过重要的法庭科学领导层和各分学科专家组密切合作制订的，主要旨在解决法庭科学中的优先需求和问题。

在法庭科学领域，ANZPAA NIFS 充当协调、创新、信息管理、教育培训和质量保证的角色。

在协调方面，通过协议、产品和增强的实施支持来建立跨司法辖区能力。例如，通过调查澳新政府实验室提供的法庭科学服务的基本科学要求，进行差距分析，以确定研究和创新的路线图；通过协调采购方案为机构节省成本；促进和协调澳新的法庭科学项目等。

在创新方面，致力法庭科学领域知识的创新。例如，推动战略研究和创新计划，为当前或新型研究提供与创新提供指导；通过评估、实施和采纳新的法庭科学工具促进开发能力；对法庭科学领域作出的贡献进行鼓励和认可等。

在信息管理方面，促进信息的共享，为跨辖区的对话和活动提供便利。例如，实施专家咨询计划，最大限度地共享法庭科学信息并加强交流。

在教育和培训方面，为司法鉴定科学技能发展和知识更新提供尽可能多的机会。例如，实施各种教育和培训计划。

在质量保证方面，发布质量保证计划、开发标准、管理从业者认证计划。例如，促进和提供法庭科学专家的认证。又如，通过 AFSAB[1] 为法庭科学从业者认证提供一种健壮机制。

AFSAB 由 ANZPAA NIFS 负责管理，致力提高法庭科学检查员的专业水平，并提高整个澳大利亚对法庭科学的信心。目前，AFSAB 在指纹、枪支和

---

〔1〕 2018 年年末前，其名称为 AFFSAB（Australasian Forensic Field Science Assessment Body），2018 年年末更名为 AFSAB。

犯罪现场等领域对合格的法庭科学审查员进行认证,通过再验证以维持检查员的能力,并对未达到既定标准的从业人员进行审查(见图7-3)。

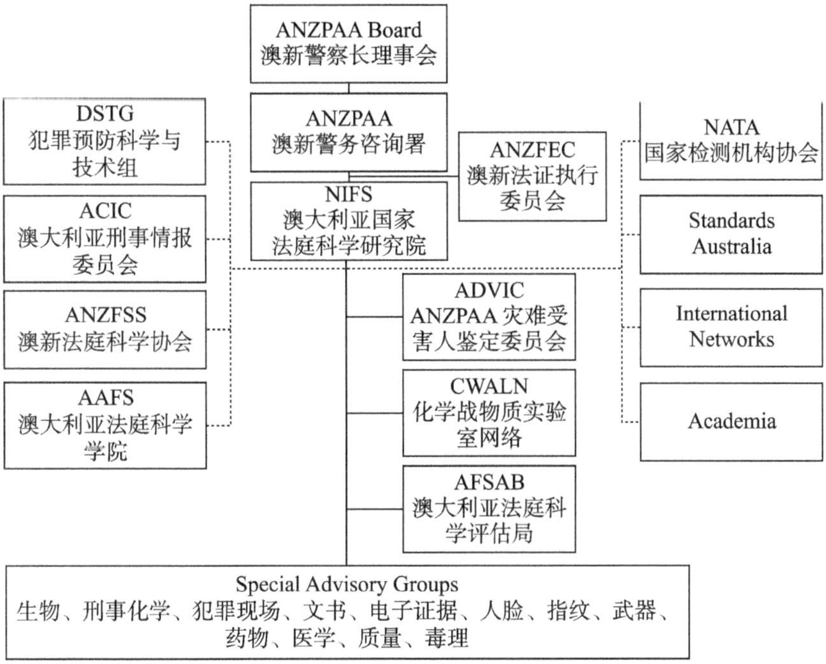

图7-3 澳大利亚与新西兰法庭科学架构

(资料来源:*Australia and New Zealand Forensic Science Landscape*, Accessed May 7, 2020, https://www.anzpaa.org.au/forensic-science/forensic-sciences/forensic-groups.)

(二)司法鉴定的管理

澳新法庭科学协会是澳大利亚司法鉴定管理的主要机构。它是非营利性组织。其前身是澳大利亚法庭科学协会(The Australian Forensic Science Society,AFSS),成立于1971年。1988年,澳大利亚法庭科学协会承认新西兰会员资格,并更名为澳新法庭科学协会。

澳新法庭科学协会承担管理职能包括以下几个方面:[1]

[1] The Australian and New Zealand Forensic Science Society Incorporated, *Rules of Association*, 2016, p.4-29.

其一,会员登记、停止会员资格、纪律处分等,其中会员包括终生会员(life member)、专业会员(professional member)、一般会员(general member)、学生会员(student member)和准会员(associate member),对于一般会员,需要具有被认可的高等院校学历或具有同等水平的法庭科学相关经历,且曾经或现在有从事法庭科学学科或与法庭科学学科有关领域的工作经验,而专业会员、终身会员的要求更加严格。专业会员要求至少连续3年是普通会员,对法庭科学相关领域作出了相当的专业贡献;且具有被认可的高等院校学历,或具有同等水平的法庭科学相关经验和经过正式培训;且已成功申请专业会员资格申请表。而且在每3个财政年度的专业会员会籍到期后,专业会员须以书面形式向理事会证明他们仍符合专业会员会籍的规定。

其二,每两年组织一次法庭科学国际研讨会。会议涵盖:生化犯罪学、非法药物、病理学和临床医学、血型分析、火灾和爆炸物、科学与司法、枪支和工具痕迹、教育和培训、考古学和人类学、昆虫学、牙科学、野生动物鉴定、电子证据、文件检查、指纹检查、管理和质量保证、毒理学和药理学、犯罪现场调查和生物特征识别等。

其三,召集科学家、警察、犯罪学家、病理学家以及积极参与法庭科学的法律专业人士,通过提供涵盖科学内各个学科的专题讨论会、讲座、讨论和示范来提高法庭科学的质量。

(三)司法鉴定的学术研究

澳大利亚法庭科学学院(Australian Academy of Forensic Sciences)是一个多学科的学术团体,致力法庭科学的发展,汇集了为法庭科学发展和实践作出贡献的法律,医学和其他科学的专业人士。会员资格仅通过会员邀请方式获得。[1] 在1968年便创办了《澳大利亚法庭科学杂志》(*The Australian Journal of Forensic Sciences*,AJFS)。学院的活动包括:(1)定期召开科学会议,由其他成员或被邀请的专家向学院的成员就与法庭科学相关的主题进行

---

[1] *Australian Academy of Forensic Sciences Inc. Rules*, http://forensicacademy.org/site/wp-content/uploads/2013/09/AAFS-Inc-Rules-2007.pdf.

演讲;(2)召集国内和国际会议,邀请法庭科学方面的海外专家参与,并由学院成员和澳大利亚其他专家就其贡献发表评论;(3)受权接纳新成员的学院理事会的业务;(4)与包括澳大利亚设立的医事法律团体在内的其他专业机构的联络;(5)偶尔向政府和政府机构提交与法庭科学有关的建议;(6)澳大利亚法庭科学杂志的出版,其第一版于1968年9月出版;(7)定期授予奖学金和助学金,以促进与法庭科学有关的研究。[1]

(四)司法鉴定的认可

1.澳大利亚国家检测机构协会

NATA,是一个非营利性的独立于政府的私人公司。NATA成立于1947年,是澳大利亚的国家认可机构,也是世界上最早成立最有经验的认可机构。NATA负责对澳大利亚的所有实验室、检查机构、校准服务机构、有证标准物质生产商和能力验证计划提供者等进行认可。

澳大利亚联邦政府通过与NATA签署备忘录,承认其为国家级实验室认可机构、标准物质生产商国家级认可机构、能力测试提供者的最高认可机构、检查机构最高认可机构等。[2]

NATA参与国际实验室认可合作组织(International Laboratory Accreditation Cooperation,ILAC)、亚太认可合作组织(Asia Pacific Accreditation Cooperation,APAC)和经济合作与发展组织(OECD)良好实验室规范工作组等国际组织。可以在国际层面上相互认可认证机构。

NATA由其成员和利益相关者组成的董事会管理,负责监督协会的所有活动。董事会从其任命的专业技术委员会[认可咨询委员会(Accreditation Advisory Committees,AAC)]接收技术建议。

NATA根据ISO/IEC 17025对检测和校准实验室开展认可、根据ISO/IEC 17020对检查机构开展认可,根据ISO 15189对人类病理学实验室进行认可、根据ISO 17034对标准物质生产商的认可、根据ISO/IEC 17043对能力

---

〔1〕 *ACTIVITIES*, http://forensicacademy.org/site/? page_id=346.

〔2〕 *NATA. MOU between the Commonwealth of Australia and NATA*, https://nata.com.au/phocadownload/government/MOU_Commonwealth_of_Australia_and_NATA.pdf.

验证提供者开展认可。

2. 新西兰国际认可机构

新西兰国际认可机构(International Accreditation New Zealand,IANZ),是成立于1972年的皇家实体“认可委员会”(Accreditation Council)的一部分。根据最新的2015年修订的《标准与认可法案》(The Standards and Accreditation Act),认可委员会每年需直接通过商务部和消费事务部部长向国会汇报工作。自1997年7月,认可委员会认证认可两项职能分离,其中“认可”部分由IANZ负责,认证部分由其所有的Telarc有限公司(Telarc Limited)负责。

3. JAS-ANZ

澳新联合认可系统(JAS-ANZ)成立于1991年,是独立第三方认可机构。它是澳新政府之间通过《新西兰与澳大利亚关于澳新联合认可系统建立的协定》(Agreement Between New Zealand and Australia Concerning the Establishment of the Joint Accreditation System of New Zealand and Australia <JAS-ANZ>)成立并高标准开展业务的。旨在加强国家,跨塔斯曼海和国际的贸易与商务。根据两国政府协定,JAS-ANZ建立管理委员会(The Governing Board),技术咨询理事会(The Technical Advisory Council)和认可审查委员会(The Accreditation Review Board)。[1]

其中,管理委员会履行的职能包括为澳新提供合格评定计划的机构制定和维护认可机制,包括管理体系认证、产品认证、人员认证和检查机构;通过与适当的组织建立联系,发展和维持澳新合格评定的国际承认和接受;向澳新部长提供合格评定建议等。技术咨询理事会的成员由管理委员会任命,人数不超过25人。技术咨询理事会应就与联合认可系统有关的事项,包括与认可评审委员会运作有关的政策事项、这些政策的执行和认可评审委员会认

[1] *Agreement between Australia and New Zealand Concerning the Establishment of the Governing Board*, Technical Advisory Council and Accreditation Review Board of the Joint Accreditation System of Australia and New Zealand, Accessed May 7, 2020, http://www.austlii.edu.au/nz/other/mfat/NZTS/1998/5.pdf.

可职能的履行,向管理委员会提供咨询意见。认可审查委员会由管理委员会任命。其成员应具有各行业和技术领域的某种适当技术经验和专门知识。认可评审委员会负责审议和作出与认证机构的认可申请有关的决定,以及与认可的授予、维持,扩展、减少、暂停和撤销有关的决定。

JAS-ANZ 不对组织、产品或人员进行认证或检查;不对测试实验室进行认可;不制定标准(standard)、不制定方案。而提供认可评估(评估检查和认证机构是否符合 JAS-ANZ 准则)、制定评估准则(criteria)、提供同行审查服务、对方案(schemes)进行管理等。

(五)司法鉴定的标准制定

1. SA

澳大利亚标准大多数由澳大利亚国际有限公司(Standards Australia International Limited, SAI)制定,SA 是其商业名称。

SA 是澳大利亚国家最高的标准化组织,属于非营利性组织。SA 同时也是代表澳大利亚参加 ISO 和 IEC 的组织。SA 前身是 1922 年成立的澳大利亚联邦工程标准协会,作为创立成员之一于 1947 年创立了 ISO。1988 年与澳大利亚联邦政府签署谅解备忘录,被承认为非政府标准制定的最高组织。1999 年,SA 将其名称更改为澳大利亚标准国际有限公司(SAI Limited),并成立为澳大利亚担保有限责任公司。

SA 制定标准的过程遵循公开透明(openness and transparency)、协商一致(consensus)、代表权均衡(balance of representation)3 项原则。

所谓公开透明,是指标准化制定过程中的每个过程都是公开的,每个行动都符合已建立的对各方都平等的程序、相关信息能为公众所得到。所谓协商一致,是指在技术委员会上,与标准有利害关系的主要方就标准的内容达成一致。[1] 所谓代表权均衡,是指相关利益者之间目标和利益关切的均衡。例如,制定标准的成员组成是不同利益相关者所代表的平衡结果。

---

[1] 王九忱:《澳大利亚的标准化》,载《企业标准化》2003 年第 6 期。

公开透明、协商一致、代表权均衡原则有利于标准的广泛接受，是国际上认可的公认原则。

SA 标准制定流程包括项目建议书、项目启动、起草标准、公众意见、投票和出版等几个环节。项目建议书中有关建议均来自澳大利亚社团。每个提案必须经过 SA 的项目优先级考虑和选择。提案一旦获得批准，便会分配给技术委员会。在开始任何新项目工作之前，澳大利亚标准局会审查所有技术委员会的组成。然后，澳大利亚标准局与技术委员会举行启动会议，以介绍该项目。委员会讨论批准的项目范围（以及超出范围的内容），起草任务，时间表和监视项目进度的方法。在起草阶段，工作组提供编写标准的技术内容，这些工作组向技术委员会报告工作的范围和及时性。此后征询公众意见，为期 9 周，在此阶段确保更广泛的社团有机会在文档完成之前检查文档的内容和方向。在发表之前，委员会要对最终草案进行投票。委员会成员可以投赞成票（有或没有评论）或投反对票。最后是批准和发布。

从组织结构看，SA 的高层管理机构由理事会、董事局、标准制定机构认可局组成，其中，董事局下设标准制定委员会、财务与审计委员会、薪资与任命委员会和战略委员会。SA 的日常运作由 CEO 统一管理，具体工作由信息技术部、财务与法律部、人力资源与企业文化部、公共事务部和标准业务部 5 个部门承担。[1]

2. 新西兰标准（New Zealand Standard，NZS）

新西兰标准局（Standards New Zealand）新西兰商务，创新和就业部内设的一个业务部门，代表新西兰参加 ISO 和 IEC。它是新西兰领先的标准和基于标准的解决方案开发商，大多数标准是与 SA 合作开发的。

新西兰在 2014 年制定了《标准与认可法案》，废除《1988 年标准法》（The Standards Act 1988）和《1972 年测试实验室登记法》（The Testing Laboratory Registration Act 1972），2015 年对《标准与认可法案》进行了修订，2019 年又

〔1〕 张彦、刘春青：《澳大利亚标准化管理体制机制研究》，载《标准科学》2018 年第 4 期。

进行了修正。[1] 该法是对标准和合格评定系统的法律规定，根据该法案的规定，设置了新西兰标准执行官(NZ Standards Executive)、新西兰标准批准委员会(New Zealand Standards Approval Board)、标准制定委员会(Standards Development Committees)。

新西兰标准执行官的职能包括："(a)承担新西兰加入国际标准组织(包括国际标准化组织和国际电工委员会)的责任；(b)为确保新西兰出席和作为代表参与国际标准组织的会议；(c)与标准组织和其他标准机构就标准制定和其他标准相关事宜进行合作和接触；(d)确保行使和履行与标准有关的官方权利和义务(包括与标准中的与知识产权有关或由知识产权引起的权利和义务)；(e)建立并维持制定、维护和审查新西兰标准的工作计划；(ea)为公众获取新西兰标准工作计划作出安排；(f)对以下流程进行管理——(*i*)标准制定委员会的成立，(*ii*)标准草案的拟订，(*iii*)现行标准的审查和修订；(g)为制定新西兰标准作出安排；(h)向标准批准委员会提交以下文件：(*i*)关于标准制定委员会成员的提议，(*ii*)标准草案，(*iii*)修订、撤回或存档标准的提案，(*iv*)采纳其他标准组织制定的标准的建议，(*v*)采用由标准组织以外的组织批准的货物、服务、工序或实践规范的建议；(i)为公众获取标准(包括存档和撤回的标准)作出安排；(j)不时(但每年不少于一次)向部长报告标准、标准工作计划以及标准的当前和发展趋势；(k)就增补、修订、存档或替换立法中引用标准的建议，向相关部长提出建议；(l)设置获取新西兰标准和其他标准出版物副本(包括在线访问)的费用；(m)为下列目的建立并维持权益登记册：第16A(4)及17条；(n)履行本法或任何其他法令赋予的任何其他职能。"[2]

新西兰标准批准委员会的职责包括：(a)批准或拒绝个人成为标准制定委员会成员的提议；(ab)批准或拒绝个人担任标准制定委员会主席的提议；(ac)批准或拒绝个人成为其他标准组织制定委员会成员的提议；(b)批准或

〔1〕 See *Standards and Accreditation Act* 2015, Accessed May 7, 2020, http://www.legislation.govt.nz/act/public/2015/0091/latest/versions.aspx.

〔2〕 新西兰《标准与认可法案》第7条第(1)款的规定。

拒绝新的新西兰标准的提议；(c)采用或拒绝采用其他标准组织的标准作为新西兰标准；(d)批准或拒绝对新西兰标准的修订；(e)存档新西兰标准；(f)撤销新西兰标准；(g)就部长提交给标准批准委员会的任何事项向其提出建议；(h)就新西兰标准的普遍认可情况和新西兰标准制定和审查的优先领域向部长提出建议；(i)就标准批准委员会认为必要或值得建议的任何其他事项向部长提出建议。[1]

标准制定委员会由标准执行官建立，标准制定委员会的数量以及各标准制定委员会开展哪些工作都由标准执行官确定，标准制定委员会的成员由标准执行官提出建议，当标准批准委员会批准同意后由标准执行官任命。标准制定委员会的工作包括：(a)起草新标准；(b)审查现有标准；(c)考虑采用其他标准组织或实体制定的标准作为新西兰标准是否合适；(d)对标准内容提出建议；(e)考虑并提出对现有标准的修正案。[2]

(六)鉴定实验室管理

澳新法庭科学实验室高级管理人组织(the Senior Managers of Australian and New Zealand Forensic Science Laboratories，SMANZFL)，于1986年8月成立，成立初期目标是代表10个实验室建立一种工具，以促进政府内部所有主要法庭科学服务提供者(包括警察)之间的定期交流。[3] 1989年，成立了一个执行委员会以促进SMANZFL的目标，其中包括协调专家咨询小组(The Specialist Advisory Groups，SAGs)的工作并执行SMANZFL的商定政策和决定。在2001年执行机构的结构得到了完善，并组成了一个由7名成员组成的委员会，其中5名由SMANZFL的有投票权的成员选举产生，另外还有NIFS的董事和前任主席。SMANZFL与NIFS之间建立了牢固的战略合作关系，NIFS成为许多SMANZFL计划的重要推动者。SMANZFL每年召开一次正式会议，并根据需要召开闭会期间电话会议。SMANZFL下设立了9个

---

〔1〕 参见新西兰《标准与认可法案》第12条第(1)款的规定。

〔2〕 参见新西兰《标准与认可法案》第12条第(1)款的规定。

〔3〕 See *History of SMANZFL and Its Contribution to the Evolution of Forensic Science in Australia and New Zealand*, Accessed May 7, 2020, https://www.anzpaa.org.au/forensic-science/forensic-sciences/forensic-groups/smanzfl.

SAGs,还分别成立了 SWGs,以支持 SAGs 的工作。

2016 年 SMANZFL 成员一致投票通过将 SMANZFL 合并为 ANZFEC,并将 SAG 的管理权移交给 ANZPAA NIFS。

二、澳新贸易一体化背景及对两国司法鉴定行业的影响

(一)澳新贸易一体化发展进程

澳新两个国家同属大洋洲,经济上同属经济合作和发展组织的成员,也是亚太经济合作组织(Asia-Pacific Economic Cooperation,APEC)的成员,两国在政治制度、文化乃至社会结构上大体相似。早在 1966 年,两国就签订了《新西兰—澳大利亚自由贸易协议》(New Zealand-Australia Free Trade Agreement, NAFTA)并生效[1]。其后,两国在自由贸易的深度和广度不断推进。1983 年 1 月生效的《澳新更紧密经贸关系协定》(The Australia-New Zealand Closer Economic Relations Trade Agreement, CER)取代 NAFTA,经济一体化的进程更进一步[2]。

在 CER 的框架内,两国之间的经济一体化发展越来越快,各种政策也不断落实。

在标准方面,1990 年两国签署了《澳大利亚政府、新西兰政府及各州与地区政府关于标准、认可和质量协定》(Agreement between the Government of Australia and the Government of New Zealand and the Governments of the States and Territories on Standards, Accreditation and Quality);1991 年,两国签署了《新西兰与澳大利亚关于澳新联合认可系统建立的协定》(Agreement between New Zealand and Australia Concerning the Establishment of the Joint Accreditation System of New Zealand and Australia < JAS-ANZ >);以及之后

〔1〕 See *Australia-New Zealand Closer Economic Relations Trade Agreement*, Accessed May 7, 2020, https://www.dfat.gov.au/trade/agreements/in-force/anzcerta/Pages/australia-new-zealand-closer-economic-relations-trade-agreement.

〔2〕 载 https://www.mfat.govt.nz/assets/FTAs-agreements-in-force/Australia/anzcer-cep-booklet.pdf, 载 https://www.aph.gov.au/Parliamentary_Business/Committees/Joint/Completed_Inquiries/jfadt/nz_cer/report/chapter1,最后访问日期:2020 年 5 月 7 日。

的《关于 JAS-ANZ 作为国际性组织地位的换文》(Exchange of Letters Regarding the Status of JAS-ANZ as an International Organization)。[1]

随着澳新贸易一体化进程成效显著,1996 年两国又签订了《跨塔斯曼海相互承认协定》(The Trans-Tasman Mutual Recognition Arrangement,TTMRA),1998 年 5 月正式生效。根据 TTMRA,在澳大利亚生产或进口的货物可以在新西兰销售,反之亦然。同样地,注册人在澳大利亚从事职业有权在新西兰从事同样职业,反之亦然。TTMRA 通过相互承认和协调产品标准,为塔斯曼双方的出口商提供更大的灵活性、更广泛的选择和更低的商业合规成本。它还促进了塔斯曼地区注册职业人员的自由流动。因此,TTMRA 一直并将继续是推动澳新之间更深层次监管政策协调和一体化的中心工具。它促进了一个更加无缝的跨塔斯曼市场,并强调了两国政府对单一经济市场的目标。[2]

1998 年两国又签署了《澳大利亚和新西兰关于设立澳大利亚和新西兰联合认可系统管理委员会、技术咨询理事会和认可审查委员会的协定》(Agreement between Australia and New Zealand Concerning the Establishment of the Governing Board, Technical Advisory Council and Accreditation Review Board of the Joint Accreditation System of Australia and New Zealand)。[3] 该协定替代了 1991 年的《新西兰与澳大利亚关于澳新联合认可系统建立的协定》。旨在通过维持一个联合认可系统,使澳新的用户相信经认证机构认证的货物和服务符合既定标准。

(二)对司法鉴定行业的影响分析

澳新经济一体化进程的推进,客观上要求司法鉴定行业这些与服务有关

---

[1] See *New Zealand Ministry of Foreign Affairs and Trade*, *The Australia-new Zealand Closer Economic Relationship*, Accessed May 7, 2020, https://www. mfat. govt. nz/assets/FTAs-agreements-in-force/Australia/anzcer-cep-booklet. pdf.

[2] See *A Users' Guide to the Mutual Recognition Agreement (MRA) and the Trans-Tasman Mutual Recognition Arrangement (TTMRA)*, Accessed May 7, 2020, https://www. mbie. govt. nz/assets/d6fc896477/users-guide-to-the-trans-tasman-mutual-recognition-arrangement. pdf.

[3] See *Agreement between Australia and New Zealand Concerning the Establishment of the Governing Board*, Technical Advisory Council and Accreditation Review Board of the Joint Accreditation System of Australia and New Zealand, Accessed May 7, 2020, http://www. austlii. edu. au/nz/other/mfat/NZTS/1998/5. pdf.

的行业实现一体化。

自从澳大利亚各州之间 MRA 以及澳新之间 TTMRA 的生效，司法鉴定行业也相应地进行了一系列的制度和组织方面的改革。

从司法鉴定管理机构看，原澳大利亚法庭科学协会，于 1988 年更名为澳新法庭科学协会（ANZFSS），负责管理注册会员。

从司法鉴定有关政策制定方面看，原来的澳大利亚国家法庭科学研究院于 2009 年更名为澳新国家法庭科学研究院（ANZPAA NIFS）。

从司法鉴定标准方面看，1999 年两国标准化组织达成协议（SA 与 NZS），由两国共同发布绝大部分标准，标准属于同级别采用。司法鉴定领域也有部分标准为 AS 和 NZS 联合发布，如 AS/NZS 4308：2008 Procedures for specimen collection and the detection and quantitation of drugs of abuse in urine（AS/NZS 4308：2008 尿液中滥用药物的样本收集、检测和定量分析的程序）。

在认可方面，两国政府于 1991 年授权成立了 JAS-ANZ，负责认可两国的认证机构和检查机构。

总之，澳新经济一体化进程的推进，加快了司法鉴定行业的统一和一体化的进程。

第二节　澳新司法鉴定标准化的发展阶段

澳新司法鉴定发展大体上经历了三大阶段：司法鉴定标准化初期、司法鉴定标准化发展期、司法鉴定标准统一与规范阶段。

一、司法鉴定标准化初期

澳大利亚是一个多元文化的国家，深受英国法律制度的影响。在 1788 年将首批欧洲人送到澳大利亚定居的同时，也带去了英国的法律，包括犯罪与验尸官相关的法律。[1] 司法鉴定和法医学证据的运用帮助澳大利亚解决了大量案件的审判,但与此同时,发生了几起影响深远的刑事错案,这些案件与司法鉴定有着密切的关系,也间接推动了司法鉴定标准化和规范化的发展。其中,对司法鉴定规范化影响比较大的案件是"Chamberlain 案"。

在该案件发生于1980 年澳大利亚北部艾尔斯岩(Ayer's Rock)附近,在露营地张伯伦(Chamberlain)家帐篷里有一名叫阿扎里亚(Azaria)的 9 周大的女婴失踪。根据孩子的母亲琳迪 · 张伯伦(Lindy Chamberlain)陈述,其把阿扎里亚安置在帐篷后到烧烤区与其他家庭成员一起烧烤,后听到孩子的哭声,回去发现婴儿被野狗叼走了;在现场发现帐篷门口和帐篷边上都有爪子印,帐篷里发现了野狗毛和阿扎里亚的血迹,且与野狗的袭击相符;同时还有其他露营者的证人证词显示他们听到阿扎里亚大喊声和琳迪发出的惊恐的咆哮声音。[2] 警方相信了琳迪的说法,并立即开始在艾尔斯岩周围的洞穴和野狗巢穴中搜寻阿扎里亚,但尸体从未被发现。不久,一些调查人员和公众开始怀疑琳迪对女儿失踪的解释。第一次调查结果支持了阿扎里亚是被野狗杀死的,但问题仍然存在,因为在阿扎里亚的衣服上做的测试没有显示狗的唾液。[3] 1982 年开展了第二次调查,通过对张伯伦汽车及其车内物品的检测,推翻了先前的调查结论,孩子母亲琳迪被判谋杀、孩子父亲迈克尔 · 张伯伦(Michael Chamberlain)被判从犯。其中,庭审时关键的科学证据有:(1)在汽车前座及其周围,包括前座上的相机包和一把剪刀上发现了血迹,检方声称其中含有胎儿血红蛋白,依此证明是婴儿的血液;(2)仪表盘上的血迹检方声称为喷溅状,依此证明为动脉血喷射所致,表明此处为谋杀现场;(3)帐篷内发现的血迹是从张伯伦夫人身上或从其衣服转移而成;(4)来自伦敦医院的卡梅隆(Cameron)教授提供的专家证据显示他在婴儿的连衣裤

---

[1] Cordner S. and Ross A. , Australia, In "The Global Practice of Forensic Science", Douglas. H. Ubelaker (Ed.), John Wiley & Sons,2015, p. 13 – 28.

[2] Wendy J. Koen, *Case Study*: *Lindy Chamberlain*, in Forensic Science Reform: Protecting the Innocent, Wendy J. Koen & C. Michael Bowers (Ed.),Elsevier Inc. ,2017, p. 240 – 245.

[3] Wendy J. Koen, *Case Study*: *Lindy Chamberlain*, in Forensic Science Reform: Protecting the Innocent, Wendy J. Koen & C. Michael Bowers (Ed.),Elsevier Inc. ,2017, p. 240 – 245.

上发现了一只小孩的血手印。[1] 琳迪坚持上诉，一些人也提出法医证据的种种疑点并认为琳迪无辜。该案在社会上引起了较大争议、影响极大。后来，专门成立了皇家专门调查委员会对该案进行了调查，该案前后经历了4次调查，随着皇家专门调查委员会对血迹认定的结果完全不同和1986年2月一名英国游客在艾尔斯岩附近有大量野狗巢穴地区发现了一件属于阿扎里亚的破烂的夹克，证实了阿扎里亚确为野狗所害，而琳迪夫妇无辜。导致该案出错的关键问题在于血液证据。血液证据的处理是这次错误定罪的核心。[2] 检方采用了假定的邻甲苯胺试验和基于抗体的试验相结合的方法来检查血液是否存在，但邻甲苯胺试验容易受到其他物质的干扰，如对氧化铜产生反应，而氧化铜在张伯伦家所居住的昆士兰伊萨山是一种普遍存在的物质；另外确定胎儿血液的HbF的检测是非常不可靠的，可能会对其他物质产生假阳性结果，如巧克力奶昔、喷洒消音剂和鼻黏液，而关键的"喷溅状物"证据实际上是一种隔音涂料；此外，曾证明阿扎里亚的连身裤上有血迹手印的专家也承认，他只是假设手印是血迹，但从未检测过这种污迹。[3] 检方的这些检测要么是未考虑到检测试剂的假阳性问题，要么是在现场检测的操作存在问题，而且推理逻辑也存在漏洞。例如，并没有证据表明1981年检测检查汽车时发现的剪刀就存在于1980年的车上。从检测人员经验看，该案法医生物学家也缺乏测试分析和书写报告的经验。正如皇家专门调查委员会批评该案科学证据所说"……我们发现在审判中，提供证据的某些专家对他们专业外围的问题发表意见的能力过于自信，其中一些观点基于不可靠和不充分的数据。事实上，判决后直到更多的研究工作，才发现其中一些观点的有效性值得怀疑。如果缺乏必要的经验，设施和资源，庭审中的专家

---

〔1〕 Cordner S. and Ross A. , Australia, In "The Global Practice of Forensic Science", Douglas. H. Ubelaker (Ed.), John Wiley & Sons,2015, p. 13 – 28.

〔2〕 Christopher Halkides and Kimberly Lott, *Presumptive and Confrmatory Blood Testing*, in Forensic Science Reform: Protecting the Innocent, Wendy J. Koen & C. Michael Bowers (Ed.),Elsevier Inc. ,2017, p. 246 – 269.

〔3〕 Wendy J. Koen, *Case Study: Lindy Chamberlain*, in Forensic Science Reform: Protecting the Innocent, Wendy J. Koen & C. Michael Bowers (Ed.),Elsevier Inc. ,2017, p. 240 – 245.

也无法对一些新颖和复杂的科学问题发表可靠的看法”。[1]

从以上刑事错案中可以发现,澳大利亚法庭科学机构在检测方法选择、采用何种样本收集和检测程序、如何分析解释科学证据等方面缺少广泛的一致性,也缺少与大学或其他机构保持密切的联系,同时,在检测中也没有适当的科学标准可供选择。因而,澳大利亚也意识到有必要建立一个国家司法鉴定研究所承担类似功能。1991 年,在这种呼吁声中,NIFS 成立了。NIFS 的成立可以促成在澳大利亚建立统一实践方法,也可以成为信息交流中心和专家集聚地。

自 1778 年以来,诉讼中便涉及科学证据,司法鉴定业务也一直存在,但直到 1971 年,澳大利亚法庭科学协会才成立,主要对会员登记注册,并开展国际研讨和交流,但此时仍没有专门的国家级机构引领发展,直到 1991 年,NIFS 才成立,NIFS 的成立,在质量保证、教育培训、协调创新、信息共享等方面发挥重要作用、有助于司法鉴定朝着更加规范化的方向发展,且有利于促进新兴法庭科学领域实践方法的发展和统一。SA 虽是开创 ISO 的最早成员之一,但直到 1988 年与澳大利亚联邦政府签署谅解备忘录,才被承认为非政府标准制定的最高组织。这一阶段虽没有形成有影响的法庭科学国家标准,但司法鉴定的规范化和各州司法鉴定统一进程在不断加快中,该阶段为澳大利亚司法鉴定标准化初期。

二、司法鉴定标准化发展期

自 1991 年 NIFS 成立至 2008 年,NIFS 尚未并入 ANZPAA,这一时期司法鉴定逐步向更加规范化的方向发展。NIFS 由其理事会控制,理事会由 7 人组成,成员包括 1 名州首席大法官、3 名警察和 3 名法庭科学实验室主任。通过教育培训、信息共享,有助于整体上提高澳大利亚司法鉴定质量。与 SA、NATA 的紧密合作,对于司法鉴定领域开展实验室认可和标准制定也有

---

[1] Morling, T., *Report of the Royal Commission of Inquiry into Chamberlain Convictions*, Government Printer of the Northern Territory, 1987:340, from Cordner S. and Ross A., Australia, In “The Global Practice of Forensic Science”, Douglas. H. Ubelaker (Ed.), John Wiley & Sons, 2015, p. 16.

促进作用。

在这一时期,SA 也制定了若干与司法鉴定有关的澳大利亚标准和澳新联合标准。例如,2002 年澳新联合标准 AS/NZS 4757 违禁药物的处理和销毁(AS NZS 4757 – 2002 handling and destruction of drugs),2006 年澳大利亚标准口腔液中违禁药物的样本收集、检测和定量分析程序(AS 4760 – 2006 procedures for specimen collection and the detection and quantitation of drugs in oral fluid)。

但总体而言,司法鉴定标准制定侧重某个具体的领域,主要为医学领域。此时期尚未有统一的司法鉴定标准框架。同时,澳新司法鉴定虽有紧密合作,但未有重大突破。

三、司法鉴定标准统一与规范阶段

随着司法鉴定已基本施行了统一管理,澳新在司法鉴定标准发展方面有走向融合和统一的趋势,主要表现在以下几个方面。

(一)从地域范围看,两国及澳大利亚各州司法鉴定管理方面已基本统一

如前所述,随着相互承认协议(Mutual Recognition Arrangement, MRA)和 TTMRA 的先后生效,澳大利亚各州之间、澳大利亚和新西兰之间的联系更加紧密,在法庭科学领域,原来各国的法庭科学协会互相接受会员的注册,并负责对会员的管理。现在通过 ANZFSS 已基本实现了统一管理,在 ANZFSS 之下又分别在澳大利亚首都地区、新南威尔士州、维多利亚州、西澳大利亚州、塔斯马尼亚州、昆士兰州、北领地、新西兰等州和国家设立分支机构,其中新西兰法庭科学协会主席也是澳新法庭科学协会的副主席。

除司法鉴定人管理统一外,与司法鉴定政策制定有关的机构也实现了统一。这一变化趋势,使在司法鉴定领域澳大利亚标准和新西兰标准联合制定标准的机会也增多。未来在司法鉴定领域,两国在实验室管理和实施中也将逐步采用完全相同的标准,实现标准的统一。

(二)从专业领域看,司法鉴定各专业统一了核心标准、形成了标准框架

从专业领域看,司法鉴定各专业差异较大,有的是实验室实施的,有的需要在现场实施取证,要综合各领域差异制定一个跨越不同专业的统一的核心标准是非常困难的。

目前,从司法鉴定有关认证认可体系看,最高层级的标准涉及 ISO/IEC 17025 和 ISO/IEC 17020。但这两个标准并非针对司法鉴定专业而制定的。前者是有关检测和校准实验室能力的通用要求,不能涵盖司法鉴定领域中有关检查的活动,如犯罪现场证据的识别、收集和存储等;而后者是有关检查机构能力认可准则,不能涵盖司法鉴定领域有关实验室的活动。

2012 年起,澳大利亚先后制定了"法证分析"(forensic analysis)标准,包括 4 个独立的标准和 1 个补充的标准。它被认为是澳大利亚的核心标准,根据它可以进一步制定各个学科专业的标准。这 4 个独立标准和 1 个补充标准分别为 2012 年发布的"AS 5388.1-2012 法证分析:识别、记录、恢复、运输和储存材料"(AS 5388.1-2012 forensic analysis-recognition, recording, recovery, transport and storage of material)、2017 年发布的补充标准"AS 5388.1-2012 AMD 1:2017 法证分析:识别、记录、恢复、运输和储存材料,第 1 部分"(AS 5388.1-2012 AMD 1:2017 forensic analysis-recognition, recording, recovery, transport and storage of material, Part 1)、2012 年发布的"AS 5388.2-2012 法证分析:材料分析与检验"(AS 5388.2-2012 forensic analysis-analysis and examination of material)、2013 年发布的"AS 5388.3-2013 法证分析:解释"(AS 5388.3-2013 forensic analysis-interpretation)和 2013 年发布的"AS 5388.4-2013 法证分析:报告"(AS 5388.4-2013 forensic analysis-reporting)。

这 4 个独立标准和 1 个补充标准不仅涵盖了法庭科学实验室分析和检验内容,还包括现场证据的识别、记录、恢复、运输和储存内容。AS 5388 标准的基本原理是为从犯罪现场到报告的整个法证过程制定一个核心的非针

对特定学科的标准。[1] 它如同人体脊柱一样，与特定学科的联系就如同肋骨连接到人体脊柱一样。这也要求它需要有足够的刚度来支撑个体，但要有足够的柔韧性来允许正常的运动。[2]

有了此核心标准，接下来通过制定各个不同的特定学科的标准，并与此核心标准的高度衔接，使整个标准体系高度统一。由于核心标准已经将司法鉴定中重复性的基础问题予以规定，在制定特定学科标准时仅需要考虑特定学科的专业问题，使后续标准制定的复杂度大大减少，整个体系的规范性也大大加强了。

第三节 澳新司法鉴定标准化的主要特点

一、澳新司法鉴定领域有关标准分析

（一）技术标准和规范

从技术标准看，澳新司法鉴定技术标准大致可以分为三类层次不同的技术标准和规范：认可标准规范、与学科无关的司法鉴定通用标准、与特定学科相关的标准规范。

1. 认可标准规范

司法鉴定活动大多数学科涉及实验室，为了确保数据的可靠性和准确性、赢得政府的社会各界的信任、提高服务能力，一般实验室或机构均参加认证认可活动。参与认证认可活动的实验室和机构将按照认证认可规范开展活动。因而与认证认可有关的技术标准和规范对参与认证认可的司法鉴定机构具有约束力。

目前，国际标准化相关的组织有 ISO 和 IEC 等。IEC 主要负责电子、电工领域的标准化工作，ISO 负责其他领域的标准化工作。与司法鉴定认可活动有

---

〔1〕 Wilson-Wilde L. , J. Brandi and S. Gutowski S. , The Future of Forensic Science Standards. For. Sci. Int. Gen. Supp. Series. 3: e333 – 334(2011).

〔2〕 James Robertson, Karl Kent & Linzi Wilson-Wilde, *The Development of a Core Forensic Standards Framework for Australia*, *Forensic Science Policy & Management: An International Journal*, 4: 3 – 4, 59 – 67, DOI:10.1080/19409044.2013.858797(2013).

关的国际标准规范包含两个:一个为 ISO/IEC 17020 标准,另一个为 ISO/IEC 17025 标准。前者是认可检查机构(inspection body)是否具备实施特定检查的能力,后者主要认可实验室(laboratory)的校正和检测能力是否到达了预期的要求。一般在犯罪现场检验工作适合采用 ISO/IEC 17020 标准,而实验室检测适合采用 ISO/IEC 17025 标准。

澳新两国最高认可机构分别为 NATA 和 IANZ,两者均是 ILAC 和 APAC 成员,根据 ISO/IEC 17020、ISO/IEC 17025 和 ILAC 对司法鉴定活动开展认可。

但新西兰影响比较大的环境科学研究院(The Institute of Environmental Science and Research,ESR)(ESR 是新西兰的皇家科学研究机构,专门研究与人和社区有关的科学)。除某些领域根据 ISO/IEC 17025:2017 参与 IANZ 认可外,[1] ESR 在法庭科学测试(forensic testing)方面,是根据 ISO/IEC 17025:2015 参与 ANAB 的认可[2],因而司法实践必须符合 ANAB 的关于 ISO/IEC 17025 标准的有关补充规定。另外,新西兰警务文书检验科(New Zealand Police Document Examination Section)也是根据 ISO/IEC 17025:2015 标准参与 ANAB 认可,但自 2019 年 12 月 31 日起自愿退出[3]。

2. 与学科无关的司法鉴定通用标准

自 2012 年起,澳大利亚先后制定了 AS 5388 系列标准,包括 4 个独立的标准和 1 个补充的标准,内容涵盖司法鉴定证据收集、分析、解释和报告等全过程,见图 7-4。

---

〔1〕 载 https://www.ianz.govt.nz/directory/,最后访问日期:2019 年 12 月 12 日。

〔2〕 载 http://search.anab.org/?__hstc=4076783.62f01f62d7dba91407fbab29c542ca71.1579087774287.1579087774287.1579087774287.1&__hssc=4076783.1.1579087774287&__hsfp=37415704,最后访问日期:2019 年 12 月 2 日。

〔3〕 载 http://search.anab.org/?__hstc=4076783.62f01f62d7dba91407fbab29c542ca71.1579087774287.1579087774287.1579087774287.1&__hssc=4076783.1.1579087774287&__hsfp=37415704,最后访问日期:2019 年 12 月 2 日。

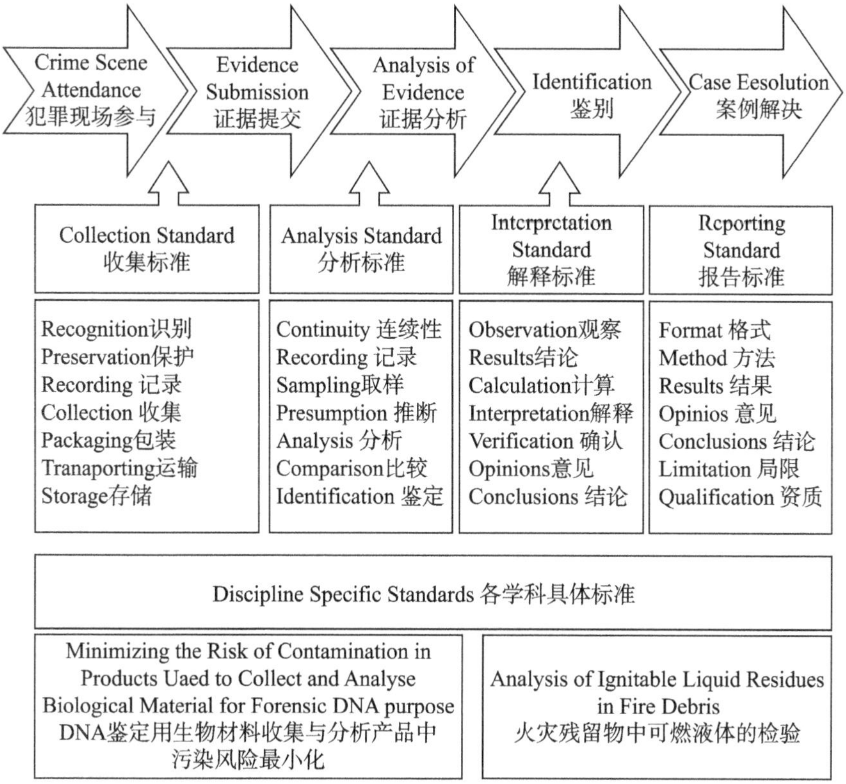

图7－4　澳大利亚司法鉴定标准框架

[资料来源:James Robertson, Karl Kent & Linzi Wilson-Wilde, *The Development of a Core Forensic Standards Framework for Australia*, *Forensic Science Policy & Management: An International Journal*, 4:3－4, 59－67, DOI:10.1080/19409044.2013.858797(2013)]

3. 与特定学科相关的标准规范

按照澳大利亚司法鉴定标准框架,在通用标准之下,对应着不同学科专业领域的特定标准,整体构成司法鉴定标准框架。由于澳大利亚 AS 5388 司法鉴定通用标准制定完成时间还不长,很多具体学科领域的司法鉴定标准尚未制定,甚至尚无制订的计划。另外,新西兰最大的司法鉴定服务提供者 ESR 参与 ANAB 认可,因而在具体学科领域需要根据 ANAB 的补充规定或其他具体领域的规定进行。下面根据常见的司法鉴定,对各具体学科领域两国涉及的具体标准进行汇总,具体见表7－1。

表 7－1 澳新司法鉴定各学科专业领域适用标准和质量管理情况

专业领域	澳大利亚的具体标准	新西兰采用的标准	说明
DNA	1. ISO 18385 法证用生物材料的收集、存储和分析产品中人类 DNA 污染风险最小化——要求(ISO 18385 Minimizing the risk of human DNA contamination in products used to collect, store and analyze biological material for forensic purposes—Requirements) 2. AS 5483 DNA 鉴定用生物材料收集与分析产品中污染风险最小化(AS 5483 Minimizing the risk of contamination in products used to collect and analyse biological material for forensic DNA purposes)	1. ISO/IEC 17025:2017 and the ANAB accreditation requirements (AR 3125) 2. AR 3028 ISO/IEC 17025:2005 Forensic Science Testing Laboratories Accreditation Requirements 3. AR 3055 ISO/IEC 17020:2012 Forensic Science inspection Bodies Accreditation Requirements	新西兰由 ESR 提供认可,它是被美国认证机构认可,除要符合 ISO/IEC 17025 要求外,还必须满足 ANAB (ANSI-ASQ National Accreditation Board,美国国家标准协会—美国质量学会认证机构认可委员会)的补充要求
笔迹 (Handwriting)	在 AS 5388 标准范围内的实验室提供者根据 ISO/IEC 17025 认可要求管理。 另外,还可采用“模块化方法”,该方法在检测样本时不需要对检材进行特征分类	1. SAFE(Scientific Association of Forensic Examiners)系列标准; 2. ASTM(American Society of Testing Materials)系列标准: E2195－09 E2290－07 E2331－04 E2388－11	新西兰除要符合 ISO/IEC 17025 认可要求外,还需要符合 ANAB 补充要求

续表

专业领域	澳大利亚的具体标准	新西兰采用的标准	说明
指纹（FingerPrint）	ISO/IEC 17025 AS 5388	SWGFAST（注：现为OSAC FSR）/OSAC FRS（OSAC Friction Ridge Subcommitee）系列标准	同上
工具痕迹（ToolMark）	ISO/IEC 17025 AS 5388	—	—
头发（Hair）	ISO/IEC 17025 AS 5388	ISO/IEC 17025	—
纤维（Fibers）	ISO/IEC 17025 AS 5388	ASTM、SWGMAT 系列标准： D123 E224 E225 E227 E228	—
玻璃（Glass）	ISO/IEC 17025 AS 5388	ASTM、SWGMAT 系列标准： E1967 E2330 E2926 E2927	—
油漆（Paint）	ISO/IEC 17025 AS 5388	ASTM、SWGMAT 系列标准： E1610 E2330 E2808 E2809 E2937	—
血迹（BloodStain Pattern）	ISO/IEC 17025 AS 5388	SWGSTAIN（Scientific working Group on Blood StainPattern Analysis）/OSAC BPA（Blood Stain-Pattern Analysis）系列标准	—

续表

专业领域	澳大利亚的具体标准	新西兰采用的标准	说明
毒品、毒物、受控违禁药物(Drugs、Controlled Substance and Toxicology)	ISO/IEC 17025 AS/NZS 4757 违禁药物的处理和销毁(AS/NZS 4757 Handling and destruction of drugs) AS 4760 口腔液中违禁药物的样本收集、检测和药物定量分析程序(AS 4760 Procedures for specimen collection and the detection and the quantification of drugs in oral fluid) AS/NZS 4308 尿液中滥用药物的样本收集、检测和药物定量分析程序(AS/NZS 4308 Procedures for specimen collection and the detection and quantitation of drugs of abuse in urine)	ISO/IEC 17025 ANAB 的补充规定 AS/NZS 4757 违禁药物的处理和销毁(AS/NZS 4757 Handling and destruction of drugs) AS/NZS 4308 尿液中滥用药物的样本收集、检测和定量分析程序(AS/NZS 4308 Procedures for specimen collection and the detection and quantitation of drugs of abuse in urine)	—
可燃液体(Ignitable Liquids)	ISO/IEC 17025 AS 5388 AS 5239:2011 火灾残留物中可燃液体的检验(AS 5239:2011 Examination of ignitable liquids in fire debris)	ISO/IEC 17025 ANAB 补充规范	—
爆炸物(Explosives)	ISO/IEC 17025 AS 5388	ISO/IEC 17025 ANAB 补充规范	—
枪弹残留物(Gunshot residues)	ISO/IEC 17025 AS 5388	—	—
犯罪现场检验(Scene Examination)	ISO/IEC 17025 AS 5388	ISO/IEC 17025 ISO/IEC 17020	—

(二)管理标准和规范

1.《ANZFSS 协会规则》与《ANZFSS 会员职业实践守则》

澳新法庭科学协会规定了《ANZFSS 协会规则》(Rules of Association),该规则目前的版本为第 9 版,于 2019 年制定。该规则类似社团章程的性质,共 76 条,包括前言、协会权力、会员、纪律程序和会议、财务事项、一般事项六部分内容。如确定某会员未能遵守协会规则;拒绝支持协会的宗旨;从事有损社会的行为;或协会确定的其他具有足够道德严肃性的事项,可对会员实施纪律处分,包括(i)谴责该会员,(ii)暂停该会员的会籍权利一段指明期间,或(iii)将该会员逐出协会。[1]

协会成员中的法庭科学执业人员,均须遵守《ANZFSS 会员职业实践守则》(Code of Professional Practice for Members of the ANZFSS),[2]该守则规定了法庭科学执业人员对社会、对司法系统、对客户或雇主,以及一般职业义务。法庭科学和相关学科是利用知识和经验,在无歧视或偏见的情况下,增进社区所有成员的福利和安全,尊重、诚实、平等和正直地对待所有人。

根据该守则的规定,法庭科学执业人员对社会的义务包括三个方面:[3]其一,让客户知悉法律、社会、环境、经济和其他可能的后果;其二,以诚实、正直、公平和无歧视的态度行事;其三,采取合理措施保障公众的健康、福利和公共安全。

对客户或雇主的义务包括:如实、客观地行事,不得误导他人,不得有虚假陈述,包括不作为;披露义务;检查和分析义务等。其中,第 1 项义务包括法庭科学执业人员必须真实客观地行事,不得故意提供误导性信息、陈述、报告、意见或证据,也不得故意歪曲事实;不得歪曲学历、教育、培训、经验或会员资格。[4] 披露义务,是指在发现实际、潜在或可察觉的利益冲突时,法医

---

〔1〕 逐出协会即除名。

〔2〕 See *Code of Professional Practice*, Accessed May 7, 2020, http://anzfss.org/code-of-professional-practice/。

〔3〕 参见《ANZFSS 会员职业实践守则》第 1.1 条、第 1.2 条和第 1.3 条。

〔4〕 参见《ANZFSS 会员职业实践守则》第 2.1 条。

从业人员必须向客户或雇主披露实际或可能的利益冲突。[1] 利益冲突将包括可能影响或似乎影响法庭科学执业人员专业判断的任何财务或其他利益。[2] 检查和分析义务,是指法庭科学执业人员必须履行如下4点:(1)以与案件性质相称的方式检验和分析提供给他们的案件证据;(2)使用既定协议和适合目的的或经验证的方法实施并记录所有检查和分析;(3)提出观点的依据要具有明显的有效性;(4)不得隐瞒任何可能导致案件事实被误解或歪曲的调查结果,无论调查结果是有罪或无罪的,并且如有要求,披露或提供测试方法。[3]

法庭科学执业人员一般职业义务包括七个方面,分别为:(1)运用知识、技能和判断力;(2)不得从事专业不当行为、欺诈或不诚实行为;(3)以公平、诚实和充分的知识进行沟通;(4)不承诺、不接受或不给予诱因;(5)在能力范围内工作,不得歪曲能力;(6)监督;(7)继续发展知识、技能和专门知识。[4]

2.《AFSAB 认证政策和流程》

AFSAB 制定的《AFSAB 认证政策和流程》(Policy and Processes for Certification)当前版本为2019年6月发布的3.0版。[5] AFSAB 为澳大利亚的指纹检查人员、枪支检查人员和犯罪现场调查人员提供认证,该认证政策和

---

〔1〕 参见《ANZFSS 会员职业实践守则》第2.2条。

〔2〕 利益冲突包括:(1)接受指示或任务会显而易见地导致自己与客户/雇员之间利益冲突的可能;(2)当法庭科学执业人员合理地认为他们受到了不适当的压力或影响,可能导致不公正的特定结果。披露内容包括:"法庭科学执业人员对法院和司法系统负有最重要的披露责任。客户保密很重要,但不应成为保密的借口。如果法庭科学执业人员认为他们被禁止适当披露,他们应该:(1)寻求客户明确授权披露特定信息;(2)告知客户法律或法院命令程序披露特定信息的任何要求;以及(3)尽力告知其客户或雇主,可识别投诉人和/或其个人信息的信息可能包含在执业人员的法庭报告中。但尽管有上述规定,未经雇主或客户书面同意,法庭科学执业人员不得披露雇主或客户的商业敏感或专有技术信息。"参见《ANZFSS 会员职业实践守则》第2.2条。

〔3〕 参见《ANZFSS 会员职业实践守则》第2.3条。

〔4〕 参见《ANZFSS 会员职业实践守则》第3.1条至第3.7条。运用知识、技能和判断力要求法庭科学从业人员必须具备相关专业同行合理预期的标准或正式标准确定的知识、技能、判断和细心。监督,是指如果法庭科学执业者监督某人开展法庭科学服务,作为监督者的法庭科学执业者必须:(1)充分了解所开展的法庭科学服务;(2)对法庭科学服务的任何产出进行充分控制,以在法庭科学服务符合相关标准下合理形成观点;(3)对被监督人提供的法庭科学服务承担全部专业方面责任。

〔5〕 See *Policy and Processes for Certification*, Accessed May 7, 2020, https://www.anzpaa.org.au/ArticleDocuments/508/AFSAB% 20Policy% 20and% 20Processes% 20for% 20Certification _ June% 202020_v4.0.PDF.aspx.

流程规定了初始认证、年度再认证、5 年再认证的要求和程序。

对于初始认证来说，进行 AFSAB 认证必须满足先决条件，根据第 51 条规定，所有学科的候选人在提交 AFSAB 认证申请前必须满足以下标准："(1)有分析重大、严重或复杂事件的经验；(2)完成与本学科相关的警察培训毕业证书或同等证书；(3)提供申请人主管部门的支持性声明，概述申请人在相关学科的经验、培训和能力；(4)申请人所在组织负责人通过在表格'AFSAB 认证申请表'上签字的方式提出对 AFSAB 评估建议。"[1]评估由三部分组成，分别为书面评估、实践评估和口头评估，如果申请人未能在 3 项评估中的任何一项中证明所需的认证标准，将导致认证尝试失败。[2]

每个司法辖区的每名执业人员每年均需提交年度再认证申请，要求申请人所在组织相关负责人验证每个执业人员是否保持了相关的能力、现代学科知识并成功完成了内部或外部的能力测试；除职业休息外，申请人每年应完成一次新的能力测试，且提交的能力测试应在提交年度再认证之日前 12 个月内完成。[3]

认证执业人员要接受每 5 年一次的再认证，5 年再认证将接受一次更严格的评估，以确保认证执业人员在短期、中期和长期的专业领域保持现代化。除正常的年度要求外，候选人必须通过累积 100 分的专业职责和专业发展来证明其专业的通用性和发展。[4]

(三)法律规范

1. 澳大利亚《2011 联邦法庭规则》和澳大利亚《2016 联邦法庭(刑事诉讼)规则》

澳大利亚《2011 联邦法庭规则》(Federal Court Rules 2011)于 2011 年制定，最近一次修正为 2019 年 5 月。该规则第 2 章第 23 部分对法庭专家和当事人方专家进行了具体规定，对于法庭专家的报告，在第 23.1 节的第 23.02

---

[1] 参见《AFSAB 认证政策和流程》第 51 条。
[2] 参见《AFSAB 认证政策和流程》第 72 条、第 75 条。
[3] 参见《AFSAB 认证政策和流程》第 102 条至第 108 条。
[4] 参见《AFSAB 认证政策和流程》第 114 条。

条第2款中规定,“法庭专家的报告必须:(a)由法庭专家签名;并且(b)载有法庭专家获得专门知识所需的训练、学习或经验的详情;并且(c)确定法庭专家被要求解决的问题;并且(d)分别列明法庭专家意见所依据的每项事实调查结果或假设;并且(e)与事实调查结果或假设分开列出法庭专家的意见;并且(f)陈述这些意见的理由;并且(g)确认意见完全或实质上基于(b)段所述的专业知识”。[1] 而对于当事人任何一方的专家报告内容,则要求:“专家报告必须:(a)由编写报告的专家签名;并且(b)在报告开头确认专家已阅读、理解并遵守本实施细则;并且(c)包含专家获得专业知识的培训、学习或经验的详情;并且(d)确定专家被要求解决的问题;并且(e)分别列出专家意见所依据的每一事实调查结果或假设;并且(f)与事实调查结果或假设分开列出每个专家的意见;并且(g)列出每一专家意见的理由;并且(ga)承认专家的意见完全或实质上基于(c)段中提到的专业知识;并且(h)遵守操作规程。”[2]

澳大利亚《2016联邦法庭(刑事诉讼)规则》[Federal Court (criminal proceedings) Rules 2016],在第6部分还对专家证据的要件作出了规定,在第6.02条第1款中对专家报告的内容进行了规定,必须同时满足以下要求,即“如果专家编写专家报告,报告必须:(a)遵守任何有关专家证人准则的实务说明;并且(b)在报告开头确认专家已阅读、理解并遵守任何关于专家证人指南的实践说明;并且(c)包含专家获得专业知识的培训、学习或经验的详情;并且(d)确定专家被要求解决的问题;并且(e)分别列出专家意见所依据的每一事实调查结果或假设;并且(f)与事实调查结果或假设分开列出每个专家的意见;并且(g)承认专家的意见完全或实质上基于(c)段所述专家的专业知识;并且(h)列出每一专家意见的理由;并且(i)由专家签名”。[3]

---

〔1〕 澳大利亚《2011联邦法庭规则》第2章第23部分第23.1节第23.02条第2款的规定。

〔2〕 澳大利亚《2011联邦法庭规则》第2章第23部分第23.2节第23.13条第1款的规定。

〔3〕 澳大利亚《2016联邦法庭(刑事诉讼)规则》第6.02条第1款的规定。

2. 澳大利亚联邦统一法案《证据法 1995》

《证据法 1995》(Evidence 1995)在第三章规定了证据的可采性,在第 3.3 节第 79 条规定了基于专业知识意见的例外规则;在第 3.7 节第 108c 条规定了基于专业知识的可信性例外规则。

该法第 79 条规定:"例外:基于专业知识的意见(1)如果某人具有基于其培训、学习或经验的专业知识,则意见规则不适用于完全或实质上基于该知识的该人意见的证据。(2)为避免疑义,在不限制第(1)款的情况下:(a)该款中,对专门知识的提及包括对儿童发展和儿童行为的专门知识(包括对性虐待对儿童及其在虐待期间和之后的发展和行为的影响的专门知识);且(b)在该款中,凡提述某人的意见,如该人具有(a)段所提述种类的专门知识,则包括提述与以下任何一项或两项有关的意见:(i)儿童的发展和行为,(ii)成为性犯罪或类似性犯罪受害者的儿童的发展和行为。"[1]

该法第 108c 条规定:"例外:具有专门知识的人的证据(1)在下列情况下,可信性规则不适用于某人提供的关于另一证人可信性的证据:(a)该人具有基于其培训、学习或经验的专业知识;并且(b)证据是该人意见的证据:(*i*)完全或实质上基于该知识,且(*ii*)可能对证人的可信性的评估产生重大影响的;并且(c)法庭准许援引证据。(2)为避免疑义,在不限制第(1)款的情况下:(a)在该款中,对专门知识的提及包括对儿童发展和儿童行为的专门知识(包括对性虐待对儿童的影响及其在虐待期间和之后的行为的专门知识);且(b)在该款中,凡提述任何人的意见,如该人具有该类专门知识,则包括提述与以下任何一项或两项有关的意见:(*i*)儿童的发展和行为,(*ii*)成为性犯罪或类似性犯罪受害者的儿童的发展和行为。"[2]

3. 新西兰《专家证人行为守则》

新西兰《高等法院规则 2016》(High Court Rules 2016)中附录 4(Schedule 4)中规定了《专家证人行为守则》(Code of Conduct for Expert Witnesses),该

---

〔1〕 参见澳大利亚联邦统一法案《证据法 1995》第 79 条。

〔2〕 参见澳大利亚联邦统一法案《证据法 1995》第 108c 条。

守则于2020年4月修订更新。其中规定了“对法庭的义务”“专家证人证据”“交换意见的义务”三方面内容。

在“对法庭的义务”部分规定:“1. 专家证人有压倒一切的责任,在专家专长范围内公正地协助法院处理有关事项。2. 专家证人不是聘请证人的当事人的辩护人。2A. 如果专家证人是根据有条件收费协议聘用的,专家证人必须向法院披露这一事实以及他或她将获得报酬的依据。2B. 在第2A款中,有条件收费协议的含义与第14.2(3)条相同,但对法律专业服务的提及必须理解为如同对专家证人服务的提及一样。”[1]

在“专家证人证据”部分,对于专家证人提供的任何证据,专家证人必须:“(a)确认专家证人已经阅读了该行为准则并同意遵守该行为准则;(b)陈述专家证人作为专家的资格;(c)陈述专家证人的证据所涉及的问题,并说明证据属于专家的专业领域;(d)陈述专家证人意见所依据的事实和假设;(e)陈述专家证人的意见的理由;(f)说明为支持专家证人的意见而使用或依赖的任何文献或其他材料;(g)描述任何专家证人所信赖和认可的任何检查、测试或其他调查,并详细说明其执行人的资格。”[2]另外,如果专家证人认为其证据或其任何部分可能不完整或不准确,而没有某种资格,则必须在其证据中说明这种资格。[3] 如果专家证人认为,由于研究不足或数据不足或任何其他原因,其意见不是结论性意见,则必须在其证据中说明。[4]

在“交换意见的义务”部分,规定了“专家证人必须遵守法院的任何指示。(a)与另一位专家证人交换意见;(b)与专家证人就专家证人专长领域内的事项达成一致;(c)准备并签署一份联合证人声明,陈述专家证人同意的事项和他们不同意的事项,包括他们不同意的理由”。[5] 另外,在与另一名专家证人协商时,专家证人必须行使独立和专业的判断,不得按照任何人

[1] 新西兰《专家证人行为守则》第1条、第2条。
[2] 新西兰《专家证人行为守则》第3条。
[3] 参见新西兰《专家证人行为守则》第4条。
[4] 参见新西兰《专家证人行为守则》第5条。
[5] 新西兰《专家证人行为守则》第6条。

的指示或方向指引行事，以拒绝或避免达成协议。[1]

二、澳新司法鉴定现有标准/标准化的主要特点

（一）澳大利亚采取政府授权的唯一的非政府机构统一管理模式，新西兰则采取政府主导的管理模式

澳大利亚司法鉴定及标准化的管理均采用政府授权的唯一的非政府机构统一管理的模式。在司法鉴定标准化方面，澳大利亚最高标准化组织是SA。在标准化管理中，澳大利亚联邦政府标准化主管部门是联邦工业部，负责标准化实务的部门只负责制定标准和合格评定体系的政策，协调管理计量、标准和合格评定工作，其他标准化工作均由 SA 负责。[2] 在标准化工作中政府发挥着指导作用，通过对 SA 提供经费支持并确保有关工作符合国家利益和公众利益。[3] 根据与澳大利亚联邦政府签署谅解备忘录，SA 代表澳大利亚参与参加 ISO 和 IEC，并且负责澳大利亚标准制定工作。SA 在制定标准工作中具有相当的灵活性和创新性。SA 通过下属的标准制定委员会定期举行会议商讨标准化制定政策、安排和管理具体标准的制定进程。由于标准制定委员会包括相关利益方的代表，使澳大利亚标准制定更加符合行业实际情况，也使标准很快推行和广泛实施。以司法鉴定有关标准制定为例，SA 通过成立 CH041“法证分析”委员会负责制定了 AS 5388 系列标准，其中 CH041 成员构成包含来自不同相关利益方的代表，最初该委员会由 12 个组织的代表组成，包括 ANZPAA NIFS、ANZFSS、NATA、5 个警察机构（主要代表法庭科学团体）、2 所大学（1 个法律程序和 1 个法庭科学程序）、1 个法庭科学机构和 1 个消费者行动小组的代表，现在包括 18 个组织[4]。在制定过程中，更能充分体现标准制定过程“协商一致”原则，使其制定的标准具有较

---

[1] 参见新西兰《专家证人行为守则》第 7 条。

[2] 张彦、刘春青：《澳大利亚标准化管理体制机制研究》，载《标准科学》2018 年第 4 期。

[3] 张彦、刘春青：《澳大利亚标准化管理体制机制研究》，载《标准科学》2018 年第 4 期。

[4] James Robertson, Karl Kent & Linzi Wilson-Wilde, *The Development of a Core Forensic Standards Framework for Australia*, Forensic Science Policy & Management: An International Journal, Vol. 4: 3-4, 59-67, DOI:10.1080/19409044.2013.858797(2013).

强的影响力。

新西兰司法鉴定及标准化管理与澳大利亚略有不同。新西兰最高标准组织是新西兰标准局,其是新西兰商务、创新和就业部内设的一个业务部门。代表新西兰参加 ISO 和 IEC。NZS 通过标准制定委员会(Standards Development Committees)开展标准制定工作。标准制定委员会成员通过任命的方式组成,每一标准制定委员会的成员都是该专业领域的专家,并且由直接受最终标准解决方案影响的组织来提名。大多数标准是与 SA 合作开发的。在法庭科学领域,尚未有专门的标准制定委员会,目前正在开展标准制定工作的领域包括"建筑与结构""通信、信息技术与电子商务服务""消费产品、服务与安全""电子技术与能源""制造与处理""矿业""职业健康与安全""公共健康与安全""公共安全、公共管理、商业与管理""运输与物流""水与水服务"等,其中在"建筑与结构""电子技术与能源""职业健康与安全""公共健康与安全"等方面具有一定优势。

但总体来说,新西兰司法鉴定标准化管理中政府主导作用更加明显,在司法鉴定领域几乎没有独立制定的新西兰国家标准,也没有与 SA 联合制订标准的计划。

(二)司法鉴定标准化制定和实施过程中多机构紧密合作

在司法鉴定领域,澳大利亚无论在标准制定,还是标准和合格评定的相关政策的形成均与相关机构保持紧密联系和沟通,使达成的标准是多方协商一致的成果,也使标准很容易执行和推广。

最具有代表性的案例是 AS 5388 系列标准的制定过程。在标准制定过程中,需要经历提出项目计划、评估、批准和确认等几个阶段。首先,组织和个人均可以提出标准制定、修改、修订或废止要求。其次,评估时主要考虑:项目计划是否有益于国家利益,有利于生活质量的提高,有利于安全、健康,以及有利于国家自然资源的有效利用。此外,还应考虑:与项目计划有利害关系的各方是否支持各项工作,形成标准后是否可能被法律所引用等。[1] 最后，在标准制定过程中，与 NATA、ANZFSS、ANZPAA NIFS 紧密联系，在成立的负责 AS 5388 标准的委员会中，就包含这几个组织的代表。因而在制定标准过程中能够很好地与 NATA 关于 ISO/IEC 17025 认可的相关要求很好地衔接。

(三)在司法鉴定有关标准方面勇于创新，发布了统筹各学科专业的核心标准

2012 年起，SA 先后发布了 AS 5388 四个标准和一个补充标准，该系列不同于其他国家司法鉴定领域标准的体系。它包括四个部分，第 1 部分：材料的识别、记录、恢复、运输和储存；第 2 部分：材料分析和检验；第 3 部分：解释；第 4 部分：报告。

从国际实践来看，其他国家司法鉴定或法庭科学领域，均没有将司法鉴定实验室和现场调查各学科制定统一的标准。法庭科学各学科比较分散，仅有与学科专业相关的标准，而没有跨越各种不同学科的标准。在这些学科之上，具有共性的部分也只有 ISO/IEC 17025 或 ISO/IEC 17020 两个认可标准或实施过程中的补充规定。而澳大利亚司法鉴定标准不同，通过 AS 5388 系列标准实际为法庭科学各学科的整个取证和鉴定过程（从犯罪现场到报告）制定了一个核心的非特定学科的标准。[2] 正如有学者指出，“该标准着眼于法庭科学的‘过程’统合各专业领域的技术‘活动’，以建立学科专门知识的实战应用之基本‘架构’为首要目标，在内部形成了‘勘验、检验、诠释、报告’四大基本模块，重点突出，逻辑严密，可操作性和指导性较强；同时，在外部‘应用’方面，该系列标准与澳大利亚的合格评定国家认可体系之间有着高度融合性”。[3]

(四)在司法鉴定标准的制定方面充分贯彻基于“协商一致”思想

为了在一定的范围内获得最佳秩序，标准需经协商一致制定并由公认机

---

〔1〕 王九忱：《澳大利亚的标准化》，载《企业标准化》2003 年第 6 期。

〔2〕 Wilson-Wilde L. , J. Brandi & S. Gutowski S. , *The Future of Forensic Science Standards*, For. Sci. Int. Gen. Supp. Series. 3: e333 – 334(2011).

〔3〕 关颖雄：《澳大利亚法庭科学系列标准 AS 5388 的研究》，载《中国标准化》2017 年第 19 期。

构批准。"协商一致"是标准制定的一项基本原则,但在制定标准时广泛的协商一致和效率很难同时兼顾。澳大利亚司法鉴定标准制定时在充分贯彻"协商一致"原则基础上也兼顾了效率,以 AS 5388 为例,该标准制定的委员会为"法证分析"委员会,委员会当时由 12 个组织的代表组成,包括 ANZPAA NIFS、ANZFSS、NATA、5 个警察机构(主要代表法庭科学团体)、2 所大学(1 个法律程序和 1 个法庭科学程序)、1 个法庭科学机构和 1 个消费者行动小组的代表。这些代表具有广泛的代表性,此外,标准制定中还积极从相关 SAGs 和其他专家那里寻求早期建议,委员会随后修订了每一份草案,审议了修正案,并根据需要重复这一过程,直到为公众咨询阶段核准出了一份高级草案。即使进行了这一级别的磋商,也收到了强烈的反馈意见。例如,有反馈意见认为,没有充分注意让更广泛的相关法庭科学界参与起草进程,包括外部学者、统计学专家以及法律界。通过反复磋商、系列标准所有 4 个部分在大约 24 个月的时间内被开发出来。[1]

(五)标准化文件的种类多种多样

SA 制定的标准化文件多种多样,各种文件相互补充,包括正式标准、临时标准、技术规范、手册、综合出版物、标准警告等。

三、澳新司法鉴定标准化的发展趋势

澳新司法鉴定标准化进程是不断发展向前的,具体发展趋势如何很难预测,但有几点是其标准化发展中始终不变或者追求的目标,即标准的广泛性、统一性和国际性。

在标准的广泛性方面,其把"协商一致"作为标准遵守的基本原则,在整个标准化建设中各项制度安排均始终围绕这一点进行,同时广泛开展多机构合作,使其制定的标准更容易执行和推广。

在标准统一性方面,其把司法鉴定和法庭科学各领域统一起来,纳入一

---

[1] James Robertson, Karl Kent & Linzi Wilson-Wilde, *The Development of a Core Forensic Standards Framework for Australia*, Forensic Science Policy & Management: An International Journal, Vol. 4: 3-4, 59-67, DOI: 10.1080/19409044.2013.858797 (2013).

个完整的标准体系框架。未来各子领域的标准和规范将不断出现，整个司法鉴定和法庭科学标准体系将越来越充实和丰富。

在标准国际性方面，积极将澳新司法鉴定标准向ISO等国际标准推荐和转化。在ISO中有一个法庭科学技术委员会（ISO/TC 272），它是目前唯一专门制定法庭科学国际标准的技术委员会，最主要任务就是制定ISO 21043法庭科学系列国际标准。[1] 而ISO/TC 272前身是2013年4月成立的ISO项目委员会（Project Committee），其秘书处设在SA，澳大利亚也一直是其秘书国。[2] 而ISO 21043基本采用了AS 5388相同的法庭科学实施过程的体系框架。

第四节　澳新司法鉴定标准化的实践

一、标准化是司法鉴定质量控制体系的支撑

司法鉴定质量控制体系是实现鉴定质量目标的综合，包含一系列要素。而每一要素的实施都需要建立以相关规定、制定相关标准作为支撑条件。司法鉴定的标准化包括管理的标准化和技术的标准化。

从管理方面看，澳大利亚通过澳新法庭科学协会、AFSAB、澳大利亚国家检测机构协会等对鉴定人或机构在不同领域分别实施管理，其中ANZFSS负责对鉴定人的登记和管理，AFSAB负责对合格的法庭科学审查员进行认证，通过再验证以维持检查员的能力，并对未达到既定标准的从业人员进行审查。NATA负责对整个澳大利亚的实验室、检查机构、能力验证计划提供者等进行认可。这一系列管理通过协会章程、认可标准和规范等施行管理。从而对澳大利亚不同州乃至新西兰等地区不同领域的司法鉴定人、不同地区的鉴定机构实施了有效统一的管理。

从技术标准看，澳大利亚司法鉴定有关国家标准由SA开发制定，目前

---

〔1〕 张宁、翟晚枫、花锋：《法庭科学国际标准制定工作研究与启示》，载《刑事技术》2020年第3期。

〔2〕 Wilson-Wilde L., *The International Development of Forensic Science Standards-a Review*, Forensic Science International, 288, p. 1-9 (2018). 转引自张宁、翟晚枫、花锋：《法庭科学国际标准制定工作研究与启示》，载《刑事技术》2020年第3期。

已制定了独具特色的司法鉴定通用规范。这些标准制定由法庭科学机构参与、本身是广泛协商一致的结果，因而在实施时，能够得到广泛的执行，且该标准制定又与ISO/IEC 17025等标准已经有很好的对接，使该标准可操作性比较高。

从世界范围看，澳大利亚司法鉴定质量控制相对较好，为了有效实施管理和更广范围的统一，实际上，需要通过一系列的规章、规范、标准进行支撑。

二、司法鉴定标准化推进工作是不断完善的过程，需要适应一国国情

司法鉴定标准化采用何种模式与一个国家国情有密切关系，只有适应一国国情的标准化管理和推进模式才能有效发挥管理和制度优势，快速高效推进标准化工作。从管理体制看，澳大利亚司法鉴定的管理基本实现统一，其模式主要是政府授权企业管理的模式，与完全政府管理的模式是不同的。澳大利亚采用该模式与澳大利亚本身的政治、文化和经济是相适应的。

三、司法鉴定标准制定应与认证、认可和司法实践紧密结合

提高司法鉴定质量，有效监管司法鉴定活动，需要推进司法鉴定的标准化工作，但一个良好的标准是要能够为大家广为接受并普遍被执行。

而澳大利亚在标准制定过程中，广泛与认证、认可机构、司法鉴定实践部门紧密结合。在标准制定成员中往往就有这些机构或部门的人员参加。因而司法鉴定标准制定过程是各利益相关方相互协商、相互妥协，最终达到协商一致的结果。这种最终标准可能不一定是最科学或者最好的标准，但一定是大家均可接受的标准。因而在标准实施过程中阻力更小，也更容易推广。如果存在较严重问题更新的速度也会更快，总体上更容易产生新的合适标准。

四、司法鉴定标准化过程中要勇于创新，提高国际竞争力和话语权

司法鉴定是一个较新领域，体现的是一个国家的软实力。而司法鉴定标准的制定水平更是这种实力的强有力体现。因此，在司法鉴定标准化过程中

应用于创新,使司法鉴定标准能够适应社会和技术的新发展。澳大利亚在司法鉴定领域独树一帜,在很多方面走在世界的前列,这一点值得我们学习和深思。

在司法鉴定标准制定方面,澳大利亚首先提出了一个与特定学科无关的通用标准,在这个标准框架下,再逐步制定各学科的标准。这一思路在全世界是一个创举,解决了目前很多司法鉴定中很多实际的问题。例如,在现有认证认可体系中,有些司法鉴定很难将其划入检测校准实验室和检查实验室,有的司法鉴定项目可能两者兼有之。通过统一鉴定标准,将其纳入 ISO/IEC 17025 框架内,不仅有利于统一,也对司法鉴定过程认证认可提供了可操作的空间。

不仅如此,澳大利亚还积极将标准推向国际,努力将其纳入国际标准。目前 ISO/TC 272 已经发布出版的国际标准和正在制定的国际标准均存在澳大利亚标准的痕迹。其中,正在制定的 ISO 21043 基本采用了 AS 5388 相同的法庭科学实施过程的体系框架。[1]

五、SA 制定的标准一般为自愿标准，但经过州和联邦政府采用而具有强制性

标准一般包括强制标准、自愿标准等。在国家层面,标准一般以自愿标准为主。只有在安全等领域才涉及强制标准。而司法鉴定介入这两者之间。在司法鉴定领域,澳大利亚到目前为止都没有强制性标准,但是这些标准经过州和联邦政府采用而具有强制性。

按照我国的标准规范,在司法鉴定标准制定过程中,可以广泛制定团体推荐标准,对于成熟标准,一方面,可以上升到更高层级的推荐标准;另一方面,可以通过司法鉴定管理制度,采纳其中的成熟标准从而使其具有一定强制性,以加快司法鉴定的标准化和规范化进程。

---

[1] 参见张宁、翟晚枫、花锋:《法庭科学国际标准制定工作研究与启示》,载《刑事技术》2020 年第 3 期。

第八章　亚洲主要国家司法鉴定标准化实践

亚洲各国的司法鉴定制度自成体系，司法鉴定标准化进程也不尽相同。在法律制定层面，东南亚社会主义国家越南率先于 2012 年 6 月通过了《司法鉴定法》，规制了司法鉴定管理和鉴定实施程序。[1] 其他亚洲国家虽然暂未制定类似的全方位规制司法鉴定活动的法律，但也不乏颁布鉴定相关专业的法规与标准。例如，日本的《死因调查与鉴定法》、韩国的《刑案 DNA 数据库法案》、新加坡的《验尸官法》、土耳其的《法医学委员会法》等。这些特定的法律规则作为不同鉴定事项具体实施的标尺，为相关鉴定专业的统一性制度体系构建提供了制度依据与保障，维护相关鉴定活动的正常展开。又如，日本法医学会制定的《司法解剖标准化指南》，KOLAS 制定的 30 多项关于司法鉴定领域的技术标准等，亚洲各国基本上都设置了专门的机构制定本国的司法鉴定行业标准、技术规范等，以规范国内各学科唯一性的鉴定技术规则，保障鉴定程序公正，实施有据。

于 1992 年以论坛形成出现的亚太实验室认可合作组织（Asia Pacific Laboratory Accreditation Cooperation，APLAC），旨在通过成员间的交流与合作，协调实验室认可程序，发展多边互认，实现被认可的实验室的检测、检测结果的相互承认。亚洲范围内，各国基本上均通过 APLAC 制定或授权制定的能力验证、实验室认可以及对申请加入相互承认协议的成员进行同行评审，形

〔1〕 梁礼华：《越南司法鉴定法》，载《证据科学》2014 年第 1 期。

成了系统的司法鉴定实验室认可体系,为司法鉴定的标准化提供了技术支持。2019年1月1日,APLAC与太平洋认可合作组织(Pacific Accreditation Cooperation, PAC)合并为APAC,亚太认可合作组织的主要作用是管理与扩大亚太地区认可机构之间的MRA。MRA促进了亚太及世界其他地区的合格评定结果(如测试报告、测试证书、检查报告和认证证书)的相互接受。由一个APAC MRA签字人认可的合格评定机构(Conformity Assessment Bodies,CABs)产生的合格评定结果被所有其他APAC MRA签字人接受。这种对合格评定结果的相互认可和接受减少了进行重复测试,检查或认证的需要,从而节省了时间和金钱,提高了经济效率并促进了国际贸易。2019年6月15~22日,CNAS代表参加APAC成立后的首次年会;同年6月30日至7月5日,CNAS接受APAC同行评审。自此,亚洲范围内各国司法鉴定类实验室认证、报告认可等方面形成了高度统一的标准性规则。

第一节 日本司法鉴定标准化的主要特点

日本适合性认定协会(Japan Accreditation Board,JAB)和JISC是日本在ISO/合格评定委员会CASCO的代表,负责促进日本与其他国家或地区之间评定体系的认证认可以及国际标准的转化使用。而日本国内的司法鉴定的标准体系是通过学会和协会不断发展而逐渐构建形成的,日本各学会与协会不仅统一管理司法鉴定人的资格认定,而且还负责制定相关的鉴定标准。此外,日本政府也制定了专门法律用以规制各鉴定学科的实施程序与操作流程等。

一、发挥行业协会的职能与作用

(一)对鉴定人的统一管理

日本主要通过学会和协会对鉴定人进行管理,通过行业自律的形式对鉴定人予以监管。日本现有的与司法鉴定相关的专门性学会有日本法医学会(前身为日本法律医学会)、日本药学会、法中毒学会、日本警察科学会等。其中日本目前最大的日本法医学会,从1999年开始实行法医资格的认定制度,包括检案认定医师制度(尸体检验医师资格制)和法医病例认定制度(法医病理医师资格制)。[1] 行业协会负责相关专业的鉴定人资格认证并间接参与鉴定人的选任:一方面,保证了资格认证的审查专业性,使用专业认定代替行政审核可以有效地促进鉴定机构、鉴定人提高自身的鉴定技术与水平;[2]另一方面,保障相关鉴定行业的良性发展,学会和协会基本上由资深的专业监督人员组成,对于鉴定过程中需要掌握的基本能力以及常见的困局应对均了如指掌,对此学会和协会可以有针对性地制定相关专业的发展与研究方向、程度等,并运用于资格认定制度中,以调整行业的现实问题以及安排未来的行业规划。

(二)积极参与并筹办国际会议

日本法医学会与国际法医学协会(International Academy of Legal Medicine, IALM)、国际法庭科学协会(International Association of Forensic Sciences, IAFS)和印度—太平洋法律/医学和科学协会(India-Pacific Association of Legal Medicine and Science, INPALMS)于1990年与德国法医学会合作创立了国际法医学研究进展研讨会(International Symposium Advances in Legal Medicine, ISALM),用以研究与讨论各国法医专业的技术革新与行业发展。参与国际会议不仅使日本法医行业迅速发展,增加了日本与其他国家的技术交流与合作,而且促进了日本各鉴定学会和协会加入ISO以及APLAC并据此制定相应的国内行业标准。

(三)制定统一的鉴定标准

日本鉴定学会和协会负责司法鉴定技术标准的制定与颁布、学术交流、对外交流、专业杂志出版等。例如,日本法医学会发布了《司法解剖标准化指南》,包括解剖程序、样本收集和储存、实验室检查、报告和记录,建立了统一的法医解剖的鉴定标准。由于学会和协会的组织庞大,以日本法医学会为例,学会会员超过1000人,其中大部分在大学等教学和研究机构供职,下设

---

[1] 第16期中国预防犯罪和刑事司法研修考察团、王鸿滨、鲁兰:《日本的刑事司法鉴定制度考察》,载《中国司法鉴定》2011年第3期。

[2] 刘兆:《中日法医鉴定体制及法医学教育之比较》,载《中国人民公安大学学报(自然科学版)》2011年第3期。

毒物分析、DNA 技术和病理学等不同分会。因此,日本鉴定学会和协会发布的相关鉴定标准具备一定的公信力,推广能力和适用范围均有一定的保障。

二、制定相关鉴定法律法规

日本《民事诉讼法》以及《民事诉讼规则》均详细地规定了民事辩论主义下的鉴定程序,如《民事诉讼法》第 180 条规定依申请的鉴定启动权,第 212 条至第 217 条规定鉴定人的定义、鉴定人的指定、鉴定人适格的例外、鉴定人的回避程序、鉴定人的义务以及鉴定人的法律责任。此外,《民事诉讼法》还规定了对鉴定人提问的方式与程序。与此同时,尽管日本在刑事诉讼中没有关于司法鉴定管理的专门法律规定,也没有统一的管理部门,但在战后的司法改革中逐步形成了与日本诉讼制度、证据规则等相适应、相协调的鉴定体制,以保证司法鉴定的科学性与权威性。[1] 此外,日本法医解剖方面还制定了《死后检查和尸体保存法案》《死因调查与鉴定法》,日本法医学会还颁布了《非自然死亡通知指南》等规则。这些法律的调整范围绝大多数不因行政区域而有所不同,基本上按照不同的鉴定学科进行分类,相关制度也旨在保障嫌疑人和被告人的权利,属于单一类学科的普遍适用规则。

第二节　韩国司法鉴定标准化的主要特点

韩国技术标准局(Korea Agency for Technology and Standards,KATS)根据"国家标准框架法"运行认证计划,参加了 ILAC、APAC 和其他与认证计划有关的国际会议以及由 APAC 主持的实验室能力验证。KOLAS 是 KATS 的一部分,负责建立国家标准体系和实施工业标准化,而 KATS 的管理员担任 KOLAS 的负责人。KOLAS 作为韩国司法鉴定标准化的主要推动者,不仅负责韩国与国际相关认可组织接洽,而且主导韩国国内的鉴定技术标准的制定与转化,其对韩国司法鉴定标准化发展至关重要。

---

〔1〕 第 16 期中国预防犯罪和刑事司法研修考察团、王鸿滨、鲁兰:《日本的刑事司法鉴定制度考察》,载《中国司法鉴定》2011 年第 3 期。

一、KOLAS 主导韩国鉴定技术标准化构建

(一)与 ISO 对接

KOLAS 自成立以来制订了符合国际标准的认证计划,将其认证计划的运营能力提高到了国际水平,并不断提供教育和培训以提高韩国测试实验室的能力。它的工作包括安全和质量以及工业产品的测量,工业技术的检验和研发支持以及测试实验室、校准实验室、检验机构、标准物质生产者、医学测试实验室和熟练程度认可计划的运作有关的事宜。测试提供者负责管理与国家或国际组织之间在标准化方面的合作与交流有关的工作。

(二)开展实验室认可和能力验证

为了积极应对发达国家施加的技术性贸易壁垒(TBT),KOLAS 于 1998 年 10 月签署了 APLAC MRA,随后分别于 2000 年 11 月和 2001 年 5 月签署了 ILAC MRA 进行测试和校准,并于 2016 年 12 月签署了 APLAC 和 ILAC MRA 进行医学测试。截至 2019 年,来自 28 个国家的 46 个认证机构加入了 APAC MRA,来自 28 个国家的 46 个认证机构加入了 ILAC MRA,以保障成员之间相互认可已获得认可的报告。因此,KOLAS 认可的测试和校准实验室的信誉得到国际认可。在韩国国内,KOLAS 根据《国家标准框架法》以及 ISO/IEC 17011 的要求开展校准实验室、测试实验室、检验机构、参考材料生产商、医学测试实验室和能力验证提供者的认可活动。同时,KOLAS 也是根据 ISO 制定的相关法律和国际标准,对校准实验室、测试实验室、检验机构、参考材料生产商、医学测试实验室和能力验证提供者进行评估和认可的组织。

(三)积极推动标准化与质量管理

韩国的标准化与质量管理(QA)举措,主要由 KOLAS 负责实施,以 ISO 17025 为标准,对司法鉴定实验室进行认可。在此背景下,韩国国家司法鉴定中心(National Forensic Sciences, NFS)率先通过了毒品检测和 DNA 鉴定两项认可,并逐渐增加了认可项目和范围。2010 年,NFS 被批准成为标准物质(SRM)制备机构。之后,韩国国家数字法医中心(National Digital Forensic

Center, NDFC)通过了认可,许多司法鉴定实验室通过参加不同的测试项目而参加到认可过程中。此外,NFS 近几年不断增加鉴定研发投资,2013 年,韩国政府对研发的投资占韩国总投资的 4%,投资支持力度居全球第 2 位。NFS 作为韩国最大的司法鉴定研究机构,2013 年在研发上的投入是 37 亿韩元。[1] 因此,NFS 与韩国司法鉴定在国际上的知名度不断提升,主办了多项国际会议,促进了韩国司法鉴定行业的国际交流与合作,提供了国家间技术交流的平台,并在一定程度上保证了韩国司法鉴定领域接触、吸收与转化第一手的国际标准与规范。KOLAS 采标或转化的司法鉴定相关标准统计见表 8-1。

表 8-1　KOLAS 采标或转化的司法鉴定相关标准统计

KOLAS-SR-002	Supplementary Requirements for Accreditation of Mechanical Testing Laboratory (机械测试实验室认可的补充要求)
KOLAS-SR-004	Supplementary Requirements for Accreditation of Non-Destructive Testing Laboratories (无损检测实验室认可的补充要求)
KOLAS-SR-005	Supplementary Requirements for Accreditation of Sensory Testing Laboratories (感官测试实验室认可的补充要求)
KOLAS-SR-010	Supplementary Requirements for Accreditation of Information Security System Testing Laboratories (信息安全系统测试实验室认可的补充要求)
KOLAS-SR-012	Supplementary Requirements for Accreditation of Food Testing Laboratories (食品检验实验室认可的补充要求)

[1] [美]道格拉斯·H. 乌本拉克:《全球司法鉴定实践》,何晓丹、李成涛主译,科学出版社 2019 年版,第 149~153 页。

续表

KOLAS-SR－014	Supplementary Requirement for Accreditation of Forensic Science Laboratories （法医学实验室认可的补充要求）
KOLAS-SR－015	Supplementary Requirements for Accreditation of Software Testing Laboratories （软件测试实验室认可的补充要求）
KOLAS-SR－017	Supplementary Requirement for Accreditation of Pathology Laboratories （病理实验室认可的补充要求）
KOLAS-R－001	Regulations for Accreditation of Calibration Laboratories （校准实验室认证规定）
KOLAS-R－002	Regulations for Accreditation of Testing Laboratories and Inspection Bodies （检测实验室和检验机构认可条例）
KOLAS-R－003	Regulations for Proficiency Testing Scheme （能力验证计划规定）
KOLAS-R－004	Regulations for Accreditation and Assessment of CABs （合格评定机构认可和评估规定）
KOLAS-R－005	Regulations for Registration and Qualification of Assessor and Technical Expert （评估员和技术专家注册和资格规定）
KOLAS-R－006	Regulations for Accreditation of Proficiency Testing Providers （能力验证提供者认可的规定）
KOLAS-R－007	Regulations for Designation of Training Institute and Management of Curriculum （培训机构指定与课程管理规定）
KOLAS-R－009	Regulations for Accreditation of Reference Material Producers （标准物质生产者认证条例）

续表

KOLAS-R－010	Regulations for Accreditation of Medical Testing Laboratories (医学检验实验室认可条例)
KOLAS-R－011	Regulations for Registration and Qualification of Assessor and Technical Expert for Medical Laboratories (医学实验室评估人员和技术专家注册和资格规定)
KOLAS-G－001	Guidelines for the Use of Accreditation Mark and Expression of Accredited Organizations (认可标志的使用和认可组织的表达准则)
KOLAS-G－003	Guidelines on Reporting of Compliance with Standards and Testing(Calibration) Results [报告符合标准和测试(校准)结果的准则]
KOLAS-G－007	Guidelines for Internal Audit (内部审计准则)
KOLAS-G－008	Guidelines for Management Review (管理评审指南)
KOLAS-G－009	Guidance for Interpretation on KS Q ISO/IEC 17025 (KS Q ISO/IEC 17025 解释指南)
KOLAS-G－010	Guidance for Interpretation on KS Q 17020 (KS Q 17020 的解释指南)
KOLAS-G－011	Guidelines for Grading on Non-conformities (不合格评定准则)
KOLAS-G－012	Guidelines for the Conduct of Environmental Assessment (进行环境评估的准则)
KOLAS-G－013	Guidelines for the Determination of Calibration Intervals and Instruments (确定校准间隔和仪器的准则)
KOLAS-G－014	Guidelines for Acceptability of Chemical Reference Materials and Commercial Standard Solutions Used for the Calibration of Equipment (设备校准所用化学参考物质和商业标准溶液的可接受性准则)

续表

KOLAS-G－015	Guidelines for the Validation and Verification of Chemical Test Methods （化学测试方法验证和验证指南）
KOLAS-G－016	Guidelines for Classification of Disciplines for Medical Testing Laboratories （医学检验实验室学科分类指南）
KOLAS-G－018	Guidelines for Technical Records Control in Accredited Organizations （认可组织的技术记录控制准则）
KOLAS-G－020	Guidelines for Management on Traceability of Measurement Result （测量结果可追溯性管理指南）

资料来源：Accessed Oct. 24, 2019, http://152.99.46.13/english/。

二、努力促进鉴定立法

2000年前后，韩国试图建立一个全国性的刑案DNA数据库，类似英国的国家DNA数据库（National DNA Database, NDNAD）或美国的DNA数据库，这一计划在2010年成为现实，经国民议会批准通过了一项《刑案DNA数据库法案》。经过这一立法，韩国的法医遗传学进入了更高的发展阶段，加强了对人员的约束，制定了必须遵循的标准。同时，立法进程也使相关内容更加透明，无论是公民还是犯罪分子均可以了解并维护他们的相关权益。这一立法效果在刑案DNA数据库建设中体现得非常显著。遗憾的是，目前韩国仍然没有直接规定如何取证的法律，但韩国的司法鉴定学家一直在不断努力奔走，希望相关的司法鉴定领域能够早日立法。

第三节　新加坡司法鉴定标准化的主要特点

英语系新加坡官方语言之一，因此不同于日本、韩国等国家因语言差异需要将ISO制定的实验室管理等标准翻译、转化使用，新加坡国内实验室认可标准直接采用了 ISO/IEC 17025 标准,且语言上的优势还促使新加坡积极地参与其他国家的检测项目与协会认可。新加坡国会根据 2001 年颁布的《新加坡卫生科学局法》批准撤销卫生部,组建新加坡卫生科学局(Health Sciences Authority,HSA)。HSA 整合了司法鉴定和科学服务(以前隶属于科学和法医学研究所)、血液银行服务和国家药品监管服务,并积极地开展相关专业的培训与专业认证。

一、实施实验室认可和质量控制

新加坡的实验室认可和质量控制主要表现在两个方面。其一,司法鉴定分析和毒物实验室,根据美国犯罪调查实验室主任协会/实验室认证委员会(ASCLD/LAB)项目要求,司法鉴定分析和毒物实验室于 1996 年 6 月获得了 ASCLD/LAB 认可。2012 年 6 月,司法鉴定分析和毒物实验室成功加入了 ASCLD/LAB 国际检测项目。ASCLD/LAB 国际测试项目纳入 ISO/IEC 17025:2005 的要求及 ASCLD/LAB 针对司法鉴定检测实验室的补充要求。司法鉴定分析和毒物实验室获得了 SINGLAS(新加坡实验室认可计划,在新加坡等同 ISO 认证)认可。其二,法医学,法医学部及其前身法医学中心获得了国家法医师协会(National Association of Medical Examiner)的认可,是目前唯一一家获得其认可的北美以外的机构。[1] 通过美国的实验室认可项目保证了新加坡与美国实验室操作指南以及数据的互认,而相同标准的实验室认可体系可促使两国鉴定标准的相互衔接以及鉴定报告书的互相承认。

二、积极开展培训与专业认证

HSA 开展了各种内部培训项目,以确保相关工作人员符合岗位要求。根据认证要求,如 ASCLD-LAB 和 SINGLAS,新加坡卫生科学局的司法鉴定专家在独立签署案件之前需要单独接受针对其工作能力及表现的同行评议。

---

〔1〕 See *Attorney-General of Singapore (2013)*, Part V (The Government), In:Constitution of the Republic of Singapore.

此外,新加坡卫生局还与一些国外知名机构进行特定学科的技术培训与交流合作。

(一)专业资质的取得

在新加坡,接受专业法医病理培训的医生将接受为期5~6年的法医病理学和病理解剖学的培训。要成为有资质的病理学家,必须先通过英国皇家病理学院和澳大利亚皇家病理学院的考试,然后经过专业资格认定委员会的认证,最终进入病理学家行列。培训期间还需要到国外法医病理部门进行培训,从而学习更多不同类型的案件。根据2010年的《验尸官法》的规定,病理学家只有进入HSA作为法医病理学家工作,并经由国家政府公报公示后,才能成为正式的法医病理学家,从而才能够在卫生科学局进行独立的法医尸检。成为专业人员后,有一项强制性的继续医学教育(Continuing Medical Education,CME)项目,要求所有医学从业人员每两年完成规定的CME学分后才能继续从业。[1] 如此一来,统一、严格的资质标准加速了新加坡司法鉴定行业的专业化进程,保障了司法鉴定行业的公信力。

(二)制订详尽的培训计划

对于所有的科研人员和医疗人员,还会开展内部庭审培训,包括检察院和地区法院法官参与主持的模拟法庭,跟随资深专家/咨询人员出庭,参加疑难复杂的现场或案例分析等。在监督下处理内部案件的过程中,他们还会了解工作的法律框架,并认识涉及案件的不同人员,包括警察和刑事侦查局、验尸官,法医病理学家等。与此同时,HSA还会提供专业的内部培训项目,以确保员工持续了解最新知识并胜任岗位。作为绩效考核指标,每名员工每年至少需要完成40个小时的培训。卫生科学局鼓励员工参加会议并作主题报告,在同行评议杂志上发表文章,开展适量的研究工作。HSA还拥有专门的奖学金和培训项目,为通过评估和考核的工作人员提供当地甚至海外的培训,以发展各类专业技术,但参加培训的人员必须保证在其完成培训并取得

---

[1] See *World Corporal Punishment Research (2012)Judicial Caning in Singapore*, Malaysia and Brunei.

相关资质后继续在 HSA 工作。甚至 HSA 会持续提供这些培训机会直到员工拿到其领域的博士学位。因此,新加坡司法鉴定行业中高学历人才的比重正在不断增加,未来新加坡司法鉴定技术水平将伴随高学历人才的涌入而不断地提高。建立鉴定人员的资格审查以及长效培训机制不仅有利于统一监管鉴定人的准入标准与执业过程,而且为新型鉴定技术的交流、验证、使用、转化标准等提供了平台。

第四节　亚洲其他主要国家司法鉴定标准化的主要特点

一、土耳其

21 世纪初期,土耳其的司法鉴定领域正面临改革,土耳其国家监察委员会于 2010 年递交了为期一年多的调研报告,制定了关于司法鉴定制度改革的方案。首先,在司法鉴定机构建设方面,尽管 2007 年有关于标准化和质量控制的欧盟项目,以及总统国家监事会关于全国司法鉴定服务的报告和建议,但由于土耳其司法鉴定机构的数量各地分布不均匀,各机构也难有同样的质量管理体系,同时司法鉴定机构的集中化及科研机构和部门之间缺乏合作。对此,土耳其国家监察委员会建议成立一个全新的、排除政治因素干扰的"司法鉴定科学研究院",充分发挥质量控制、认可/标准化等职能。其次,在司法鉴定立法层面,虽然新颁布的土耳其《刑法典》和《民法典》规定对司法鉴定意见进行交叉审查与专家质证,但土耳其法官仍然把法医学委员会的报告作为官方报告,违背了相关法律精神。对此,土耳其国家监察委员会希望通过建立新的司法鉴定体制,为新的司法鉴定立法提供更多的科学意见。[1] 虽然土耳其目前的司法鉴定标准化发展阻逆严重,相关领域亟待立法改革,但是通过国家监察委员会牵头对土耳其司法鉴定体制的改革与发展是一个良好的信号,这表明土耳其政府改革的决定与投入,土耳其的司法鉴定的发展前景将一片光明。

---

〔1〕 See *State Supervisory Board Report (DDK)(2010) Presidential Office*, Ankara, Turkey.

二、印度

印度自1957年于加尔各答建立中央司法鉴定实验室以来,先后在各行政区域建立了近30所司法鉴定实验室。虽然不同实验室的部门数量(涵盖的学科)各不相同,但实验室组织结构大体一致。实验室最高长官为主任,不同部门分设部门主任。在部门内部分为技术岗位与行政岗位。技术岗位由高到低分别为副主任/首席科学官员、主任助理/一级高级研究员、高级研究员/二级高级研究员、高级研究助理、研究助理、实验室助理/实验室职员,行政岗位由高到低分别为行政长官、办公室主任、刑事助理、私人助理、图书馆员、高级速记员、仓库管理员、下级部门职员、司机、雇工、管家/清洁工。[1]虽然包括中央司法鉴定实验室在内,印度各实验室的行政管理因各州而异,但组织结构区别不大。这种统一的组织结构体系一方面有利于印度各司法鉴定实验室的技术与管理人才的人员流动,增进各中央与联邦实验室的相互交流与合作;另一方面便于厘清鉴定实验室工作人员级别与能力,另外技术与管理的分类管理也有助于各鉴定实验室建立合适的监管体系。

三、阿拉伯联合酋长国(迪拜)

迪拜警察总局下设犯罪调查实验室,而满足国际标准一直是该实验室的目标。在这个目标的指引下,该机构通过了ISO 90001和ISO 14000,并在2014年1月取得ISO 17025的认可。同时,实验室还参加了CTS(美国)和GTFCh(德国)的定期考核,虽然考核的结果并不决定机构的存留,但这种鉴定的能力考核验证结果能够反映出该机构各参项鉴定学科的鉴定技术能力,据此制订相应的发展与研究计划,同时也能通过考核了解其他国家的鉴定经验,因此迪拜犯罪调查实验室的鉴定技术水平长期与世界接轨。

---

[1] [美]道格拉斯·H.乌本拉克:《全球司法鉴定实践》,何晓丹、李成涛主译,科学出版社2019年版,第116~119页。

四、越南

越南于1988年7月21日出台了《关于司法鉴定的决定》,此后于2004年9月29日,越南国会常务委员会通过了《司法鉴定法令》,并于2005年1月1日起生效实行。越南《司法鉴定法令》经过6年的实施,越南司法鉴定工作取得长足发展,取得了许多可喜的成就,但也暴露出很多问题。如司法鉴定员数量较少、素质不高,司法鉴定体系不完善,司法鉴定管理混乱,缺乏完备的体制机制等,使得越南司法鉴定工作难以适应日常的诉讼活动要求。[1]为了解决上述问题,改正体制方面的不足,为越南司法鉴定活动创新、稳固发展创造法理依据,更是为了提高诉讼活动的质量,确保法院能及时、客观、依法作出判决,2012年6月20日,越南国会第八届第三次会议上通过了《司法鉴定法》,自2013年1月1日起生效实施。其中,在司法鉴定的标准制定上,越南《司法鉴定法》第42条作出了明确规定,由卫生部管理国家法医、法医精神病鉴定领域,并颁行国家法医、法医精神病鉴定的行业标准,具体规定法医、法医精神病鉴定员的标准。由公安部管理国家刑事技术鉴定领域,颁布国家刑事技术鉴定行业标准,具体规定刑事技术鉴定员的标准。在司法鉴定管理方面,越南《司法鉴定法》第39条规定了政府对国家司法鉴定进行统一管理,司法部协助政府对国家司法鉴定统一管理,其他相关部门配合司法部对司法鉴定统一管理,省级人民委员会在各自的任务及权限范围对地方司法鉴定实现国家管理职能的三阶层管理模式,对国内各司法鉴定机构实施的鉴定活动予以监管。

第五节　亚洲主要国家司法鉴定标准化的实践

亚洲各国的政体、法系、文化不尽相同,科技发达程度良莠不齐,因而各国的司法鉴定制度互有差异,鉴定技术水平参差不一。但可以肯定的是,无论是在ISO的参与方面,还是国内鉴定领域标准制定方面,亚洲主要国家均

[1] 梁礼华:《越南司法鉴定法》,载《证据科学》2014年第1期。

积极地促成本国的司法鉴定标准化发展。其中,值得一提的实践做法与发展趋势主要有以下几个方面。

一、突出鉴定协会、标准机构的作用

诸如JAB、KOLAS等专门负责国际标准认证的机构,其不仅作为各国在CASCO的代表,积极参与国际标准的制定,而且作为本国官方实验室认证认可机构,统一负责对本国认证机构、实验室和检验机构等相关机构的认可工作。由其牵头将国际标准转化为国内标准使用,不仅赋予了标准的权威性,也保障了标准的唯一性。当然,这种转化使用的标准不可能完全覆盖错综复杂的鉴定学科,因此日本、新加坡等国内的行业协会便依据本国内司法鉴定技术与操作要求,制定符合本国实际情况的司法鉴定技术规范。例如,日本法医学会发布的《司法解剖标准化指南》、新加坡卫生科学局负责的强制性医学教育制度等。各国行业协会在本国司法鉴定标准化发展方面具有举足轻重的作用,其不仅负责制定相关的鉴定标准,有的国家鉴定行业协会还负责鉴定人准入资格的考核与颁证。这大大提高了鉴定行业协会之于本国司法鉴定领域的地位,使得本国鉴定机构与鉴定人形成了一种对行业协会的规定奉为圭臬的潜在思维,潜移默化地加速了国内司法鉴定标准化的进程。

二、积极制定与鉴定相关的法律规范

亚洲各国的司法鉴定法律规范体系大体上分为3类:第一类是以越南为代表,直接以国会身份颁布覆盖鉴定管理各方面的《司法鉴定法》,这不仅为越南国内司法鉴定技术标准、鉴定管理体系的构建提供了强有力的制度保障,而且可以提高相关诉讼活动的质量,确保法院准确地适用与采信司法鉴定意见。第二类是以日本、新加坡为代表,在完善本国刑民诉讼法中司法鉴定程序性规则的同时,针对不同的鉴定学科制定相应的法案,如日本的《死后检查和尸体保存法案》《死因调查与鉴定法》,以及新加坡的《验尸官法》等。如此"因地制宜"类立法可以弥补因不同鉴定学科差异而引发的规则空白,最大限度地完善各类学科的司法鉴定规则与体系。第三类是以韩国为代表,虽尚未形成统一的鉴定管理法律或颁布相关鉴定学科的实施准则，但在司法鉴定客体管理层面制定严格法规，如《刑案 DNA 数据库法案》，意图以此推进 DNA 取证方面的法律完善，以寄希望司法鉴定领域可以早日立法。此外，土耳其、印度等国的学者也在积极地为本国司法鉴定立法做出努力，总体来看，制定司法鉴定相关的法律规范为司法鉴定标准化提供了法律保障与制度依据，是完善本国司法鉴定法律框架的大势所趋。

三、进行学术交流与举办专业培训

亚洲各国司法鉴定协会、司法鉴定机构等都不遗余力地开展各类学术交流与举办专业岗位培训，以提高各司法鉴定机构与司法鉴定人职业素养与专业技能，并增进行业交流发展。以日本、韩国、新加坡为例，日本法医学会参与创立国际法医学研究进展研讨会，为日本国内法医类鉴定专家、学者理解与认识国外的鉴定管理体系与法医鉴定技术提供便利条件。韩国国家司法鉴定中心近年来主办了多项国际会议，间接地促进了 KOLAS 对国际相关标准的采标与转化。新加坡卫生科学局除积极与美国、德国等国家实验室认可项目交流、互认外，还大力地开展国内司法鉴定人的执业培训与认证。开展学术交流与举办专业培训不仅可以促进国内鉴定技术蓬勃发展，使各司法鉴定机构与司法鉴定人了解行业动态、把握相关法律精神，而且有利于提高国内司法鉴定协会的权威以及司法鉴定机构的影响力，为相关技术标准、管理手段的研制及其推广与适用提供了高效的平台。

第九章　我国司法鉴定标准化规划研制

第一节　我国司法鉴定标准化规划研制的必要性

宏观方面，当前我国正处于社会主义现代化建设的重要历史阶段，当今世界正处于百年未有之大变局中，党中央、国务院对我国当前经济社会建设有很多重要决策部署，其中不少内容涉及社会治理、法治建设、矛盾纠纷化解，是我们开展工作的重要出发点和方向指引。中观方面，2020 年是“十三五”规划的收官之年，2021 年是我国很多领域、行业、部门制定的重要时间节点。在此背景下，研制我国司法鉴定行业标准化战略的宏观规划对推动我国司法鉴定换挡升级、提质增效也具有重要的理论指导价值。微观方面，党中央、国务院出台的《意见》已经明确提出了司法鉴定标准化的任务要求。

在展开论述之前，有必要对相关基本术语进行澄清统一。标准，是指为了在一定的范围内获得最佳秩序，经协商一致制定并由公认机构批准，共同使用的和重复使用的一种规范性文件[1]。对于标准化，国标《标准化工作指南　第 1 部分：标准化和相关活动的通用术语》（GB/T 20000. 1—2014）规定，标准化，是指为了在一定范围内获得最佳秩序，对现实问题或潜在问题制定共同使用和重复使用的条款的活动。战略的原意是指导战争全局的计划

〔1〕《标准化工作指南　第 1 部分：标准化和相关活动的通用术语》（GB/T 20000. 1—2014）。

和策略。是一种从全局考虑谋划实现全局目标的规划[1]。原属军事术语，现在多领域广泛使用。

在前述定义基础上，标准化战略就是指导我国标准化工作全局的计划和策略。国家标准化管理委员会将重点实施一个战略、两个行动、三个工程。一个战略是抓紧制定和实施标准化战略，开展标准化战略研究，制定推进标准化战略的行动纲领《中国标准2035》。[2] 两个行动是对标达标行动和"标准化+"行动。三个工程是标准提档升级工程，新企业、新功能标准领航工程，国内外标准互认工程。

一、司法鉴定标准化是国家治理体系和治理能力现代化的应有之义

党的十九届四中全会公报以及党的二十大报告提出，坚持和完善共建共治共享的社会治理制度，保持社会稳定、维护国家安全。社会治理是国家治理的重要方面。[3] 从犯罪治理、社会纠纷矛盾化解与治理、社会治安防控、国家安全体系构建等角度都需要不断完善科学立法、严格执法、公正司法、全民守法的体系。标准化作为经济社会科学治理的重要手段之一，对建设和完善公共服务体系有重要作用。根据相关国际经验，在公共服务领域引入管理标准化的理念和方式，有助于扩大公共服务产品供给规模，提高公共服务产品质量，增强公共服务的社会效益，提高公共服务管理水平，具有重要意义。[4]

国家标准化管理委员会为了推动社会管理和公共服务综合标准化试点工作有序开展，联合多家相关国家部委发布了《社会管理和公共服务综合标准化试点细则（试行）》。该文件提出，发挥标准化对加强和创新社会管理、

---

〔1〕《标准化工作指南　第1部分：标准化和相关活动的通用术语》(GB/T 20000.1—2014)。

〔2〕《国家标准化体系建设发展规划(2016—2020年)》(国办发〔2015〕89号，2015年12月30日发布)。

〔3〕《中共中央关于坚持和完善中国特色社会主义制度　推进国家治理体系和治理能力现代化若干重大问题的决定》，载新华网，https://www.xinhuanet.com/politics/2019-11/05/c_1125195786.htm。

〔4〕载https://www.12371.cn/2019/10/31/ARTI1572515554956816.shtml，最后访问日期：2021年8月3日。

提升公共服务水平的作用,推动社会管理和公共服务综合标准化试点工作的有序开展,培育社会管理和公共服务标准化品牌。采用综合标准化方法,开展以制定标准、组织实施标准、对标准实施进行监督为主要内容,以实现管理规范、服务质量良好、公众满意度高为目标,促进提高社会管理科学化水平、推动基本公共服务均等化、加强保障和改善民生的探索性活动。[1] 司法鉴定属于公共服务范畴,上述几个重要文件中的内容很多都与司法鉴定工作有关,司法鉴定对于推动社会管理、社会治理的规范化、法治化本身就具有重要的保障支撑作用。综合标准化方法非常值得司法鉴定领域和行业关注和思考。因为理论上司法鉴定工作涉及的专业领域、工作对象非常广泛,其标准化的实施需要综合多部门的合力,借助多学科的技术。综合标准化使用的系统性思维,标准综合体的方法,整体标准化的目标是否适用,值得专门研究。是否可以在某些具备条件的司法鉴定领域试点实施综合标准化,也值得探讨、实践。

二、司法鉴定标准化是法治国家、法治政府、法治社会建设的应有之义

党的十九届四中全会公报提出,建设中国特色社会主义法治体系、建设社会主义法治国家是坚持和发展中国特色社会主义的内在要求。坚持依法治国、依法执政、依法行政共同推进,坚持法治国家、法治政府、法治社会一体建设。全会强调,坚持和完善中国特色社会主义制度、推进国家治理体系和治理能力现代化,是全党的一项重大战略任务。

法治国家建设、法治政府建设和法治社会建设是一体进行的动态过程,在此过程中,法律制度体系的不断健全完善是必不可少的环节。司法鉴定标准化与国家法治建设有非常紧密的内在关联。主要表现在两个方面:第一,司法鉴定工作相关经验总结、案例回顾分析等对科学立法可起到重要支撑作用。同时,司法鉴定标准化体系建设也是健全完善细化中国特色社会主义法治体系的重要内容之一。全行业的从业人员、研究人员、管理干部应对此项

[1] 安徽省质量技术监督局、安徽省标准化研究院编:《标准化知识与实务》,中国质检出版社、中国标准出版社 2014 年版,第 199 页。

工作予以高度关注,积极投入其中,总结各类实务经验、管理经验、服务经验,不断提升司法鉴定管理、技术、服务的标准化水平。第二,在严格执法、准确司法等过程中必然需要对大量所涉案件中的争议事实进行查明,就必然要借助现代科学技术、专门知识、专门手段进行,不断提升司法鉴定标准化水平对于我国法治国家、政府、社会建设有着不可或缺的重要性。而司法鉴定标准化水平也在一定程度上体现着我国的法治建设水平。司法鉴定标准化工作也是推动我国司法现代化建设的重要内容和抓手。

第二节　制定司法鉴定标准化规划的域外考察

研制我国司法鉴定标准化战略规划,需要考察国际上有关国家的标准化战略,包括其标准化目标、策略、措施、成效,以便学习其长处,规避其不足。

一、美国的标准化实践

美国的标准化组织成立比较早,成立于19世纪。美国工程标准委员会(American Engineering Standards Committee, AESC)成立于1918年,后改为美国标准学会(American Standards Association, ASA,1928年),美利坚标准学会(United States of America Standards Institute, USASI,1966年),ANSI。ANSI属于非营利性民间团体,主要从事全国范围内的标准协调、情报交流和美国国家标准的审批,对外代表美国参加ISO的活动。主要从各个专业团体制定的标准中,将其中部分具有全国意义的标准提升为国家标准,并给予ANSI标准代号和分类号。其自身很少直接制定标准。美国现有的标准体系包括三部分:ANSI协调产生的国家标准体系、联邦政府标准体系和专业团体的专业标准体系。其中,政府标准主要来自国防部、总务管理局和商务部。专业标准体系出自数百个民间团体,其中如ASTM广为人知。其他团体如美国机械工程师协会、石油学会、机动工程师协会、电气制造商协会等。司法鉴定领域有美国法庭科学协会(American Academy of Forensic Sciences)、美国法医鉴定人协会(National Association of Medical Examiners)等。

2000年,美国制定了国家标准化战略,核心内容有:加强国家标准化活动——使国际标准反映美国技术;承担更多的 ISO、IEC 秘书处工作。

战略的重点领域是卫生、安全、环保方面的标准化。

美国标准化战略包括 12 项战略要素,62 项战略措施。

实施要点有:建议政府采用自愿性标准机制;改进标准体系,把对标准体系作出贡献的所有组织全部吸纳到标准体系;尽量参与国际标准制定并体现美国技术;在世界范围推动将标准作为管理手段;为各类决策者进行标准价值方面的教育;等等。

美国调动了包括政府、产业、非政府组织等多方资源和力量,统筹推进,在国内和国际上全方位展开标准化活动,推动标准化战略的实施。[1]

从现有资料看,尚未发现美国有专门的法庭科学标准化战略。但相关科研机构、学术团体对法庭科学标准化还是比较关注的。如美国 NIST 于 1986 年就颁布了指纹鉴定数据交换标准。ASTM、美国法庭科学协会、美国法医鉴定人协会等学术社团在司法鉴定标准化方面积极参与,并作出了重要贡献。同时,美国政府相关部门牵头成立的 SWGs 在标准化方面发挥了重要作用。课题组在收集分析美国法庭科学标准的过程中,发现很多学术团体都积极参与法庭科学标准的制定。

二、英国的标准化实践

英国标准学会(British Standards Institution, BSI)成立于 1901 年,是英国唯一的全国性标准化机构,代表英国参加国际和地区性标准化活动。得到政府的大力支持。主要任务:协调生产者和用户之间的关系、促进生产、节约成本、达到标准化;制定和修订英国标准并促进其执行。该学会制定的英国国家标准(BS)适应于所有专业领域,并可引用为法律条文、政府法规,也可作为仲裁的依据。英国标准化学会历史悠久,技术力量较强,承担了 ISO 诸多领域的秘书处工作。

---

[1] 张立江:《标准化——21 世纪中国强企、强军、强国、富民的必由之路》,中国市场出版社 2014 年版,第 32 ~ 39 页。

英国 2003 年出台的《国家标准化策略框架》(National Standardization Strategic Framework, NSSF),详细说明了英国标准化战略所涵盖的范围、目的、任务、愿景与评估方法等。英国标准化的主要构想有:英国企业实施标准化战略,建立竞争优势;借助标准化以达到公共政策、法规监管和社会目标;标准化基础结构协调、高效,能满足其利益方的不同需要;明确的六大主要领域(企业、政府、基础环境、国际方面、创新、认知和教育)的策略目标、方向及初步实施方案。

三、德国的标准化实践

德国的行业协会在技术管理和标准化方面起到不可替代的重要作用。其中 DIN 属于德国标准化主管机关。其性质属于民间公益性学术社团。根据该协会与政府达成的协议,DIN 为国家标准化机构,相应的 DIN 标准就是德国国家标准,与政府的技术法规、各专业团体制定的标准等共同构成德国的标准体系。DIN 代表德国参加国际和区域的非政府性标准化机构。其也承担了 ISO、IEC TC/SC 秘书处大量工作(2007 年分别为 139 个和 29 个),居于世界首位。德国的各类专业协会在标准化方面的技术力量比较强,不少专业协会的标准被纳入 DIN 标准,在国际上享有美誉。

DIN 主席团 2005 年发布了德国标准化战略目标。包括 5 项目标和 23 项措施。目标有:(1)标准化保证德国经济强国的国际地位,包括预期结果及 6 项措施;(2)标准化是支撑经济和社会取得成功的战略工具,包括预期结果与 4 项措施;(3)标准化有助于减轻国家立法工作,包括预期结果及 4 项措施;(4)标准化及标准化机构促进技术整合,包括预期结果及 4 项措施;(5)标准化机构提供有效的程序和工具,包括预期结果及 5 项措施。

四、法国的标准化实践

法国标准化协会 AFNOR 制定了《法国标准化体系 2002 ~ 2005 年》战略。该战略确定了五大目标,具体为:(1)成为欧洲和国际标准化舞台上有影响力的成员，与享有共同利益的国家进行协商；(2)在标准中加强信任；(3)跟踪新领域的需求；(4)加强一致性，提高效率；(5)向所有相关人员、顾客和未来相关人员、顾客宣传自愿标准的价值。

五、日本的标准化实践

JISC是全日本的标准化组织，于1921年成立，属于政府机构，隶属于经济产业省。1952年代表日本参加ISO组织。JISC的主要任务是审批、发布日本工业标准(Japanese Industrial Standards, JIS)。日本的标准化体制体现了政府的主导性。国家标准由政府组织制定，但不强制各市场主体实施。JIS标准范围广泛，但并不包括医药、农药、化肥、粮食、农业和林业等。2007年，承担了ISO、IEC的TC/SC秘书处工作的数量分别为52个和13个。

日本2001年出台的日本标准化战略，包括3个战略目标、4个重点领域、12项策略、46项措施。其核心是：积极参加国际标准化活动；建立适应国际标准化活动的技术标准体系；争夺国际标准化活动的最高领导权、国际标准制定的主导权，在ISO/IEC中发挥重要作用；积极参加ISO/IEC标准的审议，充分反映日本的意见；培养一批标准化复合型人才和国际标准化专家；通过加强亚太地区国家间合作，推进国际标准化战略，实现技术标准立国的目标。

第三节　制定中国司法鉴定标准化规划的依据

在当前全国推动实施国家标准化规划的大背景下，司法鉴定行业标准化的研制和实施应当纳入其中，并成为其中的重要内容。《国家标准化体系建设发展规划(2016—2020年)》中提出“需求引领、系统布局”的基本原则。因此，需要首先分析我国司法鉴定行业从执业、管理、司法采信、设备研发、对外合作等视角的标准化的需求，要对司法鉴定标准进行系统性的类型化研究，研制出我国司法鉴定标准体系架构，按照轻重缓急和现有条件基础不同，大致列出司法鉴定标准研制的计划、步骤和策略。

《国家标准化体系建设发展规划(2016—2020年)》中关于国家标准化体

系建设的重点领域中的不少内容与司法鉴定标准化密切相关。

一、司法鉴定标准化与《国家标准化体系建设发展规划（2016—2020年）》中的“加强经济建设标准化，支撑转型升级”紧密相关

其中所包含的专栏3是关于服务业标准化重点的规定，主要有高技术等新兴服务领域。其中列举的诸多内容与司法鉴定行业紧密相关。如文件提出，要加强知识产权、检验检测、生物技术、科技咨询、标准化服务等服务业标准化体系建设及重要标准研制，研制会计、审计、税务、法律等商务服务标准，全面提高新兴服务领域标准化水平。司法鉴定行业与上述文件中的检验检测、生物技术、科技资讯、会计、审计、法律服务等多领域有紧密的联系。从行业属性上来说，司法鉴定业具有专业技术密集、准入门槛高、监管要求严、应用后果重要等特点，理应归属于新兴现代服务业范畴。因此，加强司法鉴定行业的标准化建设本身就是积极落实《国家标准化体系建设发展规划（2016—2020年）》的应有之义。

二、规划中“加强社会治理标准化，保障改善民生”的要求需要依靠司法鉴定标准化来实现

规划文件提出，以改进社会治理方式等为着力点，建立健全卫生、公共安全等领域标准体系，深化安全生产标准化建设，加强防灾减灾救灾标准体系建设，加快社会信用标准体系建设，提高社会管理科学化水平，促进社会更加公平、安全、有序发展。其中的卫生领域、公共安全领域标准体系建设与司法鉴定行业标准化工作有不少内容是一脉相承、互相支撑的。卫生领域的很多标准同时也可能是司法鉴定执业活动中的重要参照标准。公共安全领域标准体系中包含大量的刑事技术标准、法庭科学标准，上述标准中相当部分在功能定位、内涵、本质、适用情形等方面与司法鉴定标准几乎一致。

该规划文件中的国家食品安全标准体系建设对于开展此类司法鉴定工作也具有重要意义。无论在刑事诉讼抑或民事诉讼、行政执法和行政诉

讼领域,食品安全标准体系建设必将是当前和今后的工作重点之一,对于保障人民的食品安全,打击食品违法、犯罪行为有着不可或缺的重要性,是健全相关法律体系的重要举措。司法鉴定行业也应积极响应党中央号召,积极研究如何充分利用司法鉴定专业技术服务于党中央决策部署,服务于民生。必要时,司法部可积极商最高人民法院、最高人民检察院,研究将食药品质量司法鉴定纳入国家统一登记管理体系。而此时,食品安全领域的各类国家标准、行业标准等将自然地成为此类司法鉴定执业的重要标准来源之一。

在该规划的专栏4"社会领域标准化重点"中专门对我国公共安全领域标准化议题进行了描绘。规划文件提出,在公共安全领域建立健全基础性国家标准体系,开展全国人体生物特征识别应用、公共场所防爆炸技术等领域的标准研究,研究编制信息安全、社会消防安全管理、消防应急通信、刑事科学技术系列标准,提高我国公共安全管理水平。其中的生物特征识别及其应用就涉及不少司法鉴定方面的内容,如对个体面部特征的识别,人类DNA的检验识别、数据库管理,同时专门提到了刑事科学技术系列标准的完善。刑事科学技术标准和司法鉴定标准如何有效衔接,化解冲突与矛盾,非常值得加强研究,应尽快理顺两者的管理体制、运行机制。

另外,规划同时在加强政府管理标准化、基本公共服务、执法监管领域的标准化工作也有相应部署,上述领域也与司法鉴定工作存在不少联系。如政府在各类行政管理、行政执法工作中,涉及对案件(事件)调查中的专门性问题查明时,有关行业标准、质量标准等就可能应用于司法鉴定领域,从而成为司法鉴定技术标准。

国家标准化管理委员会印发的《2019年全国标准化工作要点》规定,建立健全社会管理与公共服务标准体系。具体任务包括,制定《基本公共服务标准化工作指南》等系列国家标准,为各地区、各部门开展工作提供指引;围绕行政执法、社会治安、司法鉴定等社会事业需要统一的技术要求,制定与法律、法规、规章和其他规范性文件相衔接的技术标准。[1]

待条件成熟时，建议司法部或省级司法行政部门可研究制定全国或地方司法鉴定标准化工作规划以及司法鉴定标准化管理办法。我国不少行业已经制定出台了各自行业的标准化管理办法，以指导推动本行业的标准化相关工作[2]。在此基础上，我国可进一步总结全国各有关行业标准化的相关经验，加强司法鉴定行业标准化研究，可研究制定司法鉴定标准化管理办法，以此指导司法鉴定行业标准化工作。不断完善我国司法鉴定标准化法律法规。

第四节　中国司法鉴定标准化规划的主要建议内容

我国司法鉴定标准化规划的要素应包括标准化战略的目标、策略、措施和重点领域等。

一、中国司法鉴定标准化规划目标

对司法鉴定行业标准化规划目标定位方面，笔者认为，应从以下几个方面展开：

第一，形成职权清晰、运行顺畅的司法鉴定标准化管理体制。为了推动我国司法鉴定行业标准化水平，首要工作就是理顺体制机制，明确我国司法鉴定行业标准化的工作责任主体，根据党中央和国务院要求，尽快组建全国性的司法鉴定标准化工作委员会及相应的工作机构。不断健全我国司法鉴定标准化的组织架构，逐步实现体制完备、运行机制顺畅、高效的司法鉴定标准化组织机构。

第二，建立完备的司法鉴定标准化法律法规制度体系。司法鉴定标准化建设必然涉及诉讼制度、证据制度、司法鉴定制度，同时还涉及不同司法机关、司法行政机关之间的相互配合、衔接，甚至还涉及不少各有关行业的管理

---

〔1〕 国家标准化管理委员会《关于印发〈2019 年全国标准化工作要点〉的通知》(国标委发〔2019〕5 号)。

〔2〕 安徽省质量技术监督局、安徽省标准化研究院编：《标准化知识与实务》，中国质检出版社、中国标准出版社 2014 年版，第 60 ~ 62 页。

职能，会影响相关主体的权利、义务、责任分配格局，因此需要借助完善立法、建立规章制度等来推进工作，防范化解冲突。因此，需要不断完善我国司法鉴定标准化法律法规制度体系。而我国司法鉴定标准化方面的法律制度体系完备程度在一定程度上也能反映出我国司法鉴定行业标准化、法治化水平。

第三，司法鉴定行业标准供给质量数量不断提升。通过在国家哲学社会科学基金、自然科学基金、司法部国家法治与法学理论研究项目、公安部科技计划项目、最高人民检察院检察理论研究项目、最高人民法院司法研究项目等课题指南中设立司法鉴定标准化方面的专项选题，推动司法鉴定标准化方面的科研工作。遴选建设一批国际级、省部级司法鉴定标准化技术咨询智库，动员各有关科研机构、行业协会、行业主管机关等积极参与司法鉴定标准的研制转化工作，全面提升司法鉴定行业的标准供给能力和水平。

第四，形成一支具有"标准化＋技术"背景的高素质复合型司法鉴定标准人才队伍。任何工作离不开专业的人才队伍。司法鉴定标准化工作同样如此。司法鉴定标准化工作对从业人员的知识背景有更加特殊的需求，需要从业人员不仅具有娴熟的司法鉴定专业技术背景，还要具有标准化方面的专业知识储备和管理思维，对行业的法律法规和发展态势也要非常熟悉。因此，评价我国司法鉴定标准化战略目标的指标体系中应有关于司法鉴定标准化人才队伍建设方面的内容。具体可以包括人才队伍的总数、专业领域、年龄、学历等结构分布合理性等。

第五，加强司法鉴定标准化理论研究工作。要建立包括国家级、省部级课题立项数量、科研资金投入情况、科研成果产出情况、科研成果转化情况等指标的科学评价体系。

第六，国际化程度不断提升。中国司法鉴定标准的国际影响力不断扩大。我国司法鉴定行业标准国际化程度，具体可包括人员参与国际司法鉴定标准化组织的情况、主导、参与国际标准制修订情况，我国标准在境外使用采信情况和影响力等。

二、中国司法鉴定标准化策略和措施

笔者认为,研制我国的司法鉴定标准化策略和相应措施应考虑以下内容。

1. 建立统一的司法鉴定标准化工作专门组织体系

在全国层面,尽早建立统一的全国司法鉴定标准化技术委员会,并结合实际需要设立若干分专业、分领域的专业委员会,并制定相应的运行规则。全国司法鉴定标准化技术委员会及其分委员会应加强与各有关行业协会、学会及其专业委员会的业务联系,加强与有关行业标准化组织的学术联系,开展广泛、深入、有效的合作。相互补充、相互协作,有机配合。体现司法鉴定标准建设的通用性和专门性的统一。同时,也有利于提升工作效率,提高标准质量,减少司法鉴定标准与有关行业标准的冲突。

2. 健全司法鉴定标准化法律法规体系

司法鉴定标准化涉及法律法规的内容广泛,既涉及国家标准化相关法律法规,也涉及司法鉴定行业特有的相关内容。具体包括司法鉴定标准制定、实施、监督、管理等各个方面。

(1)加强司法鉴定标准化相关法律法规和标准制定。根据《标准化法》的要求,加强研究,必要时制定行业实施细则,推动司法鉴定标准化工作的法治化水平。加强统筹协调,充分考虑司法鉴定活动涉及的各类利益主体的合法权益,提升司法鉴定标准制定的程序规范性、各类主体的参与性。完善标准制定程序。通过广泛听取与司法鉴定工作有关的各方意见,提高司法鉴定标准制定工作的公开性和透明度,保证标准技术指标的科学性、合法性、公正性和合理性。通过信息网络技术等优化标准审批流程,规范标准复审程序,压缩标准制定修订周期。加强司法鉴定标准验证能力建设,培育一批司法鉴定标准验证检验检测机构,不断提高我国司法鉴定标准技术指标的先进性和可靠性。具体路径上,可以参考其他相关行业制定各自行业标准化管理办法的做法。例如,《交通运输标准化管理办法》《医疗器械标准管理办法》《生态环境标准管理办法》《国家医药管理局医药标准化管理办法》等。

(2)完善司法鉴定标准实施制度。相关部门发布司法鉴定领域重要标准,应同步出台标准实施方案或释义且应及时做好标准的宣传和推广。建立完善司法鉴定标准化统计制度,将能反映行业发展水平的司法鉴定标准化重要统计指标列入司法鉴定机构、检验检测机构年度统计报表和司法鉴定机构资质分级、信用评级体系。通过质量技术监督部门、国家认可委、司法行政机关和行业协会等部门的日常监督管理,督促司法鉴定标准的有效实施。与此同时,侦查机关、检察机关和人民法院等在对鉴定意见审查过程中也应关注司法鉴定标准实施情况,必要时可以通过现有的司法鉴定管理与使用衔接机制提出相应的反馈意见和改进建议。另外,应建立司法鉴定标准宣贯的有效体制机制,宣贯的覆盖面包括执业司法鉴定人、管理干部、司法人员和相关主体。为司法鉴定标准的全面实施奠定坚实的基础。

(3)政府各部门积极引导司法鉴定标准实施。政府有关部门在制定政策法规等文件时要积极引用标准,应运用司法鉴定标准开展社会治理、行业管理。运用合格评定/认证认可、行政执法等手段,促进标准实施,并进行标准实施效果的科学动态评价。同时,还应运用标准化手段规范行政管理,提高服务效能。注重司法行政、行政执法、侦查、检察、审判、刑罚执行等部门之间的联动协调,加强司法鉴定标准制定、修改、执行、监督各环节的信息共享,同步推进司法鉴定标准化工作。

(4)充分发挥司法鉴定机构和有关企业在标准化中的作用。有条件的司法鉴定机构和相关企业要建立促进技术进步和适应社会发展需要的标准化工作机制。建立健全以技术标准为主体(包括管理标准和工作标准)的企业标准体系,并适应司法工作需求,保持司法鉴定机构所用标准的先进性和适用性。司法鉴定机构应严格执行标准,把标准作为提供服务和控制质量的依据和手段。

(5)建立标准分类监督机制。通过行政管理和行政执法等方式加强司法鉴定强制性标准执行的监督。通过推荐性标准制定主体等部门推动推荐性标准的有效实施。对司法鉴定团体标准和企业标准、声明等采取相应的监督机制促进标准的实施、优化。

(6)建立标准实施的监督和评估制度。标准化主管部门和司法鉴定行业主管部门加强协同,定期或不定期开展司法鉴定标准实施情况的监督、评估。

(7)加强标准实施的社会监督。通过投诉、举报、新闻监督等实施标准化工作的社会监督。

3. 完善司法鉴定标准体系

对于鉴定业务急需的标准应尽快填补空白,因为不同标准之间有效衔接,领域分布全面,能满足诉讼需要和行政执法等相关工作需要。

根据法律环境和社会需求的变化,以及科学技术的进展等情况,及时开展相关标准的修订、废止等工作,保持司法鉴定标准的持续适用性。

最终根据司法和执法等实际需要,逐步建立起结构合理、衔接配套、覆盖全面、科学统一的具有中国特色的司法鉴定标准体系。

4. 大力培养司法鉴定标准化人才

司法鉴定标准化工作必然涉及相关标准的研究、制定、宣贯、实施、监督和修订等一系列工作,要完成这些工作就需要有既懂司法鉴定相关专业,又懂标准化科学的复合型专门人才队伍。应不断加大相关培训,着力培养一批复合型人才,尤其是加强对现有司法鉴定人才进行标准化科学、技能方面的专门培训。鼓励在高校开设相关课程、设立相关硕士、博士培养方向。加强标准化人才培养。推进标准化学科建设,支持更多高校、研究机构开设标准化课程和开展相关学历教育,创造条件设立标准化相关专业学位,推动标准化普及教育。同时,加大国际标准化高端人才队伍建设力度,加强标准化专业人才、管理人才培养和企业标准化人员培训,满足不同层次、不同领域的标准化人才需求。

5. 加大司法鉴定标准化科研投入

加强司法鉴定标准化科研工作。支持鉴定机构、人员、标准化研究人员等开展司法鉴定标准化理论、方法、规划、政策研究,提升标准化科研水平。加强各类标准文献数据库和文献馆建设。加强专利与标准相结合,促进司法鉴定标准合理采用新技术。

6. 积极鼓励司法鉴定参与国际标准化

(1)积极主动参与国际标准化工作。鼓励、支持我国司法鉴定专家和机构担任国际标准化技术机构职务和承担有关技术、管理工作。建立以司法鉴定机构为主体、相关方协同参与国际标准化活动的工作机制,积极培育、发展和推动我国优势、特色司法鉴定标准成为国际标准或融入国际标准,服务我国企业和产业走出去。吸纳各方力量,加强司法鉴定标准外译推介工作。积极发挥司法鉴定标准化对"一带一路"倡议的服务支撑作用,促进贸易争端化解、司法合作等方面的互联互通。深化与欧盟国家、美国、俄罗斯等在经贸、科技合作框架内的司法鉴定标准化合作机制。推进太平洋地区、东盟、东北亚等区域司法鉴定标准化合作,服务亚太经济一体化。探索建立金砖国家司法鉴定标准化合作新机制。加大与非洲、拉美洲等地区司法鉴定标准化国际合作。

(2)增强中国标准在国际上的影响力。深度参与国际标准化,增强我国标准的国际话语权。在"一带一路"倡议下推动司法鉴定标准互鉴。探索建立中国专家、专业机构参与国际司法鉴定标准化活动渠道。推进代表性的司法鉴定标准外译推介工作,推动中国司法鉴定标准海外应用。积极开展中外标准比较研究。具体领域方面,可以率先从环境保护、中文笔迹、毒品检测等具有良好技术基础、鲜明中国特色或国际广泛关注的司法鉴定技术领域开展探索。

7. 鼓励借助信息技术、人工智能、大数据等新技术助推司法鉴定标准化

加强司法鉴定标准化的信息化建设工作。充分利用司法鉴定标准有关的信息资源,建立全国性司法鉴定标准信息网络平台,实现跨部门、跨行业、跨区域标准化信息交换与资源共享,互联互通,全面提升标准化信息服务保障能力。充分利用云计算、人工智能、大数据等新科技手段助力司法鉴定标准工作进程,助力标准研制、标准宣贯普及和标准应用监督。

三、规划司法鉴定标准化的重点领域

司法鉴定工作涉及面比较广泛,虽然立法将诉讼中发生率较高的"四大

类"纳入司法鉴定行政管理的范围,但从诉讼实践角度来看,无论是四大类内还是四大类外的鉴定,对司法鉴定程序的规范性、鉴定方法的科学性、鉴定意见的准确性和可靠性的要求是一样的。因此,司法鉴定标准化规划工作可以不必拘泥于目前法律调整的四大类的规定。将司法鉴定哪些领域纳入我国当前司法鉴定标准化的重点领域主要应从其重要性、紧迫性和条件充分性角度考虑。笔者认为,就民事、经济领域而言,刑事领域的鉴定项目应优先考虑纳入重点领域。如与死因鉴定有关的法医病理鉴定,法医毒物鉴定、与重大命案有关的司法精神医学鉴定等可予以纳入。与国家重大战略目标、任务相关的鉴定领域,如生态环境保护、食品药品安全等有关的司法鉴定也应优先纳入重点领域。与中国智造、科创中心建设等有关的知识产权鉴定也有必要予以关注。另外,作为近年来发展迅速的计算机、电子数据和声像资料的司法鉴定与人们的社会生活息息相关,在诉讼活动中的鉴定需求也日益提高,其鉴定内容、鉴定技术、软硬件设备等也有必要在标准化工作方面予以重点建设。其他涉及司法鉴定统一管理体制建设和司法鉴定机构、人员整体素质提升有关的管理类标准也有必要纳入标准化规划的重点领域。

简言之,司法鉴定标准化战略规划的重点领域至少可以包括:司法鉴定机构、人员统一准入规范(包括资质条件、评审程序等)、法医病理鉴定、法医毒物鉴定、司法精神医学鉴定、电子证据司法鉴定、环境损害司法鉴定、知识产权等司法鉴定。

第五节　我国司法鉴定标准化水平评价

根据前述对我国司法鉴定标准化规划目标、措施等的设想,结合行业实际,可以从以下几项指标对我国标准化工作发展水平进行综合评价(见表9－1)。

表 9－1　司法鉴定标准化水平评价指标(建议观测点)

序号	一级指标	二级指标	评价内容
一	司法鉴定标准化组织体制的完备性、协调性	国务院标准化协调推进部际联席会议制度(吸纳相关成员,司法部等)	按照有、部分、无进行量化计分
		全国司法鉴定标准化技术委员会组建情况	
		全国司法鉴定标准化技术委员会运行情况	
		分委员会设立情况	
		其他指标	
二	司法鉴定标准化法律法规制度体系的健全度	战略规划	
		司法鉴定行业标准化实施细则	
		司法鉴定行业标准化管理办法	
		分技术委员会管理办法	
		其他指标	
三	司法鉴定标准体系的健全度	数量增长	
		专业分布	
		更新周期	
		其他指标	
四	司法鉴定标准化人才队伍的状况	人数	
		分布	
		学历	
		其他指标	
五	司法鉴定标准研发能力和成果的引领、支撑度	(司法鉴定标准化相关课题的数量、等级、成果转化率等)	
		论文	
		其他指标	

续表

序号	一级指标	二级指标	评价内容
六	国际标准化参与度	机构	
		人员	
		主导制定	
		参与制定	
		引进、采标	
		会议	
		其他指标	
七	信息化程度	标准库	
		互联网平台	
		文献中心	
		其他指标	

第十章　我国司法鉴定标准化的原则与工作机制

第一节　司法鉴定标准化的原则

司法鉴定不仅是一项对诉讼涉及专门性问题予以鉴别和判断的科学实证活动，更是公共法律服务体系不可或缺的重要部分。为了进一步提升司法鉴定服务质量和公信力、保障司法公正和社会公平正义，司法鉴定标准化工作的战略建设，无疑是实现前述目标的重要前提。需要注意的是，司法鉴定标准化工作，涉及的行业、领域、学科、专业等极为纷繁复杂，外延极广。因此，其战略建设也非一日之功，更无法一蹴而就。为了深入挖掘司法鉴定标准化的应然性价值，在推进这项价值与挑战并存的工作之前，首先需要针对其实际情况，分别需要有司法鉴定标准化工作的近景、中景及远景长期规划。以我国司法鉴定标准化近期的工作目标为立足点，将司法鉴定标准化工作中涉及的各类标准基于技术规范、管理规范等进行科学合理地分类组合，从而为司法鉴定标准研制和标准化建设提供依据和指导。从我国司法鉴定标准化的近期工作建议出发，不仅需要以满足司法鉴定实践需求为导向，以保障鉴定规范和结果可靠为目标，研究司法鉴定过程涉及的全部技术、管理要素，还需要将司法鉴定标准化工作中涉及的各类标准进行科学合理地分类组合，在司法鉴定标准化一般原则和特殊原则的指引下，构建各专业标准体系，在司法鉴定标准的研制中发挥相应指导作用。

一、司法鉴定标准化的一般原则

(一)司法鉴定标准化的科学性原则

科学性是司法鉴定的本质属性。司法鉴定是应用具体科学技术解决审判中遇到的专业问题的一项活动,更是法律规范下的科技实证活动,作为一种科学证据,这就要求司法鉴定的流程以及出具的鉴定意见本身都必须符合科学规律和原理,即符合程序标准化和技术标准化的相关要求。[1] 程序标准化要求鉴定检材和样本的提取方法、提取要求、保存方法、留样要求等予以标准化,尤其是生物检材提取和保存的方法标准化;技术标准化实施鉴定所用的技术和方法具有可靠性、公认性和先进性,鉴定人对开展鉴定工作得到的结果进行综合评断时,所采用的标准要符合该学科先进科学理论的要求。司法鉴定标准是司法鉴定活动的基本准则,其源于科学,与司法鉴定所应具备的科学性这一本质属性息息相关。同时,司法鉴定标准亦服务于司法,通过组织修改和制定相关鉴定程序、鉴定标准及操作规定,从技术实施程序上、标准适用上和操作规定上保障鉴定意见具有可重复性或者验证性。[2] 制定司法鉴定标准的目的在于更好地体现其科学本源,更好地服务于司法,因而只有司法鉴定技术标准的内容具有科学性,才能确保鉴定意见质量,才能真正揭示司法审判中遇到的专门性问题的真正内涵。具有科学性的司法鉴定技术标准是保证鉴定意见具有可重复性、一致性的重要条件。

(二)司法鉴定标准化的统一性原则[3]

司法鉴定标准化工作的统一性与司法鉴定标准化工作的科学性相辅相成。司法鉴定标准化统一性的价值意义在于最大限度地消除因自然人的主观因素等所造成的不同个体之间的误差,以及减少操作的随意性,从而达到

---

〔1〕 陈敏、刘鑫:《我国司法鉴定标准体系研究》,载《昆明理工大学学报(社会科学版)》2013 年第 3 期。

〔2〕 霍宪丹、郭华:《司法鉴定制度改革的逻辑反思与路径探究》,载《法律科学(西北政法大学学报)》2010 年第 1 期。

〔3〕 徐为霞:《司法鉴定标准化问题研究》,河北大学 2006 年硕士学位论文。

保障鉴定意见科学性的目的。评价一份鉴定意见是否具有“三性”(科学性、合法性、公正性),其中不可或缺的一个重要因素乃是鉴定活动中是否具有可依据的统一的鉴定标准,这将直接关系到鉴定意见是否被法庭采信。以DNA鉴定为例,不同的鉴定机构、不同的鉴定人对于鉴定意见的表述各不相同,实务中鉴定意见的使用方易对鉴定意见的理解产生偏差。例如,某些表述以似然比为基础:“枕头上血迹与死者血样的Profiler Plus基因型相同,似然比率(LR)为:4.677E+11”“由死者所留的似然比率为763 296 889 747.433 398”“是×××所留的似然比率为7.51×10^{12}”;某些表述则表达可能性:“血迹为×××所留的可能性均为99.999 999 999 9%。”从我国鉴定意见使用方的维度考虑,似然比尚未大规模应用,在鉴定意见使用的衔接上仍缺乏有效的规制,导致鉴定意见难以正确有效地被使用。〔1〕对于前述问题,2007年3月12日,时任司法部部长张军在接受全国两会“部长通道”集中采访回答司法鉴定问题时就曾专门指出,质量统一的标准急需建设,统一鉴定标准是今后重要的努力内容。〔2〕司法鉴定意见能否作为“呈堂证供”,取决于其是否具有科学性、合法性和公正性。上述司法鉴定意见的3个基本属性,与司法鉴定活动中是否具有统一的鉴定标准一脉相承。制定统一的司法鉴定标准,既是司法鉴定意见的科学性、合法性、公正性的要求,也是优化资源配置、合理运用诉讼资源的内在要求。

(三)司法鉴定标准化的动态性原则

就哲学角度而言,世界上的一切事物都处于运动和变化之中。运动是物质的固有属性和存在方式,世界上不存在脱离运动的物质。人们认识自然、改造自然、发现自然规律、总结理论知识等活动,同样处于不断前进的运动过程之中。就司法鉴定领域而言,其同样遵循着物质运动规律,且时时处在动态化的发展历程。科学技术的进步推动仪器设备的更新迭代,催生着司法鉴定领域新技术的产生、发展;经济社会飞速发展的衍生效应催生了新的鉴定

---

〔1〕 张军:《我国司法鉴定制度的改革与完善》,载《中国司法鉴定》2008年第2期。

〔2〕《张军部长接受全国两会“部长通道”集中采访问答实录》,载司法部官网,http://www.moj.gov.cn/news/content/2017-03/12/xwfbh_5070.html。

项目。随着鉴定经验的累积,鉴定人员的认识能力、科研能力、技术能力亦逐步得到提高,这使一些过去司法审判中难以解决的专门性问题现在可以通过司法鉴定解决,先进科学技术的应用使得司法鉴定活动更加科学化、标准化。因而,司法鉴定活动所依据的标准亦是动态发展的过程。司法鉴定标准的制定和修改应当顺应社会的发展和进步。司法鉴定标准制定的动态化,是新兴科学技术在司法鉴定领域适用的体现,其从无到有的过程要求鉴定标准应当随着科学技术的进步和发展适时进行更新,完成科研成果转化的过程,及时为司法鉴定实践服务。司法鉴定标准修改的动态化,即现行有效的司法鉴定标准根据科学技术的最新成果、实践的最新应用进行更新修订或是及时废止。

(四)司法鉴定标准化的可操作性原则

司法鉴定标准化的可操作性主要表现为已经制定并正式施行的鉴定标准文本切合鉴定实践中的关键问题,并于实践中保证准确施行,减少实行过程中的偏差。具体而言,涉及鉴定标准文本自身用语的规范性、科学性以及鉴定人对于鉴定标准的解读。一方面,如果司法鉴定标准的内容脱离实践中的关键技术问题,对鉴定人来说不具有可操作性,那么司法鉴定技术标准就失去了其存在的必要价值,故司法鉴定标准化的可操作性要求司法鉴定标准在制定时应对标鉴定实践中的关键技术问题,使得鉴定标准具有实践价值。另一方面,司法鉴定标准本身是文本式的表述,其实行依赖于鉴定人的选用和理解。司法鉴定标准的实践价值使其具有可选用性,选用后司法鉴定活动最终要由具体鉴定人来实施,各鉴定人由于文化素质水平、教育经历背景等有一定差别,执业的历程和由此具有的鉴定经验也不一样,因而对司法鉴定标准如何理解、如何操作就会出现差异。如果已经制定的司法鉴定标准的内容本身就难以理解,从而造成鉴定人对其内容的误读,在实践中就会表现出随意性,使鉴定标准失去意义。司法鉴定工作的实施主体是经过系统培训、取得鉴定资质的自然人,鉴定标准亦是由自然人起草,但是标准的内容从文本到落实于具体的鉴定工作中,需历经鉴定人的研读、理解及按照规范执行等具体环节。因此,鉴定标准的文本内容应当规范、易懂、不易产生歧义,不因解读人的不同而落实于具体实践中造成南辕北辙的结果。因此,有关部门在制定司法鉴定管理、技术标准时,应当参照国际标准,严格遵照司法鉴定标准制定的规则,使用规范、简约的专业语言来阐述司法鉴定标准的内容,并与相关国际标准接轨,使制定出来的鉴定标准不仅具有可读性和可操作性,也具有科学性和国际性。

二、司法鉴定标准化的特殊原则

(一)能力验证原则

开展能力验证活动是得以发现司法鉴定机构进行鉴定活动中是否存在问题的重要方式之一。能力验证是通过机构之间的结果比对,来实现对各鉴定机构专业能力进行客观评价的目的。一方面,能力验证结果可为鉴定机构提供参考价值,结合能力验证结果持续提升本机构的硬件实力和人员能力;另一方面,作为司法鉴定行政管理的一种有效途径,司法鉴定行政管理部门亦可通过能力验证结果增强外部质量监控,动态评估鉴定机构和鉴定人的鉴定水平和能力,从而有效提高科学管理、严格管理水平和效果。[1]

首先,能力验证是认可准则对申请认可或已认可机构的强制性要求。全国人大常委会《决定》和司法部相关规范性文本均要求司法鉴定机构"有在业务范围内进行司法鉴定所必需的依法通过资质认定或者实验室认可的检测实验室",而参加能力验证活动是认可机构对申请认可或已认可机构的强制性要求。其次,能力验证是司法鉴定主管部门评价司法鉴定机构能力和水平的一项有效手段。能力验证是对实验室能力、机构能力状况和管理状况进行客观考核的一种科学方法。通过能力验证活动,可令不同鉴定机构间的操作流程、检验测量设备、鉴定过程及鉴定意见具有可比性,使鉴定过程中因人为因素产生的偏差控制在公认的允许误差范围内。因此,其不仅可用于认可组织对该机构的评价,也是司法鉴定主管部门评价和保障实验室、机构能力,并实施鉴定管理的重要手段。最后,参加能力验证活动是司法鉴定机构内部

---

[1] 参见严思斯:《基于程序规范的司法鉴定质量控制研究》,湖南大学2015年硕士学位论文。

实施质量控制的有效措施。定期参加能力验证计划,有利于鉴定机构、鉴定人对于自身能力进行动态、客观的评估。能力验证活动作为一种外部措施,不仅可以对鉴定机构内部的质量控制管理措施进行有效补充,而且对于整个行业的鉴定质量控制也发挥着积极的意义。

(二)资质证书法定条件取得原则

资质证书法定条件取得原则中涉及的内容,既包括鉴定机构鉴定资质达到法定条件后授予许可,也包括鉴定人执业能力达到法定条件后予以准入。鉴定机构资质证书的法定取得有赖于资质认定制度。司法鉴定机构统一的资质认证制度是在综合评价各鉴定机构的实际鉴定水平、软硬件能力,以及提供的鉴定服务质量等要素基础上,不断促进各鉴定机构提高业务水平和科研能力,形成良性的行业竞争环境。[1] 鉴定人资质证书的法定取得,是司法部"双严十二条"的具体要求,对鉴定人的执业能力进行考核后予以准入,有利于本质上提高全行业的鉴定水平。资质认证制度也是司法鉴定标准化建设的一个主要方面,主要通过司法鉴定领域的资质认定和认证认可予以实现。资质认证制度也是司法鉴定标准化工作的一个重要方面,通过司法鉴定领域的资质认定和认证认可予以实现。

我国实验室和检查机构的资质认定工作由国家认监委统一管理,国家认监委和省级市场监督管理部门按照国家认监委《关于实施〈检验检测机构资质认定管理办法〉的若干意见》(国认实〔2015〕49号)中分级实施的规定,受理相关检测实验室的资质认定申请;司法鉴定机构可以按照CNAS规定的有关程序和要求,申请司法鉴定机构实验室认可。[2]

(三)非冲突性的标准适用原则

《决定》第3条规定:"国务院司法行政部门主管全国鉴定人和鉴定机构的登记管理工作。省级人民政府司法行政部门依照本决定的规定,负责对鉴定人和鉴定机构的登记、名册编制和公告。"根据《决定》的规定,司法行政部

---

〔1〕 徐为霞:《论我国司法鉴定标准体系的构建》,载《辽宁警专学报》2007年第4期。

〔2〕 司法部、国家市场监管总局《关于规范和推进司法鉴定认证认可工作的通知》,载司法部官网,http://www.moj.gov.cn/pub/sfbgwapp/zwgk/tzggApp/202105/t20210517_395612.html。

门主管司法鉴定工作中的"登记管理工作",但对于司法鉴定标准的制定、管理等相关工作《决定》并没有明确,且同一专业领域内位列同一层阶的标准,鉴定人亦可选择适用。因而在司法实践中,各主管部门都可在自己所属领域内发布系列管理标准、技术标准等。"四大类"鉴定项目内,鉴定标准主要由司法部、刑标委等制定及发布。2010 年至今,司法部制定并颁布了司法鉴定行业系列技术规范(SF/Z)、行业标准(SF/T),范围涵盖司法鉴定特定专业领域的基础标准、技术标准以及管理标准等。刑事技术领域的司法鉴定标准由刑标委负责制定。检察机关根据实际业务需求制定了部分系统内部适用的规则、标准。除公检法司等机关在制定、发布司法鉴定特定专业的司法鉴定标准外,其他部门也针对本专业鉴定过程中的具体问题制定了相应的司法鉴定标准,这种情况集中于"四大类"外的鉴定项目。例如,在建设工程造价鉴定领域,住房和城乡建设部批准《建设工程造价鉴定规范》(GB/T 51262—2017)为国家标准,并自 2018 年 3 月 1 日起执行,其内容包括建设工程造价领域的司法鉴定内容。根据《通则》第 23 条的规定,其作为国家标准,建设工程造价司法鉴定机构首先应当依据其开展鉴定等。相形之下,除却各部门针对鉴定实践需求单独发布相应的司法鉴定标准,各部门间针对某一具体鉴定项目联合发布相应司法鉴定标准的情形亦时有发生。总体来说,因标准制定主体不明确,相关涉及鉴定的行业部门有的依据相应职能制定了鉴定标准,在标准适用时应根据涉及的具体业务,选择适用高层次和最恰当合适的标准。若条件成熟时,建议应通过立法来确定司法鉴定技术标准的提出、归口和制定部门,实现司法鉴定技术标准制定的统一性。

(四)技术标准遵循的层阶性原则

技术标准遵循的层阶性原则包含以下两方面的含义。

第一,现行司法部部门规章及部分司法鉴定地方立法中,都对于技术标准遵循的层阶性原则作出了明文规定。《通则》第 23 条规定:"司法鉴定人进行鉴定,应当依下列顺序遵守和采用该专业领域的技术标准、技术规范和技术方法:(一)国家标准;(二)行业标准和技术规范;(三)该专业领域多数专家认可的技术方法。"例如,《上海市司法鉴定管理条例》第 26 条规定,司法鉴定人进行司法鉴定,有国家标准、行业标准和技术规范的,适用国家标准、行业标准和技术规范;没有国家标准、行业标准和技术规范的,适用团体标准或者该专业领域多数专家认可的技术方法。又如,《四川省司法鉴定管理条例》第31条规定,司法鉴定人进行鉴定,应当依照下列顺序遵守和采用该专业领域的技术标准、技术规范和技术方法:(1)国家标准;(2)行业标准和技术规范;(3)团体标准或者该专业领域多数专家认可的技术方法。无论是部门规章还是地方性法规,均明确鉴定人进行鉴定应依据程序通则列明的标准适用顺序予以采用,即鉴定过程中鉴定标准的适用应遵循层阶性原则。

第二,就司法鉴定技术标准宏观层面而言,推荐性标准体系和强制性技术规范体系共同组成的基本体系是司法鉴定技术标准体系中的主体,是实现技术标准体系整体功能的基本要素。综合考虑WTO的有关规则和司法鉴定行业的特殊性质,基本体系的组成应采用强制性技术规范体系(或技术法规体系)和推荐性标准体系并重的原则。[1] 推荐性标准体系是由司法鉴定机构自愿采用的标准构成的有机整体;强制性技术规范体系是由政府(行业主管部门)为了实现"维护国家安全,防止欺诈行为,保护人身健康与安全,保护动物、植物的生命与健康,保护环境"5个正当目标,强制要求司法鉴定机构执行的技术规范构成的。强制性技术规范具有强制适用性,对于司法鉴定领域来说在从事鉴定活动中须强制适用,推荐性技术标准在适用的强制性上较前者而言偏低。

第二节 司法鉴定标准化的工作机制

司法鉴定标准及其标准化,是鉴定意见可靠性的必备因素。[2] 司法鉴定标准化工作,旨在确保司法鉴定的服务产品,也就是司法鉴定意见的科学性和可靠性,尽可能排除各类环节中的内外因干扰,进而夯实司法鉴定意见作为科学证据的权威性和公信力。结合前文中的相关研究成果,笔者认为,

---

[1] 沈敏、吴何坚:《试论司法鉴定技术标准体系建设》,载《中国司法鉴定》2007年第4期。
[2] 邹明理主编:《我国现行司法鉴定制度研究》,法律出版社2001年版,第144页。

我国司法鉴定标准化工作在近阶段的规划与发展中,主要可以从以下几个方面加以综合考量。

一、建立全国司法鉴定标准化技术委员会,统一制定、修改、监督司法鉴定标准等工作

在鉴定中,对同一个专门性问题的鉴定如果采用不同的鉴定方法、标准和程序,将会得出不同的鉴定结果,甚至会出现截然相反的鉴定意见。在诉讼实践中,当事人双方有关鉴定意见的争议多是源于不同鉴定人选用的鉴定方法、标准和程序的不统一。统一鉴定标准是健全统一司法鉴定管理体制的需要,司法鉴定标准制定主体、组织主体、颁布主体的统一是司法鉴定领域内统一鉴定标准的实质要求和有效举措。[1] 笔者认为,建立全国司法鉴定标准化技术委员会乃大势所趋,全国司法鉴定标准化技术委员会的建立在很大程度上依托于全国司法鉴定协会的建立,两者是彼此推动的关系。

根据司法鉴定行业的内在属性和规律,不同专业领域的鉴定程序各不相同,需在不同鉴定类别、鉴定项目具体的鉴定程序中寻求共性,形成司法鉴定领域的通用程序,在强调统一司法鉴定程序的基础上,与各专业领域的特别程序共同形成司法鉴定程序上的体系性,从而保障司法鉴定的程序公正。司法鉴定通用程序与特别程序的建立需要专业的委员会加以保障,因此,需要成立国家司法鉴定标准化委员会。全国司法鉴定标准化技术委员会的建立,可避免同一鉴定项目因制定主体不同造成的差异,避免相同鉴定类型、类别标准之间因制定主体不同产生差异,特别是因鉴定标准不科学、不统一影响鉴定作为证据的统一要求,损害实体公正。[2] 有效保障了制定司法鉴定标准的统一性和科学性,也可有效减少在司法鉴定标准采用上的异议。

关于全国司法鉴定标准化技术委员会的成立,可以考虑由司法部牵头,

---

〔1〕 郭华:《健全统一司法鉴定管理体制的实施意见的历程及解读》,载《中国司法鉴定》2017 年第 5 期。

〔2〕 郭华:《司法鉴定管理改革的创新与监管智能化模式》,载《中国司法》2018 年第 12 期。

会同最高人民法院、最高人民检察院、公安部、国家安全部等有关部门组成。[1] 至于该委员会的组成，可以考虑下设各分专业委员会，由各专业委员会制定、发布、修订、废止本专业内的司法鉴定标准；对于司法鉴定标准的具体分类，也可以分为对所有司法鉴定都适用的标准（如司法鉴定程序等）和对特定专业领域适用的司法鉴定标准。

二、建设全国统一司法鉴定标准体系，妥善处理过渡期不同标准的协调工作

《决定》第 3 条规定："国务院司法行政部门主管全国鉴定人和鉴定机构的登记管理工作。省级人民政府司法行政部门依照本决定的规定，负责对鉴定人和鉴定机构的登记、名册编制和公告。"根据其精神，实则由司法行政系统负责司法鉴定的统一管理，但限于"登记管理工作"，对于司法鉴定标准由谁制定、管理等却没有明确。司法鉴定标准政出多门的情形，难免会造成相互推诿、相互争权，甚至标准之间相互矛盾等不利情形的出现，这正是司法鉴定标准缺乏统一制定、归口管理部门造成的。如 2015 年司法部商最高人民法院、最高人民检察院决定将环境损害类司法鉴定纳入统一登记管理范畴，但在环境损害类司法鉴定领域，原环境保护部办公厅于 2014 年 10 月印发了《环境损害鉴定评估推荐方法（第Ⅱ版）》，在环境损害类司法鉴定领域发挥了实质的标准作用。

针对这种情况，应对现有已经发布的司法鉴定标准进行认真审视，完善现有司法鉴定标准，并加快建设形成一套结构合理、满足需要的司法鉴定标准体系，面对建立统一的司法鉴定标准体系的大趋势，当前如何做好不同标准的协调工作显得至关重要。应注意梳理总结现行有效的管理标准、技术标准等，按专业类别进行整理，重点考量同一鉴定类别中不同部门颁布的标准的差异性，并分析总结差异原因，为统一鉴定标准的出台奠定理论根基。

---

[1] 朱晋峰、沈敏：《司法鉴定标准化法制机制建设研究》，载《中国司法鉴定》2018 年第 1 期。

三、对已有相关标准的梳理和执行，可不局限于法律调整的“四大类”专业领域

对已有的相关标准的梳理和执行,可不局限于主要为司法鉴定行业服务的标准。在其他一些目前尚未形成规模的司法鉴定行业(“四大类”外司法鉴定),运用其领域内现有的行业技术标准参照作为涉及该鉴定事项的司法鉴定意见的标准。这些标准制定之初是为其各自行业服务的,国家标准、公共安全行业标准、司法部行业标准、部颁标准等均未涉及,但是由于鉴定实践中也不可避免地遇到这些问题,故予以适用。

目前,司法鉴定技术标准的研究多集中于法医类、物证类、计算机与声像资料类、环境损害类(“四大类”)司法鉴定领域,随着各专业领域鉴定事项划分及科学研究的不断精进,交叉领域的技术标准研究会更加广泛,司法鉴定专业细分程度也会越来越高。如近几年随着电子签名的广泛应用,电子签名的鉴定问题也成为行业内新兴问题。但是目前各部门尚未出台电子签名相关的鉴定标准,因电子签名鉴定不仅涉及传统的笔迹鉴定的知识,其中蕴含的数据信息,如签名时间戳、书写压力、书写速度等数据的提取与鉴定不可避免地关联到电子数据鉴定等相关学科。随着科技的发展及人民生活方式的改变,未来许多鉴定事项如电子签名一般会历经标准制定滞后的问题。“其他类”鉴定标准目前主要运用其相关行业内的技术标准,在很大程度上并不能完全满足司法鉴定领域的需求。针对这种情况,可由司法鉴定协会牵头,组织各专业领域制定、修订标准,条件成熟的还可成立专业委员会制定技术标准。

四、严格执行现有标准的同时，注重探索团体标准的适用

2017 年《标准化法》修订的内容中,就明确要整合强制性标准,防止强制性标准过多过滥;同时,明确地方标准、团体标准、企业标准的技术要求不得低于强制性标准的相关技术要求。根据《通则》第 23 条的规定,“司法鉴定人进行鉴定,应当依下列顺序遵守和采用该专业领域的技术标准、技术规范

和技术方法:(一)国家标准;(二)行业标准和技术规范;(三)该专业领域多数专家认可的技术方法"。即司法鉴定人在实施鉴定的时候,应当严格依照顺序依次适用上述标准。同时,应当大力鼓励司法鉴定行业、司法鉴定机构等团体、企业制定更严格于上述标准的标准,以供在司法鉴定实践中运用。以整个行业的高要求推动司法鉴定领域的技术革新,可以促进司法鉴定领域规范的不断严谨,从而能进一步提升司法鉴定质量,以更高的标准为诉讼的顺利进行保驾护航。

当然,对于行业标准、司法鉴定机构标准"严格"程度的界定,还应当满足以下两个条件,即标准的自我声明、公开和有独立第三方能够对标准进行评定。对于标准的自我声明,在《深化标准化工作改革方案》、《企业产品和服务标准自我声明公开和监督制度指南》以及《标准化法》中都有明确规定。其中,对于标准的自我声明,尤其是司法鉴定机构标准的自我声明,按照法定要求,只能在全国统一的企业标准信息公共服务平台公开,如果选择其他方式,则该公开声明无效。团体(这里可以指代司法鉴定行业协会等)、司法鉴定机构等在制定标准过程中应当公开企业的自我承诺、企业基本信息、标准信息、产品信息、时间和地点信息等标准自我声明内容。此外,还至少应当表明其相对于程序通则规定的标准更严格之处。

另外,除司法鉴定标准的声明和公开外,在此之前还应当由特定的组织负责对该标准是否违反程序通则规定的标准,或者是否实际上严格于程序通则规定的标准进行评定。因为一旦司法鉴定机构根据团体标准或企业标准(机构标准)实施司法鉴定,作为鉴定意见的使用者——委托机关往往缺少专业性知识进行判定,因此在运用该标准实施鉴定之前对其效力进行认定也成为必要。其中,需要明确的是认定的主体,鉴于全国司法鉴定标准化技术委员会统一负责司法鉴定标准的制定修订等运行工作,将团体标准、机构标准的认定交由其予以行使也具有必要性。当然,对于具体操作、认定程序、期限、工作机制等,可以发布专门的实施办法予以规定。[1]

---

〔1〕 朱晋峰、沈敏:《司法鉴定标准化法制机制建设研究》,载《中国司法鉴定》2018年第1期。

五、不执行强制性司法鉴定标准的，应承担相应的后果

司法鉴定是一项理论与实践相结合,且实践性很强的活动,在司法鉴定标准的制定过程中,需要综合考虑各方面因素,包括标准理论与实践的差异、国际标准与国内标准的衔接以及实践中如何减少标准实施的偏差等。标准的制定与执行之间仍受到众多因素的影响,严格执行统一的司法鉴定标准,在保障程序正义的同时,更利于发现实体真实。

标准制定的意义在于适用,对制定出来的司法鉴定标准在适用和执行上应当统一。对于不执行统一的司法鉴定标准的,其作出的鉴定意见应当予以排除,违反相关执业纪律、禁止性规定,触犯相关法律的,还应承担不利的法律后果。办案机关在审核鉴定意见时,也应对是否适用相关标准进行形式要件的审核,未引用涵盖鉴定事项的鉴定标准或引用鉴定标准错误的,鉴定意见也应视情况予以排除。

第十一章　我国司法鉴定标准体系的基本架构和特点

第一节　我国司法鉴定标准体系的基本架构

司法鉴定标准体系，从文义解释的角度出发，应当分解为“司法鉴定标准”和“体系”二词。对于标准，英语含义是“standard”和“criterion”。这二者都具有界定事物的功能，都是准则性的称谓。即使二者具有含义相同之处，但是，“standard”和“criterion”具体涵盖的范围还是存在一定的差异。在自然科学和工程技术领域，“standard”更常用，而在人文与社会科学领域，“criterion”则更常用[1]。

标准在人文社会科学领域属于不可避免的术语。在哲学领域，标准具有规律性范畴的含义。这种规律性主要表现为同构性及重复性。同时，这些规律性、同构性及重复性还应当被公认[2]。在社会学意义上，劳伦斯·布施认为，在一个复杂的世界中，标准无疑是不可或缺的，这使世界以一种相对规范化的方式被建构。复杂世界应被标准所规制。标准界定着物质世界，也界定着社会及个人生活。[3]

---

〔1〕 参见中国标准化协会编著：《标准化学科发展报告：2016—2017》，中国科学技术出版社 2018 年版，第 11 页。

〔2〕 参见中国标准化协会编著：《标准化学科发展报告：2016—2017》，中国科学技术出版社 2018 年版，第 11 页。

〔3〕 参见中国标准化协会编著：《标准化学科发展报告：2016—2017》，中国科学技术出版社 2018 年版，第 7 页。

根据ISO/IEC(2004)的指导,对于"标准"的含义,这主要是指标准应当通过互相协商而确立,而不是由个别机构或者个人任意制定。同时,标准应当获得共同确认的机构批准颁布。标准应当限于一定的领域或者范围,能够为该领域或者范围内的共同使用者提供准则性、指导性的参照。

根据不同领域对标准的界定,可以看出司法鉴定标准是指为了保证司法鉴定意见的客观性、公正性,由特定机构颁布,在一定领域内相关主体都重复使用的具有准则性的参照文本。而对于司法鉴定标准体系来说,是指司法鉴定标准满足一定秩序并互相联系而构成的有机整体。

可以说,司法鉴定标准体系并不是孤立的,其依托的前提应当是司法鉴定标准。没有科学、客观的司法鉴定标准,是无法建构司法鉴定标准体系的。一般而言,将司法鉴定标准进行类型化的划分,是建立司法鉴定标准体系的一个重要技术性前提。

对于司法鉴定标准的分类,相关领域的专家学者众说纷纭。这包括根据批准颁布的主体进行划分,司法鉴定标准可以包括国家标准、行业标准、地方标准和司法标准。根据司法鉴定标准性质予以划分,可以分为技术标准和执业标准等。

第二节　我国司法鉴定标准体系的特点

体系,是指一定范围内或同类的事物按照一定的秩序和内部联系组合而成的整体。标准体系则是一定范围内标准的集合体。司法鉴定标准体系则为在司法鉴定领域一定范围内的集合体。为了最大化地实现体系的"适用性"和"功能性",标准体系内的每一个司法鉴定标准都是具有特定内容、可独立存在的,并在一定范畴内可共用基础单元。各标准之间相互联系、相互制约、相互作用,具有如下特点。

一、系统性

系统性,是指一个层次分明的整体,不同维度的指标处于不同层级,形成一定的秩序,同层级指标之间、指标层与指标层之间具有清晰的逻辑关系,且整个体系中的单个指标能反映评价对象发展的某个侧面,而指标的综合又能反映整体情况。司法鉴定标准体系将我国诉讼制度、证据制度的要求和司法鉴定行业的技术、管理要素、通用要求以及各专业领域鉴定过程所涉的全部技术、管理标准按照一定的层次和类别形成结构完整、脉络清晰的行业标准体系和若干专业标准分体系。[1] 具体而言,司法鉴定标准体系是在司法鉴定标准之间形成的系统。因此,司法鉴定标准属于司法鉴定标准体系的构成要素。司法鉴定行业基础标准、司法鉴定行业技术标准以及司法鉴定行业管理标准3类并列,形成了我国司法鉴定标准体系的基本架构。司法鉴定行业基础标准下设标准体系表、专业术语代码标准、图形符号标准、特征分类标准、数据来源标准、其他通用标准。司法鉴定行业技术标准下设现场勘查技术标准、现场实验技术标准、检验鉴定技术标准、信息化建设应用技术标准、法庭科学技术产品标准。司法鉴定行业管理标准设有技术人员管理标准、基础设施管理标准、仪器设备配置与管理标准、物证管理标准、样本管理标准、耗材管理标准、质量控制标准、文书档案管理标准、环境与安全管理标准、信息化管理标准。每一类别的具体划分无一不体现出司法鉴定标准体系的系统性,层级分明,逻辑清晰。

二、科学性

科学性,是指衡量事物是否与客观事实相一致的依据,这意味着科学性并不是主观想象的。如果事物满足科学性,那么其就能反映出事物的本质及内在规律。司法鉴定应当满足科学性,这是一项基本要求。这包括司法鉴定的方法及手段的科学性,也包括司法鉴定理论及知识的科学性,唯有如此,才能保证司法鉴定意见的科学性。可以说,只有司法鉴定意见具有科学性,才能满足司法鉴定客观性的要求。因此,科学性是司法鉴定的本质属性。

依据司法鉴定活动的特点,科学合理地分类、分层设置标准,使司法鉴定行业标准体系框架以及专业标准分体系分类科学、结构合理、层次清晰、构成

[1] 何晓丹、吴何坚:《再论司法鉴定标准体系的建设》,载《中国司法鉴定》2020年第1期。

简明,并具有一定的可分解性和扩展空间。[1] 这本来就是司法鉴定标准体系的应有之义。之所以说司法鉴定标准体系具有科学性,主要有以下几个方面原因:第一,司法鉴定意见具有科学性,其一般需要在业内普遍承认,公开发表,需要经过实践检验,并且需要经过相关法律、法规等予以规范、确认,这些都是满足其科学性的保证。然而,这并不是说司法鉴定准确性或者科学性是不容置喙、无可置疑的,其也有非科学性的一面,也有导致冤假错案的可能性。因为科学性也具有相对性,也受到特定的时代制约,受到技术及鉴定人素质的限制,这会使司法鉴定意见的科学性受到折损。这包括由于科学技术的发展,使当时看起来具有科学性的司法鉴定标准也受到了挑战及质疑。即使被认为是具有很高科学性的司法鉴定意见都是如此,譬如,对于 DNA 司法鉴定证据就是如此。英国和美国 DNA 证据的早期经验反映了对科学进步反应太快的结果,由于传播、产生、解释和提出 DNA 证据的科学而可靠的方法被设计之前,DNA 证据就被应用,结果许多裁决不得不被撤销[2]。当然,即使司法鉴定意见的科学性不是绝对的,但是,司法鉴定意见的科学性还是值得信赖的。第二,一般而言,司法鉴定意见的收集、保全、固定也具有科学性,其应当遵循规范的程序操作来实现司法鉴定的目的。第三,司法鉴定的科学性要求鉴定机构和鉴定人本着实事求是的精神,客观地对待鉴定事项得出鉴定意见。第四,司法鉴定的科学性还需要从机构鉴定人员和管理人员的构成、机构的设立和准入条件、鉴定机构认证认可及建立全国标准委员会等多方面进行统筹。司法鉴定是具有高度专业性的工作,为保证司法鉴定的科学性,对鉴定人员及机构管理人员的专业性必然是有要求的。鉴定人的准入资格、职业条件有相关法律法规予以明确规定并且细分了不同的司法鉴定类别。可以说,这是从司法鉴定管理的科学性方面为司法鉴定标准体系的科学性提供支持。

---

[1] 何晓丹、吴何坚:《再论司法鉴定标准体系的建设》,载《中国司法鉴定》2020 年第 1 期。

[2] [英]麦高伟、[英]杰弗里·威尔逊主编:《英国刑事司法程序》,刘立霞等译,法律出版社 2003 年版,第 243 页。

三、全面性

全面性,是指司法鉴定标准体系并不仅是针对某一个具体司法鉴定种类的,而是涉及方方面面。司法鉴定标准体系涉及类别包括现场勘查检验类、法医病理损伤、法医临床学、法医人类学、法医精神病学、法医遗传学、痕迹检验鉴定类、指纹检验鉴定类、枪弹检验鉴定类、爆炸检验鉴定类、毒物检验鉴定类、理化检验鉴定类、现代语言技术类、视频侦查技术类、电子物证检验鉴定类、文件检验鉴定类、警犬技术类、心理测试类、信息技术类、技术管理类等。司法鉴定标准体系的全面整合有助于统一之前冲突的标准、分散的标准,且便于公众查询。可以说,司法鉴定标准体系涵盖的范围越广、越全面,说明司法鉴定发挥的功用也越大。当然,这也增加了司法鉴定标准之间协调或者防止互相矛盾的难度。这也正说明了建立司法鉴定标准体系的价值所在。

四、先进性

先进性位于前列,可谓表率之含义。在对司法鉴定标准体系进行评价时,司法鉴定标准体系的先进性可以从几个角度进行衡量。首先,应当从比较的维度出发。在具体操作中,应对司法鉴定相关技术标准进行研究和分析,标准的整体水平能够与国际标准和发达国家技术标准相比的,属于国际先进水平。对国内相关标准进行充分调查研究,能够及时引用和采用的,属于国内先进水平。可以说,我国的司法鉴定标准体系是一个非常庞杂的标准体系。即使如此,我国司法鉴定标准体系在科学性、协调性等方面,还是有一定的比较优势的,在新颖性、创新性等方面还是处于前列的。其次,应当从我国司法鉴定标准体系的适用效能方面进行考察。实际上,即使我国司法鉴定标准体系存在一定的不足,但是在具体运作中,还是能够实现系统的优化作用,从而实现整个司法鉴定标准体系运作的有效运转。最后,我国司法鉴定标准体系的先进性还表现在我国能够对现行有效的标准及时开展复审,对已发布实施5年以上的标准进行充分的评估审查,给出准确的复审结论,且及时修订和废止相关标准,避免标准滞后和标准超期现象。这可以有效地避免司法鉴定标准中的无效部分,从而实现整个司法鉴定标准体系的优化。在我国司法鉴定标准体系的建构方面,我们要立足现有的基础,注重技术的先进性和证据的可靠性要求,既要考虑目前的技术水平和行业现状,又要对未来的发展有所预见,使司法鉴定标准体系能适应一定时期内司法鉴定活动的发展变化,以及与国际标准的接轨[1]。

五、适用性

适用性,是指产品、过程或服务在具体条件下适合规定用途的能力。具体到司法鉴定标准体系的适用性而言,应着重从以下三方面考虑:第一,提高法庭科学标准适用性的能力,即适用和满足特定或规定用途的能力。第二,在规定用途方面,即标准体系所能发挥的作用和标准化活动的目的。在当前形势下,法庭科学标准适用性主要表现为围绕"服务实战、服务诉讼、服务社会"的根本宗旨,发挥"依法打击犯罪、维护司法公正、化解社会矛盾"的职能作用,规范执法、打击犯罪、促进社会公平正义、维护社会稳定、保护国家安全。第三,司法鉴定标准体系的适用性评价指标应当包含标准的适度性,技术水平的先进性、协调性、规范性、适宜性和可操作性。

对于我国现行的司法鉴定标准,也存在适用性相对不足之现状。换言之,也就是目前我国司法鉴定标准具有相对适用性。表现在:一是鉴定领域标准或技术规范匮乏。法医类、物证类、计算机与声像资料类、环境损害类鉴定领域存在技术标准或专业判断、评估类标准缺失情况,以及基础性、管理性标准匮乏的现象,影响了鉴定意见的规范性、一致性和可比性,难以满足司法实践的需要,也制约了司法鉴定行业发展。二是标准化对象不合理、适用性有限。由于缺乏顶层设计,导致实践中标准化对象的合理性存在较大问题,如同一标准化对象的不同部分,被人为拆分成若干个标准;同一标准化对象,同一成分或性能使用不同的方法进行分析,被编写成不同的标准;同一标准

---

[1] 何晓丹、吴何坚:《再论司法鉴定标准体系的建设》,载《中国司法鉴定》2020 年第 1 期。

化对象,使用同一方法,借助同一设备来分析不同的成分或性能,编写成若干标准,该现象在法医毒物和微量物证领域尤其突出。[1] 由此形成的专业标准数量过多,在鉴定实践中针对性和适用性不强,效能受限。[2] 然而,从长远来看,我国司法鉴定标准体系的适用性是最终的目标。否则,就违背了构建司法鉴定标准体系的本义。这是因为,一种不适用或者有限适用的司法鉴定标准体系是不能满足现实司法鉴定需求的,也会限制司法鉴定效能的实现。

六、客观性

客观性与主观性相对立,或者说,二者存在对立统一的关系。客观性是哲学中的一个重要的概念。客观性不因个体的判断而异,与个人的主观意识无涉。换言之,客观性不受个体的主观意识影响而独立存在。客观性是指根据事物的本来面目去认识或者判断其合理性。客观性是指操作或者认识方法的客观性,从而实现主体对客体的准确、真实的认识。对于司法鉴定标准而言,这是在司法鉴定领域相关机构制定共同遵守的准则,在制定之后就不应任意改变,也不能因人、因事而异。唯有如此,才能成为相关适用主体一体遵行的客观准则。之所以司法鉴定标准体系具有客观性,主要理由在于:

第一,这是由司法鉴定意见的客观性决定的。在技术检测和检验活动中,由于第一方评价(当事人为自己证明或做出评价,但因其直接的利害关系可信度最低)和第二方评价(由使用者进行证明或作出评价,存在间接的利害关系甚至利益驱动)难以被对方接受,往往造成多次证明或评价。只有第三方评价(由无利害关系的第三方权威机构作出证明和评价)因其具有客观性,从而具有较高的证明力和权威性,具备被普遍接受和采用的基础。[3] 可见,在应然意义上,司法鉴定意见具备客观性,是保证其证明力及可采性的关键,也是保证其权威性的核心构成要素。司法鉴定意见是司法鉴

[1] 刘伟、沈敏、陈航等:《法医毒物鉴定专业标准体系构建》,载《中国司法鉴定》2018 年第 1 期。
[2] 何晓丹、吴何坚:《再论司法鉴定标准体系的建设》,载《中国司法鉴定》2020 年第 1 期。
[3] 杜志淳主编:《司法鉴定概论》,法律出版社 2010 年版,第 8 页。

定专家通过鉴定后,对鉴定对象进行的客观性陈述,而不是法律性陈述。司法鉴定意见是通过科学仪器依据科学原理对待鉴对象进行的客观性记载、描述及诠释,所以其受主观因素影响相对较小,不会像证人证言等言词证据那样容易受情绪等因素影响,所以,其客观性是毋庸置疑的。然而,由于司法鉴定意见本身并不能"言说",需要人去发现和提取,然后再接受内行人的检验和判断,即司法鉴定意见对科学技术具有依赖性,需要专门人员携带科学技术而介入。因此,发现、提取及对之进行检验、评断的内行人的技能、学识及其拥有的技术设备甚至恪守的职业操守等,均将在一定程度上影响着司法鉴定证据之本质特征的展现和揭示,故我们只能说,司法鉴定意见具有较强的客观可靠性,[1]而不是绝对的客观性,其是在司法鉴定人的操作下的专门行为,不可避免会沾染个人的主观因素。在具体的司法鉴定操作中,如伤情鉴定、DNA鉴定、枪弹痕迹鉴定、录音录像鉴定、足迹指纹鉴定、笔迹鉴定等,均可能涉及主观判断,而司法鉴定专家解决的是客观事实性问题。因此,鉴定意见是科学技术通过鉴定人的主观意识表示对客观事实的确认。[2] 可以说,就司法鉴定意见本身的客观性而言,也可以决定我国司法鉴定标准体系的客观性。

第二,司法鉴定标准本身的客观性可以决定司法鉴定标准体系的客观性。在法医病理损伤、痕迹检验鉴定类、指纹检验鉴定类、枪弹检验鉴定类、爆炸检验鉴定类、毒物检验鉴定类等鉴定中,虽然司法鉴定标准在制定时有制定人的主观意识发挥着作用,是制定者主观性智力的结晶,但是一旦这种鉴定标准制定完毕以后,就属于在适用期内不得任意改变的客观性标准。可以说,客观性也是指司法鉴定标准能在一定时期内相对不变地保持其本质的特性。如果标准体系内的每一个司法鉴定标准都具有客观性,那么,作为由各个司法鉴定标准有机组成的标准体系,也应当具有客观性,这是一种不言而喻之事。

---

〔1〕 参见李学军:《物证论——从物证技术学层面及诉讼法学的视角》,中国人民大学出版社2010年版,第16~17页。

〔2〕 赵泓:《我国刑事司法鉴定制度的研究》,四川大学2006年硕士学位论文,第11页。

第三,司法鉴定标准体系的客观性直接源于司法鉴定目的的需要。因此,在司法鉴定中,司法鉴定专家应当做到不偏不倚,以客观的事实为依据,不受外界因素及其本身主观意志的影响,避免错误并减少偏差。在应然角度上,不能附加鉴定人的主观成分。司法鉴定人不能对司法鉴定证据有个人利益牵涉其中,也不能有个人的好恶或者偏向。在鉴定时,司法鉴定专家只是基于合同与当事人联系,依据科学技术知识进行鉴定,这也是与其职业道德密切关联的,何况还有法律制约因素予以保证。

七、协调性

司法鉴定标准体系的协调性,是指在司法鉴定标准之间应互相一致、紧密衔接而不能互相矛盾,否则,就难以发挥体系的整体作用。按照国家标准化工作改革要求,司法鉴定标准体系应厘清各级各类标准边界,特别是与各种鉴定学的学科分类、认证认可领域分类以及司法鉴定实践活动保持协调一致。适合本领域应用的已颁布的公共安全等相关领域的标准可作为本体系的相关标准,以期实现进一步的补充和融合。[1] 司法鉴定标准体系本身就需要协调一致,这也是建立司法鉴定标准体系的应有之义。如果司法鉴定标准体系中的各个标准特别是直接相关的标准不协调,就会给司法鉴定标准的适用带来困境。只有司法鉴定标准具有协调性,才能保证该标准的适用性及可操作性,相反,如果各个标准之间互相掣肘,就会成为现实操作的难题。此外,司法鉴定标准制定的最终目的是鉴定意见在法庭上予以适用,如果司法鉴定标准体系不协调统一,则直接会导致在法庭上适用的混乱。

---

〔1〕 参见何晓丹、李成涛:《法医物证鉴定专业标准体系构建》,载《中国司法鉴定》2018 年第 6 期。

第十二章　我国司法鉴定标准体系设计

第一节　概　　述

在对司法鉴定的标准体系进行较为系统全面的梳理、研究之前，应首先对司法鉴定行业的标准类型进行一定的总结归纳。不同的学者对此已有相关论述，比如，司法部孙业群将鉴定标准分划为技术标准和执业标准。[1] 徐为霞则认为，应当分为鉴定意见的形成标准和鉴定意见的运用标准。[2] 陈敏等认为，根据司法鉴定标准的性质，一般将其分为两类：纯技术标准和法律判断标准。[3] 邹明理教授认为可以按其内容作广义和狭义的划分。广义的鉴定标准，一般是指鉴定活动中所遵循的基本准则，即通常所说的鉴定规范，既包括管理层面的司法鉴定行政管理机关应当遵循的行政管理规范，也包括规范鉴定机构、鉴定人的组织规范、资质规范、鉴定程序规范、鉴定意见和鉴定文书体例格式规范。狭义的鉴定标准则特指司法鉴定人接受司法鉴定委托后针对具体的鉴定目的作出相应鉴定意见所依据的具体条件和技术要求，狭义的鉴定标准是考察和评价鉴定意见可靠性的必备条件（见图 12－1）。[4]

---

〔1〕 孙业群：《司法鉴定制度改革研究》，法律出版社 2002 年版，第 334～336 页。

〔2〕 徐为霞：《司法鉴定标准化问题研究》，载《海南广播电视大学学报》2006 年第 4 期。

〔3〕 陈敏、刘鑫：《我国司法鉴定标准体系研究》，载《昆明理工大学学报（社会科学版）》2013 年第 3 期。

〔4〕 邹明理主编：《我国现行司法鉴定制度研究》，法律出版社 2001 年版，第 44 页。

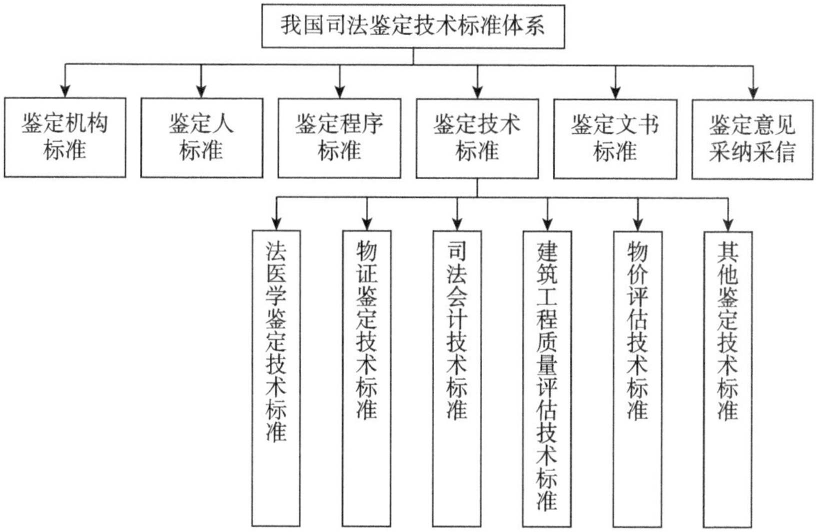

图 12－1　司法鉴定技术标准体系(陈敏等建议版)

(资料来源:陈敏、刘鑫“我国司法鉴定技术标准体系(建议)”图,参见《我国司法鉴定标准体系研究》,载《昆明理工大学学报(社会科学版)》2013 年第 13 期。)

笔者认为,对于司法鉴定标准可以从不同角度、不同分类依据进行划分:

第一,按照该标准相关的执业类别是否纳入国家统一登记管理分类依据,可以将司法鉴定标准分为 4 类内司法鉴定标准,[1]4 类外司法鉴定标准。截至 2019 年 8 月,根据全国人大常委会《决定》及相关法律法规和规范性文件的规定,我国纳入国家统一登记管理的司法鉴定类别涵盖法医类、物证类、计算机与声像资料类以及环境损害类,一般统称为四大类。相应地,根据管理类别不同,司法鉴定标准可以分为法医类司法鉴定标准、物证类司法鉴定标准、计算机和声像资料类司法鉴定标准、环境损害类司法鉴定标准。按照每一大类下的小类还可以进一步细分,甚至可以按照鉴定对象不同,再进一步进行划分。此外,从应然角度,还应有一些司法鉴定行业通用的共性标准,

[1] 4 类内、4 类外为简称,是指法医类、物证类、计算机与声像资料类、环境损害类司法鉴定这 4 类纳入国家统一登记管理范围的鉴定类别。

如司法鉴定行业通用术语，司法鉴定认可规范、认可准则，司法鉴定委托受理程序，听证规则、现场勘验规则、调查规则、出庭规范等。

司法鉴定标准体系包括：司法鉴定通用标准（司法鉴定行业通用术语，司法鉴定认可规范、认可准则及其应用说明，司法鉴定资质认定准则及其应用说明，司法鉴定委托受理程序，听证规则、现场勘验规则、调查规则、文书标准、出庭规范、司法鉴定标准物质、标准品研制管理规范）；司法鉴定专业标准（法医类司法鉴定标准、物证类司法鉴定标准、计算机司法鉴定标准、声像资料司法鉴定标准、环境损害类司法鉴定标准）。

第二，按照司法鉴定标准的制定主体层次、使用范围的大小等不同，可以分为国家标准、行业标准、地方标准、企业标准、团体标准，在国际化背景下还有国际标准和区域标准。另外，因为司法鉴定行业标准化历史较短，程度不高，在很多领域，不少标准尚处于空白状态，主管部门根据实际工作需要，组织制定的具有标准属性和功能的技术指导性文件就显得很重要，可以暂时起到部分标准的作用，同时为今后研制正式的标准积累相关反馈意见，奠定良好的科学基础。国家标准按照强制性不同分为强制性标准和推荐性标准。有观点认为，司法鉴定工作涉及国家法治统一，在具备条件的情况下司法鉴定的标准应该以国家标准形式颁布最佳。对此，笔者认为，标准的制定过程其实是一个技术、管理经验积累的过程，不可能一蹴而就，地方性标准、行业标准、团体标准的制定、使用对于推动国家标准的研制具有重要意义。应该从司法鉴定标准的属性、功能不同，来区别认识这个问题。如对于涉及刑事案件立案、定罪、量刑的司法鉴定技术标准应严格按照罪刑法定和国家立法、司法、执法统一的原则，一律由有权机关进行制定、颁布、修订和解释等。对于一些具有司法鉴定管理属性的标准，如司法鉴定机构、司法鉴定实验室建设标准，地方、行业可以在不低于国家法定要求的前提下，制定地方标准、行业标准、团体标准、企业标准等。对于一些涉及司法鉴定委托、受理、材料流转、听证、调查等程序规范的标准，也可以由地方、行业组织、机构等在不违背《通则》及相关诉讼法律法规的前提下，制定更加详细的、更具操作性的标准。这些地方性、行业性、团体性和企业性的标准研制、实施对于将来完善全国性标准或立法具有重要的推动作用。

另外,还可通过研制实施司法鉴定技术规范或指导性文件等方式进行标准化建设。

司法鉴定标准体系包括:国家标准(强制性、推荐性);行业标准(司法鉴定行业[1]、公共安全行业、医药行业、卫生行业等);地方标准;企业标准;团体标准;国际标准(如ICD系列);区域标准(亚洲、亚太地区、上海合作组织、金砖国家、APEC等);技术规范;指导性文件。

第三,按标准化的对象不同,可以分为基础标准、方法标准、产品标准、管理标准、安全标准、卫生标准、环保标准和其他标准8个类别[2]。

基础标准,是指具有广泛的适用范围或包含一个特定领域的通用条款的标准。基础标准在一定范围内可以直接应用,也可作为其他标准制定依据或基础。在司法鉴定领域,目前而言,基础性标准比较欠缺,这与该领域的标准化研究工作基础薄弱,对一些共性标准,如行业通用术语、通用程序、伦理规范等标准的专题研究尚不够深入、不够系统有关,也是今后司法鉴定标准化工作的重点内容之一。

方法标准,是针对司法鉴定各项技术活动的方法为对象制定的标准,如取样方法、抽样方法、试验方法、检验方法、检测方法、测量方法、分析方法、计算方法等。主要是针对特定鉴定领域的技术活动而言的,司法鉴定领域此类标准目前已经为数不少,相对比较成熟。

产品标准,是指规定产品需要满足的要求以保证其适用性的标准,司法鉴定行业本质上属于法律规范下的科学技术服务性行业,其提供的产品主要是司法鉴定意见,以司法鉴定意见书作为载体,相应地,司法鉴定的产品标准主要应该就是司法鉴定文书的制作标准。我国目前尚未出台关于司法鉴定文书的相关标准,但有主管部门制定的一些规范性文件,将来可以用于专题研究,在此基础上研制专门的司法鉴定文书制作标准,以统一全国的司法鉴

---

〔1〕 司法鉴定行业发展尚未成熟到达成"将司法鉴定行业作为单独的行业类别纳入国家标准化管理的序列,并给予专门的代码"的共识。

〔2〕 国家标准技术审查部组织编写:《标准研制与审查》,中国标准出版社2013年版,第5页。

定文书格式、体例、内容模块、语言文字、签章、包装装订等要求。

管理标准,是对标准化领域中需要协调统一的科学管理方法和管理技术所制定的标准,包括技术管理标准、生产安全管理标准、质量管理标准、设备能力管理标准和劳动组织管理标准等。司法鉴定行业目前有一项国家认监委制定发布的行业标准——《法医临床检验规范》(RB/T 192—2015)。

安全标准,是以保护人和物的安全为目的所制定的标准。在司法鉴定领域,如鉴定场所、实验室、办公场所的消防安全、电力安全、生物安全,实验室网络与数据安全、建筑安全、防盗要求、安保监控等,档案室的温度、湿度、消防等安全要求。安全标准可以是独立制定的标准,也可以是在其他标准中列出的有关安全的要求和指标。

卫生标准,是为保护人的健康,对医药、食品和其他方面的卫生要求制定的标准,包括对场所、物品、操作程序等方面的卫生要求。如法医临床、法医物证等涉及人体检验过程的鉴定采样、等候区公共场所卫生标准,医疗废弃物处置要求,传染病防控要求,传染病尸体检验程序标准,腐败尸体、检材的接受、保存、运输和检验程序,伤口检验程序,法医及相关专业使用的与人体有关的耗材和工具的卫生标准等。

环保标准,是为了保护人类发展和维护生态平衡,以围绕人类的空间及其中可以直接、间接影响人类生活和发展的各种自然因素的总体为对象而制定的标准。司法鉴定行业不少领域涉及环境保护标准,如在法医病理鉴定中尸体解剖室建设、运行的过程中产生的尸体相关体液、人体组织;病理检材固定、病理切片制作过程中使用的有关化学试剂等医疗性、化学性废弃物(含液体、固体、气体)的收集、运输、处置过程,就涉及环境保护。法医毒物化学实验室、微量物证实验室、部分痕迹实验室、有关环境损害检测实验室等也有相关要求。

其他标准,是指以上类型以外的相关标准。如司法鉴定中部分专业涉及伦理准则、保密原则、未成年权利保护(儿童利益最大原则)、最小伤害原则、知情同意原则等。

第四,按照标准规定的内容不同,通常把标准分为技术标准、管理标准和工作标准三大类。[1] 技术标准,是指对标准化领域中需要协调统一的技术事项所制定的标准。技术标准包括基础技术标准,产品标准,工艺标准,检测试验方法标准及安全、卫生、环保标准等。管理标准,是指对标准化领域中需要协调统一的管理事项所制定的标准。管理标准包括管理基础标准、技术管理标准、经济管理标准、行政管理标准、生产经营管理标准等。工作标准,是指对工作的责任、权利、范围、质量要求、程序、效果、检查方法、考核办法所制定的标准。工作标准一般包括部门工作标准和岗位(个人)工作标准。具体到司法鉴定领域,管理标准涉及内容丰富,如司法鉴定机构设立标准、资质分级标准,司法鉴定人登记准入标准、资质分级标准,司法鉴定各有关实验室建设标准、分级标准,司法鉴定文书质量标准,司法鉴定档案质量标准,司法鉴定人职务廉洁规范,司法鉴定伦理规范、伦理准则,司法鉴定机构、司法鉴定人信用等级标准,错误鉴定认定标准,虚假鉴定认定标准,司法鉴定人继续教育学分认定标准,司法鉴定新仪器准入标准,司法鉴定新方法准入标准等。技术标准涵盖范围广泛,包括司法鉴定检验、检测、检查、调查、听证、勘验、审查等技术实施活动标准,司法鉴定意见评价标准(如认定亲子关系的标准、排除亲子关系的标准、伤残等级标准、伤情程度标准),实验室安全(含消防安全、信息安全等)标准、卫生标准、环保标准等。司法鉴定工作标准包括机构内各主要部门工作标准和重要岗位(个人)工作标准。后者如财务收费规范,司法鉴定业务档案立档、验收标准,司法鉴定投诉接待规范等。

第五,按约束性程度不同,可以分为强制性标准、推荐性标准、指导性技术文件。

强制性标准,主要是涉及保障人体健康,人身、财产安全的标准和法律法规强制执行的标准。在国家标准中有强制性标准,在行业标准和地方标准则较少出现强制性标准。强制性标准可以是全文强制性,也可以是部分内容、条款属于强制性。

国际上存在一个趋势,就是强制性标准将逐步减少,推荐性标准将逐步

[1] 国家标准技术审查部组织编写:《标准研制与审查》,中国标准出版社 2013 年版,第 6 页。

成为主流。

推荐性标准,一般适用于具有指导意义,但不宜强制执行的技术和管理要求。其是推荐采用、自愿执行的标准。

指导性技术文件,主要是为处于技术发展过程中,特别是发展快速的技术领域,提供标准化指南或信息,供科研、设计、生产、使用和管理等有关人员参考使用而制定的特殊的标准化文件。常见编号为/Z。从2010年开始,司法部颁布了不少SF/Z编号的技术规范,在本书在研期间,自2020年开始,司法部新近出台的技术规范开始采用SF/T编号,如《司法鉴定行业标准体系》(SF/T 0061—2020)、《司法鉴定技术规范编写规则》(SF/T 0062—2020)。这意味着,司法部从原来制定司法行政行业自愿执行的指导性技术文件开始转向建设司法行政行业推荐性标准体系。此举对促进司法鉴定标准化有重要意义。

第六,按行业分类。理论上,司法鉴定可能涉及人类社会的自然科学、社会科学、工程技术等领域,司法鉴定本身也是一个行业,但其内部也可分为若干行业类别。如常见的公安行业标准GA、认证认可行业RB、卫生WS、医药YY、司法SF等。因此笔者认为,随着司法鉴定行业发展,不断走向成熟,标准化程度不断提升,司法鉴定标准一方面可以发展成为一个专门的行业门类,另一方面仍然有大量标准分布于其他各相关行业中。这两种模式将长期共存,相互促进。

标准体系,是指一定范围内的标准按照其内在联系形成的科学的有机整体。[1] 根据国家标准《标准体系构建原则和要求》的规定,构建标准体系需要遵循以下原则:

第一,目标明确原则。标准体系为业务目标服务,构建标准体系首先应当明确标准化目标。

第二,全面成套原则,是指应围绕标准体系的目标展开,体现出体系的整体性,即体系的子体系和子子体系的全面完整和标准明细表所列标准的全面

---

[1] 参见《标准体系构建原则和要求》(GB/T 13016—2018)第2.4条。

完整。

第三，层次适当原则。标准体系表应有适当的层次，具体包括：标准明细表中的每一项标准在标准体系机构图中应有相应的层次，从个性标准出发，提取共性技术要求作为上一层的共性标准，为便于理解、减少重复性，标准体系的层次不宜太多，同一标准不应同时列入两个或两个以上子体系中。

第四，划分清楚原则。标准体系内的子体系和类别的划分，各子体系的范围和边界的确定，应按照行业、专业或门类等标准化活动性质的同一性划分，而不宜按行政机构的管辖范围而划分。[1]

第二节　司法鉴定通用标准体系

一、概述

根据上文对司法鉴定标准进行分类的基础上，结合司法鉴定行业的特点，笔者尝试将司法鉴定领域的标准按照涉及范围不同分为通用标准或公共标准，具体可包括司法鉴定的基础标准、管理标准、安全标准、卫生标准、环保标准等，而各专业类别的方法标准、产品标准等可归为专业标准。

本节主要讨论司法鉴定行业通用标准体系主要构成，根据从业经验和以往文献总结，至少可包括以下标准内容：司法鉴定行业术语，司法鉴定执业分类，司法鉴定管理干部任职、职责、考核、培训，司法鉴定行业视觉识别系统，行业管理规范、认可规范、资质认定规范、职业道德和伦理规范、数据统计规范、财务管理、档案管理、风险管理、投诉信访、关键岗位管理、鉴定人和助理管理、空间场所管理、安全管理、设备管理、检材管理、文书管理、检验过程等。

二、规划建议

司法鉴定通用（公共）标准体系规划如表 12 - 1 所示。

---

〔1〕 参见《标准体系构建原则和要求》（GB/T 13016—2018）3“构建标准体系的基本原则”部分。

表 12－1 司法鉴定通用(公共)标准体系规划

序号	领域	制定目的、适用范围、主要内容	建议名称	理由/已有参考标准/备注
1	综合	本标准主要界定与司法鉴定领域相关的概念的术语和定义	司法鉴定(行业、执业)通用术语	本标准适用于司法鉴定相关概念的理解，其他司法鉴定标准的制定以及司法鉴定领域的国内外交流
2	综合	统一司法鉴定人、司法鉴定机构审核登记、执业、收费、监管、研究等活动，制定全国统一的司法鉴定执业分类规范	《司法鉴定执业分类规定(试行)》及有关细则、说明	司法部《司法鉴定执业分类规定(试行)》(2000 年版)；《山西省司法鉴定执业分类规定》(2016 年)；CNAS-AL13:2019《司法鉴定/法庭科学机构认可领域分类》；课题研制期间司法部等陆续发布了四大类的分类细则：《法医类司法鉴定执业分类规定》《物证类司法鉴定执业分类规定》《声像资料司法鉴定执业分类规定》《环境损害司法鉴定执业分类规定》
3	管理人员	司法鉴定行政管理工作涉及一定的专业知识和法律法规等专业要求，应进行相应的岗前培训和年度培训等	如《司法鉴定管理干部培训规范》《司法鉴定管理干部岗位职责》《司法鉴定管理干部考核办法》等	培训内容：(1)我国司法鉴定管理体制改革背景、目标和要求。(2)我国司法鉴定技术标准、认证认可与质量控制。(3)司法鉴定法律法规规章解读。(4)司法鉴定准入登记、执业监管、投诉处理与司法鉴定机构内部管理。(5)当前我国司法鉴定管理中存在的问题及改革对策

续表

序号	领域	制定目的、适用范围、主要内容	建议名称	理由/已有参考标准/备注
4	标识	视觉识别系统是将企业/行业识别系统中最具传播力和感染力的部分体现出来而被大众接受，运用系统、统一的视觉符号系统，使受众实现对行业或产品品牌形象的快速识别与认知	《全国司法鉴定行业/机构视觉识别系统》。视觉识别系统通过标志、标准色、专用字体等“基础规范”及办公事务、宣传识别、户外环境系统等“应用规范”为整体品牌的识别度和统一完整的视觉形象打造现代化、国际性品牌的作用	可参考《医疗机构标志》（WS 307—2009）、全国公安派出所相关标志规范《公安派出所建设标准》（2007 年首次、2016 年二次修订）、《关于规范统一全国公安派出所外观标识的通知》。可包含司法鉴定机构标识，鉴定人、助理工作服标识，行业协会标识，证件标识等识别规范。有助于提升行业形象，提升公信力，增强执业责任感
5	行业管理	行业管理规范	如《司法鉴定行业协会服务规范》《司法鉴定行业协会评估规范》等	借鉴吉林省《行业协会（商会）评估规范》（DB 22/T 2040—2014）、广东省《行业协会商会服务规范》（DB 44/T 2031—2017）
6	质量管理	认可规范	《司法鉴定机构能力认可规范》	系列
7	质量管理	资质认定规范	《司法鉴定机构资质认定准则》	系列
8	伦理	道德伦理规范	《司法鉴定执业道德和伦理规范》	含司法鉴定人、司法鉴定机构、司法鉴定助理、工作人员及相关人员、机构
9	数据统计	执业统计	《司法鉴定统计工作规范》	含人员、机构执业情况，月度、季度、半年度、年度、地方、区域、全国统计等

续表

序号	领域	制定目的、适用范围、主要内容	建议名称	理由/已有参考标准/备注
10	报告制度	重大事项报告汇报制度	《司法鉴定执业重要事项报告程序规范》	涉外、国家安全、公共安全等事项应及时报告。司法部《司法鉴定机构　鉴定人记录和报告干预司法鉴定活动的有关规定》（司办通〔2020〕56号）有助于保障司法鉴定人独立执业权利
11	财务管理	资金门槛、财务管理、收费标准	《司法鉴定机构财务管理办法》	含司法鉴定机构投资规定、财务内控制度。 司法鉴定实行省级管理，内容包括收费管理办法和收费目录等。 公益性司法鉴定机构财务管理规范
			《司法鉴定收费管理办法》	
			《司法鉴定收费项目分类目录》	
			《公益性司法鉴定机构管理规范》	
			司法鉴定机构命名规范	
12	档案管理	档案管理	《司法鉴定档案管理办法》	含司法鉴定档案制作、保存、调取、开发利用等内容
13	风险管理	对司法鉴定执业风险防范化解机制进行规范	《司法鉴定执业责任（强制）保险制度》	执业保险、风险基金，必要时可联合原银保监会等研制。司法鉴定作为诉讼中的科学技术实证活动，具有高风险性，可借助执业保险、风险基金等防范化解
			《司法鉴定风险基金管理办法》	
			《司法鉴定团体保险管理办法》等	

续表

序号	领域	制定目的、适用范围、主要内容	建议名称	理由/已有参考标准/备注
14	投诉/信访	投诉接待处理规范，司法鉴定管理工作信访接待工作规范	《司法鉴定投诉处理规范》	含投诉接待工作人员、场所、程序等
			《司法鉴定信访工作条例》	
15	服务标准化	统一司法鉴定机构对外服务的标准化流程、规范	《司法鉴定服务规范》系列标准	上海市司法鉴定协会承担的上海市法医临床司法鉴定服务标准化试点（国家级）项目顺利结项。如山东省地方标准：《司法鉴定服务　第1部分：标识规范》（DB 37/T 3545.1—2019）；《司法鉴定服务　第2部分：服务保障规范》（DB 37/T 3545.2—2019）；《司法鉴定服务　第3部分：服务提供规范》（DB 37/T 3545.3—2019）；《司法鉴定服务　第4部分：对外服务规范》（DB 37/T 3545.4—2019）
16	分级	司法鉴定机构资质分级（分类）标准	《司法鉴定机构资质分级管理办法》	结合《国家级司法鉴定机构评审标准》、《公安刑事科学技术室等级评定办法》（2013年）、《广西壮族自治区司法鉴定信用等级评定办法（试行）》等地方经验
			《司法鉴定机构资质分级标准》	
			《司法鉴定机构、鉴定人信用等级评定办法》	

续表

序号	领域	制定目的、适用范围、主要内容	建议名称	理由/已有参考标准/备注
17	关键人员	法定代表人、机构负责人、质量负责人、技术负责人、授权签字人等关键管理技术人员的任职资格、岗位职责、培训教育、法律责任等	《司法鉴定机构负责人管理办法》 《司法鉴定机构质量负责人管理办法》 《司法鉴定机构技术负责人管理办法》	或可在有关规定基础上制定专业领域细则
18	执业人员	包括登记条件、程序，对口本科专业目录，规范化培训制度，岗前教育，继续教育，转岗教育，执业权利、义务、责任等规定。 奖励、惩罚、信用管理、职称晋升等	《司法鉴定人登记管理办法》 《司法鉴定助理登记管理办法》 《司法鉴定人助理规范化培训实施办法》及有关专业细则 《司法鉴定人继续教育规范》 《司法鉴定专业技术职务任职资格评定管理办法》	在《司法鉴定人登记管理办法》等基础上修订。如《山东省司法鉴定人助理备案管理办法（试行）》。 或在司法鉴定人、法医鉴定人继续教育规范基础上制定相应细则。 必要时制定《司法鉴定人信用等级评定办法》
19	场所	注册、公示、分场所的规定 面积、功能分区、监控等要求	《司法鉴定机构受案场所信息公开规范》 《司法鉴定机构办公用房、实验室、窗口建设规范》含远程作证室建设运行规范	在现有的“五公开”基础上进一步补充完善。 《人民检察院办案用房和专业技术用房建设标准》、《公安机关业务技术用房建设标准（建标 130—2010）》（公安部主编，具体由公安部装备财务局和中国建筑标准设计研究院共同编制）

续表

序号	领域	制定目的、适用范围、主要内容	建议名称	理由/已有参考标准/备注
20	设备	对共性问题进行规定,包括配置、校准检定、维修保养、日常管理、报废更新、共享共建等	《司法鉴定机构仪器配置标准》	司法部2006年《司法鉴定机构仪器设备基本配置标准(暂行)》(已失效,司发通〔2006〕57号)、2011年《司法鉴定机构仪器设备配置标准》(已失效,司发通〔2011〕323号)、认可委CNAS-AL14:2019《司法鉴定/法庭科学机构认可仪器配置要求》。建议对共性问题进行界定。具体仪器目录可分别按机构专业类别制定。对于一些重要仪器、设备、试剂、试剂盒、耗材、标准品等用于司法鉴定工作前,应得到行业公认,或经过专门机构评审,对其科学性、准确性、稳定性等进行确认。建立强制认证目录清单,认证规程等
			《司法鉴定机构仪器设备管理办法》	
			《司法鉴定仪器设备(用品)强制性认证规范》	
			《司法鉴定大型仪器共享规范》	
21	安全	含消防、卫生、环保、生物、网络等领域的安全管理规范	《司法鉴定机构消防安全规范》	参照医疗机构等相关规范。其他如公共场所公共卫生、消防、环保、应急救治规范等
			《司法鉴定机构生物安全管理制度》	
			《司法鉴定机构公共卫生标准》	
			《司法鉴定机构三废处置规范》	
			《司法鉴定机构信息安全规范》	
			《司法鉴定机构网络信息安全管理规范》	

续表

序号	领域	制定目的、适用范围、主要内容	建议名称	理由/已有参考标准/备注
22	检材管理	规定司法鉴定机构对鉴定检材的接收、登记、保管、检验、退还、销毁、传递、复制等过程的规范	《司法鉴定机构鉴定材料管理规范》	含接收、登记、交接、保管、退还、邮寄、复制、复印、保密等规范
23	程序	在《通则》基础上结合各专业特点，分别从案件受理、风险告知、见证、取样、现勘、出诊、出庭、会诊、咨询等环节进行规范	《司法鉴定通用程序规范》 《司法鉴定复杂疑难案件认定规范》 《司法鉴定风险告知规范》 《司法鉴定见证规范》 《司法鉴定调查、取样、现勘、会见联络、补充检材》 《司法鉴定出诊规范》 《司法鉴定人出庭规范》	在《通则》基础上完善、细化
24	检验	对司法鉴定的检验过程中的共性问题进行规定	《司法鉴定检验检测通用规程》	总结梳理各专业有关检验规范中的共性内容

续表

序号	领域	制定目的、适用范围、主要内容	建议名称	理由/已有参考标准/备注
25	文书	文书规范	《司法鉴定文书通用规范与示范文本》《司法鉴定文书编码规则》	在总结司法部《关于印发司法鉴定文书格式的通知》(司发通〔2016〕112号)、《司法鉴定文书规范》(2007年,已失效)、《司法鉴定文书示范文本(试行)》(2002年,已失效)等文件基础上修订,含司法鉴定意见书、检验报告书、补正书、委托书、协议书、各类工作函件模板

第三节　法医类司法鉴定标准体系

按照全国人大常委会《决定》的规定,我国目前纳入国家统一登记管理范围的法医类鉴定包括法医病理鉴定、法医临床鉴定、法医物证鉴定、法医毒物鉴定、法医精神病鉴定5个分支专业。[1] 在实践中,公安部颁布的《公安机关鉴定机构登记管理办法》另外包括法医人类学鉴定。国家认可委颁布的《司法鉴定/法庭科学机构认可领域分类》另外包括法医人类学鉴定,法医毒物鉴定被称为毒物毒品鉴定。因此,在本章研究法医类鉴定标准体系时不局限于现有国家立法规定的范围。从实践需要和未来立法完善的前瞻性角度,对法医类鉴定从6个专业类别进行研究。从学科发展和实践需要来说,将来法医类鉴定领域一定还会有新的交叉学科、领域出现。现有的标准体系研究成果并不能一劳永逸地满足实际需要,但对将来新领域的标准制定、实施、运行也会有所参照、借鉴(见表12-2)。

---

〔1〕《决定》第17条规定,本决定下列用语的含义是:(1)法医类鉴定,包括法医病理鉴定、法医临床鉴定、法医精神病鉴定、法医物证鉴定和法医毒物鉴定……

表 12－2　CNAS-AL13:2019《司法鉴定/法庭科学机构认可领域分类》

序号	领域	分领域及项目	备注
1	法医	2101　法医病理鉴定 *1 01　死亡原因鉴定 02　死亡方式判断 03　致伤物推断 2102　法医人类学鉴定 01　种属鉴定 02　性别鉴定 03　身高推断 04　骨龄推断 2103　法医临床鉴定 01　损伤程度鉴定 02　伤残程度鉴定 03　男子性功能评定 04　视觉功能评定 05　听觉功能评定 2105　法医物证鉴定 *2 法医物证鉴定对象种类:血液(斑)、精液(斑)、唾液(斑)、组织/器官(含毛囊、牙髓)、毛干、牙齿、骨骼、分泌物、排泄物。 01　人类血(斑)种属试验 02　人类精液(斑)种属试验 03　常染色体 STR 及性别检测 04　Y 染色体 STR 检测 05　X 染色体 STR 检测 06　线粒体 DNA 检测 2107　毒品毒物鉴定 *3 毒品毒物鉴定对象种类:体外检材、尿液、血液、毛发、唾液、胃内容物、组织器官、分泌物、排泄物。 01　气体毒物类 02　挥发性毒物类 03　合成药毒物类 04　天然药毒物类 05　毒品和易制毒化学品类 06　杀虫剂类 07　除草剂类 08　杀鼠剂类 09　金属毒物类 10　水溶性无机毒物类	*1: ①仅开展尸表检验,不予认可“死亡原因鉴定”项目; ②无组织病理学诊断能力的,应在“限制范围”中注明“只做尸体解剖”; ③毒物检测能力由外部提供或不在认可范围内的,应在“限制范围”中注明“毒物检测由外部提供”或“毒物检测不在认可范围内”。 *2: “限制范围”中应注明应用范围: ①个体识别; ②亲权鉴定(无 Y 染色体 STR 检测和 X 染色体 STR 检测能力的应限制“只做三联体”)。 *3: 鉴定机构若无定量能力,应在“限制范围”中注明“只做定性”

一、法医病理鉴定标准体系

根据我国法医病理司法鉴定实际，结合国际上关于法医病理鉴定的一些通行做法，本书尝试对法医病理鉴定标准体系进行初步设计，主要按照人、机、料、法、环、测等要素展开，具体内容可包括：法医病理鉴定人及有关辅助人员管理规范，法医病理解剖室建设标准、分级标准，法医病理实验室仪器配置标准，尸体运输规范，尸体接受移交规范，尸体保存规范，尸体解剖检验规范，尸表检验规范，未成年人尸体解剖检验规范，未成年人尸表检验规范，无名尸检验规范，腐败尸体检验规范，疑似中毒尸体检验规范，疑似传染性疾病尸体检验规范，法医病理鉴定环境与安全管理规范等（见表12－3）。

表12－3　法医病理鉴定标准化体系（设计）

序号	领域	制定目的、适用范围、主要内容	建议名称	备注
1	综合	统一法医病理鉴定相关术语	法医病理鉴定基本术语	新增或细化
2	执业项目分类	法医病理（专业）检验项目分类标准（规范）	法医病理鉴定执业项目分类规范	2020年5月14日司法部出台《法医类司法鉴定执业分类规定》，可进一步细化
3	程序规范	至少包含法医病理鉴定案件受理规范、法医病理鉴定风险告知规范、法医病理鉴定见证规范、法医病理鉴定出诊规范、听证规范等	法医病理鉴定通用程序	可在《通则》基础上制定细则
4	尸体检材处置规范	规定法医病理鉴定检材的发现、提取、收集、包装、保存、运输、检验和处置规范	尸体、人体组织、器官、标本交接、运输、处置规范	本部分内容也可融合在法医病理鉴定通用程序（建议名）文中

续表

序号	领域	制定目的、适用范围、主要内容	建议名称	备注
5	人员	含尸体解剖、病理切片制作等相关技术辅助工作人员	法医病理鉴定人任职资格条件	应涵盖对口大学的专业目录，符合实践要求、法律法规、伦理；或在司法鉴定人、法医鉴定人继续教育规范基础上制定相应细则
			法医病理鉴定人继续教育规范	
			法医病理鉴定助理规范化培训制度	
			法医病理鉴定技工管理规范	
6	场所	含普通法医解剖实验室，高度腐败、传染病尸体解剖室，虚拟解剖实验室等，含录影录像监控要求等	法医病理鉴定解剖室建设和分级标准	修订
			法医病理取材、切片制作室	
			尸体冷冻室建设规范	
			法医病理标本储存室	
7	设备	规定法医病理实验室仪器配置标准等	法医病理实验室仪器配置标准	修订
			法医病理实验室仪器维护保养规范	
			法医尸体运输车标准	
			法医尸体冷藏柜标准	
			法医病理标本柜规范	
			法医切片柜规范	

续表

序号	领域	制定目的、适用范围、主要内容	建议名称	备注
8	安全	规定法医病理实验室的消毒、通风、三废处理程序等	法医病理实验室通风标准	解剖室、取材室、病理切片制作室、标本室
			法医病理实验室设备和场所消毒灭菌标准	
			法医病理实验室紧急救治规范	
			法医病理实验室三废处置规范	
9	检验	法医病理检验的通用技术规范，特殊尸体的检验规范等	尸体检验总则（含尸表检验规范、尸体解剖检验规范）	现有约8个标注基础上新增有关标准
			未成年人尸表检验规范	
			未成年人尸体解剖检验规范	
			无名尸检验规范	
			疑似中毒尸体检验规范	
			疑似传染性疾病尸体检验规范（含疑似烈性传染病）	
			腐败尸体检验规范等	
10	文书	规定法医病理鉴定文书的统一样式、鉴定意见表达规范等	法医病理鉴定文书规范	新增
			法医病理鉴定意见分类及表述规范	

续表

序号	领域	制定目的、适用范围、主要内容	建议名称	备注
11	报告制度	传染病,疑似刑事案件,涉及公共安全、公共卫生等重大事项	法医病理鉴定事项报告制度	新增。履行传染病防治法等规定的法定报告义务

二、法医临床鉴定标准体系

长期以来,我国的法医临床鉴定理论和实务研究较成熟,对于保障我国公民的人身权利起到了重要作用。在总结我国法医临床鉴定的实务经验和理论成果的基础上,本书尝试对法医临床鉴定标准体系进行初步设计,主要按照人、机、料、法、环、测等要素展开,具体内容除常规性内容外,具有一定专业领域特色的内容有:涉及未成年人案件的检验规范,对违法性行为检验鉴定规范,针对涉及儿童、女性、老人等家庭虐待案件,涉枪、涉爆、涉毒等案件的法医临床鉴定人特殊事项报告制度,涉及重大安全生产事故,产品致人身损害重大安全事故等报告制度等(见表 12 - 4)。

表 12 - 4 法医临床鉴定标准化体系(设计)

序号	领域	制定目的、适用范围、主要内容	建议名称	备注
1	综合	规定法医临床司法鉴定服务的原则、场所、人员、要求等	法医临床司法鉴定服务规范	上海已有 DB 31/T 1076—2018《法医临床司法鉴定服务规范》
2	分类	对法医临床鉴定常见的执业项目进行分类	法医临床鉴定执业项目分类规范	可在司法部《法医类司法鉴定执业分类规定》(2020 年)上细化

续表

序号	领域	制定目的、适用范围、主要内容	建议名称	备注
3	人员	对法医临床鉴定人及有关从业人员的任职资格、转岗培训、继续教育、专项培训、规范化培训、考核管理规范进行规定	法医临床鉴定人任职资格条件	新增或细化
			法医临床转岗培训制度	新增或细化
			法医临床鉴定人继续教育规范	新增或细化
			法医临床鉴定助理规范化培训制度	新增或细化
			法医护士管理制度	新增或细化
			法医临床鉴定人信用评级规范	新增
4	场所	对法医临床实验室及有关场所的建设规范进行规定	法医临床鉴定门诊室建设规范	修订
			法医临床听证室建设标准	新增
			法医临床远程作证室建设标准	新增
			法医临床鉴定听觉实验室建设规范	新增
			法医临床鉴定视觉实验室建设规范	新增
			法医临床鉴定男性性功能实验室建设规范	新增
			法医临床鉴定影像检查实验室建设规范	新增
			法医临床鉴定电生理实验室建设规范	新增

续表

序号	领域	制定目的、适用范围、主要内容	建议名称	备注
5	设备	对法医临床鉴定必备和选配仪器设备的种类、数量、规格等进行规定	法医临床鉴定室仪器配置标准	新增或细化
			法医临床实验室仪器维护保养规范(含计量检定)	新增或细化
6	安全	对法医临床鉴定场所的卫生、消防、生物安全管理要素进行规定,包括突发应急管理制度等	法医临床鉴定公共场所卫生标准	可单独或统一制定,也可融入其他有关标准
			法医临床鉴定设备和场所消毒灭菌标准	
			法医临床鉴定疫情期间出入管理和消毒规范	
7	检材	对法医临床鉴定检材的接受、登记、检验、发还等工作规范进行规定	法医临床鉴定检材标识规范、交接规范	新增或细化
8	方法	对法医临床鉴定的案件受理、检验过程、结果评价等规范进行规定(包括对特定检验对象,如未成年人、女性、精神障碍人及疑似者、在押人员等的检验规程,对特定检验内容的检验规程)	现有约100个	立、改、废
			法医临床鉴定案件受理规范	新增或细化
			法医临床鉴定风险告知规范	新增或细化
			法医临床鉴定见证规范	新增或细化
			法医临床鉴定出诊规范	新增或细化
			未成年人法医临床鉴定规程	
			法医临床会诊规范	
			涉性违法行为案件法医检验规程	
			法医临床鉴定人出庭规范	

续表

序号	领域	制定目的、适用范围、主要内容	建议名称	备注
9	文书	对法医临床鉴定文书格式、内容、鉴定意见表述规范进行规定	法医临床鉴定文书规范	新增或细化
			法医临床鉴定意见分类以及表述规范	新增
10	报告制度	枪击、虐待、伤害等疑似刑事案件等重大事项	法医临床鉴定事项报告、报案制度	新增

三、法医物证鉴定标准体系

何晓丹等提出,[1]我国法医物证鉴定标准化工作起步于1992年成立的刑标委。设立之初,法医物证隶属于刑标委下设的法医分委会的子专业之一,到2014年,成立了法医DNA标准工作组,至2018年共发布实施了13项国家及公共安全行业标准,一定程度上规范了法医物证鉴定活动,保障了法医物证鉴定质量。行业主管部门司法部于2010~2018年组织业内专家先后研制和颁布了一批司法鉴定技术规范,其中涉及法医物证鉴定专业的共12项。我国法医物证鉴定标准的制定主体主要包括公安行业和司法部,两者互相补充,近年来有融合发展的趋势,相比法医临床和法医病理鉴定而言,法医物证鉴定的技术属性更强,两者融合统一的可能性更大,体制机制障碍更小,有望成为我国司法鉴定标准化工作的领先领域。通过梳理现有法医物证鉴定的标准目录可以发现,当前已有标准更多侧重于具体的鉴定技术,对于管理类和现场勘验取样、证据链保管等环节相对薄弱。考虑法医物证鉴定的新技术新方法发展较为快速,在制定标准体系时应注意开放性和协调性,同时考虑国际化的要求。作为较纯粹的技术领域,法医物证鉴定标准是我国司法鉴定标准国际化的重要切入口,这一点和法医毒物鉴定领域的性质相似(见

[1] 何晓丹等:《法医物证鉴定专业标准体系构建》,载《中国司法鉴定》2018年第6期。

表 12 –5)。

表 12 –5　法医物证鉴定标准化体系(设计)

序号	领域	制定目的、适用范围、主要内容	建议名称	备注
1	人员	对法医物证鉴定人的任职资格、教育培训、考核等规范进行规定	法医物证鉴定人任职资格条件	新增或细化
			法医物证鉴定人继续教育规范	新增或细化
			法医物证鉴定助理规范化培训制度	新增或细化
			法医物证鉴定技工管理规范	新增或细化
2	场所	对法医物证鉴定实验室及有关场所建设规范进行规定	法医物证鉴定实验室建设规范	修订
			法医物证取材室建设规范	新增或细化
			法医物证样品预处理室建设规范	新增或细化
			法医物证标本储存室建设规范	新增或细化
3	设备	对法医物证实验室的仪器设备配置标准进行规定	法医物证实验室仪器配置标准	修订
			法医物证实验室仪器维护保养规范(含计量检定、校准、功能核查等)	新增或细化
			法医物证鉴定试剂开发、引进、使用、管理规范	新增或细化
4	安全	对法医物证实验室的生物安全、环境安全等管理制度进行规定	法医物证实验室通风标准	新增或细化
			法医物证实验室设备和场所消毒灭菌标准	新增或细化
			法医物证实验室紧急救治规范	新增或细化
			法医物证实验室"三废"处置规范	新增或细化
5	检材	对法医物证鉴定检材的发现、采集、包装、流转、使用、保存、销毁等工作规范进行规定	法医物证检材管理规范	新增或细化
			腐败尸体取材检验规范等	

续表

序号	领域	制定目的、适用范围、主要内容	建议名称	备注
6	方法	对法医物证鉴定常见检材、常见方法、主要程序实施规范进行规定	现有约 15 个	立、改、废
			法医物证鉴定取材人证核验程序规范	新增或细化
			人类遗传标记识别、分类与分布统计研究规范	—
			法医物证数据库管理规范（开发建设共享等）	新增
			特定人群 DNA 备案制度（入所人员、接受骨髓移植治疗、多胞胎等人群）	需要立法先行
			法医物证鉴定案件受理规范	新增
			亲权鉴定中未成年人保护规范	新增或细化
			法医物证鉴定隐私保护规范	新增或细化
			法医物证鉴定风险告知规范	新增
			法医物证鉴定见证规范	新增
			法医物证鉴定出诊规范	新增
			植物 DNA 法医检验规范	新增
			动物 DNA 法医检验规范	新增
			微生物 DNA 法医检验规范	新增
			微量、痕量法医物证检材提取检验规范	新增
7	文书	对法医物证鉴定文书规范和鉴定意见表述规范进行规定	法医物证鉴定文书规范	新增
			法医物证鉴定意见表述规范	新增或细化
8	报告制度	拐卖人口等疑似刑事案件等重大事项	法医物证鉴定事项报告制度	新增

四、法医毒物鉴定标准体系

刘伟等提出,[1]我国法医毒物司法鉴定标准体系经过长期努力,已经初步形成一定规模。刑标委成立并下设毒物分析分技术委员会,截至2018年已发布实施了59项公共安全行业标准。司法部于2010~2016年组织业内专家先后研制、颁布17项法医毒物鉴定技术规范。但现行法医毒物鉴定标准存在"缺乏系统性设计、标准主题/标准化对象设置不合理、部分重要标准缺失、标准质量和标准老化问题突出"四个方面的问题。我国的法医毒物检验鉴定整体技术能力较强,前沿领域的技术甚至与国际接轨,但存在地区领域分布不均衡,实际工作部门对法医毒物鉴定技术能力了解不够,推广使用率不够高,法医毒物鉴定和医疗临床、公共卫生机构衔接不够紧密等情况。与法医物证鉴定标准类似,在法医毒物鉴定标准化过程中应发扬优势,加强国际化,推动我国标准走向国际(见表12-6)。

表12-6 法医毒物鉴定标准化体系(设计)

序号	领域	制定目的、适用范围、主要内容	建议名称	备注
1	人员	对法医毒物鉴定人及有关从业人员的任职资格、继续教育、培训、考核管理规范进行规定	法医毒物鉴定人任职资格条件	新增或细化
			法医毒物鉴定人继续教育规范	新增或细化
			法医毒物鉴定助理规范化培训制度	新增或细化
			法医毒物鉴定技工管理规范	新增或细化
2	场所	对法医毒物鉴定实验室及主要工作场所的建设规范进行规定	法医毒物鉴定实验室建设规范	修订
			法医毒物检材预处理实验室建设规范(安全、录音录像等)	新增或细化
			法医毒物检材标准品储存室	新增或细化

[1] 刘伟等:《法医毒物鉴定专业标准体系构建》,载《中国司法鉴定》2018年第1期。

续表

序号	领域	制定目的、适用范围、主要内容	建议名称	备注
3	设备	法医毒物实验室必备和选配仪器标准；仪器计量检定校准、维修保养规定；毒品标准品的管理规定	法医毒物实验室仪器配置标准	修订或细化
			法医毒物实验室仪器维护保养规范（含计量检定）	新增或细化
			运输车标准	新增或细化
			毒品、药品标准品管理规范	新增或细化
4	安全	规定法医毒物实验室的安全规范	通风标准	新增或细化
			设备和场所消毒灭菌标准	新增或细化
			紧急救治规范	新增或细化
			“三废”处置规范	新增或细化
5	检材	规定法医毒物鉴定检材的发现、收集、提取、包装、保存、运输、处置等技术规范	尸体、人体组织、器官、标本交接、运输、处置规范	新增或细化
6	方法	对法医毒物鉴定中常见毒物、药物、毒品的检验方法进行规定；对未知毒物的检测方法进行规定；对法医毒物检验中有关重要仪器方法进行规定；对法医毒物鉴定中特殊检材的前处理方法进行规定；等等	现有约45个	立、改、废
			腐败尸体毒物鉴定取材及检验规范等	新增
			法医毒物鉴定与临床急救联动机制	新增
			未知毒物法医鉴定规范	新增或细化
			法医毒物鉴定案件受理规范	新增
			法医毒物鉴定风险告知规范	新增
			法医毒物鉴定见证规范	新增
			法医毒物鉴定出诊规范	新增

续表

序号	领域	制定目的、适用范围、主要内容	建议名称	备注
7	文书	对法医毒物鉴定文书和意见的格式、类型、表述规范等进行规定	法医毒物鉴定文书规范	新增
			法医毒物鉴定意见分类与规范	新增，单独或包含于文书规范
8	报告制度	疑似投毒、工农业中毒、群体性中毒、刑事犯罪、安全生产事故、新型药物滥用等重大事项	法医毒物鉴定重大事项报告制度	新增

五、司法精神医学鉴定标准体系

司法精神医学领域的鉴定标准具有较大的特殊性。传统认识认为，精神医学更多地属于经验医学，几乎没有什么客观的仪器检查，所以其标准化工作也较难开展。但实际上，任何一门学科、一种技术只要发展程度足够成熟，就一定具有标准化的必要性和可能性。我国的司法精神医学鉴定领域近年来陆续已经有不少相关标准或具有标准性质的文件出台，对于提升行业整体水平，提高鉴定意见的可信度、可靠性发挥了重要作用。司法精神医学领域的鉴定标准除具有其他专业的一些共性外，还有一些自己的特色之处，如医学鉴定诊断标准以往存在双轨制，今后是否一体等效采用国际标准《ICD－11》，仍需要行业尽早研究予以明确。另外一个重要特点是，司法精神医学鉴定标准具有很强的技术和法律结合的特点，而法律法规属于上层建筑，与一个国家的历史文化、法律传统、经济社会发展阶段等诸多因素有关，因此司法精神医学鉴定标准中的很大一类，主要是涉及鉴定的具体内容分类、评价标准、伦理规范等，具有较强的“文化差异性”。可能在相当时间内仍然需要保持我国的特色，完善立法、健全标准。司法精神医学领域的很多评价标准制定之前可能需要有国家的立法作为先行保障，有了立法上的明确的态度、价值判断之后，鉴定技术规范的制定才有依据和基础。如毒品所致精神障碍者的刑事责任能力判定评价问题，首先是刑事立法上的价值判断问题，其次才是技术判断和评价问题（见表 12－7）。

表 12－7　司法精神医学鉴定标准化体系（设计）

序号	领域	制定目的、适用范围、主要内容	建议名称	备注
1	人员	对司法精神医学鉴定人及有关从业人员的任职资格、继续教育、培训、考核等进行规定	司法精神医学鉴定人任职资格条件	新增或细化
			司法精神医学鉴定人继续教育规范	新增或细化
			司法精神医学鉴定助理规范化培训制度	新增或细化
			司法心理测试人员管理办法	新增
2	场所	对司法精神医学鉴定有关工作场所的建设、装饰布置规范进行规定（包括临时性工作场所的基本要求等）	司法精神医学鉴定精神检查室建设规范（包括双出入口、安全窗户、防撞墙壁、室内物品陈列等）	修订
			司法精神医学鉴定调查询问室建设规范	新增
			心理测试室建设规范	新增
			脑电生理检查室建设规范	新增
			住院鉴定场所规范	新增
			出诊鉴定场所要求	新增
3	设备	对司法精神医学鉴定必备和选配仪器种类、数量、规格性能等进行规定	司法精神医学鉴定实验室仪器配置标准	修订
			司法精神医学鉴定实验室仪器维护保养规范（含计量检定）	新增

续表

序号	领域	制定目的、适用范围、主要内容	建议名称	备注
4	安全	对司法精神医学鉴定过程中的安全管理规范进行规定	鉴定场所安全应急管理规范	新增
			紧急救治规范	新增
			在押人员出所鉴定规范	修订或新增
5	检材	对司法精神医学鉴定检材管理规范进行规定	精神鉴定文件材料、影像资料等复制、保管、流转规范	新增或细化
6	方法	对司法精神医学鉴定的调查、检查、听证、会诊、咨询、出诊、精神医学诊断、法律能力评价等活动的技术规范进行规定	诊断标准 ICD－10,CCMD－3	更新
			检验规范等10余个技术规范	立、改、废
			精神疾病司法鉴定调查规范	新增
			精神疾病司法鉴定案件受理规范	新增,可合并
			精神疾病司法鉴定风险告知规范	
			精神疾病司法鉴定见证规范	新增
			精神疾病司法鉴定听证规范	新增
			精神疾病司法鉴定出诊规范	新增
			精神疾病司法鉴定出庭规范	新增或细化
			精神科医疗损害司法鉴定规范	新增
7	文书	对精神疾病司法鉴定文书和鉴定意见表述规范进行规定	精神疾病司法鉴定文书规范	新增,单独制定或包含于文书规范
			精神疾病司法鉴定意见表述规范	
8	报告制度	重大事项	暴力风险、严重侵害精神障碍者人身财产权益、危害社会安全风险等重大事项报告制度	新增

六、法医人类学鉴定标准体系

法医人类学鉴定在我国实务领域存在一个归类方面的问题,原因在于全国人大的现行立法《决定》中并未将其纳入法医类鉴定范围。司法部于2020年5月14日出台的《法医类司法鉴定执业分类规定》也未将其纳入法医类鉴定范围。但是在公安部2019年11月22日出台的《公安机关鉴定机构登记管理办法》(公安部令第155号)及公安部2005年12月29日发布的《公安机关鉴定机构登记管理办法》(公安部令第83号,已失效)规定了法医人类学鉴定领域。同时在国家认可委制定出台的CNAS-AL13:2019《司法鉴定/法庭科学机构认可领域分类》以及其往版本中也规定了法医人类学鉴定领域,具体包括种属鉴定、性别鉴定、身高推断和骨龄推断4个参数。从学科发展和工作实际需要的角度,法医人类学鉴定确实可以为案件侦查、起诉、审判等工作提供重要的科学证据,建议将来及时予以纳入。

和法医人类学鉴定类似的鉴定活动,如法医动物学鉴定等,将来也可能会涉及,这一点在国外已经有了一定成果。国内不少人士提出制定动物福利法、动物保护法等,对虐待、非法捕猎动物等行为的立法将不断完善,相应的司法鉴定需求也会随之增长(见表12-8)。

表12-8　法医人类学鉴定标准化体系(设计)

序号	领域	制定目的、适用范围、主要内容	建议名称	备注
1	人员	规范鉴定人及相关技术辅助工作人员的任职条件、职责、继续教育、培训等内容	法医人类学鉴定人任职资格	新增或制定细则
			法医人类学鉴定人继续教育规范	新增或制定细则
			法医人类学鉴定助理规范化培训制度	新增或制定细则
			法医人类学鉴定技工管理规范	新增

续表

序号	领域	制定目的、适用范围、主要内容	建议名称	备注
2	场所	规定法医人类学检材前处理、测量、检验,影像学处理、存储等实验室空间建设规范	法医人类学鉴定室建设和分级标准	修订
			法医人类学标本处理制作室	新增
			法医人类学标本储存室	新增
3	设备	规定法医人类学检材前处理、测量、检验,影像学处理、存储等实验室仪器配置标准	法医人类学实验室仪器配置标准	修订
			法医人类学实验室仪器维护保养规范(含计量检定)	新增或制定细则
			法医人类学实验室影像设备配置规范	新增或制定细则
4	安全	规定相关场所的空气、灭菌、“三废”处理等安全规范	通风标准	制定细则
			设备和场所消毒灭菌标准	制定细则
			“三废”处置规范	制定细则
5	检材	规定法医人类学鉴定检材的提取、包装、保存、运送、交接、处置等规范	尸体、人体组织、器官、标本交接、运输、处置规范	制定细则
6	方法	对法医人类学鉴定检材发现、提取、预处理及各类检验方法进行规定。包括尸体发掘、现场勘验、实验室检验等	法庭科学人体耻骨性别形态学检验技术规范(GA/T 1584—2019)	修订
			法庭科学颅骨面貌复原技术规范(GA/T 1187—2014)	修订
			腐败尸体取材检验规范等	新增
			法医人类学鉴定案件受理规范	新增

续表

序号	领域	制定目的、适用范围、主要内容	建议名称	备注
7	—	—	法医人类学鉴定风险告知规范	新增
			法医人类学鉴定尸体发掘规范	新增
			法医人类学鉴定检材处理规范	新增
			法医人类学鉴定现场勘验规范	新增
			法医人类学数据库建设、使用管理规范	新增
8	文书	规定法医人类学鉴定文书的基本规范、鉴定意见类型和常规意见表述通用模板	法医人类学鉴定文书规范	新增，单独制定或包含于文书规范
			法医人类学鉴定意见表述规范	
9	报告制度	疑似刑事案件等重大事项	法医人类学鉴定事项报告制度	新增

第四节　物证类司法鉴定标准体系设计

一、物证类鉴定标准体系的结构[1]

物证类鉴定本质上是为解决诉讼中涉及的文书、痕迹、微量方面的专门性问题。譬如，文书物证的书写人、制作工具、制作材料、制作方法，及其内容、性质、状态、形成过程、制作时间等鉴定；痕迹物证的勘验提取，造痕体和承痕体的性质、状况及其形成痕迹的同一性、形成原因、形成过程、相互关系等鉴定；微

[1] 沈敏、吴何坚：《试论司法鉴定技术标准体系建设》，载《中国司法鉴定》2007年第4期。

量物证的物理性质、化学性质和成分组成等鉴定。物证类鉴定专业标准体系框架依据专业基础、鉴定特点和管理要求，在层次上划分为基础标准、技术标准和管理标准三个层面，为具有内在联系的标准组成科学有机的整体。

(一)基础标准

相对在鉴定实践活动中认知度更强的技术标准，基础标准有时可能容易被人所忽略。但是，基础标准具有相关专业普遍性适用的特点，且为制定其他标准的重要基础，具有广泛的指导性意义。因此，作为司法鉴定标准体系的核心组成部分之一，基础标准有其自身不可或缺的价值。从司法鉴定基础标准的内涵与外延角度来说，其主要包括专业标准体系，专业名词及术语，缩写、代号及符号等。

(二)技术标准

技术标准是司法鉴定专业标准体系的主体内容。按照科学合理、简明适用的原则，可将物证类鉴定的专业技术标准进一步细分为文书鉴定专业技术标准体系、痕迹鉴定专业技术标准体系和微量物证鉴定专业技术标准体系。其中各专业技术标准体系主要包括物质的提取标准、检验标准和特征评断标准。提取标准是开展物证类鉴定的首要环节，规范了检材、样本提取过程中的操作标准；检验标准主要是指技术手段的种类，即基于鉴定对象和仪器发展而来的一系列技术方法，其中一部分标准随着科学技术的发展有望进一步扩充、完善；特征评断标准主要包括特征的数量标准和质量标准。[1]

(三)管理标准

管理标准为行业通用要求下，具有文书鉴定、痕迹鉴定和微量物证鉴定专业特点的管理规范。专业管理标准依据影响鉴定质量的人、机、料、法、环以及结果报告等要素制定，主要包括实验室建设标准及管理规范、人员管理规范、仪器设备配置与管理规范、检验材料管理规范、对照品管理规范、鉴定方法管理规范、质量控制管理规范、鉴定文书规范、环境与安全管理规范以及物证类鉴定信息化管理规范等。

---

〔1〕 何晓丹、李成涛：《法医物证鉴定专业标准体系构建》，载《中国司法鉴定》2018 年第 6 期。

二、物证类鉴定标准体系的内容

目前，专门适用物证类司法鉴定活动的“技术标准”与“技术规范”主要包括：

第一，司法鉴定“国家标准”，大致分两类：一类是由公安部负责业务指导的全国刑事技术标准化技术委员会、全国道路交通管理标准化技术委员会、全国爆炸物品公共安全管理标准化技术委员会等提出并归口的部分相关国家标准；另一类是由司法部提出并归口的部分相关国家标准。

第二，司法鉴定“行业标准”。主要包括：(1)公安部制定发布的部分相关公共安全行业标准，现行有效的这类标准约有数百项。(2)司法部制定发布的部分司法行政行业标准(SF)，如《道路交通事故痕迹物证鉴定通用规范》(SF/T 0072—2020)、《单根纤维的比对检验　激光显微拉曼光谱法》(SF/T 0080—2020)等。

第三，司法鉴定“技术规范”。其主要是指由司法部公共法律服务管理局(司法部司法鉴定管理局)制定发布的司法鉴定行业系列技术规范(SF/Z)。现行有效的技术规范有近百项，这些技术规范在解决物证类鉴定技术问题等方面发挥了较为重要的作用，且和现有公共安全行业标准等形成了有机互补。我国现阶段文书鉴定、痕迹鉴定、微量物证鉴定相关标准详见附录。

(一)文书鉴定标准体系的内容

文书鉴定标准体系编制的目的是规范文件鉴定的活动，因此其首先要有适用性，既要符合我国文书鉴定的学科特点，又要与当前我国文书鉴定的实践需求相适应。从我国文件检验学特点和鉴定实践需求分析，我国文件检验学发展至今其研究的对象已相当广泛，几乎涉及文件要素的所有方面，如笔迹鉴定，印章印文鉴定，传统印刷品和打印、复印、传真现代办公机制文件等各类印刷文件鉴定，墨水、油墨、纸张、黏合剂等文件材料和书写工具鉴定，添加、涂改、消退、换页等篡改文件鉴定，各类污染、毁坏文件的鉴定，文件制作过程及形成时间鉴定，护照、货币等特种文件鉴定等。同时，鉴定中所采用的技术手段也十分丰富，如图片比对技术、显微观察技术、静电压痕显现技术、化学分析技术、视频荧光检验技术及各种光谱、色谱、能谱等现代仪器分析技术等。因此,我国文件检验学发展至今,其涉及的对象较多,实践中需要解决的技术问题涉及的面相当广泛,运用的技术手段和检验方法也多种多样。[1] 此部分标准以由司法部牵头制定的国家标准、行业标准、技术规范和全国刑事技术标准化技术委员会牵头制定的国家标准、行业标准为主。

（二）痕迹鉴定标准体系的内容

痕迹鉴定下设鉴定项目广泛,痕迹鉴定标准体系编制的目的是规范痕迹鉴定活动,从理论与实践方面对各种痕迹进行详细规定。痕迹检验学历史悠久,以指印和足迹最常见。我国痕迹检验学发展至今其研究的对象已相当广泛,如手印鉴定、足迹鉴定、工具痕迹鉴定、整体分离痕迹鉴定、枪弹痕迹鉴定、爆炸痕迹鉴定、火灾痕迹鉴定、人体特殊痕迹鉴定、动物痕迹鉴定、道路交通事故痕迹物证鉴定等。同时,鉴定中所采用的各种技术手段也十分丰富,随着科技的发展,技术手段也不断更新,如潜在手印显现、显微观察技术、静电压痕显现技术、化学分析技术、视频荧光检验技术及各种光谱、色谱、能谱等现代仪器分析技术等。此部分标准以公安部牵头制定的国家标准、行业标准数量最多、种类最全。同时,2020 年由司法部制定发布的司法行政行业标准中,亦涉及若干痕迹鉴定领域的技术标准。

（三）微量物证鉴定标准体系的内容

在物证检验的实践中,微量物证主要是指需要使用现代化仪器进行理化分析的非生物物证。微量物证涉及的物质种类相当繁杂,从理论上讲,可以对犯罪事实起到证据作用的微量物质都有可能成为微量物证鉴定研究的对象。早期微量物证检验的对象主要有油漆、纤维、金属等常见物质。随着检验技术的发展,火药、炸药、汽油、枪弹射击残留物、植物孢粉、黏合剂、烟火剂等逐步成为微量物证鉴定的对象。近年来,涉及化妆品、食品、化工产品检验的案件也不断增多。[2] 故微量物证鉴定标准除涉及具体物质的检验标准外,对于仪器设备、技术手段的标准规定较多,制定标准的部门也不只限于公安部和司法部。

---

〔1〕 杨旭、施少培等:《文件鉴定标准体系的研究》,载《中国司法鉴定》2006 年第 6 期。

〔2〕 杨瑞琴主编:《微量物证检验》,中国人民公安大学出版社 2013 年版,第 2 页。

（四）物证类鉴定标准体系框架（见图12－2）

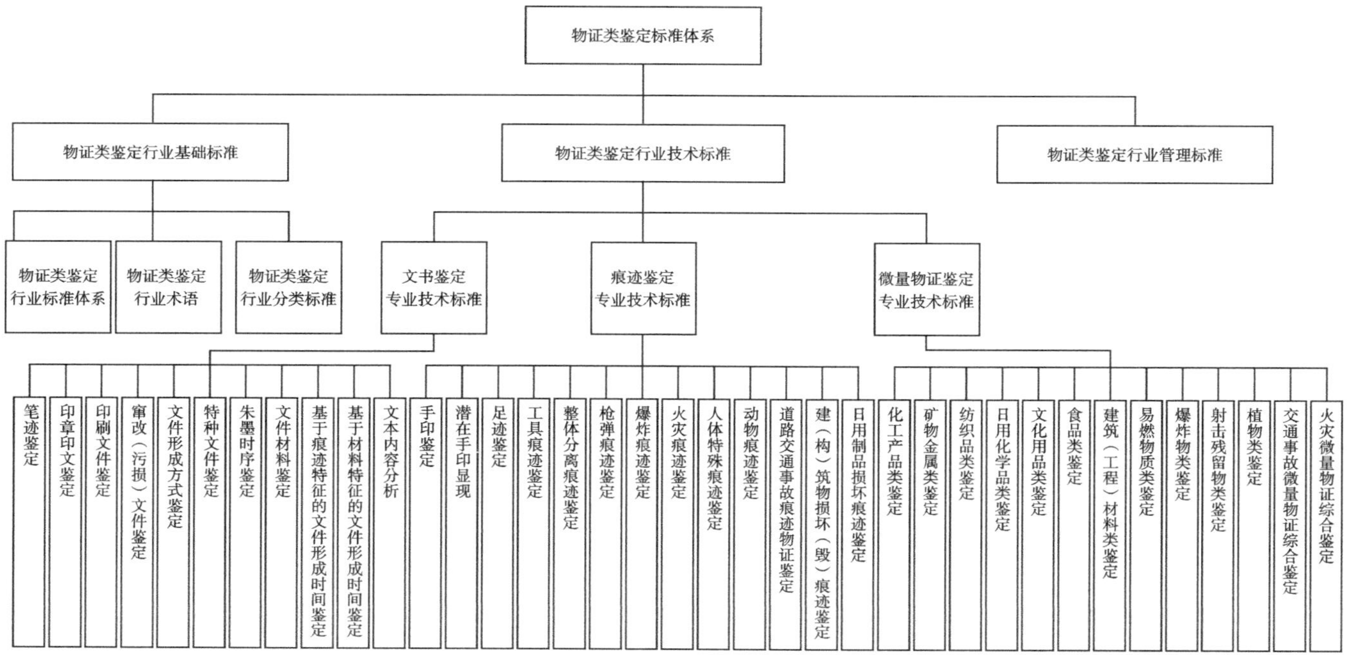

图12－2 物证类鉴定标准体系框架

第五节 计算机与声像资料类司法鉴定标准体系

一、计算机与声像资料类司法鉴定现有标准和体系

随着信息科学技术的不断发展，涉及语音、图像和电子数据有关证据在诉讼中使用越来越多，相应地，计算机与声像资料类司法鉴定业务也越来越多。为规范电子数据和视听资料证据的识别、收集、保存、分析、检验和出具报告等活动，近几年不仅法律法规中大量增设有关电子数据证据和视听资料证据的规定，计算机与声像资料类司法鉴定的技术标准和规范也不断出现。[1] 除法律法规中对有关制度、有关程序、有关原则作了规定外，相关标准和规范主要有以下几方面：

（一）认证认可领域规范

认证，是指由认证机构证明产品、服务、管理体系符合相关技术规范、相关技术规范的强制性要求或者标准的合格评定活动。认可，是指由认可机构对认证机构、检查机构、实验室以及从事评审、审核等认证活动人员的能力和执业资格，予以承认的合格评定活动。

根据2018年新制定的《司法鉴定/法庭科学机构能力认可准则》（CNAS－CL08:2018），司法鉴定和法庭科学机构能力认可均纳入实验室认可领域。有关计算机与声像资料有关的认可规范，包括认可规则、认可准则、认可指南和认可方案等有关文件。其中，认可规则（R系列）是CNAS实施认可活动的政策和程序，包括通用规则和专项规则类文件。认可准则（C系列）是CNAS认可的合格评定机构应满足的基本要求。它包括基本准则（如等同采用的相关ISO/IEC标准、导则等）以及对其的应用指南或应用说明[如采用的国际认可论坛（IAF）、ILAC制定的对相关ISO/IEC标准、导则的应用指南，或其他相关组织制定的规范性文件，以及CNAS针对特别行业制定的特定要求等]文件。认可指南（G系列）是CNAS对认可准则的说明或应用指南，包

〔1〕 本节不区分计算机司法鉴定、电子数据司法鉴定之间的差异，若无特别说明，两术语表达为同一含义。

括通用和专项说明或应用指南类文件。认可方案(S 系列)则是 CNAS 针对特别领域或行业对上述认可规则、认可准则和认可指南的补充。[1] 除通用性认可规范之外,与电子数据和声像资料鉴定相关的认可规范如表 12 - 9 所示。

表 12 - 9 与电子数据和声像资料鉴定相关的认可规范

规范编号	规范名称	有关电子数据和声像资料部分的说明
CNAS-AL13	《司法鉴定/法庭科学机构认可领域分类》	规定了司法鉴定/法庭科学机构认可领域,包括声像资料和电子数据等领域。其中声像资料又规定了录音资料鉴定、图像资料鉴定(包括录像资料和照相资料)、照相技术 3 个分领域;电子数据又规定了电子数据的提取、固定与恢复,电子数据真实性(完整性)鉴定,电子数据同一性、相似性鉴定 3 个分领域
CNAS-CL08:2018	《司法鉴定/法庭科学机构能力认可准则》	本准则包含了司法鉴定/法庭科学机构为证明其按管理体系运行、具有技术能力并能提供正确的鉴定结果所必须满足的所有要求。规定了司法鉴定/法庭科学领域中鉴定机构的能力、公正性以及持续运行的通用要求
CNAS-CL08 - A001:2018	《司法鉴定/法庭科学机构能力认可准则在电子数据鉴定领域的应用说明》	本应用说明是 CNAS 根据电子数据鉴定领域的特性而对 CNAS-CL08:2018《司法鉴定/法庭科学机构能力认可准则》所作的进一步说明,并不增加或减少该准则的要求

[1] 参见有关"认可规范"的解释,载中国合格评定国家认可委员会网,https://www.cnas.org.cn/rkgf/index.shtml,最后访问日期:2019 年 12 月 1 日。

续表

规范编号	规范名称	有关电子数据和声像资料部分的说明
CNAS-CL08－A008:2018	《司法鉴定/法庭科学机构能力认可准则在声像资料鉴定领域的应用说明》	本应用说明是 CNAS 根据声像资料鉴定领域的特性而对 CNAS-CL08:2018《司法鉴定/法庭科学机构能力认可准则》所作的进一步说明,并不增加或减少该准则的要求
CNAS-AL14:2019	《司法鉴定/法庭科学机构认可仪器配置要求》	本规范规定了司法鉴定/法庭科学机构认可仪器配置要求,包括对声像资料中录音资料鉴定,图像资料鉴定,照相技术和电子数据中电子数据的提取、固定与恢复,电子数据真实性(完整性)鉴定,电子数据同一性、相似性鉴定的仪器配置要求
CNAS-GL024:2018	《司法鉴定/法庭科学鉴定过程的质量控制指南》	本指南规定了司法鉴定/法庭科学鉴定过程的质量控制要求,旨在指导司法鉴定/法庭科学鉴定过程的质量控制活动
CNAS-GL020:2018	《司法鉴定法庭科学领域定性检验鉴定能力验证实施指南》	根据司法鉴定/法庭科学领域检验鉴定特性而对 CNAS-CL03:2010《能力验证提供者认可准则》所作的进一步说明及具体解释,并不增加或减少该准则的要求
CNAS-EL－01:2018	《司法鉴定法庭科学机构认可受理要求的说明》	本说明文件对《实验室认可规则》(CNAS-RL01)相关要求给予补充说明,旨在明确司法鉴定/法庭科学机构认可受理条件,统一认可评价标准,促进专项认可制度顺利实施

(二)鉴定技术标准规范

司法鉴定技术标准、鉴定标准规范有国家标准规范、行业标准规范和团体标准规范之分。团体标准规范是指由学会、协会、联合会和产业技术联盟等社会团体按照其确立的标准制定程序自主制定发布,由社会自愿采用的标准,如由全国及各省市的司法鉴定学会、司法鉴定行业协会等制定的团体标准。团体标准规范对现有技术标准规范是很好的补充,条件成熟时,可通过吸收或转化提高标准级别。按照《通则》第23条的规定,司法鉴定人进行鉴定,应当依下列顺序遵守和采用该专业领域的技术标准、技术规范和技术方法:(1)国家标准;(2)行业标准和技术规范;(3)该专业领域多数专家认可的技术方法。没有明确团体标准规范的级别和适用范围,故本部分不一一列举和讨论团体标准规范。

1. 电子数据鉴定标准规范

从国家标准规范看,与电子数据司法鉴定相关的标准规范较少,目前均为推荐性标准规范。从行业标准规范看,主要包括两方面的标准规范:一是公安部全国刑事技术标准化技术委员会提出的行业标准规范;二是司法鉴定管理局负责制定的行业标准规范。前者以GA开头,与电子数据有关的鉴定标准规范几乎都为推荐性标准规范,即以GA/T开头;后者以SF开头。团体标准规范则是各行业协会、研究会等开发的团体性标准规范。

另外,电子数据鉴定标准规范还可以按照标准规范的性质划分为通用标准规范、管理标准规范、技术标准规范等。通用标准规范包括电子数据鉴定的基本原则、基本程序,也包括有关鉴定方法标准规范、鉴定设备与软件标准规范。电子数据鉴定方法标准规范规定的是鉴定中所采用的具有一定共性的技术方法。电子数据鉴定设备与软件标准规范则规定了电子数据鉴定检测设备和软件的基本要求、在鉴定中必须满足的最低标准和推荐标准等。电子数据鉴定管理标准规范为司法鉴定机构在电子数据鉴定方面的推荐管理标准,包括鉴定程序文件、作业指导书、人员管理、设备和仪器管理等。电子数据鉴定技术标准规范是标准体系中最核心的部分,它全面规定了鉴定的程序、方法、设备、标准、结果评价方法等一系列具体操作要求,鉴定人通过该标准实施,对同一鉴定项目实施,基本能够达到一致的结果。

(1)国家标准

截至2019年,与电子数据鉴定相关的国家标准有《电子物证数据恢复检验规程》(GB/T 29360—2012)、《电子物证文件一致性检验规程》(GB/T 29361—2012)、《电子物证数据搜索检验规程》(GB/T 29362—2012)3个推荐标准。另外,《信息安全技术　存储介质数据恢复服务要求》(GB/T 31500—2015)标准也与电子数据鉴定技术存在关联,具体如表12-10所示。

表12-10　与电子数据鉴定相关的国家标准

规范编号	规范名称	说明
GB/T 29360—2012	《电子物证数据恢复检验规程》	由公安部物证鉴定中心作为起草单位,刑标委电子物证检验分技术委员会提出并归口。该标准规定了电子数据检验中数据恢复检验的方法,适用于法庭科学领域中的电子物证检验,不适用物理损坏存储介质的数据恢复,通过软硬件设施按照流程对检材进行编号拍照,保全备份计算哈希值,出具结论
GB/T 29361—2012	《电子物证文件一致性检验规程》	由公安部物证鉴定中心作为起草单位,全国刑事技术标准化技术委员会电子物证检验分技术委员会提出并归口。该标准规定了电子物证检验中文件一致性检验的方法,适用于法庭科学领域中的电子物证检验。该标准检验两个文件的数据是否相同,对检材(样本)进行编号拍照,使用软件工具分别计算检材数据文件和样本数据文件的哈希值,对比哈希值进行判断
GB/T 29362—2012	《电子物证数据搜索检验规程》	由公安部物证鉴定中心作为起草单位,全国刑事技术标准化技术委员会电子物证检验分技术委员会提出并归口。该标准规定了电子物证检验中数据搜索检验的方法,适用于法庭科学领域中的电子物证检验。该标准中包含数据搜索、文件搜索和物理搜索

续表

规范编号	规范名称	说明
GB/T 31500—2015	《信息安全技术 存储介质数据恢复服务要求》	由国家信息中心、国家保密科学技术研究所、中国信息安全认证中心作为起草单位,全国信息安全标准化技术委员会提出并归口。该标准规定了实施存储介质数据恢复服务所需的服务原则、服务条件、服务过程要求及管理要求,适用于对提供存储介质数据恢复服务机构针对非涉及国家秘密的数据恢复服务实施和管理工作的指导

(2)行业标准

从行业标准看,主要包括两方面的标准:一是归口公安部全国刑事技术标准化技术委员会并由公安部颁布的公共安全行业技术标准规范;二是司法鉴定管理局负责制定并由司法部颁布的司法鉴定技术标准规范或司法部负责制定的行业技术标准规范。从实务工作看,社会鉴定机构一般采用司法鉴定技术标准规范,而公安内部的刑事侦查部门一般采用公共安全行业技术标准规范。

与电子数据鉴定相关的公共安全行业技术标准规范共35个(截至2019年),具体如表12－11所示。

表12－11　与电子数据鉴定相关的公共安全行业技术标准规范

规范编号	规范名称
GA/T 754—2008	《电子数据存储介质复制工具要求及检测方法》
GA/T 755—2008	《电子数据存储介质写保护设备要求及检测方法》
GA/T 756—2008	《数字化设备证据数据发现提取固定方法》
GA/T 757—2008	《程序功能检验方法》
GA/T 828—2009	《电子物证软件功能检验技术规范》
GA/T 829—2009	《电子物证软件一致性检验技术规范》
GA/T 976—2012	《电子数据法庭科学鉴定通用方法》
GA/T 977—2012	《取证与鉴定文书电子签名》

续表

规范编号	规范名称
GA/T 978—2012	《网络游戏私服检验技术方法》
GA/T 1069—2013	《法庭科学　电子物证手机检验技术规范》
GA/T 1070—2013	《法庭科学　计算机开关机时间检验技术规范》
GA/T 1071—2013	《法庭科学　电子物证 Windows 操作系统日志检验技术规范》
GA/T 1170—2014	《移动终端取证检验方法》
GA/T 1171—2014	《芯片相似性比对检验方法》
GA/T 1172—2014	《电子邮件检验技术方法》
GA/T 1173—2014	《即时通讯记录检验技术方法》
GA/T 1174—2014	《电子证据数据现场获取通用方法》
GA/T 1175—2014	《软件相似性检验技术方法》
GA/T 1176—2014	《网页浏览器历史数据检验技术方法》
GA/T 1474—2018	《法庭科学　计算机系统用户操作行为检验技术规范》
GA/T 1475—2018	《法庭科学　电子物证监控录像机检验技术规范》
GA/T 1476—2018	《法庭科学　远程主机数据获取技术规范》
GA/T 1477—2018	《法庭科学　计算机系统接入外部设备使用痕迹检验技术规范》
GA/T 1478—2018	《法庭科学　网站数据获取技术规范》
GA/T 1479—2018	《法庭科学　电子物证伪基站电子数据检验技术规范》
GA/T 1480—2018	《法庭科学　计算机操作系统仿真检验技术规范》
GA/T 1554—2019	《法庭科学　电子物证检验材料保存技术规范》
GA/T 1564—2019	《法庭科学　现场勘查电子物证提取技术规范》
GA/T 1568—2019	《法庭科学　电子物证检验术语》
GA/T 1569—2019	《法庭科学　电子物证检验实验室建设规范》
GA/T 1570—2019	《法庭科学　数据库数据真实性检验技术规范》
GA/T 1571—2019	《法庭科学　Android 系统应用程序功能检验方法》
GA/T 1572—2019	《法庭科学　移动终端地理位置信息检验技术方法》
GA/T 1663—2019	《法庭科学　Linux 操作系统日志检验技术规范》
GA/T 1664—2019	《法庭科学　MS SQL Server 数据库日志检验技术规范》

与电子数据鉴定相关的司法鉴定技术标准规范共13个(截至2019年),2020年上半年,新颁布的规范有《网络文学作品相似性检验技术规范》(SF/T 0075—2020)、《电子数据存证技术规范》(SF/T 0076—2020)、《汽车电子数据检验技术规范》(SF/T 0077—2020),具体如表12-12所示。

表12-12　与电子数据鉴定相关的司法鉴定技术标准规范

规范编号	规范名称
SF/Z JD0400001—2014	《电子数据司法鉴定通用实施规范》
SF/Z JD0401001—2014	《电子数据复制设备鉴定实施规范》
SF/Z JD0402001—2014	《电子邮件鉴定实施规范》
SF/Z JD0403001—2014	《软件相似性鉴定实施规范》
SF/Z JD0400002—2015	《电子数据证据现场获取通用规范》
SF/Z JD0401002—2015	《手机电子数据提取操作规范》
SF/Z JD0402002—2015	《数据库数据真实性鉴定规范》
SF/Z JD0402003—2015	《即时通讯记录检验操作规范》
SF/Z JD0403002—2015	《破坏性程序检验操作规范》
SF/Z JD0403003—2015	《计算机系统用户操作行为检验规范》
SF/Z JD0402004—2018	《电子文档真实性鉴定技术规范》
SF/Z JD0403004—2018	《软件功能鉴定技术规范》
SF/Z JD0404001—2018	《伪基站检验操作规范》
SF/T 0075—2020	《网络文学作品相似性检验技术规范》
SF/T 0076—2020	《电子数据存证技术规范》
SF/T 0077—2020	《汽车电子数据检验技术规范》

2. 声像资料鉴定标准规范

与电子数据鉴定类似,声像资料鉴定标准规范可划分为国家标准规范、行业标准规范和团体标准规范,也可根据标准规范的性质划分为通用标准规范、管理标准规范、技术标准规范等。根据声像资料鉴定对象的不同,还可将声像资料鉴定标准规范分为3类标准规范:语音类鉴定标准规范、静态图像类鉴定标准规范、视频图像类鉴定标准规范。但由于三者之间有很多共性,实际开发标准规范时会制定很多三者或其中两者共享的通用标准规范。

(1)国家标准

从国家标准来看,与声像资料鉴定的相关的国家标准有《法庭科学语音及音频检验术语》(GB/T 35048—2018)。

《法庭科学语音及音频检验术语》标准界定了法庭科学语音及音频检验鉴定及其相关活动的术语和定义,包含语言学与语音学相关的141个术语、与声学及信号处理相关的72个术语、与声纹检验相关的54个术语。

(2)行业标准

声像资料鉴定涉及的标准规范包括技术标准规范、程序标准规范、设备标准规范等方面的标准与规范。目前,我国与声像资料鉴定相关的标准主要有公共安全行业技术标准与规范、司法部颁布的司法鉴定技术规范和行业技术标准与规范两类,截至2019年规范分别见表12－13和表12－14。2020年,司法部新颁布的规范有《数字图像元数据检验技术规范》(SF/T 0078—2020)。

表12－13 与声像资料相关的公共安全行业技术标准与规范(截至2019年)

标准与规范编号	标准与规范名称	说明
GA/T 1587—2019	《声纹自动识别系统测试规范》	该规范规定了声纹自动识别系统的测试要求、指标和报告。该标准与声像资料鉴定有一定联系
GA/T 1475—2018	《法庭科学电子物证监控录像机检验技术规范》	该规范旨在通过制定法庭科学领域监控录像机电子物证检验的技术方法,规范监控录像机的检验程序和方法,保证检验的规范性、合法性、稳定性
GA/T 1502—2018	《法庭科学视频中人像动态特征检验技术规范》	该规范规定了法庭科学视频中人像动态特征检验的步骤和方法
GA/T 1507—2018	《法庭科学视频目标物标注技术规范》	该规范规定了法庭科学视频目标物标注的技术规范

续表

标准与规范编号	标准与规范名称	说明
GA/T 1399.1—2017	《公安视频图像分析系统　第 1 部分：通用技术要求》	该规范非专门针对视频资料检验提出，但有一定的联系，对视频资料检验设备和工具有一定的参考性。该规范为 GA/T 1399 的第 1 部分，规定了公安视频图像分析系统的系统组成、系统功能等技术要求，适用于公安视频图像分析系统的规划设计、软件开发、检测和验收，其他领域的视频图像分析系统可参考采用
GA/T 1399.2—2017	《公安视频图像分析系统　第 2 部分：视频图像内容分析及描述技术要求》	该规范为 GA/T 1399 的第 2 部分。规定了公安视频图像分析系统中视频图像内容分析及描述的应用流程与功能组成、性能、视频图像内容分析数据描述等技术要求，适用于公安视频图像分析系统的规划设计、软件开发、检测和验收，其他领域的视频图像分析系统可参考采用
GA/T 1430—2017	《法庭科学录音的真实性检验技术规范》	该规范规定了法庭科学数字音频的真实性（完整性）的检验内容、检验要求、检验方法、判断依据及检验意见的表述
GA/T 1432—2017	《法庭科学语音人身分析技术规范》	该规范规定了法庭科学语音人身分析的检验内容、检验方法、判断依据及检验意见的表述
GA/T 1433—2017	《法庭科学语音同一认定技术规范》	该规范规定了法庭科学语音同一认定的检验内容、检验方法、判断依据及鉴定意见的表述
GA/T 1018—2013	《视频中物品图像检验技术规范》	该规范规定了视频中物品图像检验的步骤和方法，适用于法庭科学领域声像资料检验鉴定中视频中的物品图像的检验

续表

标准与规范编号	标准与规范名称	说明
GA/T 1019—2013	《视频中车辆图像检验技术规范》	该规范规定了视频中车辆图像检验的步骤和方法
GA/T 1020—2013	《视频中事件过程检验技术规范》	该规范规定了视频中事件过程检验的步骤和方法，适用于法庭科学领域声像资料检验鉴定中视频中的事件过程检验
GA/T 1021—2013	《视频图像原始性检验技术规范》	该规范规定了视频图像原始性检验过程的步骤和要求，适用于法庭科学领域声像资料检验鉴定中的视频原始性检验
GA/T 1022—2013	《视频图像真实性检验技术规范》	该规范规定了视频图像真实性检验过程的步骤和要求，适用于法庭科学领域声像资料检验鉴定中的视频真实性检验
GA/T 1023—2013	《视频中人像检验技术规范》	该规范规定了视频中人像检验的步骤和方法
GA/T 1024—2013	《视频画面中目标尺寸测量方法》	该规范规定了视频画面中目标尺寸测量的基本方法；测量的基本方法包括软件测算法、匹配测算法、模拟测算法、比例测算法
GA/T 895—2010	《法庭科学模糊图像处理技术规范　图像增强》	该规范规定了模糊图像处理技术中图像增强的基本要求，适用于司法机关在办理刑事案件、民事案件及处理事故、事件等活动中的图像增强工作
GA/T 896—2010	《法庭科学模糊图像处理技术规范　退化图像复原》	该规范规定了模糊图像处理技术中退化图像复原的基本要求
GA/T 897—2010	《法庭科学模糊图像处理技术规范　图像去噪声》	该规范规定了模糊图像处理技术中取出图像噪声的基本要求

续表

标准与规范编号	标准与规范名称	说明
GA/T 916—2010	《图像真实性鉴别技术规范 图像真实性评价》	该规范规定了图像真实性鉴别技术中图像真实性评价的基本要求
GA/T 917—2010	《图像真实性鉴别技术规范 图像重采样检测》	该规范规定了图像真实性鉴别技术中检测图像重采样特性的基本要求
GA/T 918—2010	《图像真实性鉴别技术规范 图像 CFA 插值检测》	该规范规定了图像真实性鉴别技术中检测图像 CFA(Color Filter Array,彩色滤镜陈列)插值特性的基本要求
GA/T 919—2010	《图像真实性鉴别技术规范 图像 JPEG 压缩检测》	该规范规定了图像真实性鉴别技术中图像 JPEG 压缩检测的基本要求

表 12－14 与声像资料相关的司法部司法鉴定技术规范

规范编号	规范名称	说明
SF/Z JD0300001—2010	《声像资料鉴定通用规范》	该规范包括两个部分,第 1 部分为“声像资料鉴定通用规范”,第 2 部分为“声像资料鉴定通用程序”。对声像资料常用术语进行了定义,对声像资料鉴定中案件的受理程序、检验/鉴定程序、送检材料的流转程序、鉴定结果报告程序、检验记录程序、案件的档案管理程序、出庭程序等进行了规定,适用于声像资料鉴定的各项鉴定
SF/Z JD0301001—2010	《录音资料鉴定规范》	该规范包括三个部分,规定了录音资料真实性(完整性)鉴定规范、录音内容辨听规范、语音同一性鉴定规范

续表

规范编号	规范名称	说明
SF/Z JD0304001—2010	《录像资料鉴定规范》	该规范包括四个部分。第 1 部分为“录像资料真实性(完整性)鉴定规范”,第 2 部分为“录像过程分析规范”,第 3 部分为“人像鉴定规范”,第 4 部分为“物像鉴定规范”。其中,第 1 部分规定了声像资料鉴定中录像资料真实性(完整性)鉴定的步骤和方法,第 2 部分规定了声像资料鉴定中录像过程分析的步骤和方法,第 3 部分规定了声像资料鉴定中人像鉴定的步骤和方法,第 4 部分规定了声像资料鉴定中物像鉴定的步骤和方法,分别适用于声像资料鉴定中的录像资料真实性(完整性)鉴定、录像过程分析、人像鉴定和物像鉴定
SF/Z JD0301002—2015	《录音设备鉴定技术规范》	该规范规定了声像资料鉴定中录音设备鉴定的方法和步骤
SF/Z JD0300002—2015	《音像制品同源性鉴定技术规范》	该规范规定了声像资料鉴定中音像制品同源性鉴定的步骤和方法,适用于声像资料鉴定中的音像制品同源性鉴定
SF/Z JD0301003—2015	《录音资料处理技术规范》	该规范规定了声像资料鉴定中录音处理的步骤和方法
SF/Z JD0302001—2015	《图像真实性鉴定技术规范》	该规范规定了声像资料鉴定中的图像真实性鉴定的方法和步骤,适用于声像资料鉴定中的图像真实性鉴定。对于视频帧的检验可适用该规范
SF/Z JD0302002—2015	《图像资料处理技术规范》	该规范规定了声像资料鉴定中图像处理的方法和步骤,适用于声像资料鉴定中的图像处理

续表

规范编号	规范名称	说明
SF/Z JD0302003—2018	《数字图像修复技术规范》	该规范规定了声像资料司法鉴定中数字图像修复的方法和步骤、修复结果输出、记录要求,适用于声像资料司法鉴定中的数字图像修复
SF/Z JD0304002—2018	《录像设备鉴定技术规范》	该规范规定了声像资料鉴定中录像设备鉴定的步骤、方法及鉴定意见,适用于声像资料鉴定中的录像设备鉴定,还可用于声像资料鉴定中的录像资料是否同机录制的鉴定
SF/Z JD0300002—2018	《数字声像资料提取与固定技术规范》	该规范规定了声像资料司法鉴定中数字声像资料提取与固定的方法和步骤、检验记录,适用于声像资料司法鉴定中的数字声像资料的数据提取与固定
SF/Z JD0303001—2018	《照相设备鉴定技术规范》	该技术规范规定了声像资料鉴定中照像设备鉴定的步骤、方法及鉴定意见
SF/T 0078—2020	《数字图像元数据检验技术规范》	本标准规定了声像资料鉴定中数字图像元数据检验的仪器设备、检验方法和步骤

(三)信息安全等相关领域技术规范

除以上司法鉴定有关技术标准规范外,在实施鉴定过程中还涉及各种各样的信息系统、移动设备和应用程序。这些信息科学技术涉及信息安全、网络通信、软件工程、集成电路、人工智能、大数据、多媒体与音视频编码、信息技术设备等不同科学领域。

这些相关领域的技术标准种类繁多,且在不断扩增和更新。虽然鉴定过程中一般不直接引用这些标准,但有时候要科学地鉴定需要掌握相关的背景知识,因而对相关的技术规范的熟悉也很重要。例如,在电子合同的真实性鉴定中,真实性鉴定不仅涉及电子签名的相关技术和方法,而且对于电子合同生成的有关系统的管理和安全机制十分密切,因而在实施鉴定过程中或多或少与这些技术与标准相关。

其中,联系最紧密的为信息安全有关的标准规范。随着信息技术的不断发展和国家对信息安全重视程度不断提高,越来越多的新标准将不断研制和发布,一些陈旧标准也会不断地更新,尤其在信息安全管理、信息安全评估、通信安全、大数据安全、密码技术等领域。目前,信息安全有关标准规范较多,截至 2019 年 3 月,全国信息安全标准化技术委员会归口的已发布的国家标准达 296 项,在研修订的标准达 116 项。[1]

二、现有司法鉴定标准和体系述评

(一)多个行业标准重叠、标准内容丰富性和规范性有待加强

1. 标准涉及多个不同行业,各行业分别制定标准

不同诉讼的不同阶段均可能涉及计算机与声像资料鉴定。仅以诉讼程序中涉及的鉴定标准来说,目前计算机与声像资料涉及的标准制定归口单位存在多个、标准涉及的行业也存在多个。从目前制定较多标准的行业看,主要涉及公共安全行业和司法行业标准。前者标准编号以 GA 开头,后者以 SF 开头。这两类标准存在大量重复的内容,其中有些相同规定又存在差异。

下面仅将两类标准中一小部分类似标准进行比较,其重复标准和标准间差异如表 12－15、表 12－16 所示。

---

〔1〕 参见全国信息安全标准化技术委员会归口的国家标准,载全国网络安全标准化技术委员会官网,https://www.tc260.org.cn/,最后访问日期:2020 年 8 月 7 日。

表 12－15 电子数据鉴定有关部分相近标准分析对照

GA 规范编号与名称	SF 规范编号与名称	相似内容	不一致或冲突内容
GA/T 976—2012《电子数据法庭科学鉴定通用方法》	SF/Z JD0400001—2014《电子数据司法鉴定通用实施规范》	1. 适用范围接近:前者适用于鉴定工作的电子数据获取、检验分析和呈现;后者指导电子数据司法鉴定机构和鉴定人从事司法鉴定业务。 2. 均规定了基本原则。 3. 均规定了基本程序或步骤	1. 原则内容不同:前者规定了及时性、依法、备份、证据原始性、环境安全、监督六项原则;后者规定了原始性、完整性、安全性、可靠性、可重现、可追溯、及时性七项原则。 2. 程序规定细粒度不同。前者就电子数据获取、检验分析、记录等子程序分别进行了规定。后者根据鉴定流程进行了规定。 3. 术语表述和界定存在差异。如前者采用“电子证据数据”提法,后者采用了“电子数据”提法
GA/T 1175—2014《软件相似性检验技术方法》	SF/Z JD0403001—2014《软件相似性鉴定实施规范》	1. 适用范围相同:均适用于电子数据检验鉴定工作中的软件相似性检验。 2. 检验步骤相同	绝大部分内容一致,仅个别用词的表述存在差异,如“程序的比对检验”部分第 1 部分,前者使用标题“概述”,后者使用“要求”,但内容完全一致;“目标程序间比对”仅排版方式不同,内容完全一致
GA/T 828—2009《电子物证软件功能检验技术规范》	SF/Z JD0403004—2018《软件功能鉴定技术规范》	1. 适用范围相似:均可适用于司法鉴定中软件功能检验。 2. 均对检验步骤进行了规定	1. 检验步骤详细程度不同,后者对操作步骤描述更加具体。 2. 两个标准均侧重于程序,未涉及对软件功能检验的具体技术性内容或方案。但后一规范提及了通过运行方法验证软件功能、源代码分析和目标软件分析

续表

GA 规范编号与名称	SF 规范编号与名称	相似内容	不一致或冲突内容
GA/T 1170—2014《移动终端取证检验方法》	SF/Z JD0401002—2015《手机电子数据提取操作规范》	1. 适用范围相似：均可用于手机数据提取，规定了方法和步骤。 2. 均规定了现场获取数据的方法和实验室检验的方法	1. 规定的细节各有不同。例如，在现场获取中，后者规定了静态获取和动态获取两种方法，前者规定较粗略。前者规定了包装和运输，后者规定了封存。 2. 在程序上存在细微差异。例如，实验室检验中，前者规定了识别、准备检验用的设备、数据的检验分析等内容，后者规定了记录送检手机的情况、数据的检验分析等内容

表 12－16　声像资料鉴定有关部分相近标准分析对照

GA 规范编号与名称	SF 规范编号与名称	相似内容	不一致或冲突内容
GA/T 1433—2017《法庭科学语音同一认定技术规范》	SF/Z JD0301001—2010《录音资料鉴定规范》	1. 均对语音同一性鉴定进行了规定（注：SF 规范中第 3 部分对应了 GA 语音同一性鉴定，其他部分对应了 GA 其他规范）。 2. 鉴定流程大体相似。均规定了听辨分析、声谱分析内容、综合评判内容	1. 前者规定了鉴定意见判断的量化技术标准。后者未规定鉴定意见判断的依据和量化技术标准。 2. 前者规定了术语和定义；后者对基本检验方法进行了说明
GA/T 1023—2013《视频中人像检验技术规范》	SF/Z JD0304001—2010《录像资料鉴定规范》	1. 均对视频中人像鉴定进行了规定（注：SF 规范中第 3 部分对应了 GA 人像鉴定，其他部分对应了 GA 其他规范）。 2. 均对人像特征、检验的步骤和比对方法、综合评判等进行了规定	1. 比较检验的方法规定不一样，后者方法更多。 2. 人像特征比对，前者还包括对关联物品特征比对。 3. 两标准有关术语和定义存在差异

从上述比较看,上述标准适用的场合较接近,实质相同的内容也比较多,但相互之间规定不完全一致,这不仅浪费了标准制定资源,还容易造成标准适用时的不统一。如果能够整合司法行业、公共安全行业的标准制定力量,找出两个行业之间共性之处,联合制定电子数据和声像资料标准,则标准适用性更广,标准的质量也会大大提高。

2. 标准内容不够丰富,可操作性不够强

从计算机与声像资料司法鉴定现有标准看,标准中主要涉及程序规范,有关技术性内容,或者技术判断指引的内容较少。以该领域行业标准上升到国家标准的《电子物证数据恢复检验规程》《电子物证文件一致性检验规程》《电子物证数据搜索检验规程》3 个标准为例,此 3 个标准涉及的技术内容完全不同,但三种标准相同文字部分较多,总字数也相对较少,其比较结果如表 12 – 17 所示。

表 12 – 17 电子数据司法鉴定 3 个国家标准中文字对照

<table>
<tr><th>规范编号</th><th>规范名称</th><th>共同内容</th><th>差异内容</th><th>备注</th></tr>
<tr><td>GB/T 29360—2012</td><td>《电子物证数据恢复检验规程》</td><td rowspan="3">1. 总体框架结构相同。
2. 仪器设备部分大体相似。
3. 操作部分均涉及“检材与样本编号”“检材与样本拍照”内容,且内容相同。其中有两项标准的“检出数据刻录”“检验结论的表述”内容也相同。“附则”部分 3 项标准之间大体相似,有两项标准该内容完全相同。
4. 总体上,文字内容相同部分大于文字内容差异部分</td><td rowspan="3">1. 适用范围存在细微差异。
2. 软件工具存在细微差异。
3. 术语定义存在差异</td><td rowspan="3">说明:1. 若两标准共性内容大于差异性内容,将共性部分单独设计标准更加合理;2. 国家标准规定内容也不够丰富</td></tr>
<tr><td>GB/T 29361—2012</td><td>《电子物证文件一致性检验规程》</td></tr>
<tr><td>GB/T 29362—2012</td><td>《电子物证数据搜索检验规程》</td></tr>
</table>

这也说明,目前计算机与声像资料司法鉴定有关的标准规范总体上内容还不够丰富,标准规划设计还不科学,可操作性上还有进一步提高的空间。今后司法鉴定标准更要注重标准质量水平、提高技术指导性内容的比重、加

强标准的可操作性,通过高质量的标准实施提高司法鉴定的质量。

(二)标准制定体系尚不完善

1. 标准制定的体系透明度有待进一步提升、参与群体的广泛性有待扩大

标准化的任务是制定标准、组织实施标准以及对标准的制定、实施进行监督。可见标准制定是标准化工作的重要内容。目前,对于国家强制性标准的制定有一套完善的程序,其中国务院行政主管部门依据职责负责强制性国家标准的提出、组织起草、征求意见和技术审查。而国务院标准化行政主管部门负责强制性标准的立项、编号和对外通报。因而强制性国家标准制定程序规范,也容易通过网络等多种途径获得相关信息。而计算机与声像资料司法鉴定所涉标准不属于强制性标准范畴,且目前有关国家标准较少,主要为行业标准规范。行业标准规范主要委托相关标准化技术委员会或专家组负责承担标准的起草、技术审查工作。但标准的提出、立项、专家组组成的依据和程序缺乏法规规章的有关规定,主要通过行政手段实施,因而标准立项的科学性、可行性和必要性,标准化技术委员会和专家组的组成广泛性等问题可能缺乏公开和透明度。

对于计算机与声像资料鉴定来说,公众和利益相关者通过网络等途径获取这些标准立项规划、标准建议稿等内容的途径有限,是否满足了法律规定中要求的便捷性值得反思。对于计算机与声像资料鉴定来说,利益相关主体涉及比较广泛,通常包括来自不同省市的鉴定机构、高等院校和研究院所的理论研究部门、司法鉴定相关设备的提供商,以及公安司法部门等,全国司法鉴定标准化技术委员会和专家委员会成员如何组成更加具有广泛性就应该对设置方法和遴选程序制定规则,目前有关这方面的信息笔者不能通过网络等途径搜索到,这也表明标准制定有关体系有待进一步完善,参与群体的广泛性有待进一步提高。

2. 标准制定过程未能完全体现广泛协商一致的原则

标准本身是协商一致的结果,如果协商不够、出现不一致,反而影响标准化的作用发挥,共同遵守的效果也会较差。要尽可能达到协商一致的效果,首先在起草人员组成上应具备广泛的代表性,其中在征求意见环节应该公开

且便于相关人员获取和发表意见。要特别杜绝个别单位或人员负责制定标准的情况,防止利用标准进行变相的技术垄断。对于计算机与声像资料司法鉴定而言,无论在起草人员组成、征求意见过程等环节均有需进一步改进和完善的地方。

(三)标准体系架构尚不完善

1. 计算机与声像资料司法鉴定国家标准的数量偏少

目前计算机与声像资料司法鉴定国家标准的数量偏少,仅 5 个标准。对于声像资料司法鉴定来说,国家标准规定了声像资料司法鉴定有关的术语,这属于基础性标准,但缺乏声像资料司法鉴定通用标准的规定。电子数据司法鉴定虽然有 3 个专门标准和 1 个相关标准。但有关电子数据基础性标准和电子数据司法鉴定的通用程序规范还没有上升到国家标准。目前,相关的标准还停留在行业标准层次。

2. 行业标准内部的层析性和系统性仍有待加强

经过 10 余年标准的不断完善和发展,目前电子数据司法鉴定和声像资料司法鉴定的标准数量相对来说还是相对比较丰富的。但整个标准体系的层次结构和系统性不是特别清晰,从标准代号的编排上无法看出标准的类别,例如,是基础性标准、方法标准、仪器设备标准还是管理标准等。这也表明在整个体系架构之初未作充分的全盘规划设计。这使很多不同鉴定项目标准存在较多的重复性内容,如果其中某一项内容因为法律原因或者技术原因需要更新,那么整个标准体系中很多标准都要进行更新,这从技术设计角度看不是最科学的。

因而,在当前标准尚不足够多的情况下,重新规划和设计未来的鉴定标准体系也是非常重要和紧迫的。

三、计算机与声像资料类司法鉴定标准体系构建与完善

1. 完善标准制定和标准更新的体系

标准体系涵盖内容丰富,不仅包括标准本身,它还包括标准制定、标准实施、标准更新完善、标准废除等一个完整的过程。而标准是否科学、能否广泛

实施、技术含量是否高、可操作性是否强、是否引领行业发展,乃至能否易于跨越不同法域等都与标准制定和更新体系密切相关。一个好的标准体系,至少在两个方面是突出的:它所形成的标准被广泛接受、易于实施;它所代表的技术具有行业引领性。如果一项标准十分先进,但无法得到行业相关主体的认同,那么实施起来就非常困难,便无法发挥标准的作用;同样地,如果一项标准可操作性不强,或者技术含量不高,那么标准所起的引领作用也无法发挥。因而,标准体系的好坏,首要的是标准制定和更新完善的体系好坏。对于电子数据和声像资料标准制定来说,应重点关注以下几个问题:

(1)标准制定过程公开透明度要高、公众应易于获取信息

我国国家标准制定过程相对比较规范,信息也比较透明,且有相关法律法规的护航。电子数据和声像资料行业标准的制定相对来说公开透明度有待进一步加强。

以具有代表性GA和SF两个行业的电子数据和声像资料司法鉴定标准为例,有关标准制定的发起规则,标准制定的计划,标准制定参与单位与人员,标准制定的建议稿、修改建议与修改说明等有关标准制定信息透明度不高,公众和利益相关者获取的途径有限,发表建议的机会以及了解其他利益相关者的建议内容的机会较少,建议行业主管部门网站或者微信公众号设置专门的页面发布相关信息,同时提供渠道鼓励公众或技术专家提供标准有关的建议。对于标准列表和标准的状态应及时公开且便于公众获取。

(2)标准制定要有利益相关者的广泛参与

一套标准越具有广泛代表性,是"协商一致"的结果,那么该标准越易于被不同利益相关体遵守和实施,其推广实施的成本会降低,实施效果也会更好。在标准制定过程中,不仅要有鉴定机构等实务部门的代表,还应有理论研究部门、相关设备提供商、司法部门、认证认可部门、公安的代表,而不应该仅仅是小范围群体的代表,更不应该是个别人闭门造车的结果。

目前,对于GA和SF两个行业的电子数据和声像资料司法鉴定标准制订计划、制定过程、修订过程等涉及的人员及其来源领域等信息,很难通过网络等途径获取。从司法鉴定标准中起草人信息看,很多标准起草人员明显偏

少，从这些人员所在单位看也仅来源个别单位，缺少代表性，甚至有一些标准起草人员均为同一单位的人员。建议以后制定标准应吸纳更多同行人员和利益相关者参与。

（3）标准制定计划的发起和标准更新应形成制度化文件并予以公示

标准制定应符合市场的期许和行业发展的需要，哪些人员具有标准制定和更新建议权，需要具备何种条件可以制定标准，以及谁具有标准制定和更新决定权等不仅涉及标准制定体系是否完善问题，还涉及更深层次的法律权利和法律程序问题，对于行业标准来说，应将这些形成制度化文件，作为标准化体系运行的基本法律依据。

2. 与司法鉴定领域认证认可标准体系的同步

电子数据司法鉴定与声像资料司法鉴定很多项目均纳入认证认可体系，如果标准发生了变化，那么认证认可的程序和内容都可能要发生改变。在标准制定或者标准规划前，应审查其对认证认可的影响。标准制定或更新后，应相应地完善特定领域认证认可的内容。相应地，认证认可 ISO 文件发生更新，也可能对标准化工作产生影响。这就要求标准化部门与认证认可部门的相关领域紧密合作。合作层次越高，两者之间无缝对接的可能性越高，对接所花费的时间也越少。

在通常情况下，可通过人员安排或畅通交流渠道两种途径达到以上效果。前一种途径是将电子数据和声像资料国家标准、行业标准制定组长或副组长同时安排为法庭科学认证认可领域电子数据和声像组的成员等类似的人员安排途径，促进相应部门之间信息交流和工作对接。后一种途径则通过建立部门之间的合作交流机制，通过定期的会议交流、技术交流等多种途径，促进部门之间信息交流。

3. 司法鉴定行业技术标准体系的统一

目前，主导电子数据和声像资料司法鉴定行业标准的有公共安全行业标准和司法鉴定行业标准。两部门在这两个领域均制定和发布了很多的相关标准，但也导致标准之间不统一的现象。为此，笔者认为，可通过以下途径解决目前的问题。

(1)通过联合制定标准,同时制定多行业标准,加强标准的统一

在公安执法和犯罪侦查取证,以及诉讼过程中均可能涉及计算机科学技术、声像资料技术,虽然某些程序可能有一些特殊性,如现场取证。但公共安全行业和司法鉴定行业所涉及的电子数据取证和司法鉴定、声像资料司法鉴定等工作其过程和技术基本相似,共性远远大于差异性。分别制定行业标准不仅浪费资源,而且易引发规定冲突,影响我国该领域标准化进程。通过整合双方力量,建立该领域的联合专家组,制定联合标准是目前不改变现有标准制定分工与制度前提下最为有效的方式。

通过联合制定标准,将各自领域存在共性内容的技术制定为联合标准,仅对差异部分内容各自独立制定标准,不仅会大大减少标准规范的不一致和冲突内容,也有助于标准体系的统一,加快将成熟的行业标准上升为国家标准。

(2)统筹规划布局,取消重叠职能,规范司法鉴定和法庭科学标准制定的分工

还有种可行途径是对标准制定职能进行合理分工,将电子数据司法鉴定和声像资料司法鉴定的标准制定职能分配给专门的组织或机构,从源头上避免多头设置标准和规范,防止多种同级别标准并行,减少冲突和不一致现象。

4. 司法鉴定技术标准体系层次内容的完善

计算机与声像资料司法鉴定涵盖内容丰富,且随着技术的不断发展,其内容还将不断扩展,如何科学地制定司法鉴定技术标准规范是司法鉴定标准化的重要内容。根据实务中发展情况,需要什么鉴定项目标准便制定该项目的标准,虽然是一种符合实际的途径,但随着标准的逐渐增多,标准之间的联系将越来越差,标准之间的冲突和不一致也会逐渐增多。因此,对于一些共性的、重复性比较强的内容应该独立设计标准,鉴定项目标准可通过引用这些共性的标准避免重复的内容,也会增加标准体系的规范性,减少冲突和不一致的内容。笔者认为,计算机与声像资料司法鉴定技术标准体系应该分别包括以下六个方面不同类别标准,这些不同类别标准解决不同问题,通过它们之间的整合可形成一套比较精简合理的标准化体系。

（1）通用与基础标准

解决计算机与声像资料类司法鉴定的基本问题和原则性问题。如计算机与声像资料司法鉴定所应遵循的基本原则，涉及的法律或技术程序，包含的鉴定范围，鉴定项目等内容。可以根据计算机与声像资料之间共性建立统一的通用规范，也可分别建立通用规范，但两者之间同样存在很多共性的内容，对于共性部分应抽象出来建立共性标准。

（2）仪器与设备标准

仪器与设备的可靠性事关通过仪器和设备所读取与分析出数据的可靠性。因而，对仪器与设备标准应进行检测和规定。其一，对于电子数据与声像资料司法鉴定所涉及的仪器、设备和软件的功能进行合理划分，以便分别对不同功能的仪器、设备和软件进行如何检测、判断和认证进行标准规定。其二，对于常见的电子数据与声像资料司法鉴定中所涉及的具体仪器、设备和软件认证的主体、程序、方法，以及定期校准要求等应进行规范，对其他自制的或不常见仪器、设备和软件的功能如果自行认证和校准进行规范。其三，对电子数据司法鉴定中仪器、设备和软件配置必须满足的最低标准和推荐标准进行明确规定。仪器、设备和软件的标准制定，不仅可以指导鉴定机构科学使用仪器、设备和软件，还可以规范和引导设备、仪器和软件提供商开发更加可靠的产品。

（3）程序性规范

除计算机和声像资料类司法鉴定的通用程序外，在鉴定实务中某些环节还存在很多特殊的鉴定程序和流程，将这些具有一定共性的程序或流程进行标准化，有利于简化各司法鉴定项目的标准规范，在各鉴定项目标准中，则主要集中于鉴定涉及的技术指标等技术性内容，增加标准规范的可读性和条理性。

（4）方法标准

计算机与声像资料类司法鉴定有很多相似的技术方法。将那些司法鉴定具体项目中所采用的具有一定共性的技术方法，单独地、系统地进行规定，不仅可以增加标准规范的条理性，而且便于标准的不断更新和完善。如果有改进的方法和技术,只要通过更新方法标准内容便可以保持整个体系到最新状态。

(5)管理标准

管理标准是从质量控制角度规范司法鉴定机构对计算机与声像资料鉴定各项目的控制要求,通过质量控制点的规定和描述,从而为鉴定机构按照该标准和CNAS规范有针对性地制定鉴定程序文件、作业指导书、人员管理、设备和仪器管理等提供指导。通过管理标准的示范性作用,促进鉴定机构将其核心要点转化并纳入机构内部的质量手册、程序文件、作业指导书。

(6)鉴定项目标准

计算机与声像资料类司法鉴定项目技术标准是标准体系中最核心部分,它全面地具体规定了司法鉴定项目涉及的流程、方法、设备、判断依据、结果评价方法等一系列操作要求,鉴定人通过该标准实施,对同一鉴定项目实施,基本能够达到一致的结果。在鉴定项目技术标准中,可根据该项目的技术要求,分别引用其他规范中的相应部分,仅对该项目中如何进行具体判断,以及特殊的程序、方法和技术进行规定。

第六节　环境损害类司法鉴定标准体系

我国经济快速发展的同时,环境污染问题日益严峻,一系列重大环境污染事件频繁发生,引起了国家、社会及公民的高度重视。为进一步将生态环境保护责任追究制度和环境损害赔偿制度落到实处,2015年12月环境损害类司法鉴定被明确纳入统一登记管理范围,成为继法医类、物证类和计算机与声像资料类之后的第四大司法鉴定类别。环境损害类司法鉴定具有鉴定对象复杂、横跨范围广、涉及领域多等特点,环境相关部门在解决环境科学相关技术问题方面取得了丰硕成果,建立了较成熟的环境监测技术标准体系,如针对环境要素和生物要素的监测、调查类,针对海洋等生态系统健康评价类技术规范等,但各部门因目标侧重不同,已有相关技术规范略有差异,加之以往在司法鉴定程序、证据审查等方面的意识薄弱,使相关标准对于司法鉴定的适用性存在较大局限,相关司法鉴定类技术规范的缺失制约着环境损害类司法鉴定工作的科学有效推进。

作为新进鉴定门类,结合环境损害类司法鉴定的实践特点,坚持鉴定程序和鉴定技术"两手都要硬",既要符合科学的基本原理,也要符合法定流程满足诉讼证据要求。针对七大类鉴定事项,从案件受理、证据固定、损害评估、质量管理等全过程,亟须构建统一规范的环境损害类司法鉴定标准化体系(见表12－18)。

表12－18　环境损害类司法鉴定现有相关标准及技术规范

类别	编号	名称	说明
认证认可	环发〔2011〕60号	《关于开展环境污染损害鉴定评估工作的若干意见》	开展环境污染损害鉴定评估工作的重要意义、工作目标、工作任务、试点工作部署及保障措施等
	司发通〔2015〕117号	《关于将环境损害司法鉴定纳入统一登记管理范围的通知》	环境损害类司法鉴定纳入统一登记管理范围
	司发通〔2015〕118号	《关于规范环境损害司法鉴定管理工作的通知》	规范了环境损害类司法鉴定管理工作有关事项
	中办发〔2017〕68号	《生态环境损害赔偿制度改革方案》	进一步明确生态环境类损害赔偿范围、责任主体、索赔主体、损害赔偿解决途径等
	司发通〔2018〕54号	《环境损害司法鉴定机构登记评审细则》	对申请从事环境损害类司法鉴定业务的法人或者其他组织的技术条件和技术能力进行评审
	司发通〔2019〕56号	《环境损害司法鉴定执业分类规定》	界定了环境损害类司法鉴定机构的业务范围和鉴定人的职业类别

续表

类别	编号	名称	说明
质量控制	HJ 493—2009	《水质样品的保存和管理技术规定》	规定了水样从容器的准备到添加保护剂等各环节的保存措施以及样品的标签设计、运输、接收和保证样品保存质量的通用技术
	HJ 630—2011	《环境监测质量管理技术导则》	规定了环境监测质量体系基本要求以及环境监测过程的质量保证与质量控制方法
损害调查确认	HJ/T 55—2000	《大气污染物无组织排放监测技术导则》	规定了大气污染物无组织排放监控点位设置方法、监测气象条件的判定和选择、监测结果的计算等
	NY/T 398—2000	《农、畜、水产品污染监测技术规范》	规定了农、畜、水产品污染监测的布点采样、分析方法、质量控制、数据处理与成果表达的基本要求
	HJ/T 91—2002	《地表水和污水监测技术规范》	规定了地表水和污水监测的布点与采样、监测项目与相应的监测分析方法、污水流量计量方法、水质监测的质量保证等内容
	HJ/T 166—2004	《土壤环境监测技术规范》	规定了土壤环境监测的布点采样、样品制备、分析方法、结果表征、资料统计和质量评价等技术内容
	GB 5085.3—2007	《危险废物鉴别标准 浸出毒性鉴别》	规定了以浸出毒性为特征的危险废物鉴别标准
	GB/T 21247—2007	《海面溢油鉴别系统规范》	规定了海面溢油样品的采集、储运、保存和鉴别的方法

续表

类别	编号	名称	说明
损害调查确认	GB/T 12763.1—2007 GB/T 12763.2—2007 GB/T 12763.3—2020 GB/T 12763.4—2007 GB/T 12763.5—2007 GB/T 12763.6—2007 GB/T 12763.7—2007 GB/T 12763.8—2007 GB/T 12763.9—2007 GB/T 12763.10—2007	《海洋调查规范》(第1部分至第10部分)	规定了海洋包含环境要素、生物要素等生态调查的内容、方法、技术要求和资料处理
	GB 17378.1—2007 GB 17378.2—2007 GB 17378.3—2007 GB 17378.4—2007 GB 17378.5—2007 GB 17378.6—2007 GB 17378.7—2007	《海洋监测规范》(第1部分至第7部分)	规定了海洋环境质量基本要素调查监测的展开程序,包括计划编制、海上调查实施、质量控制、调查装备、资料整理和成果报告编写等基本方法
	HJ 589—2011	《突发环境事件应急监测技术规范》	规定了突发环境事件应急监测的布点与采样、监测项目与相应的现场监测和实验室监测分析方法、监测数据的处理与上报、监测的质量保证等技术要求
	HJ 640—2012	《环境噪声监测技术规范城市声环境常规监测》	规定了城市声环境常规监测的监测内容、点位设置、监测频次、测量时间、评价方法及质量保证和质量控制等技术要求
	HJ 664—2013	《环境空气质量监测点位布设技术规范(试行)》	规定了环境空气质量监测点位布设原则和要求,环境空气质量监测点位布设数量、环境空气质量监测点位开展监测项目等内容

续表

类别	编号	名称	说明
损害调查确认	QX/T 188—2013	《卫星遥感植被监测技术导则》	规定了卫星遥感植被监测处理流程和方法
	HJ 710.1~9—2014	《生物多样性观测技术导则》	规定了包括植物、动物、真菌等生物多样性观测的主要内容、技术要求和方法
	GB/T 32781—2016	《中华鲟》	规定了中华鲟的主要形态构造特征、生长与繁殖、遗传学特性及检验方法
	GB/T 34727—2017	《龟类种质测定》	规定了龟类种质测定的主要内容,包括生物学特征、内部构造特征、年龄鉴定、生长与繁殖、遗传学特性及检测方法
	HJ 918—2017	《环境振动监测技术规范》	规定了环境振动监测的仪器性能、测量条件、测点布设、拾振器的安装、采样及数据分析、测量时段及测量量、测量记录、质量保证和质量控制等技术要求
	HJ 91.1—2019	《污水监测技术规范》	污水手工监测的监测方案制定,采样点位,监测采样,样品保存、运输和交接,监测项目与分析方法,监测数据处理,质量保证与质量控制等技术要求
	HJ 25.1—2019	《建设用地土壤污染状况调查技术导则》	规定了建设用地土壤污染状况调查的原则、内容、程序和技术要求
	HJ 25.2—2019	《建设用地土壤污染风险管控和修复监测技术导则》	规定了建设用地土壤污染风险管控和修复监测的基本原则、程序、工作内容和技术要求

续表

类别	编号	名称	说明
损害调查确认	HJ 164—2020	《地下水环境监测技术规范》	规定了地下水环境监测点布设、环境监测井建设与管理、样品采集与保存、监测项目和分析方法、监测数据处理、质量保证和质量控制等内容
	GB/T 39791.2—2020	《生态环境损害鉴定评估技术指南总纲和关键环节　第2部分:损害调查》	规定了生态环境损害鉴定评估中损害调查的一般性原则、程序、内容和方法
损害程度确定	GB 10070—88	《城市区域环境振动标准》	规定了城市区域环境振动的标准值及使用地带范围和监测方法
	GB 11607—1989	《渔业水质标准》	防止和控制渔业水域水质污染,保证鱼、虾贝、藻类正常生长、繁殖和水产品的质量
	GB 8978—1996	《污水综合排放标准》	按照污水排放去向,分年限规定了69种水污染物最高允许排放浓度及部分行业最高允许排水量
	GB 16297—1996	《大气污染物综合排放标准》	规定了33种大气污染物的排放限值,同时规定了标准执行中的各种要求
	GB 3097—1997	《海水水质标准》	规定了海域各类使用功能的水质要求
	GB 18421—2001	《海洋生物质量》	规定了海域各类使用功能的海洋生物质量要求
	GB 18668—2002	《海洋沉积物质量》	规定了海域各类使用功能的沉积物质量要求

续表

类别	编号	名称	说明
损害程度确定	GB 18918—2002	《城镇污水处理厂污染物排放标准》	规定了城镇污水处理厂出水、废气排放和污泥处置(控制)的污染物限值
	GB 3838—2002	《地表水环境质量标准》	规定了水环境质量应控制的项目及限值,以及水质评价、水质项目的分析方法和标准的实施与监督
	GB/T 18883—2002	《室内空气质量标准》	规定了室内空气质量参数及检验方法
	NY/T 1263—2007	《农业环境污染事故损失评价技术准则》	规定了农业环境污染事故损失的计算方法
	GB 3096—2008	《声环境质量标准》	规定了5类声环境功能区的环境噪声限值及测量方法
	GB/T 21439—2008	《草原健康状况评价》	规定了草原健康评价的指标和方法
	GB 12348—2008	《工业企业厂界环境噪声排放标准》	规定了工业企业和固定设备厂界环境噪声排放限制及其测量方法
	GB 22337—2008	《社会生活环境噪声排放标准》	规定了营业性文化娱乐场所和商业经营活动中可能产生环境噪声污染的设备、设施边界噪声排放限值和测量方法
	GB 50118—2010	《民用建筑隔声设计规范》	规定了室内噪声的评价量
	GB 12523—2011	《建筑施工场界环境噪声排放标准》	规定了建筑施工场界环境噪声排放限值及测量方法

续表

类别	编号	名称	说明
损害程度确定	GB 3095—2012	《环境空气质量标准》	规定了环境空气功能区分类、标准分级、污染物项目、平均时间及浓度限值、监测方法、数据统计的有效性规定及实施与监督等内容
	GB 50033—2013	《建筑采光设计标准》	规定了民用建筑和工业建筑的新建、改建和扩建工程的采光设计
	GB/T 14848—2017	《地下水质量标准》	规定了地下水质量分类、指标及限值，地下水质量调查与监测，地下水质量评价等内容
	GB 34330—2017	《固体废物鉴别标准通则》	规定了依据产生来源的固体废物鉴别准则、在利用和处置过程中的固体废物鉴别准则
	JGJ/T 440—2018	《住宅新风系统技术标准》	规定了住宅的新风系统的设计、施工、验收和运行维护
	SF/Z JD0601002—2018	《农作物污染司法鉴定调查技术规范》	规定了农作物污染司法鉴定的调查原则、程序、方法、内容及技术要求
	GB 15618—2018	《土壤环境质量农用地土壤污染风险管控标准（试行）》	规定了农用地土壤污染风险筛选值和管制值，以及监测、实施和监督要求
	GB 36600—2018	《土壤环境质量建设用地土壤污染风险管控标准（试行）》	规定了保护人体健康的建设用地土壤污染风险筛选值和管制值，以及监测、实施与监督要求
	HJ 298—2019	《危险废物鉴别技术规范》	规定了固体废物的危险特性鉴定中的样品的采集和检测，以及检测结果判断等过程的技术要求

续表

类别	编号	名称	说明
损害程度确定	HJ 682—2019	《建设用地土壤污染风险管控和修复术语》	规定了建设用地土壤污染风险管控和修复相关的名词术语与定义
	GB 18598—2019	《危险废物填埋污染控制标准》	规定了危险废物填埋的入场条件,填埋场的选址、设计、施工、运行、封场及监测的环境保护要求
	HJ 25.3—2019	《建设用地土壤污染风险评估技术导则》	规定了开展建设用地土壤污染风险评估的原则、内容、程序、方法和技术要求
	HJ 25.6—2019	《污染地块地下水修复和风险管控技术导则》	规定了污染地块地下水修复和风险管控的基本原则、工作程序和技术要求
	生态环境部 2019	《地下水污染健康风险评估工作指南》	规定了地下水污染健康风险评估技术要求、污染场地地下水风险控制值的确定等内容
	GB 50365—2019	《空调通风系统运行管理标准》	规定了民用建筑集中挂立的空调通风系统的常规管理以及应急运行管理
	GB 50325—2020	《民用建筑工程室内环境污染控制标准》	规定了室内环境污染物的测定方法及控制标准
损害价值量化	SC/T 9110—2007	《建设项目对海洋生物资源影响评价技术规程》	规定了海洋、海岸工程等建设项目对海洋生物资源影响评价的总则、海洋生物资源现状调查和评价、工程对海洋生物资源的影响评价、生物资源损害赔偿和补偿计算方法和保护措施
	GB/T 28058—2011	《海洋生态资本评估技术导则》	规定了海洋生态资本评估的程序、内容、方法和要求

续表

类别	编号	名称	说明
损害价值量化	SF/Z JD0601001—2014	《农业环境污染事故司法鉴定经济损失估算实施规范》	规定了农业环境污染事故引起的农产品、农业环境及其他财产损失的估算范围、现场调查、估算方法及其适用条件、误差分析与控制
	林规发〔2016〕58 号	《防护林造林工程投资估算指标》	规定了防护林工程建设中人工造林、飞播造林、封山育林的造林费用投资指标，以及特殊地区造林辅助措施费用投资指标
	国家林业局 2017 年第 46 号令	《野生动物及其制品价值评估方法》	规定了陆地野生动物及其制品的价值评估方法和标准
	LY/T 2899—2017	《湿地生态系统服务评估规范》	规定了湿地生态系统服务评估的总体评估流程、评估指标体系及评估方法、综合评价等
	GB/T 21678—2018	《渔业污染事故经济损失计算方法》	规定了渔业污染事故经济损失计算方法以及天然渔业资源损失恢复方法的估算
	农业农村部 2019 年第 5 号令	《水生野生动物及其制品价值评估方法》	规定了水生野生动物及其制品的价值评估方法和标准
	环应急〔2020〕28 号	《突发生态环境事件应急处置阶段直接经济损失核定细则》	规定了直接经济损失包括人身损害、财产损害和应急处置阶段可以确定的生态环境损害数额
	生态环境部 2020 年 6 月	《突发生态环境事件应急处置阶段直接经济损失评估工作程序规定》	规范突发生态环境事件应急处置阶段直接经济损失评估工作

续表

类别	编号	名称	说明
损害价值量化	GB/T 39793.1—2020	《生态环境损害鉴定评估技术指南基础方法　第1部分:大气污染虚拟治理成本法》	规定了大气污染虚拟治理成本法的适用情形、工作程序和评估方法
	GB/T 39793.2—2020	《生态环境损害鉴定评估技术指南基础方法　第2部分:水污染虚拟治理成本法》	规定了地表水污染虚拟治理成本法的适用情形、工作程序和评估方法
	GB/T 38582—2020	《森林生态系统服务功能评估规范》	规定了森林生态系统服务功能评估指标体系及测算方式
	农办渔〔2020〕24号	《非法捕捞案件涉案物品认(鉴)定和水生生物资源损害评估及修复办法(试行)》	规范非法捕捞水生生物资源鉴定及损害评估工作
生态恢复方案	SC/T 9401—2010	《水生生物增殖放流技术规程》	规定了水生生物增殖放流的水域条件、本底调查,放流物种的质量、检验、包装、计数、运输、投放、放流资源保护与监测,效果评价等技术要求
	GB/T 37067—2018	《退化草地修复技术规范》	规定了温性草原退化草地诊断、退化草地修复方法等
	HJ 25.5—2018	《污染地块风险管控与土壤修复效果评估技术导则》	规定了建设用地污染地块风险管控与土壤修复效果评估的内容、程序、方法和技术要求
	HJ 25.4—2019	《建设用地土壤修复技术导则》	规定了建设用地土壤修复方案编制的基本原则、程序、内容和技术要求
	NY/T 3499—2019	《受污染耕地治理与修复导则》	规定了受污染耕地治理与修复的基本原则、目标、范围、流程、总体技术性要求及受污染耕地治理与修复实施方案的编制提纲与要点

续表

类别	编号	名称	说明
综合	环办〔2014〕90 号	《环境损害鉴定评估推荐方法(第Ⅱ版)》	适用于因污染环境或破坏生态行为导致人身、财产、生态环境损害、应急处置费用和其他事务性费用的鉴定评估
	环办〔2014〕118 号	《突发环境事件应急处置阶段环境损害评估推荐方法》	规定了突发环境事件应急处置阶段环境损害评估的工作程序、评估内容、评估方法和报告编写等内容
	GB/T 19485—2014	《海洋工程环境影响评价技术导则》	规定了海洋工程建设项目环境影响评价的工作程序、评价内容、技术方法和报告书编制要求
	NY/T 3025—2016	《农业环境污染损害鉴定技术导则》	规定了农业环境污染损害鉴定的原则、程序、资料收集、现场调查、因果关系鉴定与损失评估
	GB/T 34546.1—2017	《海洋生态损害评估技术导则　第 1 部分:总则》	规定了海洋生态损害评估的工作程序、方法、内容及技术要求
	GB/T 34546.2—2017	《海洋生态损害评估技术导则　第 2 部分:海洋溢油》	规定了海洋生态损害评估的工作程序、方法、内容及技术要求
	SF/Z JD0601001—2018	《农业环境污染事故司法鉴定操作技术规范》	规定了农业环境污染损害司法鉴定的原则、程序、内容及技术要求
	SF/T 0074—2020	《耕地和林地破坏司法鉴定技术规范》	规定了耕地和林地破坏司法鉴定的委托与受理、鉴定程序和方法及鉴定意见的要求

续表

类别	编号	名称	说明
综合	GB/T 39791.1—2020	《生态环境损害鉴定评估技术指南总纲和关键环节　第1部分:总纲》	规定了生态环境损害鉴定评估的一般性原则、程序、内容和方法
	GB/T 39792.1—2020	《生态环境损害鉴定评估技术指南环境要素　第1部分:土壤和地下水》	规定了涉及土壤和地下水的生态环境损害鉴定评估的内容、工作程序、方法和技术要求
	GB/T 39792.2—2020	《生态环境损害鉴定评估技术指南环境要素　第2部分:地表水和沉积物》	规定了涉及地表水和沉积物的生态环境损害鉴定评估的内容、程序、方法和技术要求

第十三章　我国司法鉴定标准化国际合作与发展

各个国家共同参与讨论的重量级法律实务类话题之一，就是如何进行司法鉴定标准化建设。世界各国司法鉴定实务界都有使可靠性与准确性在司法鉴定检验技术中增强，使司法鉴定不遗余力地为司法审判提供更好的服务的目标。然而在司法实践中，即便是那些看似合理——在操作环节经过充分验证、身经百战的鉴定技术与检验方法，也总会受到外界各种各样主观因素的影响，从而可能出现或显著或隐晦的偏差；抑或存在难以排除的潜在偏见和人为误差。

以上提及的问题并非个案，也不仅是某一国家的问题，而是普遍存在于全球各地司法鉴定实践中。《加强美国法庭科学：未来之路》此前由 NAS 的专业人士于 2009 年 2 月发布，以十分专业的姿态借此以明确司法鉴定的未来发展方向和对司法鉴定标准化的急迫需求。本着务实增效观点，他们同时针对司法鉴定所面临的严峻问题提出了一系列比较具体详细的建议。专业团队如美国法庭科学协会与此同时提出了多条如下建议性原则予以支持，其中包括“全部法庭科学实验室均应当接受认可；所有法庭科学家应当接受认证；法庭科学名词应当标准化”等值得研究的条例。[1] 全部建议性原则都围绕标准化的话题展开，显而易见的是，他们的目的是通过司法鉴定的标准化，来保证人为进行司法鉴定活动、从事鉴定事业行为都能普遍具备科学性、客

〔1〕 邢学毅：《〈加强美国法庭科学之路〉的反响和启示》，载《证据科学》2011 年第 4 期。

观性、中立性与准确性四性,并且增设考核认证环节。

第一节　国际司法鉴定和犯罪情报信息网络建立的必要性不断增强

一、大数据背景下的犯罪情报信息模式

互联网的迅速发展有目共睹,仅仅依靠传统手段侦查、打击犯罪活动已不能适应当前形势的急迫需要,必须要主动依托大数据的方法,使包括侦查人员在内的相关人员积极树立一种互联网思维,集成应用各种高科技技术,推动司法鉴定与犯罪打击工作同步协调的创新与持续发展。通过"大数据"手段将数据、技术与运用三者进行有机联络整合,促进能够跨越行业、部门、地区的情报共享融合,是构建大数据背景下的犯罪情报信息网的有效路径。

司法鉴定与犯罪情报信息工作要通过大数据走可持续发展道路,意味着必须要汇聚整合海量的信息数据。因此,相关部门需要立足自身实战需求点,着力打破部门之间、地区之间、国家之间的信息壁垒,跨越鸿沟,共同努力做到获取的数据共享,从而达到各种信息重构、关联,给出正确答案的目的。一个较为完整的理想态的犯罪情报信息数据网,可实现减少办案人员工作量的数据信息一体化的要求,将各种类型的数据整合到一个平台上,便于不同地区与国家进行信息交流与信息共享。加之,计算机日益迭代的优异运算能力,可便利快捷地为信息关联提供更多的可能,通过应用特定模型,不需人工即可从收集到的海量数据中快速准确提炼出有关的信息,让调查人员获取到较片面的数据实现倍增式的关联,为侦查工作提供新线索、新途径、新手段,获得令人满意的效果。

数据并非"万能钥匙",执行者更关键。数据破除壁垒巧妙融合同时需要有关人员对相关数据进行综合研判,这项工作里精确和大胆巧思是第一要义。要确切把握犯罪行为进行的实时态势及其后续一段有追踪价值时间内的发展变化规律,全方位地指引其他人员科学决策,精确打击犯罪、防范犯罪,通过海量信息的融会贯通得以"大成",做到不空谈、不空想,有条有理、根据切实需要优化资源配置,以有效控制威胁与风险。而后通过科学系统的

分析研判,将共享的多元信息汇集,将分散、缺失、低价值密度的不足以直接使用的原始数据转化为有价值的直接性高级情报产品,及时传递给合适的用户。此举可谓是建立大数据背景下的犯罪情报信息网的关键。相关部门不妨推动建立一个跨上下层级、跨不同地区、跨多个行业的情报信息共享中心,在守法前提下积极创新,突破以往传统的国家安全、公共安全以及其他相关行业之间的壁垒,实现更广泛的共享与深度融合。

二、积极建立多渠道协作机制

如上所述,国际司法鉴定的合作与犯罪情报信息网的建立,要在跨层级、跨辖区、跨部门、跨行业的基础之上进行合作,突破地域、部门,甚至是国界带来的信息壁垒,"各扫门前雪"则无法成事;更要积极拓宽包括国际刑警组织在内的各种渠道,在尽可能大的范围内实现情报互利交流共享,执法紧密联动,多方面资源高度整合、差异流动、运转快捷高效的于全民有益的目标。对于这两项工作的国际协作,可从重大跨国案件互查共破、信息资源共享等综合性强的工作机制建设入手,以共享为核心精神,以资源互换为纽带,以普遍性基础合作为支撑,同时各部门积极工作又不越俎代庖,从而确立结构合理、职责明确、运行顺畅的国际协作机制。

第二节 科学技术国际共建促进司法鉴定发展的需求逐步形成

一、加大科技创新是推动司法鉴定技术发展的新需求

司法鉴定作为诉讼活动中的一项不可或缺的调查取证活动,对科学技术水平要求高,需要专业从业人员运用科学技术和专门知识以及宝贵的职业经验进行鉴别和判断。在诉讼中证据方面的有些问题,是无法通过人们的五官直接感知、不经理性思考或逻辑推理而不须实验甄别来直接认识和判断的。人们在经年累月利用自然和改造自然的过程中,逐渐形成一套了反映思维、自然、社会等客观规律的知识体系,被称为"科学技术"。科学技术是司法鉴定的灵魂所在。缺乏科学参与的鉴定要么求诸神工,要么偏信偏听导致无法

公正,根本不能成为"司法鉴定"。因此,司法鉴定的实施过程,完全可以说就是一个科学认识的过程,司法鉴定是科学认识证据的重要方法和手段,科学认识是司法鉴定的必要前提。

随着现代科学技术与司法鉴定的融合的不断加深,科学以创新为指路明灯,因而更要求司法鉴定行业以科技创新为新动力,打造一批具有先进设备,与国际要求、标准接轨的实验室,政府部门要重视起来,持续加大对高新技术设备和专业技术人才的投入,深入推动司法鉴定行业向信息化、专业化、科学化的方向纵深建设。《国家创新驱动发展战略纲要》发布称,在世界范围内,创新驱动发展是大势所趋。全球化时代新兴技术你追我赶,技术的突破时有发生。司法鉴定行业要实现高质量的发展,离不开科技的创新。两者发挥妥当,相互得益两全其美,彼此掣肘则必然退步。司法鉴定行业在我国相较其他的科技领域而言,由于历史性原因起步较晚,具有一些专业力量较分散、人才培养不系统不专业、缺乏高端技术人才、人才结构较为不合理的问题。鉴于此,司法鉴定行业与技术的发展不能缓步慢进顺其自然,需要围绕国家的战略规划统一规划,逐步改善人才结构,灵活引进高层次急需人才,布局科研团队建设,激发科技创新活力。

基于国家战略需求和司法鉴定行业的突出问题,司法鉴定科学研究院牵头主持撰写了"十三五"国家重点研发计划《司法鉴定创新技术研究与应用示范》一文,旨在解决我国当前司法鉴定行业急迫需要解决的核心共性问题,亦是全球范围内的科学前沿问题。同时组建了全国顶级的科技人才与科技资源团队,负责联合研究开发多项新标准、新技术、新产品,来有效提升我国司法鉴定实务中可供操作人员运用的科学技术,从而能妥善解决疑难、重大、复杂问题,使司法鉴定机构的综合鉴定能力和服务能力得到提升。

毋庸置疑,科学性是当代司法鉴定的本质属性之一,科学技术的进步也因此成为全球司法鉴定行业发展的永恒旋律。司法鉴定和科技创新应当齐头并进,创新作排头兵冲锋陷阵,司法鉴定则得以前进。两者结合又应当立足于实务要求技术日趋复杂、多样的时代特点,去满足人民生活、法院审判等一系列社会需求,以求得实现司法鉴定技术关键领域的关键进展和重大突破。

二、科学技术国际共建是拓展优质高效司法鉴定服务的新路径

司法鉴定行业发展离不开科学指导，包括鉴定制度的改革，要求法律全面覆盖，行政规范助民为民，技术规范统一协调。现代社会中涉及证据判断的，法院与民众往往会直接取信鉴定机构利用科学技术判断产生的意见，这意味着民众会将机构的鉴定意见直接作为认定事实的依据，鲜会质疑其准确性与客观性。然而鉴定人在确认事实之前，都需要对事实进行判断，这种判断很难摒弃人的主观思维。在当前司法实践中，由于操作人员的不同、鉴定机构的不同、采用技术手段的不同，均可能导致作出不同的鉴定意见，特别是在科技进步、全民法治意识增强的当下，鉴定的实施在诉讼程序上的衍生问题也越来越多，因此需要通过司法鉴定标准化，来完善司法鉴定制度，提升行业的科技含量，规范鉴定步骤程序，使鉴定准确性加以提高，人民满意度也得以提升。

新的科技革命、产业变革正在重塑社会经济的骨架。互联网、人工智能、大数据等新科学技术的兴起，日新月异。司法鉴定服务模式也需顺应“天时”而变，其优化升级应以智能化为主攻方向，以数据库建设为基础，并将其纳入司法鉴定技术创新之中。

2018 年中国科学院第十九次院士大会、中国工程院第十四次院士大会召开时，习近平总书记指出，“要把满足人民对美好生活的向往作为科技创新的落脚点，把惠民、利民、富民、改善民生作为科技创新的重要方向”。这几项要求都同服务产业脱不了干系。司法鉴定在绝大多数情况下是为诉讼服务的，要其摆正姿态就是要理解定位，自己不仅要为司法机关服务，还要为当事人服务。在民事诉讼中，司法鉴定活动不仅涉及当事人的权利，还涉及公共利益和社会其他利益的正当调整和合理补偿，因此司法鉴定活动具备了很强的公共性，其还被纳入公共法律服务的职能范畴。这就要求机构在开展业务时不能仅把自己作为单纯的检验、检测机构，去满足鉴定意见证据属性的要求，更要求满足包括审判机关、检察机关、公安机关在内的机关与个人的业务

需求,同时坚定以人为本理念,即更需要关注人民群众在司法鉴定过程中满不满意、有多满意的问题。

司法鉴定工作应当“不依不饶”地坚持规范、创新、提高。行政方面将全面实现依法管理,切实落实监督,提高科技含量,为人民群众提供优质高效的司法鉴定服务。在加强硬件基础设施建设的同时,也要关注人员素质的提高和制度的改进扎根两个方面,使司法鉴定人才的专业素质与高新技术设备相匹配,使制度与实战相适应,增强司法鉴定科学技术发展的后劲。

第三节 司法鉴定检验检测结果的国际互认逐渐形成

BSI 是参加英国国际标准化活动的重要机构,不仅代表英国将英国标准国际标准化,还致力对其他国家标准化工作的技术支持。BSI 将帮助建立高效、优质的下属组织,以满足埃及政府、国家标准化机构和产业的要求;也向俄罗斯提供过国家标准化机构的规范,帮助和培训阿尔巴尼亚和罗马尼亚国家标准化机构的人员。BSI 在国际上广泛支持标准化方面的双边、多边合作,在国际标准化工作中发挥越来越大的作用,期待着借此在世界舞台上发挥更重要的带动作用。

日本也通过派遣专家、开展培训、举办研讨会等各种方式加强了与发展中国家标准化机构的合作关系。近年来,积极合作推进国际标准相关项目,除开展区域标准和标准化活动外,还通过太平洋地区标准大会(Pacific Area Standards Congress)等区域论坛产生了积极影响,推进了国际标准化战略。

同样,德国近年来也越来越重视国际标准化活动的合作。DIN 在相关组织和参加的国际标准化活动中很活跃。这几年积极参与对各发展中国家开展的普遍咨询和培训工作。与韩国技术标准厅签署了合作协定,与俄罗斯联邦计量和技术管理局(Gosstandart of Russia, GOST R)签署了备忘录,与 ANSI 建立了稳定的对话体制,与印度标准化协会签署了合作协定,支持突尼斯标准协会下属组织的改革,加强了标准化合作。

在俄罗斯,GOST R 代表俄罗斯联邦参加国际标准化活动,也早已同中国、美国、英国、德国、法国、日本、韩国、蒙古国、波兰、捷克、以色列、奥地利、土耳其、匈牙利等30多个国家和地区签订了各种形式的双边合作协议或谅解备忘录，就包括且不限于计量、标准化、合格评定的各领域加强合作关系。

不难发现，重视开展国际标准化活动的友好合作关系，是参加国际标准化活动、扩大国际影响力的重要举措。诸多国家现今十分重视与发展中国家的合作，通过对发展中国家提供各种帮助来传播本国标准的影响，从而扩大本国标准在国际上的影响力。鉴于此，以发展国际司法鉴定标准化活动合作关系为重点，是国际司法鉴定检验检测结果的互认趋势逐渐发展之前提。

第十四章　我国参与国际司法鉴定标准化活动的对策

在积极融入全球化进程的同时，司法鉴定领域也在逐步地与国际接轨。国际司法鉴定领域非常注重标准化活动，美国、英国、法国、德国、澳大利亚等国家均已将司法鉴定标准归入国家标准管理体系，并通过专业标准委员会、行业协会或专业研究机构对司法鉴定标准进行管理。[1] ISO/TC 272 于 2012 年成立，其秘书处设于澳大利亚国家标准化协会（Standards Australia），主要工作职能是负责司法鉴定领域的标准化与技术指导工作，截至 2021 年发布了 ISO 18385:2016、ISO 21043 - 1:2018 与 ISO 21043 - 2:2018 这 3 项国际标准。[2]

澳大利亚国家标准化协会，是 ISO/TC 272 的秘书单位，其高度重视参与国际和区域的标准化活动，并在早期就深度介入了国际标准的起草工作，努力将国家标准转化为国际标准，因此澳大利亚司法鉴定标准化的国际工作成果丰厚。标准化研究源于欧洲，其标准化活动在国际上影响深远。而 ASTM 国际标准组织于 1970 年设立了司法鉴定标准化委员会，可以说是世界上最早的司法鉴定标准化组织。各国的司法鉴定标准化工作均带有各国司法体制、管理体制和标准化政策的显著特征，我们可以研究探索参与国际司法鉴定标准化的中国路径。

---

〔1〕 沈敏、吴何坚：《试论司法鉴定技术标准体系建设》，载《中国司法鉴定》2007 年第 4 期。

〔2〕 参见 ISO 官网，https://www.iso.org/committee/4395817/x/catalogue/p/1/u/0/w/0/d/0，最后访问日期：2021 年 3 月 14 日。

第一节　提高政治站位，深刻认识参与司法鉴定标准化国际合作的意义

2015 年 3 月 11 日，国务院发布了《关于印发深化标准化工作改革方案的通知》（国发〔2015〕13 号），着力推动实施标准化的国家战略，加快完善标准化体系。伴随全球化进程的逐渐深入，标准化在支撑产业发展、规范社会治理、促进科技进步的作用日益凸显，标准化工作已逐步上升到宏观国家战略高度。站在国家战略高度，从国家经济社会发展角度，谋划司法鉴定标准化的长期规划，为增加国家核心竞争力，为司法鉴定标准化发展提供路线指引和策略支撑。

一、实施质量创新与创新驱动，提高司法鉴定质量

习近平总书记在给第 39 届国际标准化组织大会的贺信中，指出"标准助推创新发展，标准引领时代进步"，"中国将积极实施标准化战略，以标准助力创新发展、协调发展、绿色发展、开放发展、共享发展"。[1] 标准化实质上就是一种创新，通过标准化全面提高司法鉴定质量水平，提升我国司法鉴定行业的竞争力。

司法鉴定意见在诉讼以及仲裁活动中是作为法定证据使用的，其直接决定了司法鉴定的程序规范要求和鉴定意见的质量保证要求。司法鉴定质量的高低，直接关系司法公正与人民合法权益的保护。司法鉴定标准化工作，对司法鉴定活动进行标准化管理，有利于对司法鉴定的质量高低进行监控，可以促进司法鉴定质量管理体系的完善。对影响鉴定质量的所有因素，进行全面有效的控制与管理，以确保司法鉴定行为的公正性、程序的规范性、方法的科学性、数据的准确性、结论的可靠性，为司法活动的顺利进行提供了专业技术服务保障。提高司法鉴定质量，同时是切实落实司法鉴定标准化的

---

〔1〕 刘智洋、高燕、邵姗姗：《实施国家标准化战略　推动中国标准走出去》，载《机械工业标准化与质量》2017 年第 6 期。

体现。

国家进行标准化建设,并将其提升至战略高度,意在经济全球化进程中,增强我国的核心竞争力。标准是保障司法鉴定质量的有效手段。在司法鉴定标准化进程中,鉴定机构需要不断加强规范化建设,建立相应的质量监控体系,对鉴定人员的能力、鉴定方法和程序、鉴定环境和设施进行全面管理,对影响鉴定质量的各方面因素进行有效控制。确保鉴定机构和鉴定人能够以公正的行为、规范的程序、科学的方法、正确的结论,为审判以及仲裁等司法实践活动提供优质高效的司法鉴定服务。同时,还需积极遵行国际标准,制定适合我国的司法鉴定行业标准,并监督贯彻落实行业标准,争取实现司法鉴定标准化,提升本国司法鉴定的科技含量和整体水平。

标准体系的研制,需要与创新体系相协调,在创新的过程中,还需兼顾质量的保证,提高标准的适应性与竞争力,以此才能在竞争日益激烈的国际环境中掌握主动,保证我国司法鉴定标准的生存与发展,发挥司法鉴定标准对本行业的引导作用。

二、争取司法鉴定国际标准研制更多的话语权

标准化是科学技术创新、提升司法鉴定质量、参与司法鉴定国际合作与竞争的重要手段。以标准来全面推动司法鉴定行业的升级发展,形成新的竞争优势,增强国际竞争力,争取司法鉴定国际标准研制的话语权,是在新形势的背景下,标准化成为国家战略的必然要求。目前发达国家的经济与科技实力都比较强,因而诸多国际标准均为发达国家所制定。加之欧美等主要国家的司法鉴定标准化工作起步较早,其占领了司法鉴定国际标准领域的一席之地。新一轮的产业结构调整已经到来,发达国家将进一步成为向世界提供技术标准的主体国家,而发展中国家将成为使用发达国家提供的技术标准进行工作的车间。

德国于2005年发布了《德国标准化战略》,该战略核心是强调要充分利用法定渠道,将欧洲标准直接上升为国际标准,借助标准化工作迅速将本国创新产品推广到国际市场上;加强、改善现有的标准体系,借助标准化来提高

技术创新的市场效率，并通过推广欧洲标准化的模式，继续保持德国在国际标准化活动中的影响力。

日本的标准化战略、国际标准综合战略以及其标准化工作的长期规划，都把加强国际标准化活动作为重点，并逐步地建立适应国际标准化活动的技术标准体系。其甚至制定了相应具体的实施措施，把信息技术领域、环境保护领域、制造技术、基础技术等领域作为工作重点，实施战略赶超，以争取在世界的领先地位。

在司法鉴定标准化进程中，应发挥本国标准的引领作用，使本国标准服务于国际竞争，赢得主动权，并能够服务于国际规则制定，赢得国际话语权，加大中国标准在国际上的推广力度，推动认证认可结果互认和采信逐步树立，并强化世界经济强国的地位，推动中国标准"走出去"。而站在国家战略高度，去推行司法鉴定标准化，必须加快我国自主技术与强势领域的标准制定，形成拥有创新成果的技术标准体系。将标准制定与科学技术研究相结合，可引导产、学、研各方面齐力推进司法鉴定领域标准的研究与制定，促进科技创新以提升行业技术水平，形成行业竞争优势，并及时将我国优势技术领域的标准提交并转化为国际标准。

第二节　把握后发优势，找准参与司法鉴定标准化国际合作与竞争的切入点

一、提高我国司法鉴定标准的国际化水平

司法鉴定标准化活动的国际化，需要在司法鉴定领域内依据国际通行的标准与技术规范体系，建立起相应的司法鉴定技术标准，进一步提升我国出具的司法鉴定意见在涉外案件中的诉讼地位和证据价值，从而提升我国司法鉴定标准与各国之间互认的程度。

为提升我国标准化在国际上的引领性，需在人员培训、行业惩戒、舆情管理、服务提供规范等方面孕育我国司法鉴定行业标准化特色。全国司法鉴定标准化技术委员会应当凝心聚力，充分发挥技术委员会的职能，加快推进我国新时代司法鉴定行业的发展，加快促进司法鉴定统一管理的进程。同时可

以长三角地区为依托,努力推动司法鉴定行业在长三角各地的业务联动,逐步促成技术标准在长三角地区的同行通用,发挥各地区标准化资源优势,实现标准化信息的共享和互联互通,助力我国司法鉴定服务能级的提升,从而提升我国司法鉴定标准的国际化水平。[1]

二、加快培育高层次国际司法鉴定标准化专门人才

专业的标准化工作团队是我国深度参与国际司法鉴定标准化活动的关键,此类人才应同时具备标准化基础知识与司法鉴定专业知识。目前我国司法鉴定行业缺少了专业的标准化团队,标准化技术和管理人员多为兼职。同时,缺少了统一、完备的人才培养与培训机制,不利于标准化工作的开展,也会影响我国参与国际司法鉴定标准化活动的进程。我们亟须一支年龄结构合理、专业技能和知识结构完善的专业团队服务于司法鉴定标准化工作,以适应司法鉴定标准化发展的新形势,与参与国际司法鉴定标准化的新要求。[2] 具有国际化视野的司法鉴定高层次人才的培养,直接影响了我国参与国际司法鉴定标准化的程度。要培养一批熟悉司法鉴定国际标准制定规则并具有相关专业知识的人才,此类人才应是拥有扎实专业能力、创新思维与职业能力的应用类复合型人才。

我国的司法鉴定人才培养事业,自新中国成立以来,经历了从无到有、从弱到强的发展历程,到如今已经具备了较完善的司法鉴定人才教育体系。各大高校、科研院所成为培养司法鉴定人才、保持提升司法鉴定队伍专业水平的重要支撑。而在司法鉴定人才的培养过程中,受多方面因素的影响,还存在一些缺陷,导致了高层次国际化司法鉴定人才的匮乏。首先是当前司法鉴定专业的学生以及从业人员知识结构的单薄性。受教育体制的影响,我国的教育方式往往是较注重培养学生对基础知识的掌握,而相对忽视更根本的方法论基础与科学原则。这就导致了我国的司法鉴定专业队伍对本专业的理

---

[1] 花苓芝:《标准管理　科学鉴定》,载《质量与标准化》2018 年第 12 期。
[2] 何晓丹、沈敏:《司法鉴定标准化管理的路径探讨》,载《中国司法鉴定》2018 年第 1 期。

论基础、科学原则以及发展方向的认识较为局限,从而影响了司法鉴定技术的创新和发展。其次是缺乏与外围专业、其他教育培训项目的交流。司法鉴定是一门交叉性学科,涉及人文科学与自然科学的多个领域,因此应当为司法鉴定专业人员提供其他相关专业的教育与培训,以此丰富其知识结构层次。同时可吸引其他专业,如物理、化学、生物、医学等相关专业的优秀人员加入司法鉴定队伍,扩充司法鉴定人才储备,促进学科间的融合。

高层次的司法鉴定人才,除要具备深厚的理论知识和专业业务水平外,还需要具备相应的职业伦理与思想道德素养,应当德才并重。

第三节 发挥独特优势,借助重大平台稳步推进司法鉴定标准化国际合作工作

一、落实各技术标准的有效制定和转化

我国自2005年全国人大常委会发布《决定》以来,司法鉴定被纳入法治意义上的统一管理,然而其标准化程度还相对比较滞后。除法定的四大类鉴定项目外,还有许多的司法鉴定项目,如建筑工程司法鉴定、野生动植物司法鉴定、会计司法鉴定、文物鉴定等,其鉴定标准基本上处于空白状态。因此,司法鉴定人和司法鉴定机构在实施具体司法鉴定过程时,往往需要参照相关行业的行业标准。况且,《决定》将法医类、物证类、计算机与声像资料类纳入统一管理,而环境损害类是在2015年后,才被纳入统一登记管理范畴的,由此造成了环境损害类司法鉴定的相关鉴定标准暂时较少。加之,在司法实践中,一些现行的司法鉴定标准发布时间较早,随着科学技术的发展,案件也愈加复杂化,标准可能已经滞后,不再适用于司法鉴定实践,亟须加以修订。

在司法鉴定活动中所使用的标准,除司法鉴定行业基础标准、司法鉴定行业管理标准外,还包括了司法鉴定行业的专业技术标准,不同的标准间若是还存在相互矛盾的情形,反而会限制、制约司法鉴定的发展。并且在司法实践中,存在许多各部门单独发布相应的司法鉴定标准的情形,在法医类、物证类、计算机与声像资料类、环境损害类之外的司法鉴定领域,该现象则更普遍。这反映了我国司法鉴定标准缺乏统一的归口管理,该问题需要通过全国

司法鉴定标准化技术委员会进行牵头管理,从而改变目前司法鉴定标准政出多门的弊端。以此来加强对司法鉴定标准的管理,及时修订与更新相关标准、规范,使各项司法鉴定活动所适用的标准运行更加顺畅。

二、正确对待国际司法鉴定标准化与中国国情的关系

目前,我国司法鉴定标准化体系还存在系统性与协调性的问题。首先,我国现行标准体系供给较单一,均需依靠政府主导进行标准的制定,加之全国司法鉴定标准化技术委员会尚未成立,只能借用相关行业标准,难以充分利用社会和市场资源、发挥社会和市场的活力,导致了司法鉴定行业标准发布与更新迟缓。其次,各省市均设有自己的司法鉴定协会,在协会下均设置了各专业技术分委会。若各省市以分委会为主体,制定、发布并适用本行政区域的司法鉴定团体标准,则会导致标准间各行其是,同一鉴定事项在不同地区进行鉴定,采用不同标准,势必难以作出公正客观具有公信力的结论。鉴于此,我国的司法鉴定标准化工作还需在全国司法鉴定标准化技术委员会的系统布局之下,继续协调推进,以确保标准的及时更新与发布,以此能够持续满足并适应行业的发展要求。

从2016年起,我国司法鉴定学者已经涉足国际司法鉴定标准化活动,在一定程度上参与了国际司法鉴定标准制定与修订工作。但从总体上来说,在国际司法鉴定标准化活动中的参与程度还是不足,且影响力有限。积极地参与国际司法鉴定标准化活动:一方面,能够通过参与国际司法鉴定标准化活动来展示我国的优势技术,提升我国标准在国际上的影响力和贡献力,促进我国司法鉴定标准化工作的国际化;另一方面,能够通过参与国际司法鉴定标准化活动,及时掌握国际与国外先进标准,获取国际同行在标准化领域的理念、经验和做法,寻求在标准化活动方面的信息资源共享,按需将先进的国外标准与国际标准转化为适合我国国情的国家标准,推动我国司法鉴定标准

的研究工作。[1]

只有准确把握现有体制，才能有所指向地借鉴、寻找理性、有效的改革途径和方法。我国的国际话语权在不断增强，我们仍需要根据自身的历史渊源、政治体制、法律制度、科教资源来不断完善本国的司法鉴定标准化制度，促进我国司法鉴定事业的健康发展，也必将能够以此推动国际司法鉴定标准化工作的进程。

---

〔1〕 参见何晓丹等：《比较法视野下我国司法鉴定标准化制度的完善研究》，载《中国司法鉴定》2019年第4期。

第十五章　我国参与司法鉴定标准化国际合作的路径

第一节　组建区域性司法鉴定标准化合作组织

为了使中国的司法鉴定标准化工作更好地与国际接轨，有必要对世界各国的司法鉴定发展现状进行考察并深入探讨分析，了解国际对司法鉴定标准化的定位，研究出一套适合我国国情的司法鉴定标准化发展规划，在现有的经济组织基础上推进司法鉴定标准化进程，并组建国际区域性司法鉴定标准化联盟，发挥其作用，逐步参与到世界标准化工作当中。

一、我国参与的主要国际区域性组织

(一)上海合作组织

在2001年上海举办的“上海五国”第六次元首会晤峰会上，中亚国家乌兹别克斯坦首次以完全平等的国家身份参与会议。本着平等发展、互惠共赢的原则，我国和其他5个与会国家共同发表和签署《上海合作组织成立宣言》，并在政治、经济、文化、区域和平与稳定等多个方面建立双边深度合作层面提出倡议，以期促成中亚区域的协调稳定发展，据此上海合作组织(Shanghai Cooperation Organization，SCO)正式成立。我国在上海合作组织中属于领导国，致力于合作各国国际区域性政府间的经济发展，且延伸至政治、能源、教育、文化等多领域，我国同这些国家合作的基本方针是互利共赢、共同发展。另外，我国与上海合作组织成员还有贸易以及一些基础设施建设方面

的合作。比如,与乌兹别克斯坦合作改造现有的铁路,提供中国制造的机车等,都说明了我国同这些国家在各个领域的合作是全方位的,是互利双赢的,[1]而不仅局限于某个领域。

(二)APEC

1989年,澳大利亚总理对韩访问时提出加强亚太经济合作的倡议,就亚太地区经济发展问题展开了长达10个月的磋商,最终在堪培拉举行了亚太经济合作首届部长级会议,会上与会国家在亚太经济协调发展问题层面达成一致,此后该合作会议组织于1993年6月正式更名为"亚太经济合作组织"(APEC),这标志着亚太经济合作会议的成立。1997年爆发的亚洲金融危机,席卷泰国后危及周边诸多国家,亚洲大部分股市进入低迷期。在此期间中国作为APEC的成员国,顶着巨大压力承诺人民币不贬值,弥补了东南亚国家遭受的经济损失,中国在该组织中的贡献巨大。

(三)"一带一路"

"一带一路"是由中国政府主导并提倡的世界范围内的经济发展合作建设项目,"一带一路"是源自中国历史上的陆路和海运丝绸之路,而今"一带"指的是丝绸之路经济带,"一路"指的是21世纪海上丝绸之路,其范围覆盖了中国、中亚、北亚和西亚、印度洋沿岸、地中海沿岸、南美洲、大西洋地区的国家。我国以当前国家发展的需求以及在国际环境中所处的位置提出了"一带一路"倡议,这是世界历史上第一次由发展中国家发起的大型国际发展倡议。过去的全球性规划都是由发达国家设计的,中国的"一带一路"倡议打破了这个格局,为不发达地区的发展提供建设资金和动力源,给予那些长期以来被边缘化的地区以发展的可能。

(四)ISO

ISO是标准化领域中的一个国际性非政府组织。[2]"ISO"一词源于希

---

〔1〕参见《中国加入的全球和区域性经济组织汇总》,载豆丁网,https://www.docin.com/p-401302884.html,最后访问日期:2020年9月30日。

〔2〕参见杨大锁:《基于国际标准完善医院药学工作质量的探讨》,载《江苏卫生事业管理》2014年第3期。

腊语“ISOS”,即“EQUAL”——平等之意。1947 年 ISO 成立,中国于 1978 年加入 ISO,直至 2008 年成为其常任理事国,代表机构为中国国家标准化委员会。当今世界大多数领域的标准化活动都由 ISO 开展,ISO 的宗旨在于推进世界标准化活动进程,以便于加入该组织的各国间商品和服务的交换,便于彼此之间进行合作交流。

ISO 共有 165 个成员,分为正式成员、通信成员和注册成员 3 类,其总部设在日内瓦,每年都会举办一次“全体大会”。1978 ~ 1990 年的 22 年间,仅有两项国际标准是由中国主持的,从 2000 年开始,随着中国经济的发展以及国际地位的不断提升,中国在国际标准领域做出的贡献占比持续上升。按计划,中国在 2020 年预计主持国际标准 395 项,然而截至 2020 年 8 月就已经完成 495 项,超计划完成工作目标。在过去的 5 年里,虽然中国在标准化领域的建设方面与发达国家之间仍然存在一定的差距,但中国已经依靠自己的努力,积极参与国际标准化工作。

二、区域性组织标准化有关事项与进展

就理论层面而言,中国司法鉴定的技术、标准均是以国家标准化管理委员会制定的规则进行起草的某部法律/行政法规的配套技术性文件。[1] 目前,法庭科学标准研究的趋势是在某一套国际公认的基础标准的框架下,进行实践研究和数据统计,建立具有数据支撑的实验室数据库,并以此为依据对相关技术标准、规范采取制修订活动。司法鉴定隶属法庭科学范畴,在进行司法鉴定标准研究时借鉴法庭科学的研究方式,可以在不断完善标准的过程中增强司法鉴定标准的证据力。中国主要采用以下 4 种形式对司法鉴定标准进行研究:(1)时刻关注国际公认标准的动态,并对其作出实时评价;(2)对国外较成熟的先进标准进行研究与评价;(3)对同一领域内的国际标

---

〔1〕 参见王旭、陈军:《2018'中国的法庭科学/司法鉴定标准建设与步伐》,载《中国司法鉴定》2019 年第 2 期。

准和国内标准进行比较研究；(4)对国内不同领域之间的标准进行比较研究。[1] 在司法鉴定实践过程中，为了加强对鉴定标准的合理实施，司法鉴定行业协会组织与行政管理部门可以依靠监督机制的正确引导，加紧推进建立全国司法鉴定行业协会的进程，实现行业自治，并使之代表鉴定行业加强与司法部门及全国性司法鉴定标准化委员会的协调沟通，充分发挥“双管理”体制的积极作用。[2]

目前，各个国家和地区针对不同区域发展的特点，提出了经济导向的各类标准，其中亚太领域的相关标准处于世界领先位置。ILAC 是目前国际上行业认可度最高的，此外，欧洲认可合作组织(European Co-operation for Accreditation，EA)以及 APLAC 已经初具规模。ILAC 是目前国际上行业认可度最高的，此外，EA 以及 APLAC 已经初具规模。为了能够更快地加入国际标准化的合作组织，基于国家区域性标准化战略联盟的建立，应当以我国主导的组织为出发点，如 APEC、上海合作组织等，在这些经济组织中将司法鉴定标准化的思想渗透进去，为组建区域性司法鉴定标准化合作组织打好基础，凭借经济组织的影响力，提升我国在标准化组织中的国际影响力，为司法鉴定领域的标准化发展奠定基础。

国际标准组织 ASTM 于 1970 年设立了世界上最早的司法鉴定标准化组织——司法鉴定标准化委员会。2000 年，美国为了改进国家标准体系，制定了建议政府采用自愿性标准的国家标准化战略，虽然这类标准不具有强制性，但一经接受并采用，就具有法律上的约束性，签约各方必须共同遵守。为了将这类推荐性标准国际化，用美国标准的价值观影响并引导区域性标准化活动的开展，让代表国家利益的标准成为国际标准，美国指派了 ISO 理事会是 ANSI 参与制定 ISO 活动战略，并且已经在经济、科技等诸多领域实现了这一目的。1901 年，英国成立了 BSI，继美国之后于 2003 年制定了 NSSF，并

[1] 参见王旭、陈军：《2018’中国的法庭科学/司法鉴定标准建设与步伐》，载《中国司法鉴定》2019 年第 2 期。

[2] 参见杜志淳：《我国司法鉴定领域目前存在的主要问题及改革建议》，载《中国司法鉴定》2017 年第 3 期。

详细说明了该框架所涵盖的范围、目的等。BSI 75%以上的工作都集中于国际标准化工作上，尽量使本国的BS与国际和欧洲标准趋于一致，以期从国际标准化活动中为国家争取最大的经济利益。DIN主席团于2004年制定了国家层面上的标准化战略目标，并于次年正式发布。DIN开展的工作，90%都是基于欧洲或者国际层面的，国际标准化活动立于开展工作的最末考虑位置，正因为如此，DIN制定的标准90%都是欧洲或者国际标准，本国标准将以欧洲标准或者国际标准的模式推向全世界。由行业标准化局和标准化协会AFNOR联合设立的独立专业标准化机构——法国NF标准提案流程与该国利益高度融合。其立项之初由法国NF向法国标准组织提交草案，经该组织审核后作为行业标准颁布。2002～2005年，AFNOR制定了标准化体系战略，并通过上述流程承担了50%的法国标准制修订工作。日本于1921年成立了JISC，该标准化组织属于政府机构，并负责制定日本的标准化战略。JISC由内阁授权参与国际标准化工作，时刻预测并响应国际标准，及时制定与国际标准一致的JIS，并以此作为基础制定国际提案。近年来JISC制定了大量标准，并将其作为国际标准的基础。

总结以上国家的标准化工作发现，其宗旨均在于以本国标准为基础制定国际标准，且标准的制定以本国利益为导向，或是将反映本国意志的国家标准国际化，促使本国标准成为国际标准。由此可见，提高国际司法鉴定检验结果互认，将成为司法鉴定标准化发展的基础。为了推进我国司法鉴定标准化的发展进程，我们应分析本国司法鉴定标准化需求，将司法鉴定标准化纳入国家标准化体系，设计一份司法鉴定标准体系蓝图，加强司法鉴定标准化研究，以国家标准化带动司法鉴定标准化的发展，同时制定相关管理及监督对策，完善司法鉴定标准化体系的内容。

三、司法鉴定标准领域引领不足与推进路径

（一）司法鉴定标准化推进与我国区域标准化组织地位不相称

标准化是综合竞争力的一个重要组成部分，是国家治理体系和治理能力

现代化的基础性制度,也是供给侧结构性改革的重要内容。[1] 全国各省的司法鉴定标准不尽相同,就目前的情况而言,很多省市都出台了鉴定标准,各个区域各自为政的现象越来越严重,这在某种程度上阻碍了司法鉴定的发展,建立区域性的战略联盟已是大势所趋。长期以来,我国的标准制定和管理模式都是由政府主导的,而这并不能完全满足司法鉴定行业的发展需求,就司法鉴定行业而言,行业及团体标准相较其他行业占比较高。《标准化法》明确指出,在战略性新兴行业、重要行业以及关键共性技术等领域,国家支持利用自主创新技术制定的团体标准、企业标准等,[2] 并且国家鼓励企业、社会团体制定高于推荐性标准要求的团体标准、企业标准。同时《标准化法》还规定,除强制性标准必须执行外,国家也鼓励采用推荐性标准,笔者认为,司法鉴定最重要的属性在于其公正性和中立性,由于这种特殊性,司法鉴定标准应当采用强制性标准。若推荐性标准的某些内容较之强制性标准更为超前,则应由相关部门组织讨论,将其纳入强制标准内容,只有严格遵守鉴定标准,才能保障其鉴定质量。因此厘清强制性标准和推荐性标准之间的关系,建立与国情相适应的标准体系将会成为我国今后司法鉴定标准化工作的首要任务。司法鉴定标准是司法公信力的基础,是司法鉴定机构和人员能力评价的一种机制,也是一种重要的风险防控方式。为了加快我国司法鉴定标准化的发展进程,我国必须优先解决司法鉴定领域存在的管理、适用不规范,缺乏顶层设计等问题。

近年来,我国在标准化层面的工作成绩突出,先后成为 ISO 的常任理事国,且加入了 IEC,同时成为 ISO 技术管理局的成员。自 2014 年起,我国专家相继在三大国际标准组织中担任最高职务,如张晓刚先生和舒印彪先生先后担任 ISO 主席和 IEC 主席,而赵厚麟先生则成为国际电信联盟(International Telecommunication, Union, ITU)的秘书长。第 83 届 IEC 大会于 2019 年 10 月在上海召开,此次大会共有来自世界各地的 94 个国家和地区,以及多个标

---

[1] 参见田晓平:《开创新时代社会治理标准化新格局》,载《中国质量与标准导报》2020 年第 1 期。

[2] 参见陈军:《法庭科学/司法鉴定标准化建设工作的探索与思考》,载《中国司法鉴定》2018 年第 6 期。

准化组织的近4000名代表参加。此次大会召开了800余场次会议,主要由涉及诸多领域的90个技术委员会和200多个工作组技术会议组成,在一定程度上体现了我国在ISO中的地位越发重要。我国与哈萨克斯坦、俄罗斯等12个国家在“一带一路”国际合作高峰论坛上签署了《加强标准合作,共建“一带一路”》联合倡议,[1]由此可见,我国在国际经济发展领域的标准化活动中占有重要地位。

(二)应推进区域性组织司法鉴定标准化进程,协助不发达国家建设司法鉴定标准化体系

从经济发展水平、生产建设的经济效益水平、基础设施,以及科学、技术、经营管理等方面来看,我国被划分为三大经济带:东部经济带、中部经济带和西部经济带。在基础设施、科学技术比较发达的区域,司法鉴定的发展势头较好,可以将我国司法鉴定区域先划分为三大区域,后由东部发展带动中西部司法鉴定行业的发展。建议在各个经济带——京津冀经济带、长江经济带、粤港澳大湾区经济带建立司法鉴定区域性标准化委员会,每一个标准化委员会均作为区域性司法鉴定标准化合作组织,期望国务院司法行政部门会同有关部门,依法依程序加快全国司法鉴定标准化技术委员会的建立,将司法鉴定标准化工作与法庭科学相关工作相结合,并作出调整,以实现司法鉴定的科学化、标准化。同时,司法鉴定的行业管理应将重心从政府部门转向行业部门,应充分发挥司法鉴定行业协会的职能优势,积极引导和激励团体标准建设。[2]

近年来,随着朱晋峰、何晓丹、陈军等学者在标准建设、标准化管理、专业标准体系建设等领域的深入研究,我国法庭科学标准化理论研究和体系建设有了阶段性的、突破性的进展。此外,为将法庭科学标准化建设从理论研究落实到具体应用领域,科技部、司法部等部委均开展了相关课题的研究。值得一提的是,司法鉴定科学研究院主持的国家重点研发计划专项课题“司法鉴

[1] 参见李自国:《“一带一路”与上合组织关系探究》,载《俄罗斯学刊》2019年第5期。

[2] 参见陈军:《法庭科学/司法鉴定标准化建设工作的探索与思考》,载《中国司法鉴定》2018年第6期。

定创新技术研究与应用示范”中,其中两个课题把能力建设、标准体系建设、结果判断标准研发等法庭科学标准建设的内容,作为研究的重点。[1] 除司法鉴定科学研究院外,鉴定技术、专业人员和通用鉴定能力大多集中在我国主要的城市鉴定机构中。我们需要将这一中心资源扩大化,以便更好地满足全国各地的需要。为此,需要发展地区鉴定中心、加强远郊地区的快速反应能力和高质量工作,同时使用更多的便携式技术。

在努力提升自身实力的过程中,我国也应该秉持大国风范,推进区域性组织司法鉴定标准化进程,协助不发达国家建设司法鉴定标准化体系。坚持采用自愿性标准体系的原则,加强与不发达国家的交流沟通,积极推进司法鉴定标准化建设工作,将我国标准化领域成功的理念、经验和做法与他国共享,增强其标准化建设意识,并为之提供标准化建设思路。同时,我们应当把握我国鉴定行业多方位的资源优势,将政府部门、科研机构、高校实验室、行业协会的进展加以整合,以此为蓝本成立跨区域性的标准战略联盟,该联盟需要对标准制定的科学性和规范性进行评定审核,以此保障标准内容的一致性和标准实施的有效性。同时,可对《决定》中的经验加以引用,考虑三大经济带的发展,标准化条款的制定要有一定的上升空间,在行政管理与行业管理相结合的基础上逐步加强行业管理。全国范围内的区域性标准化委员会建立之后,充分发挥“一带一路”的联通作用,带动参与合作组织的国家的司法鉴定标准化体系建设,达到“一带一路”共建国家与地区的标准互认,加强与“一带一路”共建国家与地区的友好合作关系与司法协作,能够在很大程度上推进司法鉴定领域的互认以及技术标准的融合共通,就能够让中国以国际区域标准化委员会的形式加入国际组织。所谓标准互认,并不是要求国家与地区之间采纳相同的标准与技术法规,而是各国之间采取合作的方式相互承认对方的标准制度,并通过相互合作达成司法鉴定领域的信任机制,重复试验、相互认证,解决因地域以及其他因素产生的冲突,在协商合作中达到双

---

〔1〕 参见王旭、陈军:《2018’中国的法庭科学/司法鉴定标准建设与步伐》,载《中国司法鉴定》2019 年第 2 期。

赢结果。以司法鉴定领域的互认支撑为“一带一路”倡议服务,并以此达到协助不发达国家构建司法鉴定标准化体系的目的。

(三)组建国际区域性标准化组织联盟

司法鉴定是一个新兴领域,体现的是一个国家的软实力,与所有标准的制定水平体现了软实力的高低一致,司法鉴定标准的制定水平在一定程度上反映了国家的软实力。总体来说,一个国家的标准体系,不只包含了重要领域的技术标准,基础标准和管理标准也在这一体系中。标准是“协商一致”的产物,目的是供“共同使用和重复使用”。为了进一步提升我国在标准化领域的国际地位,我们可以搭载“一带一路”的“顺风车”,与加入“一带一路”的国家与地区,协同东亚、南亚、西亚各国,协商组建国际区域性标准化战略联盟,壮大标准化合作组织,以新的身份加入国际标准组织。该区域性标准化战略联盟的战略重点应包括卫生、安全、环保方面的标准化,同时,法庭科学的标准化也应作为重点研究对象。

为了使我国司法鉴定行业的标准化进程与我国其他领先行业的标准化进程相适应,我国应以“一带一路”联合倡议为契机,构建司法鉴定标准化战略联盟,加强标准的合作交流与创新。该联盟可由政府部门牵头多个组织共同发起成立,如高等院校、科研机构、行业协会等,便于实现资源共享,该联盟应会同国标委、司法部、公安部联合研制、共同推广实施鉴定标准,达到技术、人才等资源的有效整合。国内类似的联盟组织有很多,如中国循环经济协会、全国节能减排标准化技术联盟、新丝路标准化战略联盟、京津冀物流标准化联盟等。我们可以考虑参照上述标准化战略联盟的思维导向及宗旨目标,组建区域性司法鉴定标准化合作组织。该组织以司法鉴定标准化战略联盟为依托,加强继续教育工作的推进,与区域性高校合作,定期举办高水平峰会,邀请国内外资深鉴定专家进行交流,同时应注重相关技术人员及工程人员知识技能的有效输出,以期促成司法鉴定从业人员专业技术及知识水平的有效提升,提高我国司法鉴定的业务水平。

组建国际区域性标准化组织联盟可以参考其他行业的标准化战略联盟的建立经验,乘着“一带一路”合作的东风,将我国司法鉴定标准化的经验借鉴给签署协议的其他国家，致力打造以我国为中心的国际区域性标准化组织联盟。为了大力提升司法鉴定标准国际化水平，笔者建议从以下三个方面进行：一是调动积极战略联盟成员国的积极性，主导司法鉴定区域性标准制定，在骨骼检验、DNA 鉴定等优势特色领域继续发力，并努力提出区域性标准提案。同时，在无人机取证、智能车辆取证等新兴领域，应主动作为，抢先在区域性标准中提出中国方案，以期使更多的中国技术融入国际标准中。二是加快推进联盟各国的标准互认，在司法鉴定方面加强与各国的标准化合作，促进国家之间的标准体系兼容，进一步深化与联盟各国的双多边合作机制，促成标准的融合共通。推动联盟各国采用中国标准，推行域外标准化示范行动，为提升中国标准在国际区域性标准化组织联盟中的影响力提供便利。三是持续推进司法鉴定标准联通共建"一带一路"行动，制定行动纲领及计划并予以实施，围绕基础设施联通、国际产能合作、拓展 DNA 鉴定、无人机电子数据鉴定等优先领域，聚焦重点国家及区域组织，主动加强与区域性标准化组织联盟各国的战略对接与标准兼容，为推进司法鉴定标准化建设提供坚实的技术支撑和有力的机制保障。

在某种意义上，技术水平越成熟其一致性程度越高，也越容易形成标准。为了能够建立区域性标准化组织联盟，我国应当先将标准的制定速度减慢，且新《标准化法》出台以后，国家大力支持团体标准、企业标准的制定，进一步加快了标准的制定速度，然而笔者认为，在司法鉴定领域应当着重制定通用性标准，而不是专业性标准，目前越来越多的专业性标准涌入各个领域，虽然在一定程度上显示各区域技术有所提高，但过多的专业性标准并不利于通用性标准的推行。在司法鉴定标准制定方面，澳大利亚首先提出了一个与特定学科无关的通用标准，在这个标准框架下，再逐步制定各学科的标准。这一思路在全世界是一个创举，解决了目前很多司法鉴定中很多实际的问题。通过统一鉴定标准，将其纳入一个框架内，不仅有利于统一，也对司法鉴定认证认可提供了可操作的空间。司法鉴定领域中的电子数据鉴定项目科技属性较强，而科技讲究的是"独创性"和"引领性"，唯有不断革新技术才能满足现实的需求，因此电子数据鉴定领域相较其他传统鉴定领域，其一致性程度较低,这与标准的"协商一致"是相悖的。然而,在还原事实、鉴别真伪的过程中,标准可以说是最大限度地保障司法鉴定质量的重要手段。因此,打破技术桎梏,提高鉴定标准的一致性程度成为今后标准化工作内容的要点之一。法庭科学的标准化是法庭科学国际化的基础,鉴定检验结果互认的前提是具有公认的实验室,建立双边或多边互认的实验室标准,达到检测国际互认已成为司法鉴定标准化进程的一大前提。亚洲法庭科学学会(Asian Forensic Science Network,AFSN)自 2008 年成立以来发展迅猛,目前已经成为亚洲法庭科学机构间最重要的交流平台。AFSN 于 2010 年正成为国际法庭科学战略联盟(International Forensic Strategic Alliance,IFSA)的合作伙伴,这进一步促进了亚洲各国的交流与合作。IFSA 的建立是为了推动建立区域性法庭科学团体间的多边战略合作,[1] 组建国际区域性司法鉴定标准化组织联盟可以加强与 AFSN 的合作,依托"一带一路"的服务支撑,号召更多国家和组织加入该联盟,逐步扩大我国的国际影响力和话语权,最终掌握标准化控制权,学习 AFSN 的标准模式,成为 IFSA 的合作伙伴,将中国标准推向全世界。

第二节　积极成为主要国际标准化组织的注册参与成员

我国近年来在司法鉴定标准化领域取得了长足发展,站在国家战略高度,推行司法鉴定标准化,开展标准化活动可类比德国,遵循以下原则:国际标准化活动优先于亚太标准化活动,亚太标准化活动优先于国内标准化活动。我国可以借鉴其标准化的成功经验,制定标准化发展战略,政府、行业组织及高校、科研机构都应广泛参与,借此战略部署中国司法鉴定标准化的工作方针。努力将中国制定的标准以亚太地区的标准化模式推向国际,中国标准可以先步入东亚地区,在东亚地区的影响力及认可度达到一定高度后,再辐射到东南亚、扩大到亚洲,继而乘着"一带一路"的"顺风车",推广到亚太地区。

一、我国参与主要国际标准化组织活动的现状

我国的标准化管理体制经过多年的发展不断完善,标准修订机制也在不

[1] 参见崔远超:《关于参与国际标准化工作的几点思考》,载《印刷质量与标准化》2016 年第 5 期。

断变化,更能适应国家社会的发展需要,相关机构和社会组织也越来越多地参与到标准化活动中,有关人员的标准化意识也明显提高。原国家标准委员会与各领域的标准部门近年来协同共进,全面清理各领域的标准,早在2009年6月,就有2500多项标准被废止,9500多项标准被修订完善,且原国家标准委员会不断拓展标准化工作领域,提高标准的制订修改速度,且新的国家标准计划项目已达近2万项。截至2018年年初,我国的国际标准化工作进展得到显著提升,具体体现在我国有更多专家成为ISO及IEC的领导职位人员,其中ISO共计40名主席和16名副主席,IEC共计6名主席和5名副主席。[1] 截至2019年9月,我国在国家标准化层面亦有所进益,相关部门、机构制订的国家标准已达到80%的采标率,且国标总数已达36,877项,这一成就不仅进一步确立了国家标准体系,而且使我国在国际标准化活动中的地位得到明显提升。综上所述,从我国在ISO和IEC中的人员占比情况,可以看出我国在ISO中已经获得了充分的话语权和议事权,这标志我国的标准化工作取得了前所未有的历史性突破。

在取得上述辉煌成就的同时,我国的标准化工作也存在一定问题。首先,我国的标准化工作进展与发达国家仍然存在较大差距,虽然我国已有越来越多的专家加入ISO和IEC组织中,然而目前以我国为主或是主导制定的国际标准仅有73项,在国际标准中的占比不足1%,这体现出我国国际标准的数量和范围都与发达国家相去甚远,参与国际标准化活动的水平和能力还有待提高。[2] 其次,反观我国司法鉴定领域的四大类标准,标准制定速度过快,且专业性偏强,执行力不够。标准是为了适合多数人而制定的,因此普适性应是其最根本的特质,而目前我国鉴定行业标准的制定领域越来越窄,也越来越专业。尽管近年来"国家标准、行业标准和技术规范"越来越多,但是依然有许多问题被不断曝出,标准、条例在不断废止和更新,究其主要原因就在于标准分类过细、制定标准过多而缺乏统一审核以致产生冲突。最后,习近平

〔1〕 参见赵春晖:《我国国际标准化工作取得显著成绩》,载《起重运输机械》2018年第3期。
〔2〕 参见邓杰:《河北省安全生产标准体系建设探究》,载《中国标准化》2019年第3期。

总书记曾明确过战略的重要性:“战略上判断得准确,战略上谋划得科学,战略上赢得主动,党和人民事业就大有希望。”[1]在司法领域也一样,缺乏精准的战略规划,会使标准的制定没有明确导向,新制定的标准也越来越难以统一。

随着《意见》的贯彻实施,我们逐步发现标准化工作在国家发展层面的重要性,标准化对于国家治理体系和能力的现代化具有现实意义,推进标准化工作的建设,能让国家甚至社会产生更大的标准推动力。司法鉴定领域的标准化将因为《意见》的实施而迎来重大发展,有论者曾指出,参与国际标准化工作不是一蹴而就的事情,这需要经历了解情况、学习跟踪、积极参与、落地实施等过程,我国目前正处于学习与参与的阶段,这将为我国的标准化迎来重大发展,且有望形成后发优势。[2] 最具说服力的例子就是澳大利亚,它凭借不断完善法庭科学的行业治理架构,并将其与国家标准化工作相融合,为国际法庭科学标准化作出重大贡献,目前澳大利亚已经成为“ISO/TC 272”中的主导力量。澳大利亚具有法庭科学行业的“三驾马车”——SA、NATA 和 ANZFEC,这三大组织都在以不同的形式为法庭科学标准的发展提供帮助,为该国参与国际法庭科学标准化活动提供了专业支持。

针对我国标准化工作目前存在的问题,笔者提出以下几点建议:(1)综合考虑我国标准化工作的现状,明晰司法鉴定领域的基础条件,减缓标准制定速度,对已有的标准进行整合,全面提高司法鉴定标准的普适性;(2)时刻关注国际标准化战略,从中吸纳灵感,将我国标准与国际标准接轨,加快推进标准国际化进程,以标准化促国际化;(3)以国际区域性标准化组织联盟为导向,鼓励更多的研究机构及社会鉴定机构加强合作,健全司法鉴定标准的研究、参与机制,为国家主导制定国际标准作出贡献。澳大利亚的实践告诉我们,国内法庭科学行业治理架构的完善,能够有效提升国家司法鉴定参与国际标准化组织的能力。因此,我国也在以自身的方式积极参与国际标准化

---

[1] 《习近平在省部级主要领导干部学习贯彻党的十九届六中全会精神专题研讨班开班式上发表重要讲话强调 继续把党史总结学习教育宣传引向深入 更好把握和运用党的百年奋斗历史经验》,载《人民日报》2022 年 1 月 12 日,第 1 版。

[2] 参见关颖雄:《ISO/TC 272 法庭科学国际标准化工作进展简析》,载《标准科学》2010 年第 11 期。

活动，如向ISO、IEC提交国际标准提案，年度增长率已高达20%，成为国际标准提案极活跃的国家之一。[1] 随着《加强标准合作，共建“一带一路”》联合倡议的签署，我国国际标准活动的“朋友圈”不断扩大，同时，我国标准海外应用不断拓展，越来越多的标准获得其他国家的认可，且有近百项中国标准在东南亚国家推广使用，这也为我国司法鉴定标准化的发展提供了契机。

二、提高我国在主要国际标准化组织中作用的路径

《意见》的出台对司法鉴定从业人员提出了新的要求，充分发挥司法鉴定作用，提高司法鉴定质量，进一步规范司法鉴定工作成为当前司法鉴定行业的首要目标。随着“一带一路”倡议的实施，中国与世界的联系也更加紧密，在这种大环境下，司法鉴定相关组织要从宏观角度看待司法鉴定，并将其标准化工作上升到国际层面。ISO的成员分为3类：正式成员、观察员和订户，正式成员具有参与ISO的技术工作的权利，是代表国家或地区的标准化组织；观察员可以参加会议，了解工作进展，但是无法参与技术工作，如标准制定等，观察员在符合一定条件时可转化为正式成员；订户需要缴纳费用方可获取国际标准。因此，世界各国都力争成为ISO的正式成员，并努力作出提案，以期将本国标准国际化。我国应充分发挥ISO常任理事国、技术管理组织常任成员的作用，全面了解国际司法鉴定标准化战略及规制的工作进展，积极参与到标准化建设工作中去，待时机成熟时，抢占先机成为司法鉴定标准化领域的正式成员。与此同时，我国需要吸纳各国司法鉴定标准化的优势成果，加强外文标准的翻译及研究工作，跟踪国际标准，将国际标准转化为适合我国国情的国家标准。此外，笔者认为，应加速区域性司法鉴定战略联盟的建设，积极发挥标准化对“一带一路”倡议的支撑作用，促进共建国家在政策、贸易、设施等方面的互联互通，深化与亚太区域各国的标准化合作机

〔1〕 参见田世宏：《建国70年中国标准化改革发展成效》，载《机械工业标准化与质量》2019年第11期。

制,[1]扩大国家标准的影响力,将国家标准上升为亚太区域标准,实现与国际标准的对接,并通过双边或者多边互认协议(公约)来确定通用标准。

关于积极成为主要国际标准化组织的注册参与成员,笔者认为,需要关注的点应包括以下内容:(1)在"一带一路"机制下,进一步加强与签署协议的其他国家在司法鉴定领域的标准化交流与合作,组织建立司法鉴定标准化组织联盟,并以其为载体,参与到国际司法鉴定标准化的工作当中去;(2)关注司法鉴定在教育培训体系中标准化制度和理念的内容建设,司法鉴定无论是技术还是标准化理论,都成为教育及培训的重要内容,提升国民对司法鉴定标准化的认知水平;(3)重视对国际标准的学习,研究其工作机制及工作要求,着力分析标准内容,力求掌握国际标准化工作的程序和注意事项;(4)做好法庭科学标准采用与转化的同时,应关注司法鉴定领域若干分支专业(如法医类鉴定、声像资料鉴定等)的重点内容,推动司法鉴定领域能够在下一阶段成为"ISO/TC 272"的新工作项目或工作草案;[2](5)将司法鉴定标准化组织融入ISO中去,进一步加强ISO对司法鉴定标准化组织的接纳与认同,提升我国司法鉴定标准化组织的国际地位。

积极参与国际标准化工作,将司法鉴定标准化工作与国际标准接轨。首先,不仅能够彰显我国制度的优越性,还能发扬我国的优势技术,进而提升我国司法鉴定标准的国际影响力;其次,积极频繁地与国际标准交流,能够取长补短,研究各个国家在司法鉴定标准化领域的手段和措施,实现行业标准的信息经验共享;最后,通过参加国际学术会议、跟进司法鉴定领域国际权威论文和期刊,分析标准利弊,吸收有益排除糟粕,将先进的司法鉴定标准结合我国的实际国情转换利用,最终实现司法鉴定标准的国际化。《标准化法》出台以后,我国对相关组织开展标准化活动提出了新的要求:积极推动相关组织参与国际标准化活动,对国际标准进行研究,并结合国情予以采用,在参与制定国际标准的同时对中国标准和国际标准进行转化运用。在经济、科技全

[1] 参见李剑力:《"一带一路"贸易畅通的机制与促进对策研究》,载《黄河科技大学学报》2015年第6期。

[2] 参见何晓丹:《司法鉴定标准化管理的路径探讨》,载《中国司法鉴定》2018年第1期。

球化的大背景下，诸多行业都在采用统一的国际标准，司法鉴定行业也应吸取经验，形成行业统一的标准。在标准化实践工作中，我国不仅应该学习、吸纳国际标准的精髓，还应结合我国的实际情况对国际标准予以转化并采用，在不断试错中实现我国标准的国际化。同时，以国际标准的规格来要求国内标准化组织，制订参加国际标准化活动的计划及相应措施，并以此为基础制定国际标准提案。只有认真做好国内的司法鉴定标准化工作，才能够顺应国际司法鉴定标准化的发展趋势，成为主要国际标准化组织的注册参与成员。

第三节　开展重点分支学科领域标准化问题的跨国研究

我国标准化体系建设主要分为两个方面：一是以鉴定标准化项目为对象进行设置，保障标准设置与鉴定活动的一致性，确保设立项目的标准体系能够满足鉴定时间的需要；二是充分考量认证认可项目的分类要求，〔1〕以此为基础构建标准体系框架，充分发挥鉴定标准和认证认可之间的补强效能。〔2〕当前我国所采用的政府主导的标准化管理模式，总体上与我国国情相适应，但在实际运作时仍然存在一定的问题，例如，我国团体标准的制定比较少，被国际标准采纳的司法鉴定标准几乎没有，且制定的多个标准之间偶尔会有冲突。对于标准冲突的问题，我们可以给司法鉴定标准加以位阶，出现冲突时，优先采用上位标准。对此，《通则》第 23 条规定，进行鉴定采用的标准应按照以下顺序：(1)国家标准；(2)行业标准和技术规范；(3)该专业领域多数专家认可的技术方法〔3〕。《通则》的规定给标准赋予了位阶，但此种方式不能从根本上解决问题，我们应着力于通用性标准的制定，以更严谨的态度应对标准化的研究。

一、我国司法鉴定各分支学科领域的标准化进程推进

为了提升我国司法鉴定的国际影响力，我们应当开展重点分支学科领域

〔1〕 参见刘伟：《法医毒物鉴定专业标准体系构建》，载《中国司法鉴定》2018 年第 1 期。

〔2〕 参见何晓丹、吴何坚：《再论司法鉴定标准体系的建设》，载《中国司法鉴定》2020 年第 1 期。

〔3〕 参见郭弘：《电子数据取证鉴定标准化建设工作的实践与思考》，载《中国信息安全》2019 年第 5 期。

标准化问题的跨国研究。从近年来我国参与法庭科学标准化活动的情况来看,我国在骨骼检验、电子数据检验,法学及司法鉴定专业的数据库建设等方面具有全方位优势;法医微生物、种族推断、笔迹鉴定等方面的研究具有鲜明特色;在毒物鉴定、DNA 鉴定方面的仪器设备和试剂较先进,具有较强的行业保障力度。在我国现行的四大类鉴定中,DNA 鉴定技术与国际差距不是太大,甚至处于国际先进地位,例如,司法鉴定科学研究院李成涛团队"通过隔了多代的裴多菲姨妈后代(第五代、第六代外孙女)来分析 160 年前的遗骨是否为裴多菲本人"作出的 DNA 送检结果举世瞩目。在来中国之前的 25 年里,裴多菲委员会主席一度踏上鉴定委托之旅,给很多家权威司法鉴定机构提供过样本,希望这些机构能对其中的样品进行 DNA 鉴定,但最终都被告知送检样年代久远、亲远关系复杂而拒绝接受委托。但我国的司法鉴定机构不仅接下了这一委托,还得出了鉴定意见,由此可见,在 DNA 鉴定领域,我国的司法鉴定工作人员已经拥有较高的技术水平和专业的知识水平。因此,在 DNA 鉴定方面,我们应该多与国外合作交流,提高科研经费,以提升国际话语权。标准建立在技术发展的基础上,仪器、工具、技术等需要先加强研发。

我国特有的中文笔迹鉴定应保护发展,笔迹形成有其特定的规律,研究中文笔迹鉴定的同时,也应学习和引入国外优势,与外文笔迹的形成进行对比研究,为制定通用标准,提高领域内的国际话语权打下基础。我国在物证技术方面的鉴定基础条件好,组织体系也比较先进,主要包括指纹鉴定、笔迹鉴定、文件鉴定等。在 2004 年的全球生物特征识别技术行业高级别竞技大赛中(FVC 2004),中国科学院获得了科研机构排名第一的成绩,从当时组委会发布的成绩可知,我国的指纹识别技术在当时就已经处于世界领先水平。我国鉴定领域的后起之秀——人像鉴定也处于世界领先水平,其最好的佐证就是人脸识别技术,我国的人脸识别技术识别速度可达每秒 30 亿次,2 秒即可比对全球人脸,这也属于司法鉴定的范畴。再者,我国的电子数据取证领域发展迅猛,不仅在技术上百家争鸣,制定的标准也数量庞大,几乎覆盖了电子数据鉴定的所有领域。我国在推进优势学科建设的同时,应将物证技术鉴定以及人像鉴定作为强势学科,优先纳入标准化工作进程,使其与国际接轨,扩大影响力。电子数据鉴定虽然起步较晚,但发展迅速,尤其是计算机领域司法鉴定发展势头较好,提供取证工具的“美亚柏科”已经国企化,为计算机司法鉴定的标准化提供了有力的技术支撑。此外,我国传统领域的鉴定——毒物鉴定处于世界先进水平,还有一直以来争议颇多的法医临床鉴定(俗称“活体损伤鉴定”,即以活体为主要研究对象,运用临床医学的理论与技术,研究并解决涉及法律问题的人体伤残及其他生理、病理等问题[1]),而世界上大多数的国家是没有法医临床鉴定的。因此在法医临床鉴定方面,我们应当制定自己的标准,实施专家咨询计划,最大限度地共享法庭科学信息并加强交流,促进信息的共享,为跨区域的对话和活动提供便利。

各个经济带成立的标准化组织皆可遵循“强势学科特别关注,中端学科加强培养,带动弱势学科发展”的理念,加强重点分支学科领域标准化问题的研究。在标准的研制过程中,应当翻译、研究国际标准,专业领域内有关的概念、术语及编码系统等应与公信力高的国际标准一致。例如,2018 年 3 月 CNAS 发布的《司法鉴定/法庭科学机构能力认可准则》(CNAS-CL 08:2018)(2018 年 9 月 1 日起实施),就是基于《检测和校准实验室能力的通用要求》(ISO/IEC 17025:2017)进行的改版。[2] 近年来我国不断宣传、监督、落实标准化法的实施,相较过去突破较多,属于司法鉴定领域的大修,在强制性标准方面做了突破(由原先的四大类发展成为 3 个安全、1 个基础),表现形式有所突破,如有了团体标准。在企业标准层面也有所突破,新《标准化法》实施以后,企业可以联合制定标准,在机构上也有重大突破,原《标准化法》第 19 条取消,虽然检测机构性质不同,但是均可制定标准。尽管近年来我国司法鉴定相关项目在采取措施促进标准化和提高质量方面取得了长足的进步,但就有关可提供项目的数量、所提供的课程的深度和广度而言,相关信息掌握得还不够。从目前来看,我国司法鉴定领域还缺乏系统的标准化需求,导致现有项目的质量和相关性具有一定的不确定性。开发跨越组织、项目和学科

---

[1] 参见连永春:《法医临床鉴定细节问题的探讨》,载《职工法律天地》2018 年第 24 期。

[2] 参见唐丹舟、王彦斌、白庆华等:《司法鉴定/法庭科学认可评价技术研究与示范》,载《质量与认证》2015 年第 5 期。

界限的项目以吸引其他学科的学生从事对司法鉴定来说至关重要的标准化研究,资金和来源都相对匮乏。

在重点分支学科领域,我们应当进行标准培训,推进外观标识规范的应用,形成司法鉴定行业统一的外观形象;开展标准化创建工作,选择合适的鉴定机构打造司法鉴定服务标准化示范点,发挥示范带动作用,以点带面,梯次推进,实现区域性司法鉴定服务标准化全覆盖,若能建立起全国范围内的区域性标准化委员会,则以其作为示范点,积极参与国际标准化工作。为充分发挥标准化引领作用、注重使用标准化达标结果,可以把重点分支学科领域的标准化建设情况作为评价指标,规范机构的内部管理及鉴定流程,提高鉴定质量,还可将上述内容同步纳入全国司法鉴定机构年度考核内容,同时作为质量评估、诚信评估、品牌创建、分级管理等工作的重要参考依据;并对通过评估的鉴定机构进行动态管理,适时实行司法鉴定服务的分级管理制度。作为行业体系的治理工具,我国的标准体系建设应当系统把握行业发展,着眼司法鉴定行业的顶层设计,对行业发展现状及存在问题进行研究后再开展司法鉴定标准化工作。

二、建立适用于司法鉴定各个分支学科的通用标准

司法鉴定领域,我国 DNA 鉴定技术已达到世界领先水平,上文提到的“裴多菲”DNA 鉴定案例就是最好的佐证,我国凭借目前的 DNA 鉴定技术水平,可为我国在国际 DNA 鉴定标准化研究层面获得一席之地。我国必须牢牢抓住这一优势,加快整合我国现有的 DNA 鉴定技术标准,形成具有中国特色的技术标准体系。我国应更多地参与其他发达国家组织的标准化活动,借助其提供的平台进行信息共享、开展培训、加强交流,在技术、管理、培训等方面促进法庭科学的发展,以达到培养司法鉴定专业国际化人才的目的,同时借力一些知名的国际标准化组织,让其成为我国标准国际化的平台。

笔者认为,我国在研究重点分支学科领域标准化问题之前,应当先建立一个各个学科都应遵守的通用标准,以通用标准为基点,继续向外扩张,各专业统一自己的核心标准、形成标准体系框架。建立各个分支学科的通用标准

可以参考 OSAC 组织结构图,以区域性司法鉴定标准化战略联盟为中心,将司法鉴定分为法医类鉴定、物证类鉴定、计算机与声像资料类鉴定、环境损害类司法鉴定及其他类别鉴定,[1]并将此五大领域分类细化,向外辐射。该区域性司法鉴定标准化组织联盟应对五大类司法鉴定进行研究,从中找出共性、共识的内容,并基于此建立一个通用标准,在此标准下开展我国的司法鉴定标准化工作(见图 15－1)。

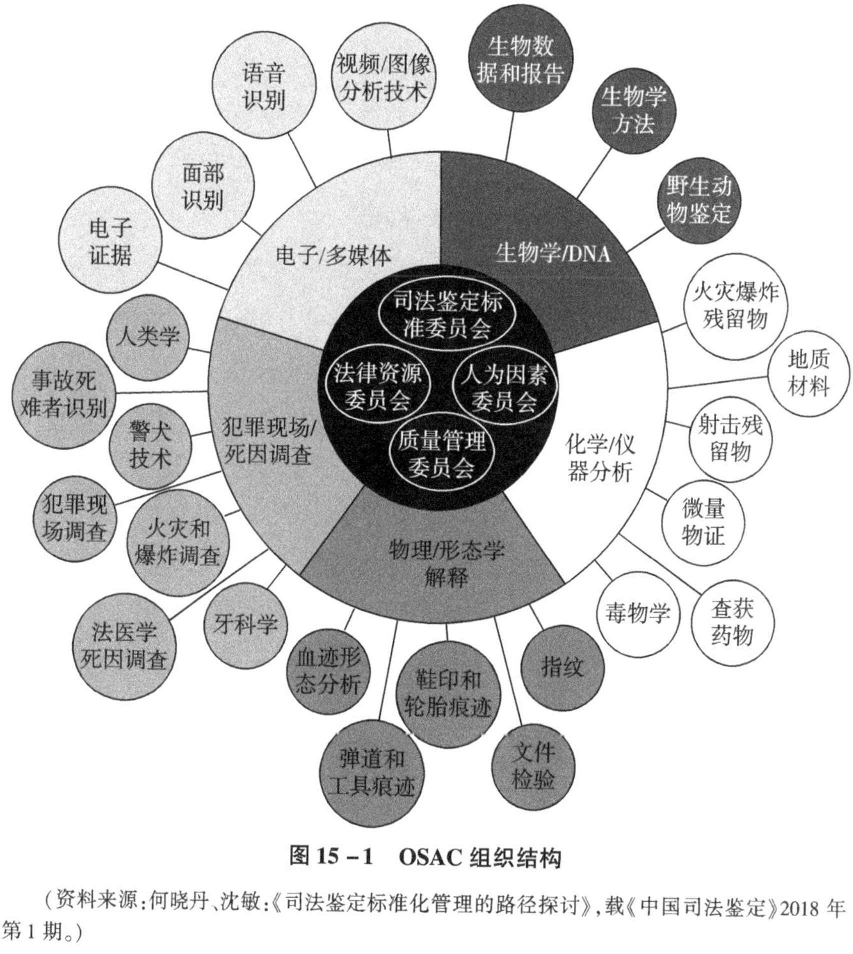

图 15－1　OSAC 组织结构

(资料来源:何晓丹、沈敏:《司法鉴定标准化管理的路径探讨》,载《中国司法鉴定》2018 年第 1 期。)

---

〔1〕 参见王蕾蕾:《建立统一司法鉴定专业术语、规范的结果评判标准——基于司法鉴定标准的展开》,载《中国司法鉴定》2020 年第 3 期。

同时,在进行标准化研制时应充分发挥我国的强势学科或制高点的作用,并将我国强势学科的标准纳入 AFSN 标准体系,积极参与国际标准规则的研究和制定。通过调查美洲、欧洲、大洋洲实验室提供的法庭科学服务的基本科学要求,进行差距分析,以确定研究和创新的路线图,通过协调采购方案为机构节省成本,协调我国的法庭科学项目。此外,推动战略研究和创新计划,为当前或新型研究与创新提供指导,通过评估、实施和采纳新的法庭科学工具促进开发能力,对法庭科学领域作出的贡献进行鼓励和认可。我国目前各方面的标准层出不穷,只有形成完整、明晰、统一、成熟的标准架构体系,才能推行国际化。

三、开展跨国标准化合作研究的路径

为了使我国标准更多地对国际社会产生影响,笔者认为,应当拔高司法鉴定的政治站位,将司法鉴定的国家标准上升到国际层面,通过借鉴世界标准组织、发达国家的成功经验,研发中国标准并对外输出,并在主动承担国际标准化活动的过程中极力实现国家标准和国际标准的统一。世界贸易组织有这样一条规定:当一个项目进入强制执行阶段,就要求引用国际标准。由此可见,只要国家标准能够成为国际标准,该国就能在国际标准化活动中获得最大利益。司法鉴定范围涉及众多标准化组织,为了在我国建立完善的标准体系,课题组建议由司法部在国家标准化委员会的指导下组织建立一个高效、协调的全国司法鉴定标准化技术委员会,成员不仅包括司法鉴定技术人员及行业专家,还应纳入司法人员及其他行政人员,该委员会应当承担研究起草全国性鉴定标准,同时定期召开会议,了解鉴定行业的发展进程并及时更新鉴定标准的责任。该委员会可作为司法鉴定行业协会与司法部门之间的纽带,对彼此的需求进行转化并输出。同时,该委员会应负责和国际区域性标准化组织进行对接,使其能够在国家层面上提供多学科视角,确保鉴定质量的最高标准。该委员会可对外交流,提高我国在国际标准中的提案比重,通过双边或者多边互认协议将国家标准上升为国际标准。同时,相关政府部门应当加大对司法鉴定科学技术的投入,定期举行知识交流峰会,以加

快司法鉴定领域标准的研制与更新,而且在人才培养方面也应确定相应的培养机制,为司法鉴定标准化的发展提供人才储备。

在专注发展自身标准化的同时,也不能忽视标准领域的特殊存在,如ASTM与BSI,虽然其本身并不是国际组织或机构,但其制定的标准却享有国际地位,这类协会由于经年累月的技术沉淀,被业界所认可,在国际组织中也有一定的影响力。因此,我国更应加强行业协会团体标准的整合,使其具备广泛适用性后与国际接轨,逐步提升其在国际社会的影响力和知名度。在"一带一路"蓬勃发展的大环境下,我们应当抓住机会,围绕国际司法鉴定标准化需求,推动司法鉴定标准化工作,将国内的优势资源聚集起来,借"一带一路"的平台积极参与国际标准研制工作,提升国际话语权。[1] 同时应当不断完善"一带一路"标准数据库,使沿线各国更多地了解中国标准,并在后续的合作中予以采用。

在我们国家领先的领域积极部署推动实施标准化战略,加快完善标准化体系,提升中国标准化水平,将我国独有的笔迹鉴定领域与他国接轨。开展跨国标准化合作研究可以以"跨政府方式"搭建中国与主要合作伙伴的标准化研究平台,发达国家已经与主要合作伙伴建立整体布局、多部门参与的长期合作机制,推动双边部门就优先合作领域进行直接沟通,中国可以与主要合作伙伴建立长期合作机制,共同研究跨国标准化合作。当前中国已建立了庞大的跨政府网络,国内许多部门早已走出国门,开拓与他国对应部门的沟通渠道。中国可以尝试与主要合作伙伴确定优先合作领域,邀请对方对应部门加入,对标准化合作研究进行协调,积极组建标准化合作研究的国际区域性标准化组织,综合利用各种方式和路径,吸取经验、敢于创新,促进跨国标准化合作研究在更大程度上的互联互通。

---

〔1〕 参见叶柏林:《助力"一带一路"建设 推出一批"享有事实上国际地位的标准"》,载《中国质量万里行》2019年第2期。

第十六章 “一带一路”倡议与我国司法鉴定标准国际化

“一带一路”是促进共同发展、实现共同繁荣的合作共赢之路，也是增进理解信任、加强全方位交流的和平友谊之路。自中国政府2013年提出“一带一路”倡议以来，已有100多个国家和国际组织秉持着和平合作、开放包容、互学互鉴、互利共赢的理念，打造政治互信、经济融合、文化包容的利益共同体、命运共同体和责任共同体，而今已从最初理念构想转化为实践方案的落实。

作为著名的“丝绸之路”，其实现了亚、欧、非三大陆地门户的连接。通过“一带一路”倡议的带动，能够打开我国司法鉴定标准化战略格局，加强与“一带一路”共建国家与地区的友好合作关系与司法合作，在很大程度上可以推进司法鉴定领域的互认以及技术标准的融合与共通。中国可与“一带一路”共建国家与地区根据实际发展需要，制定和实施司法鉴定领域通用的相关标准，以此来扩大“一带一路”倡议在国际上的影响力。

第一节 司法鉴定标准化合作是共建“一带一路”的重要内容

一、拓展合作领域，推动深入融合

“一带一路”倡议使我国与共建国家在政治、安全、经济、人文、科技等领域的区域合作不断增强，随着国际化进程的持续推进，各个国家所面临的挑战越发突出，许多与发达国家在技术与标准上的差异，并非某一国家单独能够追赶上的。发展中国家在诸多领域上落后于发达国家，不仅让发达国家得以在核心技术上，对其加以垄断和封锁，还能从中攫取和剥削进行获利，甚至通过价值链低端锁定效应，将其限制于价值链的低端环节，这种不对称的竞争环境，使发展中国家难以摆脱劣势地位。我国作为发展中国家的大国，带头提出了“一带一路”倡议，为共建国家打破困境提供了全新有效的思路，以协力合作增加发展中国家与新兴经济体在各领域中的国际话语权，其中也自然包括了司法鉴定标准化建设，对现有的司法鉴定标准化的国际体系与制度进行有益补充和完善。

德国、英国均是从本国标准化战略出发，全面开展双边与多边标准化的合作，以此作为扩大国际影响力的重要措施。如 DIN 积极参与对发展中国家的合作与培训，帮助突尼斯标准协会改革了基层组织，与韩国技术标准署签订了合作协议，与俄罗斯技术法规与计量署签署了备忘录，与印度标准化协会签署了合作协议，并与 ANSI 建立了稳定的对话机制，来强化标准化领域的合作。BSI 为了在国际舞台上发挥更加重要的领导作用，也对其他国家标准化技术领域加以支持与合作，其帮助埃及建立了高效高质基层组织，为俄罗斯提供了国家标准化机构规范，为阿尔巴尼亚和罗马尼亚培训了国家标准化机构人员。俄罗斯作为“一带一路”倡议中最大的经济市场之一，早已同中国、美国、英国、日本、德国、法国、韩国、蒙古国、波兰、捷克、匈牙利、以色列、保加利亚、奥地利、土耳其等 30 多个国家与地区就标准化领域签订了双边合作协议或谅解备忘录。

司法鉴定标准化可促进标准、计量、检验检测、认证认可等国家质量基础设施的完善，高质量地在“一带一路”倡议下进行共建。“一带一路”共建国家与地区只有在相关质量规则上达成最大限度的共识，才能更好地进行通力合作与相互扶持，拓展合作的领域，切实推动深入融合。司法鉴定标准化建设，提高了司法鉴定质量与服务能力，能够成为“一带一路”建设的质量基础。

二、应把加强司法鉴定标准化人才合作交流融入“一带一路”建设

2016 年教育部印发了《推进共建“一带一路”教育行动》，其明确提出了，

"沿线各国携起手来,增进理解、扩大开放、加强合作、互学互鉴、谋求共同利益、直面命运共同体、勇担共同责任,聚力构建一带一路教育共同体,形成平等、包容、互惠、活跃的教育合作态势,促进区域教育发展"。由此可见,在人才培养与教育方面,增强"一带一路"共建国家与地区合作与交流,为共同发展提供人才支撑,是推进"一带一路"建设的有效途径。[1]

"一带一路"建设,关键在于人才的培养。"一带一路"共建国家与地区众多,情况较复杂,涉及宗教、安全、市场、用语等多方面的问题。在与"一带一路"共建国家与地区开展司法鉴定标准化合作时,需要具有全局视野的复合型人才,以适应这种复杂的环境。当前在"一带一路"倡议下,司法鉴定领域存在的主要问题是,通晓中文,熟知中国的外籍司法鉴定人,以及熟练掌握当地语言,熟知共建国家地区政治、经济、法律、文化风俗的司法鉴定人才十分匮乏。语言障碍成为"一带一路"背景下司法鉴定领域沟通与交流的最大障碍。在这种复杂环境下,需培养具有全局视野的复合型人才。在具备一定的鉴定技术能力的基础上,同时需要熟练掌握当地国家和地区的语言及民俗文化,才能深入地了解当地司法鉴定相关的法律法规及技术规范标准,加强各国在司法鉴定标准化上的交流互鉴。

在"一带一路"背景下,各国进行司法鉴定标准化交流与合作,不仅要求司法鉴定专业人才具备扎实的专业知识,通晓相关语言,更要掌握标准的制定规则与程序。因此,需要各国发挥专业特色和人才专长,通过相关信息平台,为司法鉴定标准化专业人才建设提供语言培训、法律法规培训以及专业技能培训等项目,大力培养一批懂司法鉴定技术、懂司法鉴定标准、懂不同外语的复合型国际司法鉴定标准化人才。以满足"一带一路"建设对司法鉴定标准化工作人才的具体需求,为"一带一路"共建国家与地区开展司法鉴定标准化合作提供人才保障,使司法鉴定为"一带一路"的长期建设保驾护航,为"一带一路"建设的百年大计作出司法鉴定人应有的贡献。

---

〔1〕 参见王回力:《"一带一路"战略导向下国际交流与合作办学研究》,载《科技咨询》2019 年第 22 期。

第二节 “一带一路”建设为司法鉴定标准化国际合作提供契机

一、积极推进司法鉴定相关专业标准互认

法定标准与事实标准，都是特定领域的区域性或国际性的通用语言，同时也是产品和服务进入市场的通行证。标准互认，即不同主体之间，在平等的基础上，就共同关注的领域，进行标准体系的对接与兼容，并通过协议的方式互相承认，使用对方的标准规范。[1]

标准是由一国的基本国情决定的，不同的标准水平，体现了各个经济体之间的客观差异。如果忽略了各国国情之间的差异，而强制实行标准协调，可能会导致资源配置扭曲等不利影响。因此标准互认，并不是要求沿线国家与地区之间采用相同的标准与技术法规，而是各国之间采取合作的方式，相互承认对方的标准制度，由此保证了各国根据本国的经济条件和社会基础自行制定标准的权利，同时能够通过合作达成司法鉴定领域的信任机制，解决重复测试、检验和认证等问题，产生双赢结果。1998 年，美国与欧盟达成了《互相认可协议》，避免了进行重复检验、认可等程序，提高了合格评定程序的透明度与效率，加快了产品投放市场的速度。据统计，该互相认可协议的履行，能够节约两亿欧元的用度。[2]

相关共建国家与地区之间的司法鉴定标准互认合作，不应仅局限于形成共同的区域性标准，更应主动与高水平的国际标准接轨，以逐步提升共建国家与地区的司法鉴定标准质量与结构，使其可以在司法鉴定国际标准体系和规则问题上共同有效发声，增强在国际司法鉴定标准化活动中的参与度和发言权。共同研究并制定国际标准和区域共通的标准，可推动司法鉴定领域内标准的相互采用，推动互认标准成为“一带一路”倡议下共同遵守的技术依

---

〔1〕 参见温军、张森、蒋仁爱：《“一带一路”倡议下知识产权与标准化国际合作的战略思考》，载《国际贸易》2019 年第 7 期。

〔2〕 参见齐欣、岳晋峰：《标准制度互认机制与发展中国家技术性贸易壁垒的突破》，载《国际贸易》2005 年第 6 期。

据。2013 年,中国与英国签订了标准互认协议,[1]立足发挥标准的技术支撑性作用,提升了我国标准化发展水平,增强了我国标准化国际影响力。2015 年,我国发布了《标准联通"一带一路"行动计划(2015—2017)》,以共建国家和地区为方向,全面深化与"一带一路"共建国家与地区在标准化方面的双多边务实合作和互联互通,深化标准化互利合作,推进标准互认,服务于"一带一路"建设。[2]

司法鉴定标准化作为国家标准化战略中的一部分,可稳步推动司法鉴定行业互认标准的制定,通过标准互认等措施,为"一带一路"建设提供技术保障,深化"一带一路"共建国家与地区交流与合作,全方位地服务于"一带一路"倡议。

二、共建标准互联互通建设性机制

推进"一带一路"建设的重要举措,是共建国家与地区国家基础设施的互联互通,以及便利化规则的建设。在我国推行"一带一路"建设的进程中,可利用我国司法鉴定领域的技术经验和优势,支持和帮助共建国家与地区开展司法鉴定标准化工作,通过标准互认交流的方式,推动中国先进标准走出去,积极开展"一带一路"共建国家与地区司法鉴定标准及相关法律法规的收集与交换,对共建国家与地区就司法鉴定领域认为需要互认的标准,依托相关行业协会及标准化技术机构进行讨论、比对、达成一致后共同发布并使用。

"一带一路"共建国家标准信息平台[3]与标准化中英双语智能翻译云

---

[1] 参见《中华人民共和国国家质量监督检验检疫总局中国国家标准化管理委员会与大不列颠及北爱尔兰联合王国商业、创新和技能部授权的国家标准机构英国标准协会标准互认协议》。

[2] 参见钱佳敏、吴卯恩:《通过标准互认服务"一带一路"建设》,第十四届中国标准化论坛文集。

[3] "一带一路"共建国家标准信息平台(http://www.ydylstandards.org.cn/),首次对"一带一路"共建国家与地区有关标准信息进行了分类和翻译,并全面展示了包括中国在内的"一带一路"共建国家与地区的标准化概况。该平台还对 35 个国家及 ISO、IEC、ITU 等 5 个国际组织的标准题录信息进行数据集成,并提供精准的检索服务,使标准信息有序可达。该平台还采用了可视化手段,分析了"一带一路"共建国家与地区标准的特点和数量情况,其中包括标准热词、标准领域分布、标准发布趋势等。

平台[1]于2019年4月23日开通,其是以“一带一路”共建国家与地区共商共建共享为原则,以加强标准化交流与合作为宗旨,以满足快捷无障碍了解和使用标准需求为目的,从而进行合作搭建的。其中,标准信息平台设有国内外标准化动态栏目,可以及时跟踪各国及国外标准化组织的标准化动态要闻,为“一带一路”建设提供了标准化信息支撑,更为“一带一路”共建国家与地区之间架起了一座标准互联互通的桥梁。而翻译云平台则使网络在线翻译方式不仅省去了更新环节,还提供了即时翻译标准文本和标准化文献的服务。作为标准国际化的基础设施,为标准联通共建“一带一路”提供了重要的语言支撑。[2]

以上述两个平台为基础,可着手构建司法鉴定信息平台,实现鉴定信息共享、鉴定标准交流、鉴定结果公开等多项功能,实现跨区域的司法鉴定信息互通、资源共享、合作共赢。“一带一路”横跨了欧亚非大陆,涉及约占全世界人口的63%,经济总量约占全球经济总量的28%,其中大多是发展中国家与新兴经济体,发展水平参差不齐,司法鉴定质量与能力也存在较大差异,在“一带一路”倡议下开展司法鉴定标准化,共建标准互联互通的建设性机制,在很大程度上增强了与共建国家与地区合作发展的广泛性、包容性与共享性。

三、共同加强司法鉴定标准化能力建设

“一带一路”建设的深入推进,势必会对司法鉴定与标准化国际合作的深度与广度提出更高的要求。标准的水平直接影响了标准化工作的实际成效,经济的发展、社会的进步都不断地要求标准的质量必须要与时俱进、不断

---

〔1〕 标准化中英双语智能翻译云平台(http://www.znfy.org.cn/)是国家重点研发计划“国家质量基础的共性技术研究与应用”专项的一项重要成果。该平台构建了4200万个中文字符和2200万个英文单词的权威标准化英汉语料库,采用最先进的神经网络翻译技术和计算机辅助译后编辑技术,可提供多种格式标准文本、标准化文件资料以及其他各领域资料的快速中英互译,支持在线拆分和组合词汇。用户可在线建立个人记忆库和术语库,翻译后的文本完整保留原文排版格式。平台融入了“共建共享”的理念,每位用户既是使用者,也是平台语料的贡献者;同时,配套的独立英文界面为国外用户查看和使用中国标准提供了快速翻译通道。

〔2〕 参见徐风:《为支撑“一带一路”贡献“标准力量”两个标准化平台开通 不断提升标准互联互通水平》,载《中国质量报》2019年4月24日,第1版。

提升。以司法鉴定标准化促进司法鉴定行业的联通，充分调动“一带一路”共建国家与地区的基础设施规划、技术标准对接的积极性，从而共同加强司法鉴定标准化能力建设。

司法鉴定能力建设，通常包括鉴定人的能力、仪器设备水平以及技术创新能力等，加强能力建设，提高鉴定水平，才能保证鉴定质量。发展中国家在国际标准化活动中处于落后的一大原因为其相关技术基础设施落后。许多发展中国家与地区的技术水平相对落后，相关实验室或者检测机构等技术基础设施也较为匮乏，由此很难与其他国家和地区建立标准化合作。在这种情况下，通过“一带一路”合作，加强司法鉴定相关的基础设施和能力建设的合作，待相关基础设施健全并具备相应技术能力后，再积极推进“一带一路”共建国家与地区司法鉴定标准的互认，共建标准互联互通机制。

通过司法鉴定能力的提升，为“一带一路”共建国家与地区提供更加优质的司法鉴定服务，协助解决区域内各国与地区间的法律纠纷，促进区域安全稳定，推动司法鉴定在“一带一路”建设中打击重大犯罪、毒品犯罪和反恐等领域中发挥作用，维护各方人民的合法权益；改善基础设施建设，提高解决国际贸易服务、人身伤害、环境保护、经济往来等过程中产生纠纷的技术能力，全方位地为“一带一路”建设提供优质、高效的司法鉴定服务。

第三节　“一带一路”背景下我国司法鉴定标准化发展的策略

一、构建司法鉴定标准体系要突出科技引领

“一带一路”倡议为我国司法鉴定标准化发展提供了新的重要机遇。我国司法鉴定标准化的发展，不仅能向外输出中国标准、中国技术，更重要的是，用司法鉴定服务来提升中国的品牌形象，提升我国司法鉴定的国际影响力。司法鉴定涉及社会学、法学、物理学、化学、医学、工程学、生物学等多学科的专业知识，科学技术的发展也是日新月异，司法鉴定亦应在社会科技发展进步的过程中与时俱进，迎合时代的需求作出改变。鉴于此，司法鉴定标准也需要适时进行修订与增加，在整体发展过程中，充分保障司法鉴定在侦

查、起诉、审判、判决执行中发挥作用,以揭露犯罪、确认犯罪、准确打击犯罪、维护社会秩序、保障人民合法权益不受侵害,实现司法公正的目标。

在当前司法实践中,由于客体的多样性和社会科技发展水平以及主体认识水平不同,如检测比对的标准体系不统一,采用的设备和技术标准不统一,鉴定人的认识水平和方法不同,均有可能导致出具不同的鉴定意见,这与司法鉴定客观性的要求是背道而驰的。借助科技手段的鉴定结果是现代社会公认的发现真相的最有效手段。因此,需要借助科学技术的力量,对自然规律、科学原理和技术方法、技术标准进行统一,对鉴定程序和准入条件进行统一,才能够实现“一带一路”背景下司法鉴定标准体系的构建,并以此来保障鉴定的同一性和可检验性。

要充分利用现代科技提升司法鉴定创新发展和司法鉴定标准化建设,积极推进“一带一路”共建国家与地区司法鉴定标准化规则制定工作,促进司法鉴定标准化建设。按照“一带一路”倡议部署,应发挥大数据在构建现代司法鉴定标准化体系中的作用。同时,在为“一带一路”倡议服务过程中,司法鉴定的国际标准规范的建立,要坚持以科学规律、科学定理、科学理论与科学知识为基础,结合先进的科学技术方法,开展对制定标准进行深入研究,着重突出司法鉴定标准体系的科学性与有效性。“一带一路”倡议提升我国司法鉴定标准在世界范围的传播力与影响力,促进我国司法鉴定的科研创新与成果的转化和应用。

二、制定“一带一路”共建国家与地区司法鉴定标准体系框架

“一带一路”共建国家与地区开展司法鉴定标准化建设,需要以“一带一路”共建国家与地区交流合作为目标,以“一带一路”共建国家与地区司法鉴定标准的互认为载体,以标准化架设起“一带一路”共建国家与地区司法鉴定领域交流合作的桥梁,要加快“一带一路”标准信息平台建设,从而促进在司法鉴定技术与标准化方面展开更加深入、广泛的合作交流,全方位地服务“一带一路”倡议。

在“一带一路”共建国家与地区司法鉴定标准体系框架的制定过程中应

以以下方面作为重点。

其一,需要立足各国国情,进行全面的设计。"一带一路"共建国家与地区众多,国家之间也存在比较复杂的利益关系,需要综合大部分国家与地区对司法鉴定标准的需求以及现状进行评估,因地制宜,进行"一带一路"国际司法鉴定标准体系框架的设计。需要制定经"一带一路"共建国家与地区协商、公认的,供通用或重复使用的技术标准等标准文件,让"一带一路"共建国家与地区的司法鉴定质量与服务能够达到国际通用准入的需求。

其二,可根据市场需求进行"一带一路"共建国家与地区司法鉴定标准体系框架的建构。英国、德国、美国、俄罗斯的标准制定组织大部分是民间组织,这些机构最初是由于市场的需求而自发成立的。这些国家的一些标准制定组织经常接受政府机构的委托,制定其所需要的标准。因而更加需要政府做好司法鉴定标准服务"一带一路"倡议的顶层设计,结合各个国家的标准化发展战略,探讨"一带一路"共建国家与地区的标准体系对接方案,对司法鉴定标准体系进行顶层规划与设计,并制定实施路线图。

在制定"一带一路"共建国家与地区司法鉴定标准体系框架时,可以关注欧盟实践,优化与司法鉴定国际标准组织的合作,探索"一带一路"司法鉴定国际标准化合作途径,立足各国国情,进行统筹规划,从而能够建立起结构科学、层次合理、协调一致的国际司法鉴定标准体系。

三、探索司法鉴定标准化"一带一路"合作应用路径

"一带一路"建设为中国与共建国家与地区开展司法鉴定标准化合作提供了重要契机。我国当前的司法鉴定标准体系,是经过多年不断探索和实践的结果,可以作为共商共建标准的借鉴基础;对共建国家与地区的标准进行融合与对接,是加快"一带一路"司法鉴定标准体系建设的重要途径;再将国际上一些先进的技术标准,融入"一带一路"合作路径中,使之随着新技术、新产业、新模式的蓬勃发展,不断地提高"一带一路"共建国家与地区司法鉴定标准的质量水平。

"一带一路"共建国家与地区众多,司法鉴定标准化涉及的标准文件繁

多，且各国之间司法鉴定能力与标准化程度参差不齐，因此需要探索设立专门的司法鉴定标准化合作议事协调机构，进行统筹指导合作决策、制定司法鉴定标准化合作计划、督促合作计划的落实并调节合作过程中的矛盾。该协调机构可动员共建国家与地区在平等协商的基础上，让渡部分协调管理权，以形成共同的管理规范，牵头沿线各国与地区制定与签署双边或多边的合作协议。以便“一带一路”共建国家与地区在司法鉴定国际标准化问题上共同发声，打造“一带一路”司法鉴定行业联盟，实现司法鉴定行业信息建设与服务的常态化，进而保障司法鉴定与标准化国际合作的顺利进行。[1]

建立司法鉴定国际标准“一带一路”合作机制，需要国家间的信任与合作，以市场机制为导向，加强双边与多边合作，推动与共建国家与地区司法鉴定标准合作，扩大标准信息的共享范围。可以司法鉴定标准为主题，通过交流峰会与国际论坛等多双边沟通机制，从标准实施的可行性、适应性、可拓展性等多方面，定期进行学术研讨交流，鼓励民间相关组织、机构合力研究与共享国家司法鉴定政策及标准文件，丰富“一带一路”共建国家标准信息平台。

在经济一体化、区域一体化的今天，在承认并履行国际标准化活动的各项规则的前提下，保持既竞争又合作的思路，可以使“一带一路”倡议永葆活力，高质量地推动“一带一路”成为创新之路、文明之路，推动经济全球化朝着更加开放、包容、普惠、平衡、共赢的方向发展。只要共建国家与地区携手共济，相向而行，就能够使得司法鉴定标准化工作在“一带一路”的引领下，实现沿线各国与人民共享、共建“一带一路”合作成果。

---

〔1〕 参见温军、张森、蒋仁爱：《“一带一路”倡议下知识产权与标准化国际合作的战略思考》，载《国际贸易》2019 年第 7 期。

第十七章　长江三角洲一体化与推进司法鉴定标准化

长江三角洲(以下简称长三角)地区是我国经济发展最活跃、开放程度最高、创新能力最强的区域之一,在国家现代化建设大局和全方位开放格局中具有举足轻重的战略地位。2019年12月中共中央、国务院印发《长江三角洲区域一体化发展规划纲要》。至此,长三角区域一体化形成完善的顶层设计,“三省一市”一体化合作迎来了崭新发展时期。司法鉴定制度作为一项重要的司法保障制度,在服务长三角经济发展、保障长三角生态安全和绿色发展方面具有重要作用。特别是司法鉴定标准的制定、适用及统一,是环境损害类司法鉴定为长三角生态保护和建设提供证据支撑的重要保障,也是法医类、物证类、计算机与声像资料司法鉴定在依法打击犯罪、调解纠纷,为长三角提供稳定的发展环境的保障。

然而,各地方执行司法鉴定技术标准、技术规范的差异性以及鉴定机构因标准适用导致鉴定意见不同在实践中大量存在,客观上影响司法公正,也不利于贯彻长三角一体化战略。2017年7月,中央全面深化改革领导小组第三十七次会议通过了《意见》,提出“……统一鉴定标准……”。2018年6月,司法部发布《关于全面推动长江经济带司法鉴定协同发展的实施意见》,提出“推动适用统一鉴定标准”。司法鉴定标准的适用和统一,一直以来是司法鉴定领域需要攻克的难关。在长三角区域一体化发展新形势新要求下,如何发挥长三角区域在长江经济带司法鉴定协同中的带头作用,做到司法鉴定标准科学适用及统一,保证司法鉴定活动高质量?笔者认为,成立司法鉴定技术标准战略联盟是司法鉴定主动服务和融入长三角区域一体化的可行举措。

一、司法鉴定技术标准联盟内涵和特征

技术标准联盟的概念的提出可以追溯到20世纪90年代。[1] 另有技术联盟、标准联盟、技术标准化联盟、企业联盟等不同表达方式。不同学者对技术标准战略联盟的解读不同。其中,较具影响力的观点认为,技术标准战略联盟是多家企业以共同发起一项技术标准、并将标准进行市场扩散为战略目标而形成的联盟组织。[2] 另有学者认为,技术标准战略联盟,是指以加强标准创新与标准化合作交流为宗旨,在多个相关组织含政府机构、企业、高等院校、科研院所、社会团体等机构发起成立,通过联合研制、共同推广实施标准,实现资源共享与获取,达到技术、信息、知识、人才、资金等资源有效整合的战略联盟组织。[3] 不同行业技术标准战略联盟组织已经很多,但在司法鉴定领域未有学者提出成立技术标准战略联盟。整合政府部门、高校、科研机构、鉴定机构、行业协会等优势的技术标准战略联盟,能保障标准制定的科学性与规范性,促进标准实施的有效性与一致性。笔者认为,司法鉴定技术标准战略联盟,是指司法鉴定行政管理部门、司法鉴定行业协会、相关高等院校和科研院所等发起成立,通过联合制定行业标准、技术规范和团体标准等,实现资源、人才、信息等共享的战略联盟组织。司法鉴定技术标准联盟不同于企业技术联盟,其具有自身的特点。

一是司法鉴定技术标准战略联盟以政府为主导。技术标准战略联盟的形成有两种形式:一种是市场主导;另一种是政府主导。两者的区别在于,前者是先通过市场力量"筛选"出核心联盟,然后再吸收其他标准成员;后者是

---

〔1〕 See Axelrod R., Mitchell W., Thomas E. R., et al., *Coalition Formation in Standard-setting Alliances*, Management Science, 1995.

〔2〕 See Hemphill T. A., *Cooperative Strategy and Technology Standards - setting: A Study of U. S. Wireless Telecommunications Industry Standards Development*, The George Washington University, 2005.

〔3〕 参见王娟:《标准战略联盟建设探讨》,载《中国标准化》2017年第21期。

通过政府融合资源,形成以政府为主导的标准联盟。[1] 司法鉴定不同于一般企业形式,其标准和规范并不主导多样化与竞争,而是倡导各个鉴定机构在同一鉴定项目活动中,严格按照同一鉴定标准实施鉴定。并且,司法鉴定的中立性和科学性也决定了司法鉴定技术标准战略联盟与市场主导背道而驰。标准化是动态化的一系列发展过程,不仅包括组织研究标准、组织制定标准、组织实施标准,还包括对标准制定、标准批准、标准颁布、标准实施和标准监督等一系列的动态发展过程。对已有国家标准、行业标准和技术规范的鉴定领域,政府主导的司法鉴定技术标准战略联盟可以实现对标准执行的实质性监督。实质性的监督是确保各行政区域在司法鉴定标准适用等方面统一。司法鉴定标准应由政府主导监督市场统一适用、统一执行鉴定标准。对尚无国家标准、行业标准、技术规范的鉴定领域,政府主导的技术标准战略联盟可以集各家所长,制定满足市场创新需要的团体标准,由本联盟成员约定采用或者按照联盟规定供鉴定机构自愿采用,并推动团体标准向技术规范、行业标准、国家标准的转化。

二是司法鉴定技术战略联盟旨在标准制定、标准技术体系完善。有学者认为,技术战略联盟技术标准化的实现不仅包括标准技术体系的完善,还包括标准产品的研发与市场推广。市场推广,是指以技术标准为基础研发衍生出的产品的生产和销售。[2] 司法鉴定的特点决定了司法鉴定技术联盟主要以标准技术体系的完善为主导,推动国家标准、行业标准、技术规范的科学适用或者弥补某些专业领域标准空缺制定技术规范、团体标准等。司法鉴定领域中以技术标准为基础研发产品主要集中在法医毒化领域,如法医毒化、微量物证领域中专业仪器的研发,国内对于鉴定标准产品研发推广尚处于萌芽阶段。鉴定标准是鉴定意见科学公正、鉴定活动规范有序、鉴定机构规范运行、鉴定人中立客观及行政机关监督管理、审判机关审查采信的基本保障。

---

[1] 参见王腾飞:《我国技术标准联盟与企业技术创新研究》,中国海洋大学 2011 年硕士学位论文,第 12 页。

[2] 参见王道平等:《技术标准联盟主导企业标准化能力研究》,载《中国科技论坛》2017 年第 2 期。

并且,《标准化法》的修订,明确了技术标准战略联盟作为团体标准形成的重要途径。联盟标准与国家四级标准体系将共同服务质量提升,在加快推进标准化战略实施、促进经济社会发展中提供强有力的支撑作用。司法鉴定技术战略联盟将成为推动司法鉴定标准化,保障司法公正,提供证据支撑的标准保障。

二、长三角司法鉴定技术标准联盟有利于推进国家司法鉴定标准化

(一)长三角司法鉴定技术标准战略联盟是推进长江经济带司法鉴定协同发展的可行措施

2018 年司法部发布的《关于全面推动长江经济带司法鉴定协同发展的实施意见》指出,长江经济带司法鉴定标准化的重点和难点主要为以下三个方面:一是现有国家标准、技术规范的科学适用。对于已有国家标准和技术规范的专业领域,标准如何适用是其重点难点。对同一国家标准,由于鉴定人不同的理解往往会直接导致鉴定意见的不同。因此,对于现行有效的国家标准和技术规范的专业领域,有必要认真梳理、分析、整合形成适用指南,推动科学适用标准规范。二是地方性技术标准和技术规范的推广适用和提升。对于无国家标准、技术规范,只有地方性技术标准和技术规范的专业领域,应及时推动这些规范上升为国家标准、行业标准。地方性技术标准、技术规范到国家标准、行业标准的提升,体现了该行业领域技术水平的进步,以及该技术方法被行业领域人员广泛接受程度。三是探索建立专业领域多数专家认可工作机制。对于没有国家标准、行业标准和技术规范的专业领域,及时探索专业领域多数专家认可的工作机制。多数专家认可工作机制的探索建立可以推动司法鉴定科学技术的创新和攻关,填补司法鉴定标准空白领域,促进司法鉴定的健康发展。

以上三个方面对应标准适用中三个层次。任何一个层次标准问题的解决都离不开各领域专家参与。而任何单一的力量,如司法行政部门、行业协会、司法鉴定机构、高校科研机构都难以完成如此艰巨任务;即使某一部门承担如此重大的任务,也需广泛征求鉴定行业各方面意见。但是,长江经济带共有 11 省市,要综合各省市的司法行政部门、行业协会、司法鉴定机构、高校

科研机构等力量,需要多个行政机关和部门达成统一,在实际实施过程中有一定的阻碍。

但是,正如习近平总书记指出,“长三角地区是长江经济带的龙头,不仅要在经济发展上走在前列,也要在生态保护和建设上带好头”。[1] 以长三角地区在长江经济带的引领作用,以及在全国经济发展有着举足轻重的作用,长三角司法鉴定标准化建设可以有力促进、带动长江经济带司法鉴定标准化进程。因此,对于长经济带司法鉴定协同问题,可先综合长三角“三省一市”的司法行政部门,行业协会、司法鉴定机构、高校科研机构等司法鉴定信息资源,发挥各方专家作用,构建长三角司法鉴定技术战略标准联盟,以长三角地区司法鉴定资源优势,引领长江经济带司法鉴定协同发展。

(二)长三角司法鉴定技术标准联盟是推动司法鉴定标准化建设的路径选择

谁制定标准,谁就拥有话语权;谁掌握标准,谁就占据制高点。长三角司法鉴定技术标准战略联盟的成立,可以推动国家司法鉴定标准化建设。据统计,长江经济带 11 省市 2018 年共办理司法鉴定业务 116 万件,占全国司法鉴定业务量的 50%。以长三角地区在长江经济带中的龙头作用,长三角司法鉴定技术标准联盟的成立,对于长三角地区地方性技术标准和技术规范的整合统一具有良好的推动作用,也为长江经济带地方性技术标准和技术规范的整合统一起到模范作用。再以长江经济带司法鉴定业务在全国司法鉴定业务中的“分量”和影响,推动全国司法鉴定标准化建设。

具体来看,长三角司法鉴定技术标准联盟可丰富司法鉴定标准体系。长三角司法鉴定技术标准联盟在执行国家标准、行业标准时研制标准适用指南,而标准适用指南是对标准具体适用的细则,是司法鉴定标准体系的重要组成部分。国际法庭科学标准文件中,标准适用指南占比很大。如 CEN 发布了 EN ISO 21043 系列标准后,ENFSI 制定发布共 18 个最佳实践手册、20

[1] 《习近平在扎实推进长三角一体化发展座谈会上强调 紧扣一体化和高质量抓好重点工作 推动长三角一体化发展不断取得成效》,载《人民日报》2020 年 8 月 23 日,第 1 版。

个指南性文件等标准适用指南。欧洲法庭科学鉴定机构要同时遵守国际标准 EN ISO 21043 系列标准及 ENFSI 发布的最佳实践手册等。由此可见,司法鉴定专业领域中除国家标准、技术规范外,标准适用指南是鉴定领域科学适用国家标准、技术规范的重要指导性文件。长三角司法鉴定技术标准联盟为国家标准、技术规范统一制定的指南性文件,将大大地丰富司法鉴定标准体系,推动司法鉴定标准化建设。

另外,长三角司法鉴定技术标准战略联盟是制定司法鉴定团体标准的重要途径,对推动国家标准、技术规范的司法鉴定领域的标准化建设发挥重要作用。《标准化法》第 18 条第 1 款明确指出,[1]技术标准联盟是团体标准形成的重要途径。团体标准因其制修订周期短,更能迎合新兴领域对标准的空缺。团体标准将会成为司法鉴定标准适用规则中的“新星”。2020 年 5 月 1 日开始实施的《上海市司法鉴定管理条例》第 26 条规定:“司法鉴定人进行司法鉴定,有国家标准、行业标准和技术规范的,适用国家标准、行业标准和技术规范;没有国家标准、行业标准和技术规范的,适用团体标准或者该专业领域多数专家认可的技术方法。”在没有国家标准、行业标准和技术规范的鉴定项目上,长三角司法鉴定技术标准联盟探索建立由专业领域专家认可的工作机制或制定团体标准,在一定程度上弥补司法鉴定标准在该项目的缺失。随着该专业领域专家认可工作机制、团体标准在长三角“三省一市”的推广,以及在长江经济带的引领作用,有利于其提升为技术规范和国家标准,继而推动司法鉴定标准化建设。

(三)长三角司法鉴定技术标准联盟是健全统一司法鉴定管理的科学举措

2017 年,中央全面深化改革领导小组第三十七次会议审议通过的《意见》指出,“统一准入条件、统一执业规范、统一鉴定标准、统一评价体系”。司法鉴定管理体制的统一,主要体现在准入条件、执业规范、鉴定标准和评价

[1] 《标准化法》第 18 条第 1 款规定,国家鼓励学会、协会、商会、联合会、产业技术联盟等社会团体协调相关市场主体共同制定满足市场和创新需要的团体标准,由本团体成员约定采用或者按照本团体的规定供社会自愿采用。

体系四个方面。长三角司法鉴定技术标准战略联盟的成立，不仅有利于长三角乃至长江经济带司法鉴定标准化建设，也有利于长三角区域司法鉴定机构在准入条件、执业规范、鉴定标准和评价体系的统一，继而推进统一司法鉴定管理体制。

随着长三角区域在交通出行、旅游观光、文化体验、医保等方面"同城待遇"的推进，长三角区域在司法鉴定机构和司法鉴定人准入条件、执业规范、评价体系等方面可逐步实现"同城待遇"。长三角司法鉴定技术标准联盟集合了"三省一市"司法行政部门、司法鉴定机构、司法鉴定人和高校科研人员，不仅会对司法鉴定标准统一适用发挥重要作用，也可以承担长三角区域司法鉴定准入登记的评审专家库评审工作、评价体系统一、执业规范制定等相关工作。例如，司法鉴定准入登记评审专家库可以从司法鉴定技术战略联盟专家委员会中抽取，实现评审专家交叉抽取。这样的工作制度和方式可以防止机构冗余及行政工作的重复，也利于长三角司法鉴定管理制度的统一，继而引领长江经济带司法鉴定协同发展。

三、长三角司法鉴定技术标准联盟的模式探索

长三角司法鉴定技术标准联盟是一个不同于一般企业技术标准联盟的极具特色的标准联盟组织。从某种意义上来讲，长三角司法鉴定技术标准联盟是一种司法鉴定跨行政区域的标准化团体组织。司法鉴定领域内，发展较成熟的区域标准化团体有 CEN 设立了 CEN/TC 419 及 ENFSI。两个机构发布的区域标准(Regional Standards)被欧洲各个国家广泛采用。长三角司法鉴定技术标准联盟是由"三省一市"组成，虽然不属于区域标准化团体，[1]但可以参考 CEN/TC 419 及 ENFSI 在标准体系文件制定、运作机制等方面的成功经验，结合长三角经济发展和中国司法鉴定特色，组建长三角司法鉴定技术标准联盟组织机构，以及确定长三角司法鉴定技术标准联盟的总目标和

[1] 区域标准化团体不是国家内部区域组成的团体，而是由同一地理范围内的国家所组成，或者由于政治原因或经济原因而使一些国家组成区域标准化团体。

定位。

以 ENFSI 为例,ENFSI 成立于 1995 年,其工作机构包括董事会(Board)、秘书处(Secretariat)、两个常设委员会(Standing Committees)和 17 个专家工作组(Working Groups)。[1] 不同机构的任务和职责不同。理事会由 5 名成员组成管理,为 ENFSI 最高权力机构,为制定 ENFSI 政策的管理角色。ENFSI 秘书处的主要任务是支持 ENFSI 委员会和董事会履行其职能。ENFSI 秘书处对董事会负责并在董事会的监督下运作。ENFSI 设有两个常设委员会:质量和能力委员会(Quality & Competence Standing Committee)和研发委员会(Research & Development Standing Committee)。质量和能力委员会主要负责制定质量保证和能力保证政策、向专家工作组和 ENFSI 成员提供建议及帮助 ENFSI 实验室遵守最佳实践和国际标准。研发委员会主要负责制定和维护 ENFSI 的研发战略、向专家工作组和 ENFSI 成员提供有关研究和开发主题的建议和信息、促进国际实验室之间的联合研究、促进特殊领域的教育和培训课程等。专家工作组下有动植物和土壤检测、数字图像、DNA 等 17 个工作小组,各专家工作组负责该专业领域内的标准文件的制定。

通过借鉴 ENFSI 的组织机构,并结合《关于全面推动长江经济带司法鉴定协同发展的实施意见》中对司法鉴定协同发展的定位及司法鉴定的专业特点,笔者提出长三角司法鉴定技术标准联盟组织机构,如图 17 - 1 所示。联盟的最高权力机构为联盟会员代表大会,执行机构为理事会、秘书处;顾问机构为工作委员会,科研机构为专家委员会。工作委员会包括质量和能力委员会、研发委员会、管理委员会。专家委员会有环境损害、法医临床、法医病理、法医精神病、法医物证、法医毒物、文检、微量物证、痕检、声像资料鉴定、电子证据 11 个专家委员会。

---

[1] See *Structure*, Accessed July 28, 2023, https://enfsi.eu/about-enfsi/structure/.

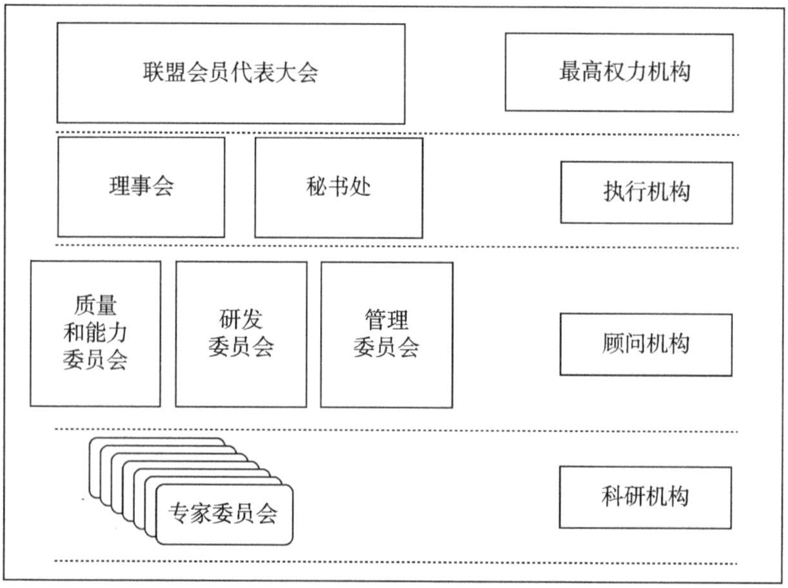

图 17－1　长三角司法鉴定技术标准联盟组织机构

长三角司法鉴定技术标准联盟总目标为：推动长三角司法鉴定标准化进程，保障长三角司法鉴定标准高质量，引领推动长江经济带司法鉴定协同发展。具体任务有指导成员对司法鉴定国家标准、技术规范的科学适用，制定标准适用指南；推动现有标准规范上升为国家标准、技术规范；探索制定团体标准、建立技术方法由专业领域多数专家认可的工作机制；优化长三角区域司法鉴定教育培训协调联动和创建资源共享机制；加强与国内外同行之间协作交流。主要活动为：组织会议和科学研讨会，合作研究和能力测验；组建业务交流平台，实行重大理论研究课题攻关，必要时就复杂疑难案件提供专家建议；出版标准适用指南、团体标准、技术方法等；定期开展司法鉴定继续教育培训等。

联盟会员代表大会为最高权力机构，由司法部公共法律服务局主导、长三角“三省一市”各地公共法律服务局、司法鉴定协会、司法鉴定机构及高校科研机构人员组成。会员代表大会负责制定、修改联盟章程；决定协会的工作方针、确定协会的工作任务；选举、罢免理事；审议理事会的工作报告和财务报告;决定更名、终止等事项;决定其他事项等。理事会成员由5~10人组成,由会员代表大会选出,任期为3~5年。理事会成员对会员代表大会会员负责,受会员代表大会监督。理事会为技术管理联盟的管理层,主要执行联盟的工作方针、年度计划等。

秘书处由会员代表大会成员匿名选举得出,支持会员代表和理事会履行其职能,负责技术标准战略联盟的日常事务,对理事会负责,受理事会监督。

工作委员会有质量和能力委员会、研发委员会、管理委员会。质量和能力委员会主要负责制定质量保证和能力保证政策、向专家委员会和联盟会员提供建议及指导联盟内成员适用国家标准、技术规范。研发委员会主要负责制定联盟年度标准研发战略,向专家委员会和联盟成员提供有关适用指南、技术规范、团体标准建议,促进国际实验室之间的联合研究,促进特殊领域的教育和培训课程等。管理委员会主要负责联盟的财务工作、资产管理等。

专家委员会分为11个不同司法鉴定专业专家委员会。专家委员会负责制定其专业领域内国家标准、技术规范适用指南;推动地方技术规范上升为国家标准、行业标准;制定团体标准或者多数专家认可的技术方法等。必要时,对专业难题提供专家建议等。

司法鉴定作为一项重要的司法保障制度,在服务和保障长三角经济发展中具有重要作用。环境损害类、法医类、物证类、计算机与声像资料司法鉴定为保障长三角区域生态安全和绿色发展以及稳定的发展环境等方面提供重要的证据支撑。[1] 科学适用鉴定标准是司法鉴定作为证据支撑的前提。各地方司法鉴定技术标准、技术规范各行其是、鉴定机构因标准适用导致鉴定意见不同在实践中大量存在,客观上影响司法公正。为促进长三角区域内司法鉴定机构科学适用司法鉴定国家标准,确保长三角"三省一市"司法鉴定的顺畅进行,发挥长三角在长江经济带司法鉴定协同中的带头作用,我们提出成立长三角司法鉴定技术标准联盟。本书立意在于提出长三角司法鉴定

---

〔1〕 司法部《关于全面推动长江经济带司法鉴定协同发展的实施意见》,载司法部官网,http://www.moj.gov.cn/pub/sfbgw/zwxxgk/fdzdgknrtzwj/202101/t20210129_207687.html。

技术标准联盟成立的必要性和模式初探,对于长三角司法鉴定技术标准联盟的具体运行机制,如联盟协议、章程制定、效力等级、议事程序等方面的内容尚未涉及。以期通过本章节引起司法鉴定领域学者对司法鉴定技术标准联盟的关注和深入研究。